电网企业消防交通安保与电力设施保护

试题汇编

国网辽宁省电力有限公司　组编

内 容 提 要

本试题汇编分为消防安全、交通安全、安保（反恐）、电力设施保护四个部分，通过单选、多选、判断、简答与案例等形式，对各专业工作所需的相关法律法规、日常岗位责任、技能常识、应急处置等知识进行了归纳。

本书可用于相关管理人员、重点岗位职工查缺补漏、巩固要点、提高技能，也适用于各层级人员日常学习、考试使用。

图书在版编目（CIP）数据

电网企业消防交通安保与电力设施保护试题汇编／国网辽宁省电力有限公司组编．—北京：中国电力出版社，2021.2

ISBN 978-7-5198-5389-1

Ⅰ．①电… Ⅱ．①国… Ⅲ．①电力工业－工业企业－消防管理－中国－习题集 ②电力工业－工业企业－交通运输安全－安全管理－习题集 ③电力工业－工业企业－保卫工作－中国－习题集 ④电力工业－工业企业－电气设备－保护－中国－习题集 Ⅳ．① F426.61-44

中国版本图书馆 CIP 数据核字（2021）第 034933 号

出版发行：中国电力出版社
地　　址：北京市东城区北京站西街 19 号（邮政编码 100005）
网　　址：http：//www.cepp.sgcc.com.cn
责任编辑：穆智勇（zhiyong-mu@sgcc.com.cn）
责任校对：黄　蓓　王小鹏　王海南
装帧设计：张俊霞
责任印制：石　雷

印　　刷：三河市百盛印装有限公司
版　　次：2021 年 2 月第一版
印　　次：2021 年 2 月北京第一次印刷
开　　本：787 毫米 ×1092 毫米　16 开本
印　　张：29
字　　数：577 千字
印　　数：0001—1500 册
定　　价：120.00 元

编委会

前　言

电力企业所属建筑、车辆、人员数量多、地域分布广，电力设备设施结构复杂、价值高、影响面广，一旦发生火灾、交通、治安（恐怖袭击）、电力设施破坏事件，势必造成巨大损失和社会影响。国网辽宁省电力有限公司立足央企定位，服务国家建设大局，历来高度重视社会稳定和公司发展。此次结合电网企业特点及日常工作需要，组织专家编写了《电网企业消防交通安保与电力设施保护试题汇编》，目的在于促使相关管理人员、重点岗位职工查缺补漏、巩固要点、提高技能，进而促进企业相关管理能力提升，保证公司安全稳定发展。

本试题汇编涵盖了消防、交通、安保、电力设施保护四个专业，对工作所需的相关法律法规、日常岗位责任、技能常识、应急处置等知识进行了归纳，适用于各层级人员日常学习、考试使用。其中，消防部分由马识途、赵兴、王恩祥、刘佳、付可江负责编写，交通部分由张志强、奚宏涛、黄峰负责编写，安保部分由郭星海、杨亮、赵小鹏负责编写，电力设施保护部分由吕阳、刘斌、刘栋负责编写。刘永胜、吕阳、李文文对全书进行细致审核和编辑，还有其他一些同事在编写过程中也提供了帮助，在此一并表示感谢！

在编写过程中，编写人员本着认真、负责的态度，力求达到至善至美，但由于编写时间有限，涉及专业领域广泛，书中难免有一些缺憾或疏漏，希望广大读者和相关领域专家及时给予指正，以利将来进一步补充、完善。

编　者

2020年12月

目　录

3. 安保（反恐）部分

4. 电力设施保护部分

1. 消防安全部分

1.1 单选题

1. 消防安全重点单位应当确定（　　）管理人，组织实施本单位的消防安全管理工作。
（A）消防保障　（B）消防安全　（C）安全生产　（D）消防专业
答案：B

2. 机关、团体、企业、事业等单位应当按照相关标准配备消防设施、器材，设置消防安全标志，定期检验维修，对建筑消防设施（　　）至少进行一次全面检测，确保完好有效。
（A）每日　（B）每月　（C）每季　（D）每年
答案：D

3. 机关、团体、企业、事业等单位应当（　　）开展防火检查、巡查，及时消除火灾隐患。
（A）定期　（B）不定期　（C）随时　（D）经常
答案：A

4. 因消防安全责任不落实发生（　　）及以上火灾事故的，依法依规追究单位直接责任人、法定代表人、主要负责人或实际控制人的责任，对履行职责不力、失职、渎职的政府及有关部门负责人和工作人员实行问责，涉嫌犯罪的，移送司法机关处理。
（A）一般　（B）严重　（C）重大　（D）特大
答案：A

5. 机关、团体、企业、事业等单位应当落实消防安全主体责任，明确各级、各岗位消防安全责任人及其职责，制定本单位的消防安全制度、消防安全操作规程、灭火和应急疏散预案。定期组织开展（　　），进行消防工作检查考核，保证各项规章制度落实。
（A）灭火器使用方法培训　（B）灭火演练
（C）应急疏散演练　（D）灭火和应急疏散演练
答案：D

6. 电力管理部门依法对电力企业和用户执行电力法律、行政法规的情况进行监督检查，督促企业严格遵守国家消防技术标准，落实企业主体责任。推广采用先进的火灾防范技术设施，引导用户（　　）用电。
（A）规范　（B）依法　（C）文明　（D）安全
答案：A

7. 消防安全重点单位应明确承担消防安全管理工作的机构和消防安全管理人并报知当地公安消防部门，组织实施本单位消防安全管理。消防安全管理人应当（　　）。
（A）经领导批准　（B）经考试合格上岗
（C）得到书面许可　（D）经过消防培训
答案：D

8.（　　）以上人民政府其他有关部门按照管行业必须管安全、管业务必须管安全、管生产经营必须管安全的要求，在各自职责范围内依法依规做好本行业、本系统的消防安全工作。

（A）市级　（B）县级　（C）区级　（D）省级

答案：B

9. 为深入贯彻《中华人民共和国消防法》《中华人民共和国安全生产法》和党中央、国务院关于安全生产及消防安全的重要决策部署，按照政府统一领导、部门依法监管、单位（　　）、公民积极参与的原则，坚持党政同责、一岗双责、齐抓共管、失职追责。

（A）仅对本单位负责　（B）对全社会负责

（C）不负责　（D）全面负责

答案：D

10. 国家鼓励、支持消防科学研究和技术创新，推广使用先进的消防和应急救援技术、设备；鼓励、支持社会力量开展（　　）活动。

（A）消防宣传　（B）消防公益　（C）消防救援　（D）消防器材买卖

答案：B

11. 任何单位和个人都有维护消防安全、保护（　　）、预防火灾、报告火警的义务。

（A）消防环境　（B）公共设施　（C）消防设施　（D）自身安全

答案：C

12.（　　）以上地方各级人民政府应当落实消防工作责任制。

（A）省级　（B）市级　（C）县级　（D）区级

答案：C

13. 同一建筑物由两个以上单位管理或者使用的，应当明确各方的消防安全责任，并确定责任人对共用的疏散通道、（　　）、建筑消防设施和消防车通道进行统一管理。

（A）疏散走道　（B）安全出口　（C）避难走道　（D）消防器材

答案：B

14. 生产、储存、经营易燃易爆危险品的场所不得与居住场所设置在同一建筑物内，并应当与（　　）保持安全距离。

（A）居住场所　（B）商业场所　（C）工业场所　（D）人员密集场所

答案：A

15. 按照国家标准、行业标准配置消防设施、器材，设置（　　）标志，并定期组织检验、维修，确保完好有效。

（A）消防安全　（B）警示　（C）应急疏散　（D）应急照明

答案：A

16. 各单位应（　　）组织开展灭火和应急疏散演练，进行消防工作检查考核，保证各项规章制度落实。

（A）定期　（B）不定期　（C）经常　（D）偶尔

答案：A

17. 人员密集场所室内装修、装饰，应当按照消防技术标准的要求，使用（　　）材料。

（A）难燃、易燃　（B）易燃、可燃　（C）不燃、难燃　（D）易燃、易爆

答案：C

18. 各单位应组织员工进行岗前消防安全培训，定期组织消防安全培训和（　　）。

（A）疏散演练　（B）桌面推演　（C）灭火演练　（D）事故分析

答案：A

19. 任何单位、个人不得损坏、挪用或者擅自拆除、停用消防设施、器材，不得埋压、圈占、遮挡消火栓或者占用防火间距，不得占用、堵塞、封闭（　　）、安全出口、消防车通道。人员密集场所的门窗不得设置影响逃生和灭火救援的障碍物。

（A）疏散通道　（B）安全走道　（C）避难走道　（D）消防车通道

答案：A

20. 任何人发现火灾都应当立即报警。任何单位、个人都应当无偿为报警提供便利，不得阻拦报警。（　　）谎报火警。

（A）严禁　（B）不得

（C）特殊情况下允许　（D）可以

答案：A

21. 火灾现场总指挥根据扑救火灾的需要，无权决定下列事项中的（　　）。

（A）使用各种水源

（B）截断电力、可燃气体和可燃液体的输送，限制用火用电

（C）划定警戒区，实行全局交通管制

（D）利用邻近建筑物和有关设施

答案：C

22. 消防设施、器材或者消防安全标志的配置、设置不符合国家标准、行业标准，或者未保持完好有效的；责令改正，处（　　）以上50000元以下罚款。

（A）5000元　（B）3000元　（C）10000元　（D）20000元

答案：A

23. 指使或者强令他人违反消防安全规定，冒险作业的，尚不构成犯罪的，处（　　）以上15日以下拘留，可以并处500元以下罚款；情节较轻的，处警告或者500元以

下罚款。

（A）7日　　（B）10日　　（C）5日　　（D）14日

答案：B

24. 人员密集场所发生火灾，该场所的现场工作人员不履行组织、引导在场人员疏散的义务，情节严重，尚不构成犯罪的，处5日以上（　　）以下拘留。

（A）30日　　（B）15日　　（C）10日　　（D）7日

答案：C

25. 机关、团体、企业、事业等单位应当履行下列消防安全职责：按照（　　）配置消防设施、器材，设置消防安全标志，并定期组织检验、维修，确保完好有效。

（A）国家标准、政府标准　　（B）国家标准、社会标准

（C）社会标准、行业标准　　（D）国家标准、行业标准

答案：D

26. 对单位动火区域消防安全管理的监督检查，应当根据单位实际情况检查下列内容：是否按照规程要求，划定并明确单位（　　）。

（A）一级动火区和三级动火区　　（B）二级动火区和三级动火区

（C）一级动火区和二级动火区　　（D）二级动火区和二级动火区

答案：C

27. 法人单位的（　　）或者非法人单位的主要负责人是单位的消防安全责任人，对本单位的消防安全工作全面负责。

（A）法定代表人　　（B）主管领导　　（C）分管领导　　（D）上级领导

答案：A

28. 消防安全管理人应当定期向（　　）报告消防安全情况，及时报告涉及消防安全的重大问题。

（A）法定代表人　　（B）主管领导

（C）消防安全责任人　　（D）上级领导

答案：C

29. 消防安全重点单位应落实消防安全责任制，制定本单位的（　　），制定灭火和应急疏散预案。

（A）消防安全制度　　（B）消防安全操作规程

（C）消防安全管理制度　　（D）消防安全制度、消防安全操作规程

答案：D

30. 单位应当将消防安全工作纳入内部检查、（　　）、评比内容。

（A）考核　　（B）绩效　　（C）评先　　（D）评优

答案：A

31. （　　）单位和个人都有维护消防安全、保护消防设施、预防火灾、报告火警的义务。

（A）任何　（B）一些　（C）个别　（D）国企

答案：A

32. 各级单位根据本地区和（　　）消防特点，组织消防安全监督检查。

（A）本省　（B）季节　（C）服务行业　（D）行业

答案：D

33. 安全监督现场检查可采取（　　）方式。

（A）检查询问　（B）查阅审核

（C）交流反馈　（D）现场检查询问、资料查阅

答案：D

34. 对在消防工作中有突出贡献的单位和（　　），应当按照国家有关规定给予表彰和奖励。

（A）部门　（B）团体　（C）个人　（D）组织

答案：C

35. 建设工程的消防设计、施工必须符合国家工程建设（　　）标准。

（A）楼房建筑　（B）土木技术　（C）消防技术　（D）地理位置

答案：C

36. 依法应当进行消防验收的建设工程，未经消防验收或者消防验收（　　）的，禁止投入使用。

（A）不合格　（B）优秀　（C）合格　（D）及格

答案：A

37. 各单位应保障疏散通道、（　　）、消防车通道畅通，保证防火防烟分区、防火间距符合消防技术标准。

（A）安全出口　（B）紧急通道　（C）安全入口　（D）人行道

答案：A

38. （　　）依法对电力企业和用户执行电力法律、行政法规的情况进行监督检查，督促企业严格遵守国家消防技术标准，落实企业主体责任。推广采用先进的火灾防范技术设施，引导用户规范用电。

（A）电力管理部门　（B）银行、证券、保险等金融监管机构

（C）政府部门　（D）财政部门

答案：A

39. 消防安全重点单位应明确承担消防安全管理工作的机构和消防安全管理人并报知（　　），组织实施本单位消防安全管理。消防安全管理人应当经过消防培训。

（A）当地政府部门　（B）省政府部门

（C）应急管理部门　　（D）当地公安消防部门

答案：D

40. 因施工等特殊情况需要使用（　　）的，应当按照规定事先办理审批手续，采取相应的消防安全措施。

（A）带点作业　（B）明火作业　（C）施工作业　（D）电力作业

答案：B

41.（　　）单位一年至少组织开展2次安全监督检查。

（A）县公司级　（B）地市公司级　（C）省公司级　（D）国网公司级

答案：C

42. 易燃易爆气体和液体的充装站、供应站、调压站，应当设置在符合消防安全要求的（　　），并符合防火防爆要求。

（A）地点　（B）空间　（C）位置　（D）场所

答案：C

43. 消防安全重点单位要保障（　　）畅通。

（A）疏散通道、安全出口　　（B）疏散通道、消防车通道

（C）安全出口、消防车通道　　（D）疏散通道、安全出口、消防车通道

答案：D

44. 安全监督部门应建立（　　）档案。

（A）消防安全监督工作　　（B）消防安全检查工作

（C）消防安全工作　　（D）消防安全监督检查工作

答案：D

45. 人员密集场所发生火灾，该场所的现场工作人员（　　）立即组织、引导在场人员疏散。

（A）不必　（B）必须　（C）应当　（D）可以

答案：C

46. 任何单位发生火灾，（　　）立即组织力量扑救。邻近单位应当给予支援。

（A）应当　（B）必须　（C）不必　（D）可以

答案：B

47. 各级人民政府应当组织开展经常性的消防宣传教育，提高公民的（　　）。

（A）整体素质　（B）自救能力　（C）幸福感　（D）消防安全意识

答案：D

48.（　　）根据扑救火灾的需要，有权决定是否截断电力、可燃气体和可燃液体的输送，限制用火用电。

（A）消防部门领导　　（B）在场最大领导

（C）本单位消防负责人　　　　　　　（D）火灾现场总指挥

答案：D

49. 火灾现场总指挥根据扑救火灾的需要，有权决定下列事项：为了抢救人员和重要物资，防止（　　），拆除或者破损毗邻火灾现场的建筑物、构筑物或者设施等。

（A）人员伤亡　　（B）财产受损　　（C）设备受损　　（D）火势蔓延

答案：D

50. 消防车、消防艇以及消防器材、装备和设施，（　　）用于与消防和应急救援工作无关的事项。

（A）可以　　（B）不得　　（C）视情况　　（D）经领导批准可以

答案：B

51. 国家综合性消防救援队、专职消防队扑救火灾、应急救援，（　　）收取任何费用。

（A）不得　　（B）可以　　（C）视情况　　（D）经批准可以

答案：A

52. 对因参加扑救火灾或者应急救援受伤、致残或者死亡的人员，按照国家有关规定给予医疗、（　　）。

（A）帮助　　（B）抚恤　　（C）安慰　　（D）奖金

答案：B

53. 火灾扑灭后，发生火灾的单位和相关人员应当按照消防救援机构的要求保护现场，接受事故调查，（　　）提供与火灾有关的情况。

（A）如实　　（B）应当　　（C）不应　　（D）视情况

答案：A

54.（　　）和个人都有权对住房和城乡建设主管部门、消防救援机构及其工作人员在执法中的违法行为进行检举、控告。收到检举、控告的机关，应当按照职责及时查处。

（A）人民政府　　（B）任何单位　　（C）公安机关　　（D）消防部门

答案：B

55. 生产、储存、经营易燃易爆危险品的场所与居住场所设置在同一建筑物内，或者未与居住场所保持安全距离的，责令停产停业，并处（　　）以上50000元以下罚款。

（A）1000元　　（B）3000元　　（C）5000元　　（D）10000元

答案：C

56. 人员密集场所使用不合格的消防产品或者国家明令淘汰的消防产品的，责令限期改正；逾期不改正的，处（　　）罚款，并对其直接负责的主管人员和其他直接责任人员处500元以上2000元以下罚款；情节严重的，责令停产停业。

（A）5000元以上20000元以下　　　　（B）5000元以上30000元以下

（C）5000元以上50000元以下　　　　（D）5000元以上100000元以下

答案：C

57. 消防安全重点单位要组织（　　），及时消除火灾隐患。

（A）日常巡查　（B）日常检查　（C）防火巡视　（D）防火检查

答案：D

58. 被责令停止施工、停止使用、停产停业的，应当在（　　）后向做出决定的部门或者机构报告，经检查合格，方可恢复施工、使用、生产、经营。

（A）评估　（B）调整　（C）整改　（D）调查

答案：C

59. 当事人逾期不执行停产停业、停止使用、停止施工决定的，由做出决定的部门或者机构（　　）执行。

（A）视情况　（B）不　（C）可以　（D）强制

答案：D

60. 消防设施是指火灾自动报警系统、自动灭火系统、（　　）系统、防烟排烟系统以及应急广播和应急照明、安全疏散设施等。

（A）自动照明　（B）防盗　（C）消火栓　（D）感烟

答案：B

61. 消防产品是指专门用于火灾（　　）、灭火救援和火灾防护、避难、逃生的产品。

（A）救援　（B）告警　（C）预防　（D）预警

答案：C

62. 人员密集场所是指公众聚集场所，医院的门诊楼、病房楼，学校的教学楼、图书馆、食堂和集体宿舍，养老院，福利院，托儿所，幼儿园，公共图书馆的阅览室，公共展览馆、博物馆的展示厅，（　　）企业的生产加工车间和员工集体宿舍，旅游、宗教活动场所等。

（A）外资　（B）国有　（C）劳动密集型　（D）电力

答案：C

63. 依法实施建设工程消防设计审核、消防（　　），开展消防监督检查，组织针对性消防安全专项治理，实施消防行政处罚。

（A）检查　（B）验收　（C）监察　（D）抽查

答案：B

64. 公安机关负责（　　）火灾现场扑救，承担或参加重大灾害事故和其他以抢救人员生命为主的应急救援工作。

（A）组织　（B）指挥　（C）组织和指挥　（D）开展

答案：C

65. 具有行政管理或（　　）职能的部门，应当结合本部门职责为消防工作提供支持和保障。

（A）消防管理 （B）公共服务 （C）安全监督 （D）应急救援

答案：B

66. 机关、团体、企业、事业等单位应当保证防火检查巡查、消防设施器材维护保养、建筑消防设施检测、（ ）、专职或志愿消防队和微型消防站建设等消防工作所需资金的投入。

（A）火灾隐患整改 （B）防火隐患检查

（C）消防用具 （D）灭火器

答案：A

67. 机关、团体、企业、事业等单位应当设有消防控制室的，实行24h值班制度，每班（ ）人，并持证上岗。

（A）2 （B）不少于2 （C）1 （D）3

答案：B

68. 机关、团体、企业、事业等单位应当根据需要建立专职或志愿消防队、（ ），加强队伍建设，定期组织训练演练，加强消防装备配备和灭火药剂储备，建立与公安消防队联勤联动机制，提高扑救初起火灾的能力。

（A）中型消防站 （B）微型消防站 （C）小型消防站 （D）大型消防站

答案：B

69. 消防安全重点单位建立（ ），确定消防安全重点部位，设置防火标志，实行严格管理。

（A）消防责任人制度 （B）消防器材专管制度

（C）火警联络人制度 （D）消防档案

答案：D

70. 各单位应组织员工进行岗前（ ），定期组织消防安全培训和疏散演练。

（A）上级允许 （B）消防安全考试 （C）消防安全培训 （D）心理辅导

答案：C

71. 消防安全重点单位应积极应用消防（ ）、电气火灾监测、物联网技术等技防物防措施。

（A）程序监控 （B）远程监控 （C）遥控监控 （D）遥测监控

答案：B

72. 对容易造成群死群伤火灾的人员密集场所、易燃易爆单位和高层、地下公共建筑等火灾高危单位，应当定期召开（ ），研究本单位消防工作，处理涉及消防经费投入、消防设施设备购置、火灾隐患整改等重大问题。

（A）防火工作例会 （B）消防安全工作例会

（C）消防隐患工作例会 （D）全体会议

答案：B

73. 对容易造成群死群伤火灾的人员密集场所、易燃易爆单位和高层、地下公共建筑等火灾高危单位，消防安全责任人和（　　）须经消防安全培训。

（A）消防人员　（B）消防负责人　（C）特有工种人员　（D）消防器材管理人

答案：C

74. 加强消防工作考核结果运用，建立与主要负责人、分管负责人和（　　）履职评定、奖励惩处相挂钩的制度。

（A）直接责任人　（B）直接负责人

（C）相关部门责任人　（D）领导

答案：A

75.（　　）消防站是单位、社区组建的有人员、有装备，具备扑救初起火灾能力的志愿消防队。

（A）中型　（B）小型　（C）微型　（D）大型

答案：C

76. 为了加强和规范机关、团体、企业、事业单位的消防安全管理，预防火灾和减少火灾危害，根据（　　），制定机关、团体、企业、事业单位消防安全管理规定。

（A）中华人民共和国消防法　（B）中国消防法

（C）人民政府消防法　（D）物权法

答案：A

77. 单位应当遵守消防法律、法规、规章，贯彻（　　）、防消结合的消防工作方针，履行消防安全职责，保障消防安全。

（A）安全意识　（B）预防为主　（C）防患意识　（D）消防意识

答案：B

78. 单位应当落实逐级（　　）和岗位消防安全责任制，明确逐级和岗位消防安全职责，确定各级、各岗位的消防安全责任人。

（A）安全隐患排除　（B）消防监察责任制

（C）消防安全责任制　（D）消防预警制度

答案：C

79. 单位的消防安全责任人应当为本单位的（　　）提供必要的经费和组织保障。

（A）消防安全检测（B）消防演练　（C）消防安全　（D）消防预警

答案：C

80. 单位的消防安全责任人组织（　　），督促落实火灾隐患整改，及时处理涉及消防安全的重大问题。

（A）安全隐患检查（B）防火检查　（C）消防演练

答案：B

81. 单位的消防安全责任人根据消防法规的规定建立（　　）、义务消防队。

（A）消防安全管理部门　　（B）志愿者消防队

（C）专职消防队　　（D）单位消防队

答案：C

82. 单位的消防安全责任人组织制定符合本单位实际的灭火和应急疏散（　　），并实施演练。

（A）预案　　（B）方案　　（C）办法　　（D）预警

答案：A

83. 消防安全管理人对单位的消防安全责任人负责，实施和组织落实拟订（　　），组织实施日常消防安全管理工作。

（A）季度消防工作计划　　（B）月度消防工作计划

（C）年度消防工作计划　　（D）消防工作计划

答案：C

84. 消防安全管理人组织制订消防安全制度和保障消防安全的操作规程并（　　）其落实。

（A）监管　　（B）检查督促　　（C）监察　　（D）检查

答案：B

85. 消防安全管理人拟订（　　）的资金投入和组织保障方案。

（A）消防安全工作（B）消防用具　　（C）安全隐患检测（D）消防设备

答案：A

86. 消防安全管理人组织实施（　　）整改工作。

（A）火灾隐患　　（B）防火检查

（C）防火检查和火灾隐患　　（D）消防设备

答案：C

87. 消防安全管理人组织实施对本单位（　　）、灭火器材和消防安全标志的维护保养，确保其完好有效，确保疏散通道和安全出口畅通。

（A）消防设施　　（B）消防用具　　（C）消防服　　（D）防毒面具

答案：A

88. 消防安全管理人组织管理（　　）。

（A）义务消防队　　（B）专职消防队

（C）专职消防队和义务消防队　　（D）志愿消防队

答案：C

89. 消防安全管理人在员工中组织开展消防知识、技能的宣传教育和（　　），组织灭火和应急疏散预案的实施和演练。

（A）演练　（B）培训　（C）考试　（D）竞赛

答案：B

90. 消防安全管理人应当（　　）向消防安全责任人报告消防安全情况，及时报告涉及消防安全的重大问题。

（A）定期　（B）不定时　（C）每日　（D）每周

答案：A

91. 未确定消防安全管理人的单位，（　　）由单位消防安全责任人负责实施。

（A）消防教育　（B）消防安全日常工作

（C）消防安全管理工作　（D）消防演习工作

答案：C

92. 消防车通道、涉及（　　）的疏散设施和其他建筑消防设施应当由产权单位或者委托管理的单位统一管理。

（A）公共消防安全（B）人身安全　（C）财产损失　（D）设备安全

答案：A

93. 承包、承租或者（　　）、管理的单位应当遵守机关、团体、企业、事业单位消防安全管理规定，在其使用、管理范围内履行消防安全职责。

（A）非法经营　（B）合法经营　（C）受委托经营　（D）私自经营

答案：C

94. 对于有（　　）产权单位和使用单位的建筑物，各产权单位、使用单位对消防车通道、涉及公共消防安全的疏散设施和其他建筑消防设施应当明确管理责任，可以委托统一管理。

（A）两个　（B）两个以上　（C）三个　（D）多个

答案：B

95. 建筑工程施工现场的消防安全由（　　）负责。

（A）施工单位　（B）消防部门　（C）物业　（D）物资部门

答案：A

96. 对建筑物进行（　　）、扩建和装修的工程，建设单位应当与施工单位在订立的合同中明确各方对施工现场的消防安全责任。

（A）局部翻修　（B）局部改建　（C）全部翻修　（D）全部改建

答案：B

97.（　　）等重点工程的施工现场，应当按照机关、团体、企业、事业单位消防安全管理规定对消防安全重点单位的要求，实行严格管理。

（A）国家和省级　（B）市级和省级　（C）县级以上　（D）区级以上

答案：A

98. 消防安全重点单位应当设置或者确定消防工作的归口管理职能部门，并确定（　　）的消防管理人员。

（A）兼职　（B）专职　（C）专职或者兼职　（D）志愿

答案：C

99. 单位消防安全制度不包括（　　）。

（A）消防值班　（B）消防安全工作考评

（C）消防演练　（D）消防安全教育

答案：C

100. 单位应当对（　　）实行严格的消防安全管理。

（A）聚集性活动　（B）公共区域　（C）动用明火　（D）抽烟

答案：C

101. 因特殊情况需要进行电、气焊等明火作业的，（　　）应当按照单位的用火管理制度办理审批手续，落实现场监护人，在确认无火灾、爆炸危险后方可动火施工。

（A）动火人员　（B）动火部门和人员　（C）动火负责人　（D）工作人员

答案：B

102. 公众聚集场所或者两个以上单位共同使用的建筑物局部施工需要使用明火时，施工单位和使用单位应当共同采取措施，将施工区和使用区进行防火分隔，清除动火区域的易燃、可燃物，配置消防器材，（　　）监护，保证施工及使用范围的消防安全。

（A）监察部门　（B）负责人　（C）专人　（D）领导

答案：C

103. 以下选项中属于严禁行为的是（　　）。

（A）在生产期间将安全出口上锁　（B）安全出口畅通

（C）应急照明处于正常状态　（D）安全出口门开闭良好

答案：A

104. 单位应当遵守国家有关规定，对（　　）危险物品的生产、使用、储存、销售、运输或者销毁实行严格的消防安全管理。

（A）煤气罐　（B）易燃易爆　（C）鞭炮　（D）酒精

答案：B

105. 单位应当根据消防法规的有关规定，建立专职消防队、义务消防队，配备相应的消防装备、器材，并组织开展（　　）学习和灭火技能训练，提高预防和扑救火灾的能力。

（A）使用消防装备（B）灭火能力　（C）消防业务　（D）消防知识

答案：C

106. 任何单位、人员都应当（　　）为报火警提供便利，不得阻拦报警。

（A）无偿　（B）有偿　（C）积极　（D）尽量

答案：A

107. 单位应当为公安消防机构抢救人员、扑救火灾提供便利和（　　）。

（A）物质　（B）金钱　（C）条件　（D）支持

答案：C

108. 未经公安消防机构同意，（　　）清理火灾现场。

（A）特殊情况下可以　（B）不得擅自

（C）可以　（D）两人以上可以

答案：B

109.（　　）应当及时纠正违章行为，妥善处置火灾危险，无法当场处置的，应当立即报告。

（A）防火巡查人员　（B）消防员

（C）消防安全部门　（D）消防负责人

答案：A

110. 机关、团体、事业单位应当至少（　　）进行一次防火检查。

（A）每半年　（B）每月　（C）每季度　（D）每年

答案：C

111. 在（　　）之前，单位应当落实防范措施，保障消防安全。

（A）检测火灾隐患　（B）火灾隐患未消除

（C）火灾隐患未上报　（D）火灾隐患未记录

答案：B

112. 消防安全重点单位对每名员工应当至少（　　）消防安全培训。

（A）每季度进行一次　（B）每半年进行一次

（C）每年进行一次　（D）每两年进行一次

答案：C

113. 机关、团体、事业单位应当至少每季度进行一次防火检查，其他单位应当至少每月进行一次防火检查。检查的内容应当包括（　　）配置及有效情况。

（A）对讲机　（B）安全锁　（C）安全帽　（D）灭火器材

答案：D

114. 特殊建设工程未经（　　）或者审查不合格的，建设单位、施工单位不得施工。

（A）消防设计审查　（B）设计图纸审查

（C）施工许可证审查　（D）建筑许可证审查

答案：A

115. 依法应当进行（　　）的建设工程，未经消防验收或者消防验收不合格的，禁止投入使用。

（A）质量验收　（B）消防验收　（C）防火验收　（D）消防检查

答案：B

116. 机关、团体、企业、事业等单位应当落实消防安全责任制，制定本单位的消防安全制度、消防安全操作规程，制定灭火和（　　）。

（A）人员疏散方案　（B）应急处置预案

（C）应急疏散预案　（D）逃生预案

答案：C

117. 单位的（　　）是本单位的消防安全责任人。

（A）领导干部　（B）主要负责人　（C）管理人员　（D）一般职工

答案：B

118.（　　）生产、销售或者使用不合格的消防产品以及国家明令淘汰的消防产品。

（A）禁止　（B）严禁　（C）不准　（D）不得

答案：A

119. 损坏、挪用或者擅自拆除、停用消防设施、器材的，责令改正，处（　　）以上50000元以下罚款。

（A）1000元　（B）2000元　（C）3000元　（D）5000元

答案：D

120. 占用、堵塞、封闭疏散通道、安全出口或者有其他妨碍安全疏散行为的，责令改正，处（　　）以上50000元以下罚款。

（A）1000元　（B）2000元　（C）3000元　（D）5000元

答案：D

121. 埋压、圈占、遮挡消火栓或者占用防火间距的，责令改正，处5000元以上（　　）以下罚款。

（A）20000元　（B）30000元　（C）50000元　（D）100000元

答案：C

122. 人员密集场所在门窗上设置影响逃生和灭火救援的障碍物的，责令改正，处5000元以上（　　）以下罚款。

（A）20000元　（B）30000元　（C）50000元　（D）100000元

答案：C

123. 对火灾隐患经消防救援机构通知后不及时采取措施消除的，责令改正，处5000元以上（　　）以下罚款。

（A）20000元　（B）30000元　（C）50000元　（D）100000元

答案：C

124. 违反规定使用明火作业或者在具有火灾、爆炸危险的场所吸烟、使用明火的，处警告或者500元以下罚款；情节严重的，处（　　）以下拘留。

（A）3日　（B）5日　（C）7日　（D）10日

答案：B

125. 在火灾发生后阻拦报警，或者负有报告职责的人员不及时报警的，尚不构成犯罪的，处（　　）以上15日以下拘留，可以并处500元以下罚款；情节较轻的，处警告或者500元以下罚款。

（A）3日　（B）5日　（C）7日　（D）10日

答案：D

126. 扰乱火灾现场秩序，或者拒不执行火灾现场指挥员指挥，影响灭火救援的，尚不构成犯罪的，处10日以上15日以下拘留，可以并处500元以下罚款；情节较轻的，处警告或者（　　）以下罚款。

（A）200元　（B）500元　（C）800元　（D）1000元

答案：B

127. 故意破坏或者伪造火灾现场的，尚不构成犯罪的，处10日以上（　　）日以下拘留，可以并处500元以下罚款；情节较轻的，处警告或者500元以下罚款。

（A）10日　（B）15日　（C）20日　（D）25日

答案：B

128. 擅自拆封或者使用被消防救援机构查封的场所、部位的，尚不构成犯罪的，处（　　）以上15日以下拘留，可以并处500元以下罚款；情节较轻的，处警告或者500元以下罚款。

（A）3日　（B）5日　（C）7日　（D）10日

答案：D

129. 机关、团体、事业单位应当至少每季度进行一次防火检查，其他单位应当至少每月进行一次防火检查。检查的内容应当包括（　　）有无违章情况。

（A）用火、用水　（B）用水、用电　（C）用人、用电　（D）用火、用电

答案：D

130. 机关、团体、事业单位应当至少每季度进行一次防火检查，其他单位应当至少每月进行一次防火检查。检查的内容应当包括（　　）以及其他员工消防知识的掌握情况。

（A）一般工种人员　（B）非重点工种人员

（C）特殊工种人员　（D）重点工种人员

答案：D

131. 机关、团体、事业单位应当至少每季度进行一次防火检查，其他单位应当至少每

月进行一次防火检查。检查的内容应当包括（　　）情况。

（A）安全疏散通道、疏散指示标志

（B）疏散指示标志、应急照明

（C）应急照明和安全出口

（D）安全疏散通道、疏散指示标志、应急照明和安全出口

答案：D

132. 机关、团体、事业单位应当至少每季度进行一次防火检查，其他单位应当至少每月进行一次防火检查。检查的内容应当包括燃易爆危险物品和场所（　　）措施的落实情况以及其他重要物资的防火安全情况。

（A）防火防水　（B）防火防电　（C）防火防爆　（D）防电防爆

答案：C

133. 消防安全重点单位应建立消防档案，确定消防安全重点部位，设置（　　），实行严格管理。

（A）消防标志　（B）防火标志　（C）安全标志　（D）指示标志

答案：B

134. 机关、团体、事业单位应当至少每季度进行一次防火检查，其他单位应当至少每月进行一次防火检查。检查的内容应当包括消防（控制室）（　　）情况和设施运行、记录情况。

（A）运行　（B）设备　（C）人员　（D）值班

答案：D

135. 机关、团体、事业单位应当至少每季度进行一次防火检查，其他单位应当至少每月进行一次防火检查。检查的内容应当包括（　　）巡查情况。

（A）防火　（B）防水　（C）防盗　（D）防电

答案：A

136. 机关、团体、事业单位应当至少每季度进行一次防火检查，其他单位应当至少每月进行一次防火检查。检查的内容应当包括消防安全标志的设置情况和（　　）情况。

（A）损坏　（B）完好　（C）完好、有效　（D）使用

答案：C

137. 单位应组织员工（　　）消防安全培训，定期组织消防安全培训和疏散演练。

（A）开工前　（B）工作前　（C）入职前　（D）进行岗前

答案：D

138. 机关、团体、事业单位应当至少每季度进行一次防火检查，其他单位应当至少每月进行一次防火检查。检查的内容应当包括（　　）的管理情况。

（A）灭火器　（B）消防栓

（C）消防安全一般部位　　（D）消防安全重点部位

答案：D

139. 火灾现场总指挥根据扑救火灾的需要，有权决定下列事项：调动（　　）、通信、医疗救护、交通运输、环境保护等有关单位协助灭火救援。

（A）供水、供电、消防　　（B）财政、供电、供气

（C）供水、供电、财政　　（D）供水、供电、供气

答案：D

140. 违反《中华人民共和国消防法》规定，有下列行为之一，尚不构成犯罪的，处10日以上15日以下拘留，可以并处500元以下罚款；情节较轻的，处警告或者500元以下罚款：在火灾发生后（　　），或者负有报告职责的人员不及时报警的。

（A）及时报警　（B）逃离现场　（C）视而不见　（D）阻拦报警

答案：D

141. 单位应当保障疏散通道、安全出口畅通，严禁下列行为：在营业、生产、教学、工作等期间将安全出口（　　）或者将消防安全疏散指示标志遮挡、覆盖。

（A）上锁、占用（B）上锁、遮挡　（C）占用、遮挡　（D）破坏、遮挡

答案：C

142. 单位应当按照建筑消防设施检查维修保养有关规定的要求，对建筑消防设施的完好有效情况进行（　　）。

（A）检查和试验　　（B）试验和维修保养

（C）检查和维护　　（D）检查和维修保养

答案：D

143. 无人值班变电站消防控制室原则上应设置在运维班驻地的值班室，对所辖的变电站实行集中管理，设置在其他地点的应由（　　）批准确认。

（A）国家电网有限公司　　（B）省公司

（C）地市公司　　（D）县公司

答案：A

144. 消防监督检查的形式有对单位履行法定消防安全职责情况的（　　）。

（A）安全检查　（B）监督抽查　（C）核查　（D）审查

答案：B

145. 消防监督检查的形式有对举报投诉的消防安全违法行为的（　　）。

（A）安全检查　（B）监督抽查　（C）核查　（D）审查

答案：C

146. 消防监督检查的形式有对大型群众性活动举办前的消防（　　）。

（A）安全检查　（B）监督抽查　（C）核查　（D）审查

答案：A

147. 消防监督检查的形式有根据需要进行的其他消防（　　）。

（A）安全检查　（B）监督抽查　（C）核查　（D）审查

答案：B

148. 消防安全重点单位应当作为（　　）的重点，非消防安全重点单位必须在监督抽查的单位数量中占有一定比例。

（A）安全检查　（B）监督抽查　（C）核查　（D）审查

答案：B

149. 对属于人员密集场所的消防安全重点单位（　　）至少监督检查一次。

（A）每年　（B）每6个月　（C）每月　（D）每季度

答案：A

150. 对单位履行法定消防安全职责情况的监督抽查，应当根据单位的实际情况检查建筑物或者场所的使用情况是否与消防验收或者进行消防竣工验收（　　）时确定的使用性质相符。

（A）预案　（B）备案　（C）草案　（D）指示

答案：B

151. 对单位履行法定消防安全职责情况的监督抽查，应当根据单位的实际情况检查单位消防安全制度、灭火和应急疏散（　　）是否制定。

（A）预案　（B）备案　（C）草案　（D）指示

答案：A

152. 对单位履行法定消防安全职责情况的监督抽查，应当根据单位的实际情况检查建筑消防设施是否定期进行全面检测，消防设施、器材和消防安全标志是否（　　）组织检验、维修，是否完好有效。

（A）每年　（B）每季度　（C）定期　（D）每月

答案：C

153. 对单位履行法定消防安全职责情况的监督抽查，应当根据单位的实际情况检查电器线路、燃气管路是否（　　）维护保养、检测。

（A）每年　（B）每季度　（C）定期　（D）每月

答案：C

154. 对单位履行法定消防安全职责情况的监督抽查，应当根据单位的实际情况检查疏散通道、安全出口、消防车通道是否畅通，防火分区是否改变，防火间距是否被（　　）。

（A）堵塞　（B）占用　（C）限制　（D）损坏

答案：B

155. 对单位履行法定消防安全职责情况的监督抽查，应当根据单位的实际情况检查是否组织防火检查、消防演练和员工消防安全教育培训，自动消防系统操作人员是否（　　）上岗。

（A）经学习　（B）经考试合格　（C）持证　（D）经培训后

答案：C

156. 对单位履行法定消防安全职责情况的监督抽查，应当根据单位的实际情况检查生产、储存、经营易燃易爆危险品的场所是否与（　　）场所设置在同一建筑物内。

（A）居住　（B）工作　（C）娱乐　（D）人员密集

答案：A

157. 对大型的人员密集场所和其他特殊建设工程的施工工地进行消防监督检查，应当重点检查施工单位是否制定施工现场消防安全制度、灭火和应急疏散（　　）。

（A）预案　（B）备案　（C）草案　（D）指示

答案：A

158. 对大型的人员密集场所和其他特殊建设工程的施工工地进行消防监督检查，应当重点检查施工单位对电焊、气焊等明火作业是否有相应的消防安全（　　）。

（A）保护措施　（B）防护措施　（C）预备措施　（D）预案

答案：B

159. 对大型的人员密集场所和其他特殊建设工程的施工工地进行消防监督检查，应当重点检查施工单位是否设置与施工进度相适应的临时消防水源、安装（　　）并配备水带水枪，消防器材是否配备并完好有效。

（A）消火栓　（B）灭火器　（C）沙桶　（D）铁锹

答案：A

160. 对大型的人员密集场所和其他特殊建设工程的施工工地进行消防监督检查，应当重点检查施工单位是否组织员工消防安全教育培训和消防（　　）。

（A）练习　（B）演练　（C）学习　（D）培训

答案：B

161. 对大型的人员密集场所和其他特殊建设工程的施工工地进行消防监督检查，应当重点检查施工单位员工集体宿舍是否与施工作业区分开设置，员工集体宿舍是否存在违章用火、（　　）、用油、用气。

（A）用电　（B）用水　（C）用炭　（D）用气

答案：A

162. 对影响公共安全的重大火灾隐患，还应当在确定之日起（　　）工作日内书面通知存在重大火灾隐患的单位进行整改。

（A）3个　（B）7个　（C）15个　（D）10个

答案：A

163. 对检查确认火灾隐患已（　　）的，应当做出解除临时查封的决定。

（A）处理　（B）解决　（C）消除　（D）记录

答案：C

164. 影响人员安全疏散或者灭火救援行动，不能（　　）改正的应当确定为火灾隐患。

（A）稍后　（B）立即　（C）马上　（D）适时

答案：B

165. 擅自改变防火（　　），容易导致火势蔓延、扩大的应当确定为火灾隐患。

（A）分区　（B）区域　（C）区划　（D）布置

答案：A

166. 不符合（　　）消防安全布局要求，影响公共安全的应当确定为火灾隐患。

（A）城市　（B）农村　（C）城郊　（D）县城

答案：A

167. 在火灾（　　）季节，重大节日、重大活动前或者期间，应当组织监督抽查。

（A）多发　（B）少发　（C）不发　（D）几乎不发生

答案：A

168. 对单位履行法定消防安全职责情况的（　　），应当根据单位的实际情况检查建筑物或者场所是否依法通过消防验收或者进行消防竣工验收备案，公众聚集场所是否通过投入使用、营业前的消防安全检查。

（A）安全检查　（B）监督抽查　（C）核查　（D）审查

答案：B

169. 单位对职工的消防安全教育培训应当将本单位的火灾危险性、防火灭火措施、消防设施及灭火器材的操作使用方法、（　　）等作为培训的重点。

（A）消防知识　（B）灭火知识

（C）人员疏散逃生知识　（D）防火知识

答案：C

170. 各部门应当建立（　　），定期研究、共同做好消防安全教育培训工作。

（A）考察机制　（B）协作机制　（C）监察机制　（D）合作机制

答案：B

171. 消防安全教育培训的内容应当符合（　　）的消防安全教育培训大纲的要求。

（A）全国统一　（B）消防法　（C）培训机构　（D）消防机构

答案：A

172. 单位应当根据本单位的特点，对在岗的职工（　　）消防安全培训。

（A）每年至少进行一次　（B）每季度至少进行一次

（C）每半年至少进行一次　（D）每月至少组织一次

答案：A

173. 由两个以上单位管理或者使用的同一建筑物，负责公共消防安全管理的单位应当对建筑物内的单位和职工进行消防安全宣传教育，每年（　　）灭火和应急疏散演练。

（A）至少组织两次（B）至少组织一次 （C）组织一次 （D）可开展多次

答案：B

174. 单位对消防安全教育培训工作成绩突出的职工，应当给予（　　）。

（A）表彰奖励 （B）鼓励 （C）奖励 （D）表彰

答案：A

175. 消防工作贯彻预防为主、防消结合的方针，按照政府统一领导、部门依法监管、单位全面负责、公民积极参与的原则，实行消防安全责任制，（　　）社会化的消防工作网络。

（A）建立 （B）建立健全 （C）健全 （D）完善

答案：B

176. 以下选项中（　　）不是机关、团体、企业、事业等单位履行的消防安全职责。

（A）落实消防安全责任制，制定本单位的消防安全制度

（B）制定灭火和应急疏散预案，并不定期组织有针对性的演练，提高组织疏散逃生的能力

（C）按照国家和行业标准配置消防设施、器材

（D）设置消防安全标志，不定期组织检验、维修，确保完好有效

答案：B

177. 建设工程施工应当符合消防安全规定，其消防安全工作由施工单位负责，建设单位予以（　　）。

（A）配合 （B）协助 （C）帮助 （D）帮忙

答案：B

178. 施工单位应当制定并落实消防安全管理制度，指定专人负责施工现场消防工作，配备必要的灭火器具，随施工进度保障充足的消防水源，保证（　　）畅通。

（A）消防通道 （B）安全通道 （C）安全出口 （D）消防道路

答案：A

179. 施工现场搭建的员工宿舍应当符合消防安全要求。禁止在（　　）的建筑物内设置员工宿舍。

（A）尚未开工 （B）尚未竣工 （C）已经完工 （D）已经开工

答案：B

180. 施工前，建设单位或者监理单位应当核查民用建筑外保温材料质量证明文件；无质量证明文件的，不得同意使用。施工单位应当在建设单位或者监理单位的监督下现

场取样，委托具有相应资质等级的检验机构进行检验。检验（ ）的，不得使用。

（A）合格 （B）不合格 （C）完成 （D）未完成

答案：B

181. 建筑物的外墙装修装饰、建筑屋面使用以及广告牌的设置，不得影响防火、（ ）和灭火救援。

（A）逃生 （B）疏散 （C）通行 （D）逃跑

答案：A

182. 用火应当遵守有关规定，落实消防安全措施。用火作业结束后应当及时清理现场。使用可燃气体应当符合（ ）有关规定。

（A）消防安全 （B）消防监督 （C）消防管理 （D）安全生产

答案：A

183. 电气线路、电气设备应当由专业技术人员安装、维修，并按照有关规定（ ）进行安全检测。

（A）不定期 （B）定期 （C）随机 （D）随时

答案：B

184. 生产、储存、运输、销售、使用、销毁易燃易爆危险物品和在燃气、油气管线的（ ）生产、施工，应当遵守消防技术标准和有关消防安全管理的规定。

（A）消防安全距离外 （B）电气安全距离内

（C）消防安全距离内 （D）电气安全距离外

答案：C

185. 单位设有自动消防设施的，应当委托具备消防设施检测资质的机构，对自动消防设施每年至少进行（ ）消防安全技术检测，确保设施完好有效。

（A）一次 （B）两次 （C）三次 （D）四次

答案：A

186. 鼓励和支持单位设置的（ ）与城市火灾自动报警信息系统联网。

（A）火灾报警系统 （B）自动报警系统

（C）火灾自动报警系统 （D）火灾自动喷淋系统

答案：C

187. 高层建筑内的机关、团体、企业、事业等单位应当至少每季度开展一次（ ）。

（A）防火检查 （B）防火巡查 （C）消防检查 （D）消防巡查

答案：A

188. 消防重点单位和人员密集场所应当组织（ ）防火巡查。

（A）每季度 （B）每月 （C）每日 （D）每周

答案：C

189. 高层建筑管理人应当对消防重点部位（　　）至少进行一次防火巡查，对高层建筑消防设施每半年至少进行一次全面检测并建立检测档案，对火灾隐患应当及时排除。

（A）每季度　（B）每月　（C）每日　（D）每周

答案：C

190. 倡导高层建筑业主或者使用人（　　）口哨、手电筒、防烟面具等自救工具。

（A）自备　（B）必备　（C）携带　（D）分发

答案：A

191. 高层建筑内的单位，应当建立禁止或者限制室内（　　）的制度和措施。

（A）饮酒　（B）做饭　（C）吸烟　（D）餐饮

答案：C

192. 机关、团体、企业、事业等单位消防安全责任人、消防安全（　　）应当按照国家规定接受有关单位组织的消防安全培训。

（A）管理人员　（B）负责人　（C）监督人员　（D）巡查人员

答案：A

193. 从事电焊、气焊等具有（　　）作业的人员应当按照国家规定接受有关单位组织的消防安全培训。

（A）火灾危险　（B）电气危险　（C）有毒气体危险　（D）施工隐患

答案：A

194. 机关、团体、企业、事业等单位应当每年至少组织一次（　　）和应急疏散演练，消防安全重点单位每半年至少组织一次灭火和应急疏散演练。

（A）灭火　（B）救火　（C）防灾　（D）防火

答案：A

195. 禁止组织（　　）参加火灾扑救。

（A）成年人　（B）未成年人　（C）外国人　（D）儿童

答案：B

196. 单位违反辽宁省消防条例规定，有下列行为之一，存在火灾隐患，经公安机关消防机构通知后不及时采取措施消除的，责令改正，并处10000元以上50000元以下罚款：（　　）、使用可燃气体违反消防安全规定的。

（A）用电　（B）做饭　（C）用火　（D）用电、用火

答案：D

197. 单位设置消防控制室的，应当实行具有（　　）的人员24h值班制度。

（A）专业资质　（B）专业资格　（C）职业资格　（D）职业资质

答案：C

198. 任何（　　）不得擅自改变消防规划中确定的消防队（站）和消防设施用地用途，确需调整的，应当按照法定程序审批。

（A）单位　　（B）个人　　（C）单位和个人　　（D）企业

答案：C

199. 任何（　　）不得更改经公安机关消防机构审核合格的消防设计；确需修改的，建设单位应当向出具消防设计审核意见的公安机关消防机构重新申请消防设计审核。

（A）单位　　（B）个人　　（C）单位和个人　　（D）企业

答案：C

200. 消防建设工程不得（　　）。

（A）重复备案　　（B）虚假备案

（C）重复备案、虚假备案　　（D）多次备案

答案：C

201. 施工单位应当制定并落实消防安全管理制度，指定（　　）负责施工现场消防工作，配备必要的灭火器具，随施工进度保障充足的消防水源，保证消防通道畅通。

（A）专人　　（B）兼职　　（C）临时人员　　（D）人员

答案：A

202.（　　）消防队应当经常组织消防队员开展有针对性的业务培训。

（A）专职　　（B）志愿　　（C）临时　　（D）义务

答案：B

203. 建设工程的消防设计、施工（　　）符合国家工程建设消防技术标准。

（A）应当　　（B）必须　　（C）可以　　（D）全部

答案：B

204. 建设单位不得要求设计、施工、工程监理等有关单位和人员违反消防法规和国家工程建设消防技术标准，（　　）建设工程消防设计、施工质量。

（A）增强　　（B）改变　　（C）提高　　（D）降低

答案：D

205. 依法申请建设工程消防设计审核、消防验收，依法办理消防设计和竣工验收消防备案手续并接受抽查；建设工程内设置的公众聚集场所未经消防安全检查或者经检查不符合消防安全要求的，（　　）投入使用、营业。

（A）可以　　（B）不得　　（C）经申请可以　　（D）经协商可以

答案：B

206. 在设计中选用的消防产品和具有（　　）性能要求的建筑构件、建筑材料、装修材料，应当注明规格、性能等技术指标，其质量要求必须符合国家标准或者行业标准。

（A）防水　　（B）防火　　（C）防漏电　　（D）防震

答案：B

207. 施工单位应按照国家工程建设消防技术标准和经消防设计审核合格或者备案的消防设计文件组织施工，不得擅自改变消防设计进行施工，（　　）消防施工质量。

（A）增加　（B）保证　（C）降低　（D）取消

答案：C

208. 施工单位应查验消防产品和具有防火性能要求的建筑构件、建筑材料及装修材料的质量，使用（　　）产品，保证消防施工质量。

（A）合格　（B）低价　（C）任意　（D）标准

答案：A

209. 施工单位应建立施工现场消防安全责任制度，确定消防安全负责人。加强对施工人员的消防教育培训，落实动火、用电、易燃可燃材料等消防管理制度和操作规程。保证在建工程竣工验收前消防通道、消防水源、消防设施和器材、消防安全标志等（　　）。

（A）完好　（B）有效　（C）完好有效　（D）正确

答案：C

210. 工程监理单位应在消防产品和具有防火性能要求的建筑构件、建筑材料、装修材料施工、安装前，核查产品质量证明文件，（　　）同意使用或者安装不合格的消防产品和防火性能不符合要求的建筑构件、建筑材料、装修材料。

（A）可以　（B）不得　（C）经申请可以　（D）经协商可以

答案：B

211. 建设、设计、施工、工程监理单位、消防技术服务机构及其从业人员违反有关消防法规、国家工程建设消防技术标准，造成（　　）后果的，除依法给予行政处罚或者追究刑事责任外，还应当依法承担民事赔偿责任。

（A）轻微　（B）一般　（C）严重　（D）危害

答案：D

212. 建设单位在申请消防设计审核、消防验收时，提供虚假材料的，公安机关消防机构不予受理或者不予许可并处（　　）。

（A）罚款　（B）警告　（C）行政拘留　（D）批准逮捕

答案：B

213. 违反建设工程消防监督管理规定并及时纠正，未造成（　　）后果的，可以从轻、减轻或者免予处罚。

（A）轻微　（B）一般　（C）严重　（D）危害

答案：D

214. 已经通过消防设计审核，擅自改变消防设计，（　　）消防安全标准的应当依法从重处罚。

（A）降低　（B）提高　（C）维持　（D）保持

答案：A

215. 建设工程未依法进行备案，且不符合国家工程建设消防技术标准（　　）要求的应当依法从重处罚。

（A）强制性　（B）非强制性　（C）国标　（D）地方性

答案：A

216. 工程监理单位与建设单位或者施工单位串通，弄虚作假，降低消防施工质量的应当依法（　　）处罚。

（A）从轻　（B）严格　（C）从重　（D）按标准

答案：C

217. 建设、设计、施工单位不得擅自修改已经依法备案的建设工程消防设计。确需修改的，建设单位应当（　　）消防设计备案。

（A）重新申报　（B）无需申报　（C）网上申报　（D）当面报送

答案：A

218. 建设工程消防监督管理规定适用于新建、扩建、改建（含室内外装修、建筑保温、用途变更）等（　　）工程的消防监督管理。

（A）土木　（B）电气　（C）建设　（D）建筑

答案：C

219. 建设、设计、施工、工程监理等单位应当遵守消防法规、建设工程质量管理法规和国家消防技术标准，对建设工程（　　）设计、施工质量和安全负责。

（A）安全　（B）消防　（C）建筑　（D）电气

答案：B

220. 依法应当经消防设计审核、消防验收的建设工程，未经审核或者审核不合格的，（　　）组织施工；未经验收或者验收不合格的，不得交付使用。

（A）可以　（B）不得　（C）经申请可以　（D）经协商可以

答案：B

221. 设计单位应当根据（　　）和国家工程建设消防技术标准进行消防设计，编制符合要求的消防设计文件，不得违反国家工程建设消防技术标准强制性要求进行设计。

（A）消防法规　（B）行业标准　（C）企业标准　（D）地方标准

答案：A

222. 工程（　　）应按照国家工程建设消防技术标准和经消防设计审核合格或者备案的消防设计文件实施工程监理。

（A）设计单位　（B）监理单位　（C）施工单位　（D）发包单位

答案：B

223. 社会消防技术服务机构应当依法设立，社会消防技术服务工作应当依法开展。为建设工程消防设计、竣工验收提供图纸审查、安全评估、检测等消防技术服务的机构和人员，应当依法取得相应的资质、资格，按照法律、行政法规、国家标准、行业标准和执业准则提供（　　）服务，并对出具的审查、评估、检验、检测意见负责。
（A）消防技术　（B）应急技术　（C）环保技术　（D）安防技术
答案：A

224. 依法需要办理建设工程规划许可的，应当提供（　　）；依法需要城乡规划主管部门批准的临时性建筑，属于人员密集场所的，应当提供城乡规划主管部门批准的证明文件。
（A）建设许可　（B）单位领导身份证件
（C）临时建筑建设许可　（D）建设工程规划许可证明文件
答案：D

225. 建筑的总平面布局和平面布置、耐火等级、建筑构造、（　　）、消防给水、消防电源及配电、消防设施等的消防设计须符合国家工程建设消防技术标准。
（A）安全疏散　（B）安全出口　（C）疏散通道　（D）安全通道
答案：A

226. 建设单位在申请消防设计审核、消防验收时，提供（　　）材料的，公安机关消防机构不予受理或者不予许可并处警告。
（A）真实　（B）虚假　（C）错误　（D）部分
答案：B

227. 违反建设工程消防设计审查验收管理暂行规定并及时纠正，未造成危害后果的，可以从轻、减轻或者（　　）处罚。
（A）从重　（B）加倍　（C）免予　（D）减少
答案：C

228. 机关、团体、企业、事业单位消防安全管理规定适用于中华人民共和国境内的机关、团体、企业、事业单位（以下统称单位）自身的（　　）。法律、法规另有规定的除外。
（A）消防安全管理　（B）消防安全监督
（C）安全管理　（D）消防管理
答案：A

229. 消防安全重点单位及其（　　）、消防安全管理人应当报当地公安消防机构备案。
（A）法人　（B）消防安全责任人
（C）责任人　（D）负责人
答案：B

230. 单位应当将容易发生火灾、一旦发生火灾可能（　　）人身和财产安全以及对消防安全有重大影响的部位确定为消防安全重点部位，设置明显的防火标志，实行严格管理。

（A）一般危及　（B）不会危及　（C）造成　（D）严重危及

答案：D

231.（　　）占用疏散通道。

（A）可以　（B）禁止　（C）原则上不得　（D）随意

答案：B

232. 单位发生火灾时，应当立即（　　）和应急疏散预案，务必做到及时报警，迅速扑救火灾，及时疏散人员。

（A）拨打火警电话　（B）报告上级

（C）实施灭火　（D）扑救

答案：C

233. 建设工程的建设、设计、施工和监理等单位应当遵守消防法律、法规、规章和工程建设消防技术标准，在工程设计（　　）对工程的消防设计、施工质量承担终身责任。

（A）开始前　（B）开始后　（C）使用年限外　（D）使用年限内

答案：D

234. 单位的消防安全责任人应当贯彻执行消防（　　），保障单位消防安全符合规定，掌握本单位的消防安全情况。

（A）制度　（B）法规　（C）规定　（D）条款

答案：C

235. 单位的消防安全责任人应当将消防工作与本单位的生产、科研、经营、管理等活动统筹（　　），批准实施年度消防工作计划。

（A）安排　（B）实施　（C）管理　（D）要求

答案：A

236. 单位的消防安全责任人应当组织防火（　　），督促落实火灾隐患整改，及时处理涉及消防安全的重大问题。

（A）巡检　（B）检查　（C）整改　（D）监督

答案：B

237. 发生造成人员死亡或产生社会影响的（　　）火灾事故的，由事故发生地县级人民政府负责组织调查处理。

（A）一般　（B）较大　（C）重大　（D）特大

答案：A

238. 发生（　　）火灾事故的，由事故发生地省级人民政府负责组织调查处理。

（A）特别重大　（B）较大　（C）重大　（D）一般

答案：C

239. 发生（　　）火灾事故的，由国务院或国务院授权有关部门负责组织调查处理。

（A）特别重大　（B）较大　（C）重大　（D）一般

答案：A

240. 单位的消防安全责任人应将消防工作与本单位的生产、科研、经营、管理等活动统筹安排，批准实施（　　）消防工作计划。

（A）季度　（B）月度　（C）年度　（D）随机

答案：C

241. 单位可以根据需要确定本单位的消防安全管理人。消防安全管理人对单位的消防安全责任人负责，组织实施对本单位消防设施、灭火器材和消防安全标志的维护保养，确保其完好有效，确保（　　）和安全出口畅通。

（A）疏散走道　（B）避难走道　（C）疏散通道　（D）安全通道

答案：C

242. 防火巡查人员应当及时纠正违章行为，妥善处置火灾危险，无法当场处置的，应当（　　）。

（A）登记　（B）等候处理　（C）立即处理　（D）上报领导

答案：C

243. 防火巡查应当填写巡查记录，（　　）应当在巡查记录上签名。

（A）巡查人员　（B）主管人员

（C）巡查人员及其主管人员　（D）消防管理人

答案：C

244. 防火检查应当填写检查记录，（　　）应当在检查记录上签名。

（A）检查人员　（B）被检查部门负责人

（C）检查人员和被检查部门负责人　（D）责任人

答案：C

245. 设有自动消防设施的单位，应当按照有关规定定期对其自动消防设施进行全面（　　），并出具检测报告，存档备查。

（A）检查　（B）测试　（C）检查测试　（D）检测

答案：C

246. 对灭火器应当建立档案资料，记明配置类型、（　　）、设置位置、检查维修单位（人员）、更换药剂的时间等有关情况。

（A）种类　（B）数量　（C）使用情况　（D）管理情况

答案：B

247. 在火灾隐患未消除之前，单位应当（　　），保障消防安全。

（A）停业整顿　（B）落实防范措施　（C）立即整改　（D）责令整改

答案：B

248. 火灾隐患整改完毕，负责整改的部门或者人员应当将整改情况记录报送（　　）签字确认后存档备查。

（A）消防安全责任人　（B）消防安全管理人或者消防安全责任人

（C）消防安全管理人和消防安全责任人　（D）消防安全管理人

答案：B

249. 单位应当通过多种形式开展（　　）消防安全宣传教育。

（A）定期的　（B）专业的　（C）经常性的　（D）长期的

答案：C

250. 公众聚集场所对员工的消防安全培训应当至少（　　）进行一次，培训的内容还应当包括组织、引导在场群众疏散的知识和技能。

（A）每日　（B）每月　（C）每半年　（D）每年

答案：C

251. 消防安全重点单位应当按照灭火和应急疏散预案，至少（　　）进行一次演练，并结合实际，不断完善预案。

（A）每日　（B）每月　（C）每半年　（D）每年

答案：C

252. 单位应当按照有关规定定期对（　　）进行维护保养和维修检查。

（A）灭火器　（B）安全帽　（C）消防栓　（D）安全指示

答案：A

253. 对灭火器应当建立（　　），记明配置类型、数量、设置位置、检查维修单位（人员）、更换药剂的时间等有关情况。

（A）专门文档　（B）档案室　（C）档案资料　（D）检查记录

答案：C

254. 单位对存在的（　　），应当及时予以消除。

（A）安全隐患　（B）火灾隐患　（C）触电隐患　（D）坠落隐患

答案：B

255. 下列（　　）不是违反消防安全规定的行为。

（A）保持安全出口通道畅通　（B）将安全出口占用

（C）消防栓被遮挡影响使用　（D）安全通道摆放杂物

答案：A

256. 对（　　）的火灾隐患，消防工作归口管理职能部门或者专兼职消防管理人员应

当根据本单位的管理分工，及时将存在的火灾隐患向单位的消防安全管理人或者消防安全责任人报告，提出整改方案。

（A）不改正　（B）过后改正　（C）不能当场改正　（D）立即

答案：C

257. 单位应当组织（　　）进行上岗前的消防安全培训。

（A）消防负责人　（B）新上岗和进入新岗位的员工

（C）所有员工　（D）消防管理人员

答案：B

258.（　　）人员可以不接受消防安全专门培训。

（A）消防安全责任人　（B）物业管理人员

（C）消防控制室的操作人员　（D）消防管理人

答案：B

259. 消防安全重点单位以外的其他单位应当结合（　　），参照制定相应的应急方案，至少每年组织一次演练。

（A）国情　（B）所在省实际情况（C）所在市实际情况（D）本单位实际情况

答案：D

260. 消防演练时，应当设置明显标识并（　　）告知演练范围内的人员。

（A）立即　（B）事先　（C）事后　（D）现场

答案：B

261. 消防档案应当详实，全面反映单位消防工作的基本情况，并附有必要的（　　），根据情况变化及时更新。

（A）图表　（B）插画　（C）标注　（D）样例

答案：A

262. 除了消防安全重点单位，其他单位应当将本单位的（　　）、公安消防机构填发的各种法律文书、与消防工作有关的材料和记录等统一保管备查。

（A）消防设施情况（B）基本概况　（C）消防布局　（D）管理分工

答案：B

263. 单位应当将消防安全工作纳入（　　）检查、考核、评比内容。

（A）个人　（B）绩效　（C）内部　（D）考评

答案：C

264. 对在消防安全工作中成绩突出的（　　），单位应当给予表彰奖励。

（A）部门和个人（B）个人　（C）部门　（D）单位

答案：A

265. 违反机关、团体、企业、事业单位消防安全管理规定构成犯罪的，依法追究

（　　）。

（A）个人责任　（B）民事责任　（C）刑事责任　（D）司法责任

答案：C

266. 单位应当遵守消防法律、法规、规章，贯彻（　　）的消防工作方针，履行消防安全职责，保障消防安全。

（A）预防为主、防消结合　（B）预防为主

（C）防消结合　（D）安全第一

答案：A

267. 法人单位的分管领导或者（　　）单位的主要负责人是单位的消防安全责任人，对本单位的消防安全工作全面负责。

（A）法定代表人　（B）主管领导　（C）分管领导　（D）非法人

答案：D

268. 消防车通道、涉及（　　）消防安全的疏散设施和其他建筑消防设施应当由产权单位或者委托管理的单位统一管理。

（A）一同　（B）专用　（C）公共　（D）共同

答案：C

269. 消防安全重点单位应当进行每日防火（　　），并确定巡查的人员、内容、部位和频次。

（A）巡查　（B）检查　（C）查看　（D）巡视

答案：A

270. 单位应当按照国家有关规定，结合本单位的特点，建立健全各项消防安全制度和保障消防安全的操作规程，并（　　）执行。

（A）公开　（B）统一　（C）公布　（D）逐步

答案：C

271. 单位应当对动用明火实行严格的（　　）安全管理。

（A）保卫　（B）防火　（C）消防　（D）专项

答案：C

272.（　　）在具有火灾、爆炸危险的场所使用明火。

（A）禁止　（B）允许　（C）不得　（D）不准

答案：A

273. 设有（　　）消防设施的单位，应当按照有关规定定期对其自动消防设施进行全面检查测试，并出具检测报告，存档备查。

（A）手动　（B）自动　（C）远程　（D）灭火

答案：B

274. 消防安全管理人或者消防安全责任人应当确定整改的措施、期限以及负责整改的部门、人员，并落实整改（　　）。

（A）人员　（B）物资　（C）资金　（D）措施

答案：C

275. 不能确保消防安全，随时可能引发火灾或者一旦发生火灾将严重危及（　　）安全的，应当将危险部位停产停业整改。

（A）人身　（B）财产　（C）公共　（D）个人

答案：A

276. 消防档案应当包括消防安全基本情况和（　　）。

（A）消防管理情况　（B）安全管理情况

（C）消防安全管理情况　（D）应急预案

答案：C

277. 对未依法履行消防安全职责或者违反单位消防安全制度的行为，应当依照有关规定对（　　）给予行政纪律处分或者其他处理。

（A）责任人员　（B）法人　（C）管理人员　（D）相关人员

答案：A

278. 单位应当按照（　　）有关规定，结合本单位的特点，建立健全各项消防安全制度和保障消防安全的操作规程，并公布执行。

（A）国家　（B）行业　（C）企业　（D）事业

答案：A

279.（　　）应当将容易发生火灾、一旦发生火灾可能严重危及人身和财产安全以及对消防安全有重大影响的部位确定为消防安全重点部位，设置明显的防火标志，实行严格管理。

（A）单位　（B）团体　（C）企业　（D）机关

答案：A

280. 单位应当保障疏散通道、安全出口畅通，并设置符合国家规定的消防安全疏散指示标志和应急照明设施，保持防火门、防火卷帘、消防安全疏散指示标志、应急照明、（　　）排烟送风、火灾事故广播等设施处于正常状态。

（A）机械　（B）电子　（C）数字　（D）手动

答案：A

281. 适用简易调查程序的，可以由（　　）火灾事故调查人员调查。

（A）多名　（B）1名　（C）2名　（D）3名

答案：B

282. 火灾事故调查应当坚持及时、客观、公正、(　　)的原则。

(A)公平　　(B)合法　　(C)公开　　(D)依规

答案：B

283. 任何(　　)不得妨碍和非法干预火灾事故调查。

(A)单位　　(B)个人　　(C)单位和个人　　(D)企业

答案：C

284. 火灾事故调查人员应当根据调查需要，对发现、扑救火灾人员，熟悉起火场所、部位和生产工艺人员，(　　)和被侵害人等知情人员进行询问。

(A)火灾肇事嫌疑人　　(B)负责人

(C)目击者　　(D)嫌疑人

答案：A

285. 勘验火灾现场应当遵循火灾现场勘验规则，采取(　　)或者录像、录音，制作现场勘验笔录和绘制现场图等方法记录现场情况。

(A)现场取证　　(B)现场照相　　(C)目击者询问　　(D)电话

答案：B

286. 现场勘验笔录应当由(　　)、证人或者当事人签名。

(A)消防负责人　　(B)火灾肇事嫌疑人

(C)火灾事故调查人员　　(D)消防管理人

答案：C

287. 公安机关消防机构对建设工程进行消防设计审核、(　　)和备案抽查，应当由2名以上执法人员实施。

(A)验收合格　　(B)质量验收　　(C)技术验收　　(D)消防验收

答案：D

288.《建设工程消防监督管理规定》(　　)住宅室内装修、村民自建住宅、救灾和其他非人员密集场所的临时性建筑的建设活动。

(A)适用　　(B)不适用　　(C)视情况使用　　(D)可以

答案：B

289. 公安机关消防机构实施建设工程消防监督管理，应当遵循公正、(　　)、文明、高效的原则。

(A)公平　　(B)公开　　(C)严肃　　(D)合法

答案：C

290.(　　)是指与火灾发生、蔓延和损失有直接利害关系的单位和个人。

(A)受害人　　(B)债务人　　(C)纳税人　　(D)当事人

答案：D

291.（　　）用于统计居民、村民住宅火灾，按照公安机关登记的家庭户统计。

（A）家　　（B）口　　（C）户　　（D）房

答案：C

292. 电力企业应当建立消防安全保证和（　　）体系，明确消防工作归口管理职能部门和消防安全监督部门。

（A）检查　　（B）监督　　（C）落实　　（D）管理

答案：B

293. 建筑面积大于1000m^2的防火分区，直通室外的安全出口不应少于（　　）。

（A）1个　　（B）3个　　（C）2个　　（D）4个

答案：C

294. 重点部位的运行管理部门，应根据消防（　　）和相关文件，制定重点部位消防安全管理制度和消防设施操作规程。

（A）技术规程　　（B）安全规程　　（C）技术指南　　（D）要求

答案：A

295. 发电单位和电网经营单位是消防安全重点单位，其他单位是否属于消防安全重点单位由所在地政府（　　）确定。

（A）消防管理机构　　（B）公安机关

（C）消防局　　（D）消防机构

答案：A

296. 消防安全重点单位职责：落实消防安全责任制，制定（　　）的消防安全制度、消防安全操作规程，制定灭火和应急疏散预案。

（A）上级　　（B）本单位　　（C）下级　　（D）部门

答案：B

297. 消防安全重点单位职责：对建筑消防设施每年至少进行（　　）全面检测，确保完好有效，检测记录应当完整准确，存档备查。

（A）1次　　（B）2次　　（C）3次　　（D）4次

答案：A

298. 消防安全重点单位职责：实行（　　）防火巡查，并建立巡查记录。

（A）每日　　（B）每月　　（C）每季度　　（D）每年

答案：A

299. 消防安全重点部位管理要求：重点部位志愿消防员人数不应少于该部位人数的（　　），且分布合理。

（A）50%　　（B）60%　　（C）70%　　（D）80%

答案：A

300. 每月至少进行一次防火检查。每逢法定节日、假日或重大活动前，组织对相关消防安全重点部位和保电重要电力设施所在场所开展专项（　　）检查。防火检查内容应包括防火巡查、消防设施器材运维、火灾隐患整改、消防宣传和应急演练等情况。

（A）防灾　（B）防火　（C）防洪　（D）防雷

答案：B

301. 在岗职工每年至少接受（　　）次消防安全培训。

（A）1　（B）2　（C）3　（D）4

答案：A

302. 新进人员、参加生产实习人员和调换生产岗位的人员，应进行上岗前消防安全培训，经（　　）合格方能上岗。

（A）培训　（B）考试　（C）面试　（D）笔试

答案：B

303. 消防安全责任人、消防安全管理人、专（兼）职消防管理人员，应接受消防安全（　　）培训。

（A）兼职　（B）专职　（C）专门　（D）专业

答案：C

304. 定期或不定期开展形式多样的消防安全宣传教育。在重大节假日、重大政治活动或（　　）重大火灾事故后，进行有针对性的消防安全宣传教育。

（A）国内　（B）国外　（C）国内外　（D）省内

答案：C

305. 在建工程的施工单位应当在（　　）对施工人员进行消防安全教育，在建设工地醒目位置、施工人员集中住宿场所设置消防安全宣传栏，悬挂消防安全挂图和消防安全警示标识，对明火作业人员进行经常性的消防安全教育，组织灭火和应急疏散演练。

（A）施工前　（B）施工时　（C）施工后　（D）开工前

答案：A

306. 制定灭火和应急疏散预案。灭火和应急疏散预案应包括发电厂厂房、车间、变电站、换流站、调度楼、控制楼、（　　）等重点部位和场所。

（A）开关厂　（B）油罐区　（C）绿化带　（D）办公楼

答案：B

307. 消防重点单位每（　　）进行一次灭火和应急疏散演练，其他单位每年一次。火灾事故或消防演练后，应及时总结经验，修订并完善预案。

（A）半年　（B）年　（C）2年　（D）3年

答案：A

308. 消防重点单位每半年进行一次灭火和应急疏散演练，其他单位每（　　）一次。火灾事故或消防演练后，应及时总结经验，修订完善预案。

（A）半年　（B）年　（C）2年　（D）3年

答案：B

309. 发生火灾事故后，应迅速落实逐级上报制度。即事故现场有关人员应当立即向（　　）现场负责人报告。现场负责人接到报告后，应立即向本单位负责人报告。

（A）上级　（B）本单位　（C）主管部门　（D）本部门

答案：B

310. 公司系统各单位根据火灾事故等级的不同组织调查，并按要求填写事故调查报告书。（　　）管理单位可根据情况派员督查。

（A）上级　（B）本单位　（C）主管部门　（D）本部门

答案：A

311. 坚持（　　）的原则严肃处理，并吸取教训，积极整改隐患，杜绝事故再次发生。

（A）"三不放过"（B）"四不放过"（C）"五不放过"（D）"六不放过"

答案：B

312. 建立健全消防档案管理制度。消防档案应包括消防安全（　　）和消防安全管理情况。

（A）特殊情况　（B）基本情况　（C）全面情况　（D）一般情况

答案：B

313. 消防档案应当全面反映单位消防工作情况，并附有必要的图表，根据情况变化（　　）更新。各单位应当对消防档案统一保管。

（A）及时　（B）立即　（C）编制计划　（D）一周内

答案：A

314. 建筑内的安全出口和疏散门应分散布置，且建筑内每个防火分区或一个防火分区的每个楼层、每个住宅单元每层相邻两个安全出口以及每个房间相邻两个疏散门最近边缘之间的水平距离不应（　　）。

（A）小于3m　（B）小于4m　（C）小于5m　（D）小于6m

答案：C

315. 除人员密集场所外，建筑面积不大于500m^2、使用人数不超过（　　）且埋深不大于10m的地下或半地下建筑（室），当需要设置2个安全出口时，其中一个安全出口可利用直通室外的金属竖向梯。

（A）30人　（B）40人　（C）50人　（D）60人

答案：A

316. 新建、扩建和改建工程或项目，需要设置消防设施的，消防设施与主体设备或项目应同时设计、同时施工、(　　)投入生产或使用，并通过消防验收。

(A)依次　　(B)同时　　(C)稍后　　(D)立即

答案：B

317. 按照国家工程建设消防标准需要进行消防设计的新建、扩建、改建(含室内装修、用途变更)工程，建设单位应当依法(　　)建设工程消防设计审核、消防验收，依法办理消防设计和竣工验收备案手续并接受抽查。

(A)申请　　(B)办理　　(C)提交　　(D)保存

答案：A

318. 建设、设计、施工单位不得(　　)修改经消防管理机构审核合格的建设工程消防设计的情况。确需修改的，建设单位应当向出具消防设计审核意见的管理机构重新申请消防设计审核。

(A)擅自　　(B)经审核　　(C)经批准　　(D)同意

答案：A

319. 消防产品(　　)符合国家标准；没有国家标准的，必须符合行业标准。禁止使用不合格的消防产品以及国家明令淘汰的消防产品。

(A)必须　　(B)应当　　(C)可以　　(D)尽量

答案：A

320. 依法实行强制性产品认证的消防产品，由具有法定资质的认证机构按照国家标准、行业标准的(　　)要求认证合格后，方可生产、销售、使用。

(A)一般　　(B)强制性　　(C)最高　　(D)最低

答案：B

321. 消防设施在管理上应等同于(　　)，包括维护、保养、检修、更新，落实相关所需资金等。

(A)辅助设备　　(B)闲置设备　　(C)主设备　　(D)重要设备

答案：C

322. 建筑消防设施应制定(　　)，并列明消防设施的名称、维护保养的内容和周期。

(A)维护计划　　(B)保养计划　　(C)维护保养计划　　(D)消防计划

答案：C

323. 消防设施维护管理单位应与消防设备生产厂家、消防设施施工安装企业或具有消防设施(　　)资质的维保单位或有维修、保养能力的单位签订消防设施维修、保养合同。

(A)维护保养检测　　(B)维护检测

(C)保养检测　　(D)检测维护

答案：A

324. 维护保养单位应满足（　　）要求。

（A）从事建筑消防设施保养的人员，应通过消防行业特有工种职业技能鉴定

（B）应按照规定进行定期校验并提供证明文件

（C）维护保养单位应储备一定数量的建筑消防设施易损件或与有关产品厂家、供应商签订相关合同，以保证供应

（D）定期检测维护

答案：C

325. 建筑消防设施每年至少进行（　　）全面检测，确保完好有效，检测记录应当完整准确，存档备查。

（A）1次　（B）2次　（C）3次　（D）4次

答案：A

326. 消防控制室管理实行每日24h专业消防值班人员值班制度，每班不应少于（　　）人。

（A）1　（B）2　（C）3　（D）4

答案：B

327. 消防控制室管理实行每日24h专业消防值班人员值班制度，每班不应少于2人。值班工作要求包括：（　　）。

（A）值班人员应通过消防行业特有工种职业技能鉴定

（B）值班人员应每1h记录一次消防设备运行情况，及时记录火情或消防设备故障情况

（C）消防控制室值班记录等相关资料齐全

（D）巡查档案

答案：C

328. 消防控制室（　　）应熟知消防应急程序，掌握报警处理流程。

（A）值班人员　（B）操作人员　（C）值班操作人员　（D）工作人员

答案：C

329. 火灾自动报警系统、灭火系统和其他联动控制设备应处于（　　）工作状态，不应擅自关停消防设施。

（A）正常　（B）备用　（C）闲置　（D）运行

答案：A

330. 消防控制室应保存的纸质和（　　）档案资料齐全。

（A）电子　（B）网络　（C）光盘　（D）纸质

答案：A

331. 有人值班变电站（换流站）消防控制室设置在（　　）主控制室。无人值班变电站应将火灾报警信号上传至上级有关单位（如地市级或县级变电站消防监控中心）。

（A）上级　（B）本站　（C）下级　（D）仓库

答案：B

332. 消防监控中心实行每日24h值班制度，每班不应少于（　　）人，值班人员应持有消防设施操作员证，并熟知变电站消防应急程序。

（A）1　（B）2　（C）3　（D）4

答案：B

333. 消防监控中心应保存有变电站相应消防设施的竣工图纸、消防系统（　　）、应急预案、值班制度、维护保养及值班记录等文件资料。

（A）操作规程　（B）技术规程　（C）运行操作规程　（D）安全规程

答案：C

334. 消防监控中心应根据实际情况配置（　　）等必需的消防应急装备。

（A）负压式空气呼吸器　（B）正压式空气呼吸器

（C）防毒面具　（D）口罩

答案：B

335. 建立消防安全责任制。明确单位（　　）、消防安全负责人、消防安全管理人、消防归口管理部门、消防安全监督部门、志愿（专职）消防员、员工等岗位人员的消防安全职责。

（A）安全生产委员会　（B）安全委员会

（C）生产委员会　（D）安全监察部门

答案：A

336. 消防安全管理制度应包括（　　）。

（A）消防安全部位管理　（B）消防（控制室）值班管理

（C）作业管理安全管理　（D）现场安全管理

答案：B

337. 重点部位的运行管理部门，应根据消防技术规程和相关文件，制定重点部位消防安全管理制度和消防设施（　　）。

（A）操作规程　（B）运行规程　（C）操作运行规程　（D）安规

答案：A

338. 按照国家标准、行业标准配置消防设施、器材，设置消防安全标志，并（　　）组织检验、维修，确保完好有效。

（A）定期　（B）不定期　（C）随机　（D）适时

答案：A

339. 对单位消防安全基本情况、管理组织机构及相关人员信息资料、规章制度资料、隐患排查整治资料、消防设施和（　　）、防火检查、巡查记录等消防安全相关资料档案进行监督检查。

（A）消防器材台账　（B）消防器材位置

（C）消防器材保质期　　（D）消防器材型号

答案：A

340. 下列哪项不是消防安全重点部位管理要求：（　　）。

（A）建立岗位防火职责

（B）按规定配置消防设施和器材

（C）设置明显的防火标志

（D）重点部位志愿消防员人数不应少于该部位人数的60%，且人员分布要均匀

答案：D

341. 按照规程要求划定并明确单位一级动火区和二级动火区。动火作业时，应严格执行一、二级（　　）制度。

（A）一种工作票　（B）二种工作票　（C）动火工作票　（D）施工作业票

答案：C

342. 单位应将消防培训纳入（　　）培训计划，保障教育培训工作费用。

（A）年度　（B）季度　（C）月度　（D）每周

答案：A

343. 电力企业应按照下列（　　）规定对员工进行培训。

（A）在岗职工每年至少接受2次消防安全培训

（B）新进人员、参加生产实习人员和调换生产岗位的人员，应进行上岗前消防安全培训，经考试合格方能上岗

（C）消防安全责任人、消防安全管理人应接受消防安全培训

（D）专（兼）职消防管理人员，应接受消防安全培训

答案：B

344. 每年（　　）月份开展“消防安全月”活动，在重大节假日、重大政治活动或国内外重大火灾事故后，进行有针对性的消防安全宣传教育。

（A）10　（B）11　（C）12　（D）13

答案：B

345. 建立健全消防档案管理制度。消防档案应包括消防安全基本情况和消防安全管理情况。消防档案应当（　　）反映单位消防工作情况，并附有必要的图表，根据情况变化及时更新。

（A）全面　（B）基本　（C）部分　（D）大部分

答案：A

346. 配线应整齐，（　　）交叉，并应固定牢靠；电缆芯线和所配导线的端部均应标明

编号，并与图纸一致，字迹应清晰且不易褪色。

（A）严禁　（B）不宜　（C）应当　（D）不可

答案：B

347. 自检时间超过（　）或其不能自动停止自检功能时，消防联动控制器的自检功能应不影响非自检部位的正常功能。

（A）3min　（B）2min　（C）1min　（D）4min

答案：C

348. 当控制器内部、控制器与其连接的部件间发生故障时，应能在（　）内发出与火灾报警信号有明显区别的声、光故障信号，且应能显示故障部位和类型。

（A）10s　（B）30s　（C）100s　（D）120s

答案：C

349. 当主电源断电时应（　）转换至备用电源供电，主电源恢复后应自动转换为主电源供电，并应分别显示主、备电源的状态。

（A）自动　（B）手动　（C）远程　（D）就地

答案：A

350. 当主电源断电时应自动转换至备用电源供电，主电源恢复后应（　）转换为主电源供电，并应分别显示主、备电源的状态。

（A）自动　（B）手动　（C）远程　（D）就地

答案：A

351. 手动火灾报警按钮宜设置在疏散通道或出入口处，且每个防火分区应至少设置（　）。

（A）1个　（B）2个　（C）3个　（D）4个

答案：A

352. 消防联动控制器应能以手动或自动两种方式完成控制功能，并指示状态。在自动方式下，插入手动操作（　）。

（A）滞后　（B）优先　（C）同步　（D）超前

答案：B

353. 消防联动控制器在自动方式下，如接收到火灾报警信号，并在规定的逻辑关系得到满足的条件下，应在（　）内发出预先设定的启动信号（标准、规范另有规定者除外）。

（A）1s　（B）2s　（C）3s　（D）4s

答案：C

354. 火灾自动报警系统应具备防强磁场干扰措施，在（　）安装的设备应有防潮、防水、防腐蚀措施。

（A）户外　（B）户内　（C）户内外　（D）室内

答案：A

355. 火灾自动报警系统的专用导线或电缆应采用（　　）型屏蔽电缆。

（A）防水　（B）阻燃　（C）防腐蚀　（D）防火

答案：B

356. 配电装置室内装有自动灭火设备时，配电装置室应装设（　　）以上独立的探测器。

（A）1个　（B）2个　（C）3个　（D）4个

答案：B

357. 火灾自动报警系统的传输线路应采用穿金属管、经阻燃处理的（　　）塑料管或封闭式线槽保护方式布线。

（A）硬质　（B）软质　（C）热缩　（D）冷缩

答案：A

358. 消防水池应设（　　）补水措施。

（A）手动　（B）自动　（C）半自动　（D）全自动

答案：B

359. 消防水池应设置就地水位显示装置，并应在消防控制中心或值班室等地点设置显示消防水池水位的装置，同时应有（　　）报警水位。

（A）最高　（B）最低　（C）最高和最低　（D）基础

答案：C

360. 严寒和寒冷地区的（　　）消防水池应采取防冻保护措施。

（A）室内　（B）室外　（C）明装　（D）暗装

答案：C

361. 严寒、寒冷等冬季冰冻地区的高位消防水箱应设置在消防水箱间内，其他地区宜设置在（　　），当必须在屋顶露天设置时，应采取防冻隔热等安全措施。

（A）室内　（B）室外　（C）明装　（D）暗装

答案：A

362. 高位消防水箱应设置水位监测仪，并将水箱水位信息传输至消防控制室，当水位达到溢流水位及（　　）水位时应能报警，并将报警信息传至消防控制室。

（A）最高　（B）最低　（C）最高和最低　（D）基础

答案：B

363. 系统设置的备用泵，其工作性能与主泵相同；当主泵故障时，备用泵应能（　　）运行。

（A）手动　（B）自动　（C）切换　（D）半自动

答案：C

364. 消防水泵手动启动、停止应正常，并保证（　　）内投入正常运行，各指示灯显示正确。

（A）1min （B）2min （C）3min （D）4min

答案：B

365. 消防水泵控制柜应设置手动机械启泵功能，保证当控制柜内控制线路发生故障时，能在报警后（ ）内正常工作。

（A）5min （B）2min （C）3min （D）1min

答案：A

366. 当设有消防控制室时，消防水泵的启动、停止、故障信息应能反馈至消防控制室，并能在消防控制室利用（ ）直接控制装置控制启停。

（A）手动 （B）自动 （C）远程 （D）半自动

答案：A

367. 消防水泵控制柜平时应处于（ ）状态，并将其电源信息反馈至消防控制室。

（A）手动 （B）自动 （C）远程 （D）半自动

答案：B

368. 消防水泵房应有排水设施及不被水淹没的技术措施。水泵房应设置（ ）、通风设施。当采用柴油机消防水泵时宜设置独立消防水泵房，并应设置通风、排烟和阻火设施。

（A）制冷 （B）排水 （C）采暖 （D）排风

答案：C

369. 住宅干式消防竖管应在首层便于消防车接近和安全的地点设置消防车供水的接口，其余建筑的水泵接合器上止回阀安装方向应正确，闸阀应处于（ ）状态。

（A）常开 （B）常闭 （C）自动 （D）手动

答案：A

370. 水泵接合器应有标明其所属系统的明显的（ ）固定标志。

（A）临时 （B）永久性 （C）醒目 （D）隐蔽

答案：B

371. 消火栓箱的设置应符合下列（ ）要求。

（A）消火栓箱应有明显的“消火栓”标记，不应隐蔽和遮挡

（B）消火栓箱内水带等配件应齐全

（C）水带的放置方式应符合箱内构造的要求

（D）消火栓的阀门应启闭灵活，栓口位置应便于连接水枪

答案：A

372. 消火栓按钮应有保护措施，其布线应（ ）保护。

（A）铠装 （B）穿管 （C）独立 （D）接地

答案：B

373. 消火栓按钮的功能应符合下列（　　）要求。

（A）当建筑内有报警系统时，启动消火栓按钮，消防水泵应启动

（B）当建筑内有报警系统时，启动消火栓按钮

（C）当消防泵启动后，消火栓按钮处应有消防泵启动指示

（D）设有火灾自动报警系统时，启动消火栓按钮，消防控制室应收到报警信号，显示报警部位

答案：D

374. 室外消火栓阀门应启闭灵活，地下式消火栓应有明显标志，井内（　　），寒冷地区防冻措施应完好。不得埋压、圈占、遮挡消火栓。

（A）应无积水　（B）可有少量积水　（C）可有大量积水　（D）部分积水

答案：A

375. 储存装置上应设耐久的固定铭牌，并应标明每个容器的编号、容积、（　　）、灭火剂名称、充装量、充装日期和充压压力等。

（A）净重　（B）皮重　（C）总重　（D）型号

答案：B

376. 管网灭火系统的储存装置宜设在专用储瓶间内。储瓶间宜靠近防护区，并应符合建筑物耐火等级不低于（　　）的有关规定及有关压力容器存放的规定，且应有直接通向室外或疏散走道的出口。

（A）一级　（B）二级　（C）三级　（D）四级

答案：B

377. 储瓶间应有良好的通风条件，地下储瓶间和无窗或固定窗扇的地上储瓶间应设机械排风装置，排风口宜设在（　　）且通向室外。储存装置间内应设应急照明。

（A）上部　（B）中部　（C）下部　（D）内部

答案：C

378. 储气瓶上的压力表在同一系统中的安装方向应一致，其（　　）应朝向操作面。设有安全保护的容器阀上保险插销（片）应拆除。

（A）正面　（B）背面　（C）侧面　（D）内部

答案：A

379. 储存容器的容器阀和组合分配系统的集流管上应设安全泄压装置；泄压装置的泄压方向（　　）朝向操作面。

（A）严禁　（B）不应　（C）应当　（D）可以

答案：B

380. 容器阀和集流管之间的管道上应设液流（　　）阀，方向与灭火剂输送方向一致。

（A）单向　（B）双向　（C）多向　（D）反向

答案：A

381. 驱动装置的正面应有标明驱动介质名称、储存压力、充装时间及对应防护区或保护对象的名称或编号的（　　）标志，并应便于观察。

（A）临时　（B）永久性　（C）醒目　（D）隐蔽

答案：B

382. 驱动气瓶的支、框架或箱体应固定牢靠，并做（　　）处理。

（A）防火　（B）防潮　（C）防腐　（D）防水

答案：C

383. 驱动气瓶的瓶头阀上应设有带安全销（加有铅封）的紧急（　　）启动装置。

（A）手动　（B）自动　（C）远程　（D）就地

答案：A

384. 灭火剂输送管道的外表面宜涂（　　）油漆。钢制管道附件应做内外防腐处理。

（A）红色　（B）黄色　（C）绿色　（D）蓝色

答案：A

385. 使用在腐蚀性较大的环境里，应采用（　　）的管道附件。

（A）铝合金　（B）钛合金　（C）不锈钢　（D）铁合金

答案：C

386. 采用组合分配系统时，一个组合分配系统所保护的防护区不应超过（　　）个。

（A）3　（B）5　（C）8　（D）7

答案：C

387. 防护区应设泄压口，并宜设在外墙上。地下防护区和无窗或设固定窗扇的地上防护区，应设置独立的机械排风装置，排风口宜设在防护区的（　　）并应通向室外。

（A）上部　（B）中部　（C）下部　（D）内部

答案：C

388. 防护区的走道和出口，应保证人员能在（　　）内安全疏散。

（A）15s　（B）30s　（C）1min　（D）2min

答案：B

389. 防护区的门应向疏散方向开启，并应能（　　）关闭，在任何情况下均应能在防护区内打开。

（A）手动　（B）自动　（C）远程　（D）半自动

答案：B

390. 设置在防护区入口处的自动、手动转换开关安装高度宜使中心位置距地面（　　），防护区内外应设手动、自动控制状态的显示装置，自动、手动状态信号应能传至消防控制室。

（A）1m　（B）1.5m　（C）2m　（D）2.5m

答案：B

391. 防护区入口处应设置相应气体灭火系统（　　）标志牌。

（A）临时　（B）永久性　（C）醒目　（D）隐蔽

答案：B

392. 机械应急操作装置应设在储瓶间内或防护区疏散出口门外便于操作的地方，并应有防止误操作的警示（　　）。

（A）显示与措施　（B）显示　（C）措施　（D）提示

答案：A

393. 一个防护区或保护对象所用多台预制灭火装置应同时启动，其动作响应时间差不得大于（　　）。

（A）1s　（B）2s　（C）3s　（D）4s

答案：B

394. 气体灭火系统防护区出口外（　　）设置的表示气体喷洒的声光警报器应启动，且其声信号与该保护对象中设置的火灾声报警器的声信号有明显区别。

（A）上方　（B）中方　（C）下方　（D）前方

答案：A

395. 联动启动加压风机，打开着火层及上、下相邻层的正压送风口，如楼梯间为电动（　　）风口时，应同时打开楼梯间所有正压送风口，消防控制室接收其反馈信号。

（A）常开　（B）常闭　（C）自动　（D）手动

答案：B

396. 加压送风机的启动应符合下列（　　）规定。

（A）现场自动启动　（B）通过火灾自动报警系统手动启动

（C）消防控制室手动启动、全自动启动　（D）现场手动启动

答案：C

397. 排烟阀（口）平时处于关闭状态的，手动、电动及远距离开启时应正常，并向消防控制中心发出排烟阀动作信号，可（　　）复位。

（A）手动　（B）自动　（C）远程　（D）就地

答案：A

398. 常闭排烟阀（口）应在附近易于操作的位置设置（　　）操作装置。

（A）手动　（B）自动　（C）远程　（D）就地

答案：A

399. 排烟防火阀平时的状态应常开，手动、电动操作时动作应正常，并向消防控制中心发出排烟防火阀动作信号，（　　）能复位。

（A）手动　（B）自动　（C）远程　（D）就地

答案：A

400. 疏散走道及转弯处疏散指示标志安装在离地面（　　）以下，能在疏散路线上明显看到指示，并明确指向安全出口。

（A）3m　（B）2m　（C）1m　（D）4m

答案：C

401. 疏散通道、安全出口、楼梯间设置符合要求，并保持畅通，未锁闭，（　　）物品堆放。

（A）可有　（B）无任何　（C）有序　（D）杂乱

答案：B

402. 疏散用门应向疏散方向开启，不应采用侧拉门，（　　）采用转门，门口不得设置影响疏散的遮挡物。

（A）可以　（B）严禁　（C）经审批　（D）经同意

答案：B

403. 封闭楼梯、防烟楼梯及其前室的防火门向疏散方向开启，具有自闭功能，并处于（　　）状态。

（A）常开　（B）常闭　（C）自动　（D）手动

答案：B

404. 平时需要控制人员随意出入的疏散门，不用任何工具能从（　　）开启，并有明显标识和使用提示。

（A）内部　（B）外部　（C）双向　（D）上部

答案：A

405. 对应急照明灯，要求主、备电源切换功能正常，切断（　　）后，应急照明灯能正常发光。

（A）主电源　（B）备用电源　（C）UPS　（D）开关

答案：A

406. 消防应急照明灯具的安装位置：用于疏散照明时应设置在出口的（　　）、墙面的上部或顶棚上。

（A）底部　（B）中部　（C）顶部　（D）内部

答案：C

407. 应急电源盒暗设时其工作状态指示灯和（　　）试验装置应设置在能够观察和操作的位置。

（A）手动　（B）自动　（C）远程　（D）就地

答案：A

408. 消防控制室、消防值班室、水泵房等处，应设置可直接报警的（　　）电话。

（A）内线　（B）外线　（C）卫星　（D）系统

答案：B

409. 集中报警系统和控制中心报警系统应设置（　　）广播。

（A）消防　（B）应急　（C）消防应急　（D）火警

答案：C

410. 消防电梯轿厢内应设（　　）电话，通话应正常。

（A）专用　（B）公用　（C）通用　（D）备用

答案：A

411. 防火门的安装应符合下列要求：（　　）。

（A）防火门应安装小五金

（B）安装在疏散通道上的双扇门应设置能手动关闭的闭门器

（C）双扇门应设顺序器，防火门可随意开启

（D）安装在疏散通道上的单扇门应设置能手动关闭的闭门器

答案：C

412. 防火门的启闭性能应做到（　　）。

（A）防火门应向疏散方向开启，并在关闭后应能从一侧手动开启

（B）双扇或多扇防火门应能顺序关闭，应为带盖缝板的一侧门后关，关闭应严密

（C）平时要求保持常闭

（D）带闭门器的防火门，门开启后应能关闭

答案：B

413. 常开防火门所在分区的两个独立火灾探测器或一只火灾探测器与（　　）手动火灾报警按钮动作，输出触发信号到消防联动控制器。

（A）1只　（B）2只　（C）3只　（D）4只

答案：A

414. 设在疏散走道上的防火卷帘应在卷帘的（　　）设置手动启闭装置。

（A）左侧　（B）右侧　（C）两侧　（D）后侧

答案：C

415. 防火卷帘应具备的控制功能有（　　）。

（A）垂直卷防火卷帘应具有自动、温控速放控制功能

（B）侧身卷和水平卷防火卷帘应具有自动、手动控制功能

（C）能自动控制防火卷帘的启、闭和停止

（D）垂直卷防火卷帘应具有温控速放和机械速放的控制功能

答案：B

416. 电动控制的防火阀应能在消防控制室的远程关闭或火警时（　　），并将关闭信号传至消防控制室。

（A）联动关闭　（B）自动关闭　（C）手动关闭　（D）快速关闭

答案：A

417. 凡穿越墙壁、楼板和电缆沟道而进入控制室、电缆夹层、控制柜及仪表盘、保护盘等处的电缆孔、洞、竖井和进入油区的电缆入口处必须用（　　）堵料严密封堵。

（A）防火　（B）防水　（C）专用　（D）防洪

答案：A

418. 电缆夹层、隧（廊）道、竖井、电缆沟内应保持整洁，不得堆放杂物，电缆沟洞（　　）积油。

（A）可以　（B）严禁　（C）经审批　（D）经同意

答案：B

419. 在多个电缆头（　　）安装的场合中，应在电缆头之间加隔板或填充阻燃材料。

（A）单独　（B）分列　（C）并排　（D）成组

答案：C

420. 施工中动力电缆与控制电缆不应混放、分布不均及堆积乱放。在动力电缆与控制电缆之间，应设置层间（　　）隔板。

（A）耐火　（B）防水　（C）防腐蚀　（D）放重物

答案：A

421. 电缆隧道相关部位宜设置（　　）分隔。

（A）防火　（B）防水　（C）防腐蚀　（D）防重物

答案：A

422. 在隧道或电缆沟中长距离沟道中每间隔约（　　）或通风区段处应设置阻火墙。

（A）50m　（B）100m　（C）20m　（D）300m

答案：B

423. 当电缆采用桥架架空敷设时，每间隔约（　　）处应采取阻火措施。

（A）50m　（B）100m　（C）200m　（D）300m

答案：B

424. 在同一井道内，敷设多回路（　　）及以上电压等级电缆时，不同回路之间应用耐火隔板进行分隔。

（A）10kV　（B）66kV　（C）110kV　（D）220kV

答案：C

425. 电缆穿楼板、墙、盘柜孔洞封堵两侧电缆各涂刷电缆防火涂料，长度不少于（　　），涂刷厚度不小于1mm。

（A）1.5m　（B）1.6m　（C）1.7m　（D）1.8m

答案：A

426. 变电站电缆沟防火墙上部的电缆盖板应用（　　）做出标识，标明“防火墙”字样并编号。

（A）红色　（B）黄色　（C）绿色　（D）蓝色

答案：A

427. 消防控制室、消防水泵房、防烟与排烟风机房及消防电梯等消防用电设备的供电应在配电线路的最末一级配电箱处设置（　　）切换装置。

（A）自动　（B）手动　（C）远程　（D）半自动

答案：A

428. 储油箱内的油量应能满足发电机运行（　　）的用量，油位显示应正常。

（A）2～8h　（B）3～7h　（C）3～8h　（D）4～8h

答案：C

429. 自动启动并达到额定转速并发电的时间不应大于（　　），发电机运行及输出功率、电压、频率、相位的显示均应正常。

（A）30s　（B）45s　（C）60s　（D）70s

答案：A

430. 消防用电设备的配电线路暗敷时，应穿管并应敷设在不燃性结构内且保护层厚度不应小于（　　）。

（A）10mm　（B）20mm　（C）30mm　（D）40mm

答案：C

431. 室外消防柜内清洁，氮气瓶出口压力表平均压力值不低于（　　），法兰、排气旋塞等系统所有组件外观完好有效，管路连接可牢，排油管、注氮管无变形、锈蚀现象，各阀门无滴漏现象。

（A）5MPa　（B）8MPa　（C）10MPa　（D）11MPa

答案：B

432. 排油管路上的检修阀处于关闭状态时，检修阀应能向消防控制柜提供检修状态的信号。消防控制柜接收到消防启动信号后，应能（　　）灭火装置启动实施排油注氮动作。

（A）开启　（B）禁止　（C）暂停　（D）关闭

答案：B

433. 消防控制柜同时接收到火灾探测装置和气体继电器传输的信号后，发出（　　）信号并执行排油注氮动作。

（A）光报警　（B）声报警　（C）声光报警　（D）烟雾报警

答案：C

434. 消防柜外观应美观，漆膜应均匀、色泽一致，无明显的磕碰、锈迹、污物、机械损伤等缺陷；外表面颜色应为（　　）。

（A）红色　（B）黄色　（C）绿色　（D）蓝色

答案：A

435. 瓶组贮存压力应不低于（　　）的公布值。

（A）国家标准　（B）行业标准　（C）生产单位　（D）国际标准

答案：C

436. 消防柜中应具有监视氮气瓶（　　）压力的压力显示器。

（A）内　（B）外　（C）体　（D）面

答案：A

437. 泡沫罐房应整洁、干燥。现场启泵操作说明、系统管网示意图板和设备名称、阀门状态标牌无（　　）。

（A）破损　（B）缺失　（C）破损、缺失　（D）磨损

答案：C

438. 泡沫液泵应设置备用泵，备用泵的规格型号应与工作泵（　　）。

（A）相似　（B）相同　（C）不同　（D）相差较大

答案：B

439. 泡沫液泵应涂（　　）。

（A）红色　（B）黄色　（C）绿色　（D）蓝色

答案：A

440. 当设有消防控制室时，泡沫液泵应能在消防控制室利用手动直接控制装置控制启停。工作泵故障时应能（　　）切换到备用泵。

（A）自动　（B）手动　（C）远程　（D）半自动

答案：A

441. 泡沫液储罐应设置铭牌，标明储量、泡沫液类型、出厂及灌装日期等，储量应符合（　　）要求。

（A）国家　（B）行业　（C）设计　（D）国际

答案：C

442. 当响应时间大于（　　）时，可采用手动控制和应急操作两种控制方式。

（A）100s　（B）120s　（C）180s　（D）200s

答案：B

443. 储水箱应具有保证自动补水的装置，并应设置液位显示、高低液位报警装置和溢流、透气及放空装置，并将其（　　）信息传至消防控制室。

（A）最高水位　（B）最低水位

（C）最高水位和最低水位　（D）中间水位

答案：C

444. 水泵应设置备用泵，备用泵的工作性能应与最大一台工作泵相同，主、备用泵应具有自动切换功能，并应能手动操作停泵。主、备用泵的自动切换时间不应大于（　　）；采用柴油泵作为备用泵时，柴油泵的启动时间不应大于5s。

（A）30s　　（B）60s　　（C）90s　　（D）120s

答案：A

445. 通过泄放试验阀对泵组系统进行（　　）放水试验，检查泵组启动、主备泵切换及报警联动功能正常。

（A）一次　　（B）两次　　（C）三次　　（D）四次

答案：A

446. 吸水管、出水管上的检修阀公称压力应符合设计要求，并不应小于（　　）；阀门应锁定在常开位置，并应有明显标记。

（A）1.0MPa　　（B）2.0MPa　　（C）3.0MPa　　（D）4.0MPa

答案：A

447. 开式系统分区控制阀应具有自动、手动启动和机械应急操作启动功能，关闭阀门应采用（　　）操作方式；闭式系统分区控制阀应为带开关锁定或开关指示的阀组。

（A）自动　　（B）手动　　（C）机械应急　　（D）半自动

答案：B

448. 系统管网的（　　）处应设置泄水阀。

（A）最高点　　（B）最低点　　（C）中间点　　（D）最外点

答案：B

449. 灭火器外观完好，型号标识应清晰、完整。储压式灭火器压力符合要求，压力表指针在绿区，在有效期内。二氧化碳灭火器灭火剂损失量不低于（　　）。

（A）30%　　（B）20%　　（C）10%　　（D）40%

答案：C

450. 手提式灭火器应放置在灭火器箱内，每点配置一般不少于（　　）只。

（A）1　　（B）2　　（C）3　　（D）4

答案：B

451. 330kV及以上变电站、地下变电站、长距离电缆隧道主要出入口应至少配置（　　）台正压式消防空气呼吸器，每个变电运维班至少配置2台。

（A）1　　（B）2　　（C）3　　（D）4

答案：B

452. 正压式消防空气呼吸器330kV及以上变电站、地下变电站、长距离电缆隧道主要出入口应至少配置2台，每个变电运维班至少配置（　　）台。

（A）1　　（B）2　　（C）3　　（D）4

答案：B

453. 空气瓶压缩空气储存压力不少于（　　），避免碰撞、划伤和敲击，应避免高温烘烤和高寒冷冻及阳光下暴晒。

（A）1.0MPa　　（B）2.0MPa　　（C）5.0MPa　　（D）3.0MPa

答案：C

454. 空气瓶要按气瓶上规定的标记日期使用，定期进行检验，每（　　）年进行一次水压试验检验，合格后方可使用，试验记录放置在正压式呼吸器箱内。

（A）1　　（B）2　　（C）3　　（D）4

答案：C

455. 高层建筑办公区域、宾馆按人员数量配置消防过滤式自救呼吸器，每人（　　）具。

（A）1　　（B）2　　（C）3　　（D）4

答案：A

456. 易燃易爆库房内（　　）使用明火，库房外进行动火作业时必须执行动火工作制度。

（A）严禁　　（B）不宜　　（C）可以　　（D）经同意

答案：A

457. 库房应有隔热降温及通风措施，并设置（　　）通风排气装置。

（A）防尘型　　（B）防水型　　（C）防爆型　　（D）防火型

答案：C

458. 易燃易爆和（　　）化学危险品必须执行"五双"制度（双人收发、双人记账、双人双锁、双人运输、双人使用）。在领用时需经有关部门领导批准。

（A）无毒　　（B）有毒　　（C）剧毒　　（D）毒素

答案：C

459. 油罐室内（　　）装设照明开关和插座，灯具应采用防爆型。

（A）不应　　（B）严禁　　（C）可以　　（D）经同意

答案：A

460. 钢质油罐必须装设防感应雷接地，其接地点不应少于（　　），每处接地电阻不超过30Ω。

（A）一处　　（B）两处　　（C）三处　　（D）四处

答案：B

461. 钢质油罐必须装设防感应雷接地，其接地点不应少于两处，每处接地电阻不超过（　　）。

（A）10Ω　　（B）20Ω　　（C）30Ω　　（D）40Ω

答案：C

462. 酒店、职工食堂、学校、医院等厨房的烟道（抽油烟机）应至少每（　　）清洗一次。

（A）月度　（B）季度　（C）年度　（D）每周

答案：B

463. 可燃气体、可燃液体管道采用（　　）管道并设有紧急事故切断阀。

（A）金属　（B）塑料　（C）塑胶　（D）木制

答案：A

464. 火灾自动报警系统由（　　）及电气火灾监控系统组成。

（A）火灾探测报警系统、消防联动控制系统、可燃气体探测报警系统

（B）消防联动控制系统、可燃气体探测报警系统

（C）火灾探测报警系统、可燃气体探测报警系统

（D）火灾探测报警系统、消防联动控制系统

答案：A

465. 火灾探测器是对（　　）响应，并自动产生火灾报警信号的器件。

（A）火灾参数　（B）火势参数　（C）火情参数　（D）安全参数

答案：A

466. 在火灾自动报警系统中，用以接收、显示和传递火灾报警信号，并能发出（　　）的控制指示设备称为火灾报警装置。

（A）控制信号和具有其他辅助信号　（B）控制信号

（C）具有其他辅助信号　（D）远程信号

答案：A

467.（　　）是消防联动控制系统的核心组件。

（A）消防联动控制器　（B）消防联动器

（C）消防控制器　（D）消防火灾报警系统

答案：A

468. 消防联动控制器通过接收火灾报警控制器发出的（　　），按预设逻辑对建筑中设置的自动消防设施进行联动控制。

（A）火灾报警信号　（B）火灾信号

（C）报警信号　（D）火情信号

答案：A

469. 消防应急广播的主要功能是向现场人员通报火灾发生，（　　）现场人员疏散。

（A）指挥并引导　（B）指挥　（C）引导　（D）指导

答案：A

470. 公共娱乐场所应当在法定代表人或者主要负责人中确定（　　）本单位的消防安全责任人。

（A）一名　（B）两名　（C）三名　（D）四名

答案：A

471. 在消防安全责任人确定或者变更时，应当向当地（　　）机构备案。

（A）森林消防　（B）公安消防　（C）消防公安　（D）消防机构

答案：B

472. 公共娱乐场所的房产所有者在与其他单位、个人发生租赁、承包等关系后，公共娱乐场所的消防安全由（　　）负责。

（A）所有者　（B）经营者　（C）承租人　（D）单位

答案：B

473. 新建、改建、扩建公共娱乐场所或者变更公共娱乐场所内部（　　）的，其消防设计应当符合国家有关建筑消防技术标准的规定。

（A）装饰　（B）设计　（C）装修　（D）消防设备

答案：C

474. 新建、改建、扩建公共娱乐场所或者变更公共娱乐场所内部装修的，工程竣工时，必须经公安消防机构进行消防（　　）。

（A）验收　（B）检验　（C）检查　（D）查看

答案：A

475. 公众聚集的娱乐场所在使用或者开业前，必须具备消防安全条件，依法向当地公安消防机构申报检查，经消防安全检查合格后，发给（　　），方可使用或者开业。

（A）消防安全检查通知书　（B）消防安全检查意见书

（C）消防安全检查鉴定书　（D）消防安全检查方法书

答案：B

476. 公共娱乐场所宜设置在耐火等级不低于（　　）的建筑物内。

（A）一级　（B）二级　（C）三级　（D）四级

答案：B

477. 公共娱乐场所不得设置在文物古建筑和博物馆、图书馆建筑内，不得毗连重要仓库或者（　　）仓库。

（A）危险物品　（B）易燃易爆　（C）化学品　（D）有毒物品

答案：A

478. 商住楼内的公共娱乐场所与居民住宅的安全出口应当（　　）。

（A）共用　（B）分开设置　（C）设置标识　（D）有人看护

答案：B

479. 公共娱乐场所的安全出口（　　）、疏散宽度和距离，应当符合国家有关建筑设计防火规范的规定。

（A）位置　（B）方向　（C）数目　（D）尺寸

答案：C

480. 安全出口处不得设置门槛、台阶，疏散门应向（　　）开启。

（A）内　（B）外　（C）双向　（D）旋转

答案：B

481. 公共娱乐场所在营业时必须确保安全出口和疏散通道畅通无阻，严禁将安全出口（　　）、阻塞。

（A）上锁　（B）敞开　（C）关闭　（D）封堵

答案：A

482. 安全出口、疏散通道和楼梯口应当设置符合标准的（　　）指示标志。

（A）明显疏散　（B）疏散　（C）灯光疏散　（D）反光

答案：C

483. 指示标志应当设在门的顶部、疏散通道和转角处距地面（　　）以下的墙面上。

（A）1m　（B）2m　（C）3m　（D）4m

答案：A

484. 公共娱乐场所内应当设置火灾事故应急照明灯，照明供电时间不得少于（　　）。

（A）10min　（B）15min　（C）20min　（D）25min

答案：C

485. 公共娱乐场所必须加强电气防火安全管理，及时消除（　　）。

（A）消防隐患　（B）火灾隐患　（C）电气隐患　（D）安全隐患

答案：B

486. 在地下建筑内设置公共娱乐场所，严禁使用（　　）。

（A）液化石油气　（B）明火　（C）大功率电磁炉　（D）吹风机

答案：A

487. 新职工上岗前必须进行（　　）。

（A）消防培训　（B）消防安全培训　（C）安全培训　（D）防火培训

答案：B

488. 设在走道上的指示标志的间距不得大于（　　）。

（A）5m　（B）10m　（C）15m　（D）20m

答案：B

489. 工程竣工时，（　　）经公安消防机构进行消防验收。

（A）必须　（B）应当　（C）不必　（D）不可

答案：A

490. 指示标志应当设在门的（　　）、疏散通道和转角处距地面1m以下的墙面上。

（A）顶部　　（B）中部　　（C）底部　　（D）内部

答案：A

491. 消防控制室疏散门应直通室外或安全出口，宜设置在建筑物地上（　　）层。

（A）一　　（B）二　　（C）三　　（D）四

答案：A

492. 建筑总面积大于（　　）的体育场馆、会堂，公共展览馆、博物馆的展示厅建设单位应当向公安机关消防机构申请消防设计审核，并在建设工程竣工后向出具消防设计审核意见的公安机关消防机构申请消防验收。

（A）10000m^2　　（B）20000m^2　　（C）30000m^2　　（D）40000m^2

答案：B

493. 建筑总面积大于（　　）的宾馆、饭店、商场、市场应当向公安机关消防机构申请消防设计审核，并在建设工程竣工后向出具消防设计审核意见的公安机关消防机构申请消防验收。

（A）10000m^2　　（B）20000m^2　　（C）30000m^2　　（D）40000m^2

答案：A

494. 在施工现场搭建的员工宿舍不符合消防安全要求，存在火灾隐患的，责令限期改正；逾期不改正的，处（　　）罚款。

（A）1000元以上10000元以下　　（B）3000元以上30000元以下

（C）5000元以上50000元以下　　（D）5000元以上10000元以下

答案：C

495. 民用建筑外保温系统及外墙装饰防火设计、采用材料及施工，不符合国家有关消防安全管理的规定和工程建设标准的，责令停止施工，并限期改正；逾期不改正的，处（　　）罚款。

（A）1000元以上10000元以下　　（B）10000元以上50000元以下

（C）10000元以上100000元以下　　（D）5000元以上10000元以下

答案：C

496. 高层建筑管理人应当对高层建筑消防设施（　　）至少进行一次全面检测并建立检测档案，对火灾隐患应当及时排除。

（A）每年　　（B）每半年　　（C）每日　　（D）每月

答案：B

497. 实施临时查封后，当事人请求进入被查封的危险部位或者场所整改火灾隐患的，应当允许。但不得在被查封的（　　）或者场所生产、经营或者使用。

（A）危险部位　　（B）安全部位　　（C）正常部位　　（D）隐蔽部位

答案：A

498. 火灾隐患消除后，当事人应当向做出临时查封决定的公安机关消防机构申请解除临时查封。公安机关消防机构应当自收到申请之日起（　　）工作日内进行检查，自检查之日起3个工作日内做出是否同意解除临时查封的决定，并送达当事人。

（A）3个　（B）7个　（C）10个　（D）15个

答案：A

499. 在大型群众性活动举办前对活动现场进行消防安全检查，应当重点检查是否明确消防安全责任分工并确定消防安全（　　）。

（A）管理人员　（B）专人　（C）责任人　（D）器材管理人

答案：A

500. 在大型群众性活动举办前对活动现场进行消防安全检查，应当重点检查活动现场消防设施、器材是否配备齐全并（　　）。

（A）完好　（B）有效　（C）完好有效　（D）合格

答案：C

501. 消防救援机构应当自受理申请之日起10个工作日内，根据消防技术标准和管理规定，对该场所进行（　　）。未经消防安全检查或者经检查不符合消防安全要求的，不得投入使用、营业。

（A）消毒　（B）消防宣传教育　（C）灭火演习　（D）消防安全检查

答案：D

502. 指使或者强令他人违反消防安全规定，冒险作业的，尚不构成犯罪的，处（　　）以上15日以下拘留，可以并处500元以下罚款；情节较轻的，处警告或者500元以下罚款。

（A）7日　（B）10日　（C）5日　（D）14日

答案：B

503. 违反《中华人民共和国消防法》规定，生产、销售不合格的消防产品或者国家明令淘汰的消防产品的，由产品质量监督部门或者工商行政管理部门依照（　　）的规定从重处罚。

（A）《中华人民共和国产品监督法》　（B）《中华人民共和国产品质量管控法》

（C）《中华人民共和国产品质量法》　（D）《中华人民共和国宪法》

答案：C

504. 建立消防安全评估制度，由具有资质的机构定期开展评估，评估结果向（　　）公开。

（A）社会　（B）政府部门　（C）消防管理单位　（D）内部

答案：A

505. 电器产品、燃气用具的安装、使用及其线路、管路的设计、敷设、维护保养、检测不符合消防技术标准和管理规定的，责令限期改正；逾期不改正的，责令停止使用，可以并处（　　）以上5000元以下罚款。

（A）2000元　（B）1000元　（C）3000元　（D）5000元

答案：B

506. 违反《中华人民共和国消防法》规定，有下列行为之一的，处警告或者500元以下罚款；情节严重的，处5日以下拘留：违反规定使用明火作业或者在具有火灾、爆炸危险的场所（　　）的。

（A）接打手机　（B）大声喧哗　（C）吃东西　（D）吸烟、使用明火

答案：D

507. 禁止非法携带易燃易爆危险品进入公共场所或者（　　）。

（A）乘坐私家车　（B）驾驶摩托车

（C）骑自行车　（D）乘坐公共交通工具

答案：D

508. 建设单位未依照《中华人民共和国消防法》规定在验收后报住房和城乡建设主管部门备案的，由住房和城乡建设主管部门责令改正，处（　　）罚款。

（A）1000元以下（B）3000元以下　（C）5000元以下　（D）10000元以下

答案：C

509. 举办集会、焰火晚会、灯会等具有火灾危险的（　　）的主办单位、承办单位以及提供场地的单位，应当在订立的合同中明确各方的消防安全责任。

（A）聚集型活动（B）超大型活动　（C）大型活动　（D）小型活动

答案：C

510. 举办集会、焰火晚会、灯会等具有火灾危险的大型活动，主办或者承办单位应当在具备消防安全条件后，向公安消防机构申报对活动现场进行消防安全检查，经（　　）后方可举办。

（A）检查合格　（B）上级审批　（C）消防部门检查（D）验收

答案：A

511. 公众聚集场所在营业结束时应当对营业现场进行检查，消除（　　）。

（A）易爆物品　（B）遗留火种　（C）易燃物品　（D）易腐蚀物品

答案：B

512. 公众聚集场所未经消防安全检查或者经检查不符合消防安全要求，擅自投入使用、营业的，由住房和城乡建设主管部门、消防救援机构按照各自职权责令停止施工、停止使用或者停产停业，并处（　　）以上30万元以下罚款。

（A）2万元　（B）3万元　（C）5万元　（D）10万元

答案：B

513. 过失引起火灾的，尚不构成犯罪的，处（　　）以上15日以下拘留，可以并处500元以下罚款；情节较轻的，处警告或者500元以下罚款。

（A）3日　（B）5日　（C）7日　（D）10日

答案：D

514. 在大型群众性活动举办前对活动现场进行消防安全检查，应当重点检查室内活动使用的建筑物（场所）是否依法通过消防验收或者进行消防竣工验收备案，公众聚集场所是否通过使用、营业前的消防（　　）。

（A）安全检查　（B）备案抽查　（C）核查　（D）审查

答案：A

515. 在大型群众性活动举办前对活动现场进行消防安全检查，应当重点检查（　　）的建筑物是否符合消防安全要求。

（A）老旧　（B）新建　（C）临时搭建　（D）扩建

答案：C

516. 在大型群众性活动举办前对活动现场进行消防安全检查，应当重点检查是否制定灭火和应急疏散预案并组织（　　）。

（A）练习　（B）演练　（C）学习　（D）培训

答案：B

517. 在大型群众性活动举办前对活动现场进行消防安全检查，应当重点检查活动现场的疏散通道、安全出口和（　　）通道是否畅通。

（A）救护车　（B）消防车　（C）警车　（D）电力抢修车

答案：B

518. 在大型群众性活动举办前对活动现场进行消防安全检查，应当重点检查活动现场的疏散指示标志和（　　）是否符合消防技术标准并完好有效。

（A）常规照明　（B）短时照明　（C）应急照明　（D）消防照明

答案：C

519. 公安机关消防机构实施消防监督检查时，检查人员不得少于（　　），并出示执法身份证件。

（A）一人　（B）两人　（C）三人　（D）四人

答案：B

520. 对举报投诉占用、堵塞、封闭疏散通道、安全出口或者其他妨碍安全疏散行为，以及擅自停用消防设施的，应当在接到举报投诉后（　　）内进行核查。

（A）12h　（B）24h　（C）48h　（D）72h

答案：B

521. 临时查封期限不得超过（　　）。但逾期未消除火灾隐患的，不受查封期限的限制。
（A）1个月　（B）3个月　（C）半年　（D）1年
答案：A

522. 告知当事人拟做出临时查封的事实、理由及依据，并告知当事人依法享有的（　　），听取并记录当事人的陈述和申辩。
（A）义务　（B）责任　（C）权利　（D）使命
答案：C

523. 实施临时查封时，公安机关应当在被查封的单位或者场所的醒目位置张贴临时查封决定，并在危险部位或者场所及其有关设施、设备上加贴（　　）或者采取其他措施，使危险部位或者场所停止生产、经营或者使用。
（A）锁具　（B）警示标志　（C）封条　（D）标识
答案：C

524. 民用建筑外保温系统及外墙装饰防火设计、采用材料及施工，应当符合（　　）有关消防安全管理的规定和工程建设标准。
（A）国家　（B）行业　（C）国际　（D）省
答案：A

525. 燃放烟花爆竹应当遵守（　　）有关消防安全的规定。
（A）消防部门　（B）公安机关　（C）工商部门　（D）行政部门
答案：B

526. 流动加油车、加气车不得在（　　）、居民住宅区或者其他危及公共安全的场所从事加油、加气作业。
（A）市区道路　（B）城乡道路　（C）农村道路　（D）街道
答案：A

527. 单位的志愿消防队队员，应当经当地公安机关消防机构消防（　　）合格，方可上岗。
（A）学习　（B）考试　（C）培训　（D）考核
答案：C

528. 志愿消防队应当（　　）组织消防队员开展有针对性的业务培训。
（A）定期　（B）不定期　（C）经常　（D）不经常
答案：C

529. 高层建筑的宾馆客房内未按规定配备逃生器材的，责令改正；逾期不改正的，处5000元以上（　　）以下罚款。
（A）3000元　（B）5000元　（C）20000元　（D）10000元
答案：C

530. 流动加油车、加气车在市区道路、居民住宅区或者其他危及公共安全的场所从事加油、加气作业的，存在火灾隐患，经公安机关消防机构通知后不及时采取措施消除的，责令改正，并处（　　）罚款。

（A）1000元以上10000元以下　　（B）10000元以上50000元以下

（C）10000元以上100000元以下　　（D）5000元以上10000元以下

答案：B

531. 建设、设计、施工单位不得擅自修改经公安机关消防机构审核合格的建设工程消防设计。确需修改的，建设单位应当向出具消防设计审核意见的（　　）重新申请消防设计审核。

（A）公安机关　　（B）消防机构

（C）公安机关消防机构　　（D）应急部门

答案：C

532. 消防设计审核、消防验收、备案抽查的结果，除涉及（　　）秘密、商业秘密和个人隐私的以外，应当予以公开，公众有权查阅。

（A）国家　　（B）行业　　（C）企业　　（D）事业

答案：A

533. 一次火灾死亡1人以上的，重伤（　　）的，受灾30户以上的，由设区的市或者相当于同级的人民政府公安机关消防机构负责组织调查。

（A）10人以上　　（B）5人以上　　（C）20人以上　　（D）2人以上

答案：A

534. 一、二级动火工作票签发人、工作负责人应经本单位［动火单位或（　　）］培训，并经考试合格。

（A）设备运行管理单位　　（B）安全监督管理部门

（C）调度控制中心　　（D）相关单位分管领导

答案：A

535. 动火工作票签发人应由单位分管领导或总工程师批准，动火工作负责人应由（　　）领导批准，并经本单位考试合格的人员担任。

（A）调度控制中心　　（B）部门（车间）

（C）相关单位分管领导　　（D）安全监督管理部门

答案：B

536. 消防安全重点单位应积极应用消防远程监控、（　　）、物联网技术等技防物防措施。

（A）温度报警　　（B）火灾事故分析　　（C）互联网技术　　（D）电气火灾监测

答案：D

537. 各单位应加强对变电站安全消防设施的运维，存在缺陷及时组织消缺，不得随意

（　　）设施运行。

（A）终止　（B）中断　（C）退出　（D）停止

答案：B

538. 结合东北地区的气候特点及运维等实际情况，（　　）电力变压器（换流变压器等）宜采用泡沫喷雾灭火。

（A）66kV　（B）220kV　（C）500kV　（D）800kV

答案：C

539. 动火执行人应持有政府有关部门颁发的允许（　　）的有效证件。

（A）点火作业　（B）爆破作业

（C）带电作业　（D）电焊与热切割作业

答案：D

540. 变电站安消防主机上应显示告警探测器（传感器）的具体位置，并发出（　　）提示。

（A）警铃　（B）声音　（C）光亮　（D）声光

答案：D

541. 变电站水喷淋系统、消防水系统、泡沫灭火系统检查维护当发现有渗漏时，须及时对（　　）进行处理。

（A）灭火系统　（B）相关人员　（C）整个系统　（D）渗漏点

答案：D

542. 消防安全重点单位应根据需要建立微型消防站，积极参与消防安全区域联防联控，提高（　　）能力。

（A）应急处理　（B）消防灭火　（C）消防器材使用　（D）自防自救

答案：D

543. 各级调控中心监视到变电站安消防总告警信号后，应立即结合变电站视频信息及主设备告警信息综合判断现场情况，并立即通知（　　）及时处置。

（A）检修班人员　（B）值班人员　（C）抢修人员　（D）变电运维班人员

答案：D

544. 变电站水喷淋系统、消防水系统、泡沫灭火系统检查维护对松动的配件进行（　　）；对损坏的配件进行更换。

（A）更换　（B）拆卸　（C）紧固　（D）破坏

答案：C

545. 每（　　）至少进行一次消防安全培训，消防安全责任人和消防安全管理人等消防从业人员应接受专门培训。

（A）年　（B）季度　（C）月　（D）周

答案：A

546. 供电生产、施工企业在可能产生有毒害气体或缺氧的场所应配备必要的正压式空气呼吸器、防毒面具等抢救器材，并应进行使用培训，掌握正确的使用方法，以防止（　　）在灭火中中毒或窒息。

（A）抢修人员　（B）救护人员　（C）生产人员　（D）医护人员

答案：B

547. 变电站、换流站消防水泵电机应配置（　　）的电源。

（A）可靠　（B）临时　（C）应急　（D）独立

答案：D

548. 下沉式广场等室外开敞空间应能防止相邻区域的（　　）和便于安全疏散。

（A）火灾蔓延　（B）烟雾蔓延　（C）安全防护　（D）火灾防护

答案：A

549. 变电站（换流站）单台容量为（　　）及以上的油浸式变压器（电抗器）应设置固定自动灭火系统。

（A）100MVA　（B）110MVA　（C）125MVA　（D）135MVA

答案：C

550. 单台容量（　　）及以上的油浸式平波电抗器应设置固定自动灭火系统。

（A）100Mvar　（B）125Mvar　（C）200Mvar　（D）225Mvar

答案：C

551. 对于处于高粉尘环境及易发沙尘天气的地区，喷头应有防止灰尘或异物堵塞喷孔的防护装置，防护装置在灭火剂喷放时应能（　　）吹掉或打开。

（A）手动　（B）自动　（C）远动　（D）人工

答案：B

552. 采用水喷雾灭火系统、细水雾灭火系统、泡沫灭火系统的变压器，在变压器套管升高座孔口应设（　　）。

（A）观察窗　（B）报警装置　（C）喷头保护　（D）测温装置

答案：C

553. 同一变电站不同变压器的固定灭火系统应能（　　）。

（A）分别投自动　（B）同时投自动　（C）分别投手动　（D）同时投手动

答案：A

554. 消防设施应处于正常工作状态，不得（　　）消防设施、器材。

（A）擅自拆除、停用　（B）损坏、挪用

（C）损坏、挪用或者擅自拆除、停用　（D）擅自拆除

答案：C

555. 因工作需要临时停用消防设施或移动消防器材的，应采取临时措施和事先报告单

位消防管理部门，并得到（　　）的批准，工作完毕后应及时恢复。

（A）本单位领导　　（B）本单位消防安全责任人

（C）上级单位领导　　（D）上级单位消防安全责任人

答案：B

556. 疏散通道、安全出口应（　　），不得占用、堵塞和封闭。

（A）通畅　　（B）保持清洁　　（C）保持畅通　　（D）有明显标识

答案：C

557. 火灾自动报警系统相关部件的安装部位应满足（　　），不应影响设备运行，尽量满足不停运设备进行维修的要求。

（A）位置明显要求　　（B）消防设计要求

（C）美观大方要求　　（D）防火要求

答案：B

558. 变电站水喷淋系统、消防水系统、泡沫灭火系统检查维护时防止（　　）。

（A）误入带电间隔　　（B）多人进行维护

（C）装置误动作　　（D）接打电话

答案：C

559. 配电装置室的门（　　）开启。

（A）应向外　　（B）应向内　　（C）应向疏散方向　　（D）应一直

答案：C

560. 酸性蓄电池室每组宜布置在单独的室内，如确有困难，应在每组蓄电池之间设耐火时间为大于（　　）的防火隔断，蓄电池室门应向外开。

（A）1.5h　　（B）2.0h　　（C）3.0h　　（D）3.5h

答案：B

561. 酸性蓄电池室应装有通风装置，通风道应单独设置，（　　）通向烟道或厂房内的总通风系统。

（A）应　　（B）可以　　（C）不应　　（D）视情况

答案：C

562. 酸性蓄电池室的照明线应采用耐酸导线，并用暗线敷设，检修用行灯应采用（　　）防爆灯，其电缆应用绝缘良好的胶质软线。

（A）12V　　（B）24V　　（C）36V　　（D）48V

答案：A

563. 寒冷地区容易冻结和可能出现沉降地区的消防水系统等设施应有（　　）措施。

（A）防冻和防沉降　　（B）防冻和防霜

（C）防冻和防震　　（D）防冻和耐腐蚀

答案：A

564. 蓄电池室采暖宜采用电采暖器，(　　)采用明火取暖。

(A)禁止　(B)严禁　(C)未经允许不准　(D)视情况可以

答案：B

565. 蓄电池室每组宜(　　)，如确有困难，应在每组蓄电池之间设耐火时间大于2.0h的防火隔断，蓄电池室门应向外开。

(A)分别布置　(B)布置在室外

(C)布置在室外背阴处　(D)布置在单独的室内

答案：D

566. 蓄电池室内装修应有(　　)措施。

(A)防酸　(B)防火　(C)防腐蚀　(D)防水

答案：A

567. 容易产生爆炸性气体的蓄电池室内应安装(　　)。

(A)防火型探测器　(B)防爆型探测器

(C)声光探测器　(D)温度探测器

答案：B

568. 蓄电池室应装有通风装置，离通风管出口处(　　)内有引爆物质场所时，则通风管的出风口至少应高出该建筑物屋顶2.0m。

(A)5m　(B)10m　(C)15m　(D)20m

答案：B

569. 当蓄电池室发生火灾时，应(　　)。

(A)立即停止充电并灭火　(B)继续充电并灭火

(C)立即停止充电　(D)迅速撤离现场

答案：A

570. 蓄电池室通风装置的电气设备或蓄电池室的空气入口处附近发生火灾时，(　　)。

(A)应立即切断所有设备的电源　(B)应立即切断主设备的电源

(C)应立即切断该设备的电源　(D)应立即撤离现场

答案：C

571. 其他蓄电池室(阀控式密封铅酸蓄电池室、无氢蓄电池室、锂电池室、钠硫电池室、UPS室等)：锂电池、钠硫电池设置在专用的房间内，建筑面积(　　)时，应设置干粉灭火器或消防砂箱。

(A)$<200m^2$　(B)$>200m^2$　(C)$<150m^2$　(D)$>250m^2$

答案：A

572. 其他蓄电池室(阀控式密封铅酸蓄电池室、无氢蓄电池室、锂电池室、钠硫电池室、UPS室等)：锂电池、钠硫电池设置在专用的房间内，建筑面积(　　)时，宜设置气体灭火系统和自动报警系统。

（A）$<200m^2$　（B）$<150m^2$　（C）$\geqslant 200m^2$　（D）$>250m^2$

答案：C

573. 在电缆从室外进入室内的入口处、敷设两个及以上间隔电缆的主电缆沟道和到单个间隔或设备分支电缆沟道的交界处应设置防火墙，在主电缆沟道内每间隔（　　）应设置一道防火墙。

（A）50m　（B）60m　（C）70m　（D）80m

答案：B

574. 220kV及以上变电站的电缆夹层及电缆竖井内应安装线型感温、感烟或吸气式感烟探测器，缆式线型感温火灾探测器在电缆表面以（　　）缠绕方式敷设。

（A）麻花形　（B）V形　（C）S形　（D）Y形

答案：C

575. 消防联动、通信和报警线路敷设应满足以下要求：采用暗敷设时宜采用金属管或经阻燃处理的硬质塑料管保护，并应敷设在不燃烧体的机构层内，且保护层厚度不宜小于（　　）。

（A）20mm　（B）30mm　（C）40mm　（D）50mm

答案：B

576. 灭火器应设置在位置明显和便于取用的地点，且不得影响（　　）。

（A）安全疏散　（B）正常行走　（C）视觉美观　（D）平时取用

答案：A

577. 变电站（换流站）里灭火器的摆放应稳固，其铭牌应（　　）；灭火器箱不得上锁。

（A）朝外　（B）朝内　（C）朝上　（D）朝下

答案：A

578. 变电站（换流站）里的手提式灭火器宜设置在灭火器箱内或挂钩、托架（建议采用托架）上，其顶部离地面不应大于（　　）m，底部离地面高度不宜小于0.08m。

（A）0.5　（B）1.0　（C）1.5　（D）2.0

答案：C

579. 变电站（换流站）里的灭火器不得设置在超出其适用温度范围的地点，不宜设置在（　　）的地点；当必须设置时，应有相应的保护措施。

（A）潮湿或强腐蚀性　（B）潮湿或寒冷

（C）强腐蚀性或寒冷　（D）阳光直射

答案：A

580. 设置室外消火栓的变电站应集中配置足够数量的消防水带、水枪和消火栓扳手，放置在重点防火区域周围的露天专用消防箱或消防小室内，相关箱、室不得上锁；根据被保护设备的性质合理配置（　　）直流或喷雾或多功能水枪，水带宜配置有衬里消防水带。

（A）18mm　（B）19mm　（C）20mm　（D）21mm

答案：B

581. 每只室内消火栓箱内应配置（　　）消火栓及隔离阀各1只、25m长DN65有衬里水龙带1根（带快装接头）、19mm直流或喷雾或多功能水枪1只、自救式消防水喉1套、消防按钮1只；带电设施附近的消火栓应配备喷雾功能水枪。当室内消火栓栓口处的出水压力超过0.5MPa时，应加设减压孔板或采用减压稳压型消火栓。

（A）60mm　（B）65mm　（C）70mm　（D）75mm

答案：B

582. 油浸式变压器、油浸式电抗器等处应设置消防砂箱或砂桶，内装干燥细黄砂，消防砂箱容积为（　　），并配置消防铲，每处3～5把，消防砂桶应装满干燥黄砂。

（A）$1m^3$　（B）$1.5m^3$　（C）$3m^3$　（D）$5m^3$

答案：A

583. 站内消防设备的配电箱应独立设置，消防配电设备（　　）。

（A）安全标识　（B）安全指示

（C）应设置明显标志　（D）指示标识

答案：C

584. 扩音机应能用话筒播音，仪表、指示灯显示正常，（　　）动作灵活，监听功能正常，应急广播的语音应清晰，满足消防广播要求。

（A）开关和控制按钮　（B）开关

（C）控制按钮　（D）话筒

答案：A

585. 人员疏散用的应急照明的照度不应低于1lx，继续工作应急照明不应低于正常照明照度值的（　　）。

（A）92%　（B）95%　（C）100%　（D）110%

答案：C

586. 消防配电线路应满足火灾时连续供电的需要，其敷设应符合下列规定：暗敷时，应穿管并应敷设在不燃性结构内且保护层厚度不应小于（　　）。

（A）30mm　（B）35mm　（C）40mm　（D）44mm

答案：A

587. 消防配电线路宜与其他配电线路分开敷设在不同的电缆井、沟内；确有困难需敷设在同一电缆井沟内时，应分别布置在电缆井、沟的（　　），且消防配电线路应采用矿物绝缘类不燃性电缆。

（A）左侧　（B）两侧　（C）右侧　（D）周围

答案：B

588. 对建筑消防设施（　　）至少进行一次全面检测，确保完好有效，检测记录应当完整准确，存档备查。

（A）每半年　（B）每年　（C）每2年　（D）每3年

答案：B

589. 街区内的道路应考虑消防车的通行，道路中心线间的距离不宜大于（　　）。

（A）130m　（B）140m　（C）150m　（D）160m

答案：D

590. 当建筑物沿街道部分的长度大于150m或总长度大于220m时，应设置穿过建筑物的（　　）。

（A）安全通道　（B）消防车道　（C）消防通道　（D）疏散通道

答案：B

591.（　　）变电站的电缆夹层及电缆竖井内应安装线型感温、感烟或吸气式感烟探测器，缆式线型感温火灾探测器在电缆表面以S形缠绕方式敷设。

（A）35kV　（B）66kV　（C）110kV　（D）220kV及以上

答案：D

592. 变电站安全消防设施不满足实际需要或规程要求的，应及时进行技术改造，损坏的应（　　）。

（A）放置不管　（B）立即更换　（C）继续使用　（D）及时修复

答案：D

593. 任何（　　）和成年人都有参加有组织的灭火工作的义务。

（A）个人　（B）组织　（C）企业　（D）单位

答案：D

594. 设置火灾自动报警系统和需要联动控制消防设备的建筑（群）应设置（　　）。

（A）主控室　（B）设备操作室　（C）高压室　（D）消防控制室

答案：D

595. 单独建造的消防控制室，其耐火等级不应低于（　　）级。

（A）一　（B）二　（C）三　（D）四

答案：B

596. 附设在建筑内的消防控制室，宜设置在建筑内（　　）或地下一层，并宜布置在靠外墙部位。

（A）顶层　（B）二层　（C）首层　（D）地下二层

答案：C

597. 消防控制室应具备（　　）控制功能。

（A）远方　（B）自动　（C）就地　（D）手动

答案：A

598. 消防控制室应设有用于火灾报警的（　　）电话。

（A）专用　（B）内线　（C）分机　（D）外线

答案：D

599. 消防控制室内设备的布置应符合设备面盘前的操作距离，单列布置时不应小于（　　）；双列布置时不应小于2m的规定。

（A）0.8m　（B）1.0m　（C）1.5m　（D）2.0m

答案：C

600. 消防控制室内设备的布置应符合在值班人员经常工作的一面，设备面盘至墙的距离不应小于（　　）。

（A）1.0m　（B）1.5m　（C）2.0m　（D）3.0m

答案：D

601. 消防控制室应实行每日24h值班制度，每班不应少于2人，值班人员应持有消防控制室（　　）证书。

（A）职业技能　（B）职业技术资格　（C）高级技师　（D）操作职业资格

答案：D

602. 消防联动控制器应能按设定的控制逻辑向各相关的受控设备发出联动控制信号，并接受相关设备的联动（　　）信号。

（A）控制　（B）输出　（C）输入　（D）反馈

答案：D

603. 高层建筑必须设置（　　）。

（A）语音广播　（B）消防广播　（C）视频广播　（D）无线广播

答案：B

604. 无人值班变电站与运维班驻地消防控制室之间应采用（　　）线路连接。

（A）通信　（B）一般　（C）专用　（D）独立

答案：C

605. 从事建设工程消防设计审查验收的工作人员，以及建设、设计、施工、工程监理、技术服务等单位的从业人员，应当具备相应的专业技术能力，（　　）。

（A）定期参加职业培训　（B）经考试合格后上岗

（C）经领导批准后上岗　　（D）随时可以上岗

答案：A

606. 总建筑面积大于（　　）的体育场馆、会堂，公共展览馆、博物馆的展示厅是特殊建设工程。

（A）$10000m^2$　（B）$20000m^2$　（C）$30000m^2$　（D）$40000m^2$

答案：B

607. 生产、储存、装卸易燃易爆危险物品的工厂、仓库和专用车站、码头，易燃易爆气体和液体的（　　）是特殊建设工程。

（A）充装站、供应站、调压站　　（B）充装站

（C）调压站　　（D）供应站

答案：A

608. 国家机关办公楼、（　　）、电信楼、邮政楼、防灾指挥调度楼、广播电视楼、档案楼是特殊建设工程。

（A）居民住宅　（B）电力调度楼　（C）宾馆　（D）体育场

答案：B

609. 特殊消防设计技术资料经（　　）以上评审专家同意即为评审通过，评审专家有不同意见的，应当注明。

（A）1/4　（B）2/4　（C）3/4　（D）2/3

答案：C

610. 依照建设工程消防设计审查验收管理暂行规定需要组织专家评审的，专家评审时间不超过（　　）工作日。

（A）7个　（B）15个　（C）20个　（D）10个

答案：C

611. 建设单位办理备案，应当提交下列材料中的（　　）。

（A）消防验收备案表　　（B）消防验收申请表

（C）施工管理资料　　（D）施工档案

答案：A

612. 发电单位和电网经营单位是消防安全（　　）单位，应严格管理。

（A）窗口　（B）重点　（C）免检　（D）示范

答案：B

613. 消防安全重点部位应当建立岗位防火职责，设置明显的防火标志，并在（　　）位置悬挂防火警示标示牌。

（A）出口　（B）入口　（C）应急通道　（D）出入口

答案：D

614. 志愿消防员的人数不应少于职工总数的10%，重点部位不应少于该部位人数的（　　），且人员分布要均匀。

（A）20%　（B）30%　（C）40%　（D）50%

答案：D

615. 火灾自动报警系统的全面巡视：火灾报警控制器装置的（　　）数量充足。

（A）报警器　（B）灭火器　（C）开关　（D）打印纸

答案：D

616. 排油注氮灭火系统的全面巡视：排油注氮灭火系统氮气瓶压力、（　　）正常。

（A）SF_6气体压力（B）油压力　（C）氮气输入压力　（D）氮气输出压力

答案：D

617. 细水雾灭火系统的全面巡视：阀门上的（　　）完好、阀门处于正确位置。

（A）把手　（B）重锤　（C）传动机构　（D）铅封或锁链

答案：D

618. 气体灭火系统的全面巡视：（　　）的设备状态和运行状况正常。

（A）火灾预警系统　（B）自动投入系统

（C）事故分析系统　（D）预制灭火系统

答案：D

619. 雨淋报警阀组打开手动试水阀或电磁阀时，相应雨淋报警阀不动作属于（　　）缺陷。

（A）一般　（B）严重　（C）危急　（D）特大

答案：B

620. 泡沫喷雾灭火系统的控制阀分区内的控制阀损坏或锈死属于（　　）缺陷。

（A）一般　（B）严重　（C）危急　（D）特大

答案：A

621. 消防专用电源无法向消防系统设备供电，相关设备无法正常运行属于（　　）缺陷。

（A）一般　（B）严重　（C）危急　（D）特大

答案：B

622. 细水雾灭火系统供水、储水及排水水位监控装置不正常工作属于（　　）缺陷。

（A）一般　（B）严重　（C）危急　（D）特大

答案：A

623. 火灾自动报警系统的光电感烟火灾探测器单个探测器监视故障，系统自检失败属于（　　）缺陷。

（A）一般　（B）严重　（C）危急　（D）特大

答案：A

624. 建筑高度大于（　　）的建筑，除应符合建筑设计防火规范的要求外，尚应结合实际情况采取更加严格的防火措施，其防火设计应提交国家消防主管部门组织专题研究、论证。

（A）150m　　（B）200m　　（C）250m　　（D）300m

答案：A

625. 高层建筑为建筑高度大于27m的住宅建筑和建筑高度大于（　　）的非单层厂房、仓库和其他民用建筑。

（A）18m　　（B）21m　　（C）24m　　（D）27m

答案：B

626. 变电站（换流站）（　　）是指起安全保护作用的围墙、围栏、刺网、门窗等实体防护措施、站内视频设备、安防报警控制设备及接入该设备的防入侵报警探测器（传感器）及相关回路等。

（A）警戒设施　　（B）防盗设施　　（C）防火设施　　（D）安防设施

答案：D

627. （　　）及以上的油浸式变压器（换流变压器）应设置固定自动灭火及火灾自动报警系统。

（A）125MVA　　（B）300MVA　　（C）500MVA　　（D）800MVA

答案：A

628. 电压等级电力变压器宜采用排油充氮灭火。排油充氮灭火设施应有防误动措施，并在排油管路上装设电动阀门。

（A）10kV　　（B）66kV　　（C）220kV　　（D）500kV

答案：C

629. 变电站安全消防设施主机宜采用（　　）供电或取自UPS电源，并确保主机电源断电时所有资料不会消失，并能够发出主机异常告警信号。

（A）直流　　（B）交流　　（C）电池　　（D）交直流

答案：A

630. 变电站（换流站）大门及围墙上方宜采用“脉冲电网+刺网”的方式，脉冲电网竖直安装于大门及围墙上方，刺网倾斜或螺旋式（　　）安装于脉冲电网外侧，必要的铁艺围墙还应加装其他保护措施。围墙安防设施上应向外悬挂“止步！高压危险！”警告标志牌。

（A）搭挂　　（B）缠绕　　（C）焊接　　（D）平行

答案：B

631. 供电及传输线路敷设时尽量远离动力、照明、控制电缆，防止强电系统的干扰，设置在室外的应埋地敷设；设置在室内的应采用金属管、可挠（金属）电气导管、

（　　）级以上的钢性塑料管或封闭式线槽保护。

（A）B1　　（B）B2　　（C）B3　　（D）B4

答案：A

632. 火灾自动报警系统应设置自动和手动两种触发模式，宜采用（　　）原理或多只探测器（传感器）复合判断火情，防止误报警。

（A）单一　　（B）多种　　（C）基本　　（D）两种

答案：B

633. 变电站安全消防设施定期检验前应做好相关措施，检验项目应参照验收项目开展，其中包括与调度主站进行对试，运行设备附近的探测器（传感器）要结合设备（　　）进行检验。

（A）停电　　（B）带电　　（C）验电　　（D）检修

答案：A

634. 变电站（换流站）消防通道应保证畅通，不得在围墙内外（　　）范围内保留或种植树木以及攀爬类植物。

（A）1m　　（B）2m　　（C）3m　　（D）4m

答案：B

635. 每年至少进行一次消防安全培训，消防安全责任人和消防安全管理人等消防从业人员应接受专门培训。对新上岗和进入新岗位的员工进行上岗前消防培训，经（　　）方能上岗。定期开展消防安全检查，应确保各单位、各车间、各班组、各作业人员了解各自管辖范围内的重点防火要求和灭火方案。

（A）培训　　（B）考试　　（C）考试合格　　（D）面试

答案：C

636. 火灾自动报警、固定灭火、防烟排烟等各类消防系统及灭火器等各类消防器材，应根据相关规范定期进行巡查、检测、检修、保养，并做好（　　），确保消防设施正常运行。

（A）检查记录　　（B）维保记录　　（C）检查维保记录　　（D）巡视记录

答案：C

637. 生产、储存、使用危险化学品的单位转产、停产、停业或者解散，未依照危险化学品安全管理条例规定将其危险化学品生产装置、储存设施以及库存危险化学品的处置方案报有关部门备案的，分别由有关部门责令改正，可以处（　　）万元以下的罚款；拒不改正的，处1万元以上5万元以下的罚款。

（A）1　　（B）3　　（C）5　　（D）4

答案：A

638. 供电生产、施工企业在可能产生有毒害气体或缺氧的场所应配备必要的（　　）、防毒面具等抢救器材，并应进行使用培训，掌握正确的使用方法，以防止救护人员在灭火中中毒或窒息。

（A）负压式空气呼吸器 （B）正压式空气呼吸器

（C）氧气瓶 （D）吸氧机

答案：B

639. 消防设施的备用电源应由保安电源供给，未设置保安电源的应按（ ）负荷供电，消防设施用电线路敷设应满足火灾时连续供电的需求。变电站、换流站消防水泵电机应配置独立的电源。

（A）1类 （B）2类 （C）3类 （D）4类

答案：B

640. 除单台容量为125MVA及以上的油浸式变压器（电抗器）以外其他容量和（ ）的变压器（电抗器）以及高层建筑内的变压器可根据有关标准和要求设置固定自动灭火系统。

（A）风冷 （B）绝缘型式 （C）大容量 （D）升压

答案：B

641. 建筑贯穿孔口和空开口必须进行防火封堵，防火材料的耐火等级应进行测试，并（ ）被贯穿物（楼板、墙体等）的耐火极限。电缆在穿越各类建筑结构进入重要空间时应做好防火封堵和防火延燃措施。

（A）不高于 （B）等高于 （C）不低于 （D）等于

答案：C

642. 火灾自动报警系统的差定温火灾探测器单个探测器与主机通信断线，无法正常运行属于（ ）缺陷。

（A）一般 （B）严重 （C）危急 （D）特大

答案：A

643. 细水雾灭火系统的过滤器锈蚀、损坏属于（ ）缺陷。

（A）一般 （B）严重 （C）危急 （D）特大

答案：B

644. 气体灭火系统的储气瓶组储存容器有明显碰撞变形和机械性损伤属于（ ）缺陷。

（A）一般 （B）严重 （C）危急 （D）特大

答案：B

645. 一、二类隧道内疏散照明和疏散指示标志的连续供电时间不应小于（ ）；其他隧道，不应小于1.0h。

（A）0.5h （B）1.0h （C）1.5h （D）2.0h

答案：C

646. 隧道出入口和隧道内每隔（　　）处，应设置报警电话和报警按钮。

（A）50 ~ 80m　（B）80 ~ 120m　（C）100 ~ 150m　（D）90 ~ 160m

答案：C

647. 对公安消防机构责令（　　）的电网设备火灾隐患，各级电网设备消防管理部门应在规定的期限内整改。

（A）立即整改　（B）整改　（C）限期整改　（D）期限整改

答案：C

648. 变电站安全消防设施供电及传输线路除应满足带负载能力要求外，还应满足机械强度、（　　）等要求。

（A）防水、防冻、耐腐蚀　（B）防水、防火、耐腐蚀

（C）防冻、防火、耐腐蚀　（D）防水、防霜、耐腐蚀

答案：B

649. 电网设备消防管理应遵循“预防为主，防消结合”的工作方针，坚持“（　　）”的指导思想，按照“谁主管，谁负责”的原则，实行逐级消防安全责任制。

（A）安全第一　（B）防控结合　（C）防患于未然　（D）预防为主

答案：A

650. 电网设备消防档案应当包括消防安全基本情况和消防安全管理情况，并附有必要的（　　），根据情况变化及时更新。

（A）电话　（B）图表　（C）档案　（D）资料

答案：B

651. 对公司消防重点单位的电网设备，按照有关规定，制定措施，设置明显标志，实行严格管理。涉及下述重点范围的有关单位（部门）称为消防安全重点单位（部门），电网设备消防安全重点范围包括：（　　），重点电网工程施工现场，易燃、易爆化学物品储存场所等。

（A）生产、工作要害部位　（B）生活区

（C）重要文件存放地　（D）开关厂

答案：A

652. 各级电网设备消防管理部门对电网设备重点防火部位或场所应建立（　　），并落实消防措施。

（A）领导负责制　（B）专人负责制　（C）岗位防火责任制（D）安全员责任制

答案：C

653. 各级电网设备消防管理部门对电网设备重点防火部位和场所，应按国家有关规定及技术标准，装设（　　）或固定灭火装置。

（A）火灾自动报警装置　（B）灭火器

（C）监控设备　　　　　　　　　　（D）报警装置

答案：A

654. 各级电网设备消防管理部门对电网设备生产场所的动火工作，实行严格的消防安全管理。禁止在具有（　　）的场所使用明火；因特殊情况需要进行电、气焊等明火作业的，应严格按照《国家电网公司电力安全工作规程》执行。

（A）人员密集　　　　　　　　　　（B）火灾、爆炸危险

（C）密闭空间　　　　　　　　　　（D）屋内

答案：B

655. 电网设备重点消防单位应当定期进行消防巡查，巡查内容包括（　　）。

（A）用火用电违章情况

（B）火灾隐患的整改情况及防范措施的落实情况

（C）易燃易爆危险物品和场所防火防爆措施的落实情况及其他重要物资的防火安全情况

（D）安全资料是否齐全

答案：A

656. 对公安消防机构责令限期整改的电网设备火灾隐患，各级电网设备消防管理部门应在（　　）内整改。

（A）1个月内　　（B）规定的期限　　（C）1周内　　（D）半年内

答案：B

657. 电网设备发生火灾时，应立即采取必要措施，（　　），迅速扑救火灾并疏散人员。

（A）及时报警　　（B）尽快逃离现场　（C）通知领导　　（D）抢救资料

答案：A

658. 参加电网设备灭火的人员在灭火时，应防止烧伤或被燃烧物所产生的气体引起中毒、窒息，对电气设备灭火时还应（　　）。

（A）防止触电　　　　　　　　　　（B）防止电气设备损坏

（C）防止电网解列　　　　　　　　（D）防止电网接地

答案：A

659. 各级电网设备消防管理部门应制定灭火和应急疏散预案，预案中的组织机构包括（　　）。

（A）灭火行动组、后勤保障组、疏散引导组、安全救护组

（B）灭火行动组、通信联络组、疏散引导组、安全救护组

（C）灭火行动组、通信联络组、方案计划组、安全救护组

（D）灭火行动组、通信联络组

答案：B

660. 各级电网设备消防管理部门应当按照灭火和应急疏散预案，（　　）演练，并结合实际不断完善预案。

（A）每半年进行一次　　（B）定期进行

（C）每月进行一次　　（D）每周进行一次

答案：B

661. 气体灭火系统的选择阀无标示灭火剂流动方向的指示箭头属于（　　）缺陷。

（A）一般　（B）严重　（C）危急　（D）特大

答案：A

662. 气体灭火系统的泄压装置泄压方向朝向操作面属于（　　）缺陷。

（A）一般　（B）严重　（C）危急　（D）特大

答案：B

663. 电网设备火灾事故调查处理，应按“（　　）”原则，分清责任，总结教训，落实防范措施。

（A）三不放过　（B）四不放过　（C）五不放过　（D）六不放过

答案：B

664. 各级电网设备消防管理部门应当将本单位的基本情况、公安消防机构填发的各种法律文书、与电网设备消防工作有关的材料和记录等（　　）备查。

（A）统一保管　（B）分别保管　（C）由专人保管　（D）轮流保管

答案：A

665. 变电运维人员应熟知消防器具的使用方法，熟知（　　）及报警方法。

（A）报警电话　（B）急救电话　（C）火警电话　（D）应急电话

答案：C

666. 变电站应制定消防器材布置图，标明存放地点、数量和消防器材类型，消防器材按（　　）布置；变电运维人员应会正确使用、维护和保管。

（A）消防布置图　（B）布置图　（C）适当位置　（D）随意

答案：A

667. 新（改、扩）建变电站安全消防设施建设应与电力工程建设同规划、（　　）。

（A）同设计、同施工、同验收　　（B）同设计、同检查、同验收

（C）同设计、同施工、同检查　　（D）同检查、同施工、同验收

答案：A

668. 防火墙两侧、电缆夹层内、电缆沟通往室内的非阻燃电缆应包绕防火包带或涂防火涂料，涂刷至防火墙两端各（　　），新敷设电缆也应及时补做相应的防火措施。

（A）1m　（B）2m　（C）3m　（D）4m

答案：A

669. 在变电站内进行动火作业，需要到主管部门办理（　　）（票）手续，并采取安全可靠的措施。

（A）一次　（B）二次　（C）动火　（D）施工作业

答案：C

670. 在电气设备发生火灾时，禁止用（　　）进行灭火。

（A）水　（B）沙土　（C）灭火器　（D）干粉灭火器

答案：A

671. 每（　　）对防火封堵检查维护一次。

（A）月　（B）季度　（C）半年　（D）周

答案：B

672. 当发现封堵损坏或破坏后，应及时用（　　）进行封堵。

（A）堵料　（B）防火堵料　（C）专用堵料　（D）沙土

答案：B

673. 变电站安全消防设施验收项目应包含（　　）、探测（传感）部件安装位置检查。

（A）设施外观检查、计划安排检查　（B）计划安排检查、施工质量检查

（C）设施外观检查、施工质量检查　（D）设施外观检查、人员分工检查

答案：C

674. 变电运维专业负责除设备本体消防设施外的变电站安全消防设施的（　　）。

（A）运维、检修　（B）运维、特殊巡视

（C）运维、日常巡视　（D）检修、特殊巡视

答案：C

675. 对水喷淋系统、消防水系统、泡沫灭火系统每（　　）检查维护一次。

（A）月　（B）季度　（C）半年　（D）周

答案：B

676. 对火灾自动报警系统主机除尘，电源等附件每（　　）维护一次。

（A）月　（B）季度　（C）半年　（D）周

答案：C

677. 火灾自动报警系统更换配件应使用（　　）的备品。

（A）相同　（B）同容量　（C）全新　（D）不同

答案：B

678. 变电检修专业负责分管设备本体消防设施运维，包括变压器排油充氮（　　）

（A）端子箱、事故储油池、本体感温电缆

（B）水喷淋、端子箱、本体感温电缆

（C）水喷淋、事故储油池、汇控柜

（D）水喷淋、事故储油池、本体感温电缆

答案：D

679. 火灾报警控制系统根据控制器的故障信息或打印出的故障点码查找出对应的火情部分，若确认有火情发生，应根据情况采取灭火措施。必要时，拨打（　　）报警。

（A）110　（B）119　（C）120　（D）112

答案：B

680. 火灾报警控制系统当报备电故障时，应检查备用电池的（　　）。当备用电池连续工作时间超过8h后，也可能因电压过低而报备电故障。

（A）生产日期　（B）容量　（C）保质期　（D）连接接线

答案：D

681. 变电站辅助设施验收包括可研初设审查和（　　）验收两个关键环节。

（A）到货　（B）中间　（C）投运　（D）竣工（预）

答案：D

682. 辅助设施可研初设审查由所属管辖单位（　　）选派相关专业技术人员参与。

（A）物资部　（B）运检部　（C）安监部　（D）人资部

答案：B

683. 辅助设施可研初设审查参加人员应为技术专责或在本专业工作满（　　）年以上的人员。

（A）2　（B）3　（C）4　（D）5

答案：B

684. 变电站的大型油浸式变压器应设置能贮存最大一台变压器油量的事故贮油池，宜采用（　　）式灭火系统。

（A）固定　（B）移动　（C）简易　（D）复杂

答案：A

685. 变电站（换流站）消防设施是指起防火、辅助灭火作用的设备、设施及消防产品。包括变压器、换流阀等主设备的火情感知、火灾报警及（　　）设备、设施、消防给水系统、生产建筑物内的火灾报警控制设备及接入该设备的探测器（传感器）及相关回路等。

（A）辅助灭火　（B）主要研判　（C）主要控制　（D）辅助感知

答案：A

686. 电缆洞封堵应符合施工工艺要求，电缆防火涂料应符合防火要求，电缆有分段防火（　　）措施。

（A）隔离　（B）隔断　（C）阻燃　（D）耐热

答案：C

687. 智能辅助平台接口测试应符合（　　）的测试要求。
（A）国家电网有限公司　（B）省公司
（C）地市公司　（D）县公司
答案：A

688. 变电站电缆沟防火墙上部的电缆盖板应用（　　）做出标志，标明“防火墙”字样并编号，间隔不应大于60m。
（A）黄色　（B）黑色　（C）蓝色　（D）红色
答案：D

689. 变电站电缆沟应在交叉、分支处设置阻火墙，对电缆沟进行（　　）处理，开关室电缆沟进出屏柜处，应建造防火墙，靠近带油设备的电缆沟盖板缝隙应密封处理。
（A）隔离　（B）隔断　（C）阻燃　（D）耐热
答案：B

690. 变电站辅助设施包括防误闭锁装置、SF_6（　　）设施、采暖、通风、制冷、除湿设施、消防设施、安防设施、防汛排水系统、照明设施、视频监控系统、在线监测装置和智能辅助设施平台。
（A）保温　（B）气体含量监测　（C）充气　（D）监测
答案：B

691. 主控室、继电保护室、蓄电池室、通信机房、高压室、电缆夹层及其他存在消防隐患的生产厂房内均应配置灭火器，选型、数量应符合要求，放置在明显、便于取用、不易遭到（　　）的固定地点。
（A）碰撞　（B）破坏　（C）盗窃　（D）磨损
答案：A

692. 变电站的大型油浸式变压器应设置能储存最大（　　）变压器油量的事故储油池，宜采用固定式灭火系统。
（A）一台　（B）两台　（C）三台　（D）四台
答案：A

693. 智能辅助控制系统应集成视频监控、环境监控、安防保卫、火灾报警、SF_6泄漏报警、门禁管理等辅助生产系统，并能实现（　　）控制。
（A）远程　（B）联动　（C）遥控　（D）就地
答案：B

694. 辅助设施竣工（预）验收负责人员应为技术专责或具备班组（　　）及以上资格。
（A）工作负责人　（B）技术员　（C）班长　（D）副班长
答案：A

695. 消防设施验收文件应有当地消防部门出具的（　　）。
（A）产品合格证　（B）竣工图纸
（C）消防技术报告　（D）消防验收合格认证书
答案：D

696. SF_6告警信息、火灾告警、环境温度超温、水浸告警信号能上传到（　　）。
（A）调度控制中心　（B）管理单位
（C）主控室　（D）监控室
答案：A

697. 火灾探测器（尤其是缆式线型感温电缆）应有良好的固定措施。感温电缆宜采用具有（　　）能力的带防护结构层的产品。
（A）耐腐蚀　（B）耐热　（C）抗机械损伤　（D）耐高温
答案：C

698. 泡沫喷雾灭火系统多用气压式喷雾，可用于油浸式变压器、电抗器灭火。具有无需动力电源、启动可靠性好、无需水池和排水设施、安装及操作简单等优点，该系统泡沫灭火剂（　　）。
（A）维护成本低、泡沫液储罐体积大　（B）维护成本高、泡沫液储罐体积大
（C）维护成本低、泡沫液储罐体积小　（D）维护成本高、泡沫液储罐体积大
答案：B

699. 排油注氮灭火系统可用于油浸式变压器、电抗器内部火灾早期灭火，具有对环境和变压器无污染、成本低廉等优点，排油注氮装置与变压器本体直连，装置渗漏容易造成装置误动及变压器故障，（　　）。
（A）运行风险小，可以扑灭变压器外部火灾
（B）运行风险大，可以扑灭变压器外部火灾
（C）运行风险大，不能扑灭变压器外部火灾
（D）运行风险小，不能扑灭变压器内部火灾
答案：C

700. 户外变压器固定自动灭火系统优先选用（　　）。
（A）水喷雾灭火系统　（B）细水雾灭火系统
（C）气体灭火系统　（D）排油注氮灭火系统
答案：A

701. 室内变压器固定自动灭火系统优先选用水喷雾或（　　）系统。
（A）气体灭火系统　（B）细水雾灭火
（C）排油注氮灭火系统　（D）泡沫喷雾灭火系统
答案：B

702. 水资源不充足的情况下宜选用（　　）。

（A）气体灭火系统　（B）排油注氮灭火系统

（C）泡沫喷雾灭火系统　（D）细水雾灭火系统

答案：C

703. 排油注氮灭火系统仅适用于（　　）火灾，对扑灭变压器外部火灾作用有限，可结合排油注氮灭火系统的状态评价情况逐步改造为其他型式的固定灭火系统。

（A）变压器内部初期　（B）变压器内部后期

（C）变压器外部初期　（D）变压器外部后期

答案：A

704. 正常情况下，水喷雾灭火系统应投入在“（　　）”。

（A）检修状态　（B）手动状态　（C）自动状态　（D）停运状态

答案：C

705. 应急机械启动指（　　）供水设备、雨淋报警阀等系统组件的控制方式。

（A）远程操纵　（B）人为现场操纵　（C）自动操纵　（D）就地操作

答案：B

706. 过滤器之后的配水管道应采用内外壁热镀锌钢管、不锈钢管或铜管，需要进行弯管加工的管道应采用（　　）。

（A）无缝钢管　（B）不锈钢管　（C）铜管　（D）铝管

答案：A

707. 水喷雾系统启动的动作功率应大于（　　）。

（A）6W　（B）8W　（C）10W　（D）12W

答案：B

708. 细水雾灭火系统改造原则：泵组系统应具有（　　）控制方式。

（A）远程、机械　（B）自动、远程　（C）自动、手动　（D）远程手动

答案：C

709. 细水雾灭火系统的管道应采用冷拔法制造的奥氏体不锈钢钢管，或其他（　　）和耐压性能相当的金属管道。

（A）耐腐蚀　（B）耐火　（C）耐热　（D）耐高温

答案：A

710. 水喷雾、细水雾、泡沫喷雾自动灭火系统自动启动应同时满足以下2个条件：有（　　）个及以上独立的火灾探测器同时发信号，或者一只火灾探测器与一只手动火灾报警按钮的报警信号、主变压器断路器跳闸。

（A）2　（B）3　（C）4　（D）5

答案：A

711. 自动启动条件改造原则：防爆自动启动应同时满足以下3个条件：（ ）、本体气体继电器发重瓦斯信号、主变压器断路器跳闸。

（A）压力释放阀或速动油压继电器动作 （B）压力释放阀与速动油压继电器同时动作

（C）压力释放阀动作 （D）速动油压继电器动作

答案：A

712. 下列信号应接入变电站主设备监控系统：系统的（ ），阀驱动装置的正常工作状态和动作状态，防护区域中的防火门（窗）、防火阀、通风空调等设备的正常工作状态和动作状态，系统的启、停信息，紧急停止信号和管网压力信号。

（A）手动、自动工作状态及故障状态 （B）手动、自动工作状态及检修状态

（C）手动、自动工作状态 （D）检修状态时

答案：A

713. 变电站（换流站）安防设施是指起安全保护作用的（ ）、门窗等。

（A）围墙、围栏、刺网 （B）围墙、围栏、大门

（C）围墙、大门、刺网 （D）围墙、围栏、监控系统

答案：A

714. 排油注氮灭火系统的改造原则是：设置在室外的消防柜应有可靠的防水、防冻及防晒措施；当工作环境相对湿度大于（ ）时消防柜中应设置除湿装置。

（A）80% （B）85% （C）90% （D）95%

答案：B

715. 排油注氮灭火系统的改造原则是：采用（ ）台消防控制柜控制多台消防柜时，每台消防柜应对应独立的控制单元，且各控制单元应相互独立，互不干扰。

（A）一 （B）二 （C）多 （D）三

答案：A

716. 排油注氮灭火系统的改造原则是：氮气释放阀宜安装在氮气储存容器上，保证释放阀后的管路平时处于无压状态，避免氮气瓶出口软管长期处于高压状态下，发生老化爆裂。排油管路宜增设波纹管管路，防止（ ）。

（A）冷热交替发生渗油 （B）管路弯曲

（C）过热爆炸 （D）腐蚀老化

答案：A

717. 泡沫喷雾灭火系统的改造原则是：泡沫灭火剂的灭火性能级别应为I级，抗烧水平不应低于（ ）级。宜选用使用寿命长、环境污染小的产品。

（A）C （B）D （C）E （D）A

答案：A

718. 临时建筑应符合国家有关法规，临时建筑不得占用（　　）。

（A）消防间距　（B）防火间距　（C）应急间距　（D）消防通道

答案：B

719. 贮油设施内应铺设鹅卵石层，其厚度不应小于（　　），卵石直径宜为50~80mm，应定期检查和清理，以不被淤泥、灰渣及积土所堵塞。

（A）200mm　（B）220mm　（C）250mm　（D）300mm

答案：C

720. 蓄电池室应使用防爆型照明和防爆型排风机，开关、熔断器、插座等应装在蓄电池室的外面。蓄电池室的照明线应采用耐酸导线，并用（　　）敷设，检修用行灯应采用12V防爆灯，其电缆应用绝缘良好的胶质软线。

（A）明线　（B）暗线　（C）电缆　（D）架空线

答案：B

721. 凡是进出蓄电池室的电缆、电线，在穿墙处应用耐酸瓷管或聚氯乙烯硬管穿线，并在其进出口端用（　　）材料将管口封堵。

（A）耐碱　（B）耐酸　（C）耐腐蚀　（D）耐热

答案：B

722. 锂电池、钠硫电池设置在专用的房间内，建筑面积＜200m²时，应设置干粉灭火器或消防砂箱；建筑面积≥200m²时，宜设置（　　）灭火系统和自动报警系统。

（A）气体　（B）水基　（C）泡沫　（D）水喷雾

答案：A

723. 直流系统的电缆应采用（　　），两组蓄电池的电缆应分别铺设在各自独立的通道内，尽量避免与交流电缆并排铺设，对无法设置独立通道的应采取阻燃、防爆、加隔离护板或护套等措施。

（A）阻燃电缆　（B）矿物绝缘类不燃性电缆

（C）绝缘电缆　（D）矿物绝缘类

答案：C

724. 电力电缆中间接头盒的（　　）及其附近区域，应增加防火包带等阻燃措施。

（A）前　（B）后　（C）两侧　（D）内外

答案：C

725. 靠近充油设备的电缆沟，应设有防火延燃措施，盖板应封堵。可采用防止变压器油流入电缆沟内的卡槽式电缆沟盖板或在普通电缆沟盖板上覆盖防火（　　）等措施。

（A）玻璃丝　（B）玻璃丝纤维布　（C）纤维布　（D）玻璃丝纤维

答案：B

726. 消防水泵控制柜应设置机械应急启泵功能，并应保证在控制柜内的控制线路发生故障时由有管理权限的人员在紧急时启动消防水泵。机械应急启动时，应确保消防水泵在报警后（　　）内正常工作。消防水泵不应设置自动停泵的控制功能。

（A）5min　（B）10min　（C）15min　（D）20min

答案：A

727. 变电站（换流站）内灭火设施可分为固定灭火系统和（　　）灭火器材。

（A）移动　（B）远程　（C）遥控　（D）自动

答案：A

728. 在同一灭火器配置场所，宜选用相同类型和操作方法的灭火器，当选用两种或两种以上类型灭火器时，应采用灭火剂相容的灭火器。当同一场所存在不同种类火灾时，应选用（　　）型灭火器。

（A）水基　（B）干粉　（C）通用　（D）二氧化碳

答案：C

729. 强化动火管理，施工、检修等工作现场严格执行动火工作票制度，落实现场（　　）责任。

（A）防火和监护　（B）防火和灭火　（C）监护和灭火　（D）监护和指挥

答案：B

730. 每只室内消火栓箱内应配置65mm消火栓及隔离阀各1只、25m长DN65有衬里水龙带1根（带快装接头）、19mm直流或喷雾或多功能水枪1只、自救式消防水喉1套、消防按钮1只；带电设施附近的消火栓应配备喷雾功能水枪。当室内消火栓栓口处的出水压力超过（　　）时，应加设减压孔板或采用减压稳压型消火栓。

（A）0.5MPa　（B）0.6MPa　（C）0.7MPa　（D）0.8MPa

答案：B

731. 变电站和换流站内的消防安全标志应符合《消防安全标志　第1部分：标志》（GB 13495.1—2015），如不满足要求，应进行（　　）。

（A）重新修改　（B）改造　（C）完善化改造　（D）改造化完善

答案：C

732. 变电站消防用电应采用（　　）二级负荷供电的电源。各级负荷的供电要求应符合《供配电系统设计规范》（GB 50052）的要求。

（A）不高于　（B）等高于　（C）不低于　（D）等于

答案：C

733. 当发现水（泡沫）喷淋系统、气体灭火装置的控制电源异常时，应检查控制（　　）、控制电源回路是否短路。

（A）电源空气开关是否短路　（B）电源空气开关是否跳闸

（C）遥信电源开关是否跳闸　（D）遥信电源开关是否短路

答案：B

734. 疏散指示标识应根据国家法律法规、消防技术标准设置，并应采用符合（　　）规定的灯光疏散指示标志、安全出口标志，标明疏散方向。

（A）法律　（B）国家　（C）行业　（D）国际

答案：A

735. 户内变电站、户外变电站主控通信室、配电装置室、消防水泵房和建筑疏散通道应设置（　　）。地下变电站的主控室、配电装置室、变压器室、继电器室、消防水泵房、建筑疏散通道和楼梯间应设置应急照明。

（A）应急照明　（B）安全标识　（C）照明　（D）疏散标识

答案：A

736. 地下变电站的疏散通道和安全出口应设发光疏散指示标志。人员疏散用的应急照明的照度不应低于1lx，继续工作应急照明不应低于正常照明照度值的（　　）。应急照明灯宜设置在墙面或顶棚上。

（A）90%　（B）50%　（C）100%　（D）120%

答案：C

737. 电缆隧道内应设置指向最近安全出口处的导向箭头，主隧道、各分支拐弯处醒目位置装设整个电缆隧道（　　）示意图，并在示意图上标注所处位置及各出入口位置。

（A）立体　（B）平面　（C）纸质　（D）电子

答案：B

738.《变电站消防设施运维管理规范（试行）》适用于公司系统（　　）及以上交流变电站的消防运维工作。

（A）35kV　（B）66kV　（C）220kV　（D）10kV

答案：A

739. 消防用砂应保持足量和干燥，如遇砂子结块应及时进行（　　）。

（A）翻晒松动　（B）敲碎　（C）更换　（D）翻新

答案：A

740. 灭火器箱、消防砂箱、消防桶和消防铲、斧把上应有（　　）标识，且标示清晰，无破损。

（A）红色　（B）黄色　（C）绿色　（D）蓝色

答案：A

741. 消防设备配电箱应有区别于其他配电箱的明显标志，不同消防设备的配电箱应有（　　）。

（A）相同的标识（B）不同的标识　（C）明显区分标识（D）不明显区分标识

答案：C

742. 消防系统供配电应采用（　　）供电，并能自动切换正常，切换备用电源的控制方式及操作程序应符合设计要求。

（A）单回路　（B）双回路　（C）多回路　（D）三回路

答案：B

743. 例行巡视一类变电站每（　　）天不少于1次。

（A）1　（B）2　（C）5　（D）7

答案：B

744. 例行巡视二类变电站每（　　）天不少于1次。

（A）2　（B）3　（C）7　（D）5

答案：B

745. 例行巡视三类变电站每（　　）不少于1次。

（A）3天　（B）周　（C）2周　（D）15天

答案：B

746. 例行巡视四类变电站每（　　）不少于1次。

（A）5天　（B）周　（C）2周　（D）10天

答案：C

747. 全面巡视一类变电站每（　　）不少于1次。

（A）3天　（B）周　（C）2周　（D）10天

答案：B

748. 全面巡视二类变电站每（　　）不少于1次。

（A）周　（B）15天　（C）月　（D）年

答案：B

749. 全面巡视三类变电站每（　　）不少于1次。

（A）周　（B）15天　（C）月　（D）年

答案：C

750. 全面巡视四类变电站每（　　）不少于1次。

（A）周　（B）2周　（C）2月　（D）年

答案：C

751. 对变压器固定自动灭火系统的水喷雾灭火系统：在寒冷季节，应检查消防储水设施是否有结冰现象，储水设施（　　）。

（A）结冰后应立即处理　（B）任何部位均不得结冰

（C）结冰后可等冰自行融化　（D）结冰后立即清理

答案：B

752. 对细水雾灭火系统：在寒冷和严寒地区，应检查设置储水设备的房间温度，房间温度不应低于（　　）。

（A）5℃　　（B）10℃　　（C）15℃　　（D）20℃

答案：A

753. 对泡沫喷雾灭火系统：在寒冷和严寒地区，运维人员应检查泡沫液储罐专用房的温度，应采取防冻措施，房间温度不应低于（　　）。

（A）1℃　　（B）0℃　　（C）3℃　　（D）5℃

答案：B

754. 对需要保持常开或常闭状态的阀门，应采取（　　）、标识等限位措施。

（A）铁封　　（B）铝封　　（C）铅封　　（D）铜封

答案：C

755. 变电站提供消防技术服务的维护保养检测机构应具有（　　）级及以上资质。

（A）一　　（B）二　　（C）三　　（D）四

答案：B

756. 跨省、自治区、直辖市执业的消防设施维护保养检测机构需获得（　　）级资质。

（A）一　　（B）二　　（C）三　　（D）四

答案：A

757. 变电站应制定消防器材布置图，图中标明（　　），消防器材按消防布置图布置。

（A）存放地点、数量和消防器材生产日期

（B）存放地点、消防器材类型和消防器材生产日期

（C）存放地点、数量和消防器材类型

（D）存放地点、消防器材类型

答案：C

758. 火灾自动报警或变压器固定自动灭火系统维修前，维保人员应向（　　）报告，取得运维值班负责人的同意，如涉及停用消防设备，应取得本单位消防负责人的同意，且维保负责人按照规定办理相应工作票，加强并落实防范措施后方能动工。

（A）运维值班人员　　（B）调控人员

（C）设备运维管理单位　　（D）上级领导

答案：A

759. 变压器固定自动灭火系统的例行巡视内容包括设备编号、标识齐全、清晰、无损坏，感温电缆完好，（　　），火灾探测器工作状态正确。

（A）无断线、损坏　　（B）无断线、锈蚀

（C）无断线、过热　　（D）无过热、无破损

答案：A

760. 对排油注氮灭火系统。要求消防柜（ ）标记醒目，设备编号、标识齐全、清晰、无损坏。

（A）红色 （B）绿色 （C）黄色 （D）蓝色

答案：A

761. 对气体灭火系统，应检查（ ）专用的空气呼吸器或氧气呼吸器是否完好。

（A）防护区 （B）防护区外 （C）防护区内 （D）防护区内外

答案：B

762. 气体灭火系统的全面巡视在例行巡视的基础上增加的内容有：检查系统组件的外观，应（ ）及其他机械性损伤。

（A）无漏水、碰撞变形 （B）无锈蚀、无损坏

（C）无锈迹、无污物 （D）无锈蚀、无变形

答案：A

763. 对火灾自动报警系统主机除尘，电源等附件维护包括：（ ），应对各部件进行检查，防止接触不良，影响正常使用。

（A）清扫前 （B）清扫后 （C）使用后 （D）使用中

答案：B

764. 建筑面积不（ ）的地下或半地下设备间、建筑面积不大于50m^{2}且经常停留人数不超过15人的其他地下或半地下房间，可设置1个疏散门。

（A）大于100m^2 （B）大于150m^2 （C）大于200m^2 （D）大于250m^2

答案：B

765. 火灾自动报警系统操作功能试验中，远程功能核对内容包括：每季度对火灾自动报警系统操作功能、远程功能核对检查试验（ ）次。

（A）1 （B）2 （C）3 （D）4

答案：A

766. 每季度应检查和试验火灾自动报警系统的下列功能，并填写相应的记录：采用专用检测仪器试验探测器的动作及确认灯显示，至少完成探测器维保总量的（ ）。

（A）1/4 （B）1/3 （C）1/2 （D）2/3

答案：A

767. 每季度应检查和试验火灾自动报警系统的下列功能，并填写相应的记录：对主电源和备用电源进行（ ）次自动切换试验。

（A）1～2 （B）1～3 （C）2～3 （D）3～4

答案：B

768. 每季度应用自动或手动检查消防控制设备的控制显示功能：抽验电动防火门、防

火卷帘门，数量不小于总数的（　　）。

（A）15%　　（B）25%　　（C）30%　　（D）40%

答案：B

769. 每季度应用自动或手动检查消防控制设备的控制显示功能：选层试验消防应急广播设备，并试验公共广播强制转入火灾应急广播的功能，抽检数量不小于总数的（　　）。

（A）15%　　（B）25%　　（C）30%　　（D）40%

答案：B

770. 每个变电站不同类型的探测器应有达总数（　　）但不少于10只的备品。

（A）5%　　（B）10%　　（C）15%　　（D）20%

答案：B

771. 变压器固定自动灭火系统的维护应做到：对变压器固定自动灭火系统的控制柜体及柜内驱潮加热、防潮防凝露模块和回路、照明回路、二次电缆封堵修补进行维护，（　　）。

（A）维护周期必须与端子箱保持一致　（B）维护周期不应与端子箱保持一致

（C）维护周期可与端子箱保持一致　（D）维护周期可不可与端子箱保持一致

答案：C

772. 对水喷雾灭火系统，要求每（　　）应对水源的供水能力进行一次测定。

（A）月　　（B）季度　　（C）年　　（D）每周

答案：C

773. 对水喷雾灭火系统，每年应对消防储水设备进行（　　）次检查，修补缺损和重新油漆。

（A）一　　（B）二　　（C）三　　（D）四

答案：A

774. 对排油注氮灭火系统，每（　　）应检查管道、支架及固紧件，重新涂刷油漆。

（A）月　　（B）季度　　（C）年　　（D）每周

答案：C

775. 对细水雾灭火系统，每年应对系统的下列项目进行一次检查：应定期测定（　　）次系统水源的供水能力。

（A）一　　（B）二　　（C）三　　（D）四

答案：A

776. 对气体灭火系统，每季度应对气体灭火系统进行1次全面检查，并应符合下列规定：对高压二氧化碳储存容器逐个进行称重检查，灭火剂净重不得小于设计储存量的（　　）。

（A）80%　　（B）85%　　（C）90%　　（D）100%

答案：C

777. 对通用消防设施中防烟、排烟系统的检查维护内容包括：当防烟排烟系统采用无机玻璃钢风管时，应每年对该风管质量检查，检查面积应不少于风管面积的（　　）；风管表面应光洁，无明显泛霜、结露和分层现象。

（A）30%　　（B）35%　　（C）40%　　（D）60%

答案：A

778. 对消防砂池补充、灭火器检查清擦维护，要求每（　　）对消防器材进行一次检查维护。

（A）月　　（B）季度　　（C）半年　　（D）每周

答案：A

779. 对消防砂池补充、灭火器检查清擦维护，要求二氧化碳灭火器重量比额定重量减少（　　）时，应进行灌装。

（A）1/3　　（B）1/5　　（C）1/10　　（D）1/20

答案：C

780. 对消防水源的维护管理应符合下列规定：冬季每次例行巡视时应对消防储水设施进行室内温度和水温检测，当结冰或室内温度低于（　　）时，应采取确保不结冰和室温不低于5℃的措施。

（A）3℃　　（B）4℃　　（C）5℃　　（D）6℃

答案：C

781. 对消防水泵的检查要求是：每（　　）应对气压水罐的压力和有效容积等进行一次检测。

（A）周　　（B）月　　（C）半年　　（D）年

答案：B

782. 阀门的维护管理应符合下列规定：每（　　）应对减压阀的流量和压力进行一次试验。

（A）月　　（B）半年　　（C）年　　（D）季

答案：C

783. 阀门的维护管理应符合下列规定：系统上所有的控制阀门均应采用铅封或锁链固定在开启或规定的状态，（　　），当有破坏或损坏时应及时修理更换。

（A）每周应对铅封、锁链进行一次检查

（B）每月应对铅封、锁链进行一次检查

（C）每月应对铅封、锁链进行两次检查

（D）每天应对铅封、锁链进行一次检查

答案：B

784. 变电站消防设施相关工作中，运维人员负责进行巡视，维保单位负责维护保养，

（　　）负责检测。

（A）第三方检测机构　　（B）计量部门

（C）设备运行管理单　　（D）管理部门

答案：A

785. 变电站应保存竣工后的总平面布局图、消防设施平面布置图、消防设施系统图及安全出口布置图、重点部位位置图等（　　）档案资料。

（A）纸质　（B）电子　（C）纸质和电子　（D）影响

答案：C

786. 靠近充油设备的电缆沟，应设有（　　），盖板应封堵。

（A）防小动物挡板（B）防燃措施　（C）防火延燃措施　（D）隔离措施

答案：C

787. 消防设施的电源开关、管道阀门，均应处于正常运行位置，并标示（　　）状态。

（A）启动　（B）停止　（C）备用　（D）开、关

答案：D

788. 新建、改扩建工程的消防系统与主体设备或项目应同时设计、同时施工、并通过（　　）（备案）同时投入使用。

（A）验收合格　（B）质量验收　（C）技术验收　（D）消防验收

答案：D

789. 例行巡视检查按照《国家电网公司变电运维管理规定（试行）》所规定的巡视周期，结合变电站（　　）巡视一并开展。

（A）例行　（B）特殊　（C）全面　（D）夜间

答案：A

790. 消防设施在管理上应等同于（　　），包括维护、保养、检修、更新，落实相关所需资金等。

（A）主设备　（B）辅助设备　（C）闲置设备　（D）备用设备

答案：A

791. 七氟丙烷灭火系统及IG541灭火系统等系统应检查灭火剂和驱动气体储存容器内的压力，不得小于设计储存压力的（　　）。

（A）50%　（B）70%　（C）90%　（D）60%

答案：C

792. 对气体灭火系统储存装置的压力和重量进行检查，灭火剂损失达（　　）时应及时补充。

（A）6%　（B）9%　（C）10%　（D）20%

答案：C

793. 二氧化碳灭火器质量比额定质量减少（　　）时，应进行灌装。

（A）1/6　（B）1/9　（C）1/10　（D）1/5

答案：C

794. 火灾报警控制系统动作时，立即派人前往现场检查确认故障信息。当报备电故障时，应检查备用电池的连接接线。当备用电池连续工作时间超过一定时间后，也可能因电压（　　）而报备电故障。

（A）过高　（B）过低　（C）高　（D）不稳

答案：B

795. 灭火器筒体锈蚀严重，表面产生凹坑属于（　　）缺陷。

（A）严重　（B）一般　（C）紧急　（D）重大

答案：B

796. 蓄电池室每组宜布置在单独的室内，如确有困难，应在每组蓄电池之间设耐火时间大于（　　）的防火隔断，蓄电池室门应向外开。

（A）1.0h　（B）1.5h　（C）2.0h　（D）2.5h

答案：C

797. 锂电池、钠硫电池设置在专用的房间内，建筑面积（　　）$200m^2$时，宜设置气体灭火系统和自动报警系统。

（A）小于　（B）等于　（C）大于等于　（D）小于等于

答案：C

798. 灭火器的摆放应稳固，其铭牌应朝外；灭火器箱不得（　　）。

（A）上锁　（B）敞开　（C）关闭　（D）封堵

答案：A

799. 手提式灭火器宜设置在灭火器箱内或挂钩、托架（建议采用托架）上，其顶部离地面不应大于1.50m，底部离地面高度不宜小于（　　）。

（A）0.08m　（B）0.1m　（C）0.12m　（D）0.2m

答案：A

800. 变压器室、电容器室、蓄电池室、电缆夹层、配电装置室的门应向疏散方向开启；当门外为公共走道或其他房间时，该门应采用（　　）级防火门。

（A）甲　（B）乙　（C）丙　（D）丁

答案：B

801. 消防系统管道不宜横跨变压器的（　　），且不应影响设备的正常操作。

（A）底部　（B）顶部　（C）中部　（D）上部

答案：B

802. 固定灭火系统管道的支、吊架应进行防腐蚀处理，并应采取防止与管道发生（　　）的措施。

（A）电化学腐蚀 （B）摩擦 （C）导电 （D）物理碰撞

答案：A

803. 火灾探测器（尤其是缆式线型感温电缆）应有良好的（　　）措施。感温电缆宜采用具有抗机械损伤能力的带防护结构层的产品。

（A）固定 （B）连接 （C）稳定 （D）不稳定

答案：A

804. 过滤器之后的配水管道应采用（　　）、不锈钢管或铜管，需要进行弯管加工的管道应采用无缝钢管。

（A）钢管 （B）外壁热镀锌钢管

（C）内壁热镀锌钢管 （D）内外壁热镀锌钢管

答案：D

805. 在管道的（　　）和容易形成积水的部位设置放水阀是为了防止管道内因积水结冰而造成管道损伤。

（A）最高点 （B）最低点 （C）中间点 （D）最外点

答案：B

806. 泡沫灭火剂的灭火性能级别应为（　　），抗烧水平不应低于C级。宜选用使用寿命长、环境污染小的产品。

（A）Ⅲ级 （B）Ⅰ级 （C）Ⅱ级 （D）Ⅳ级

答案：B

807. 火灾探测器不宜采用铂式温度计感温探测器，可采用玻璃球型火灾探测装置和易熔合金型火灾探测器。火灾探测装置应布置成（　　）的独立回路。

（A）两个 （B）三个及以上 （C）两个及以上 （D）一个

答案：C

808. 排油注氮系统的氮气驱动装置不应采用（　　）。

（A）电爆型驱动装置 （B）电磁式驱动阀

（C）防爆自密封瓶头阀电容式驱动阀 （D）自密封瓶头阀电容式驱动阀

答案：A

809. 排油阀或排油管路上应设置排油信号反馈装置，在油气隔离装置前端的注氮管路上应设置（　　）装置。

（A）注氮信号反馈 （B）漏油观测

（C）漏油报警漏气报警 （D）漏气报警

答案：A

810. 注氮管路应设置能够排出泄漏氮气的（　　），防止氮气泄漏进入变压器本体导致轻瓦斯频繁动作。

（A）泄气组件　（B）排气组件　（C）保护组件　（D）备用组件

答案：B

811. 采用自动控制启动方式时，根据人员安全撤离防护区的需要，应有不大于（　　）的可控延迟喷射。

（A）10s　（B）30s　（C）20s　（D）40s

答案：B

812. 消防器材和设施应建立台账，并有（　　）。

（A）培训制度　（B）管理制度　（C）考核制度　（D）考评制度

答案：B

813. 消防器材配置应（　　），满足消防需要。

（A）合理、全面　（B）完备、充足　（C）合理、充足　（D）合理、完备

答案：C

814. 消防砂池（箱）砂子应（　　）。

（A）充足、湿润　（B）充足、干燥　（C）完备、充足　（D）充足、完备

答案：B

815. 消防用铲、桶、消防斧等应配备齐全，并涂红漆，以起警示提醒作用，并不得（　　）。

（A）集中存放　（B）露天存放　（C）密封存放　（D）露天堆放

答案：B

816. 安全疏散通道照明应（　　）。

（A）完备、充足　（B）完好、充足　（C）完备、充裕　（D）完备、充裕

答案：B

817. 通用消防设施的应急照明灯不亮、亮度过低或持续时间不足30min属于（　　）缺陷。

（A）一般　（B）严重　（C）危急　（D）特大

答案：A

818. 火灾报警控制系统动作时，通过（　　）观察判断，同时派人前往现场确认是否有火情发生。

（A）视频监控　（B）安防视频　（C）可视管理　（D）可视控制

答案：B

819. 当报主电故障时，应确认是否发生主供电源停电。检查主电源的接线、熔断器是否发生断路，（　　）是否已切换。

（A）后备电源　（B）备用电源　（C）主电源　（D）电源

答案：B

820. 各单位应按照相关规范建设配置完善的消防设施。（　　）占用消防逃生通道和消防车通道。

（A）视情况而定　（B）严禁　（C）可以　（D）禁止

答案：B

821. 无人值班变电站消防控制室宜设置在运维班驻地的值班室，对所辖的变电站实行（　　）。

（A）统一管理　（B）集中管理　（C）分散管理　（D）分层管理

答案：B

822. 酸性蓄电池室、油罐室、油处理室、大物流仓储等防火、防爆重点场所应采用防爆型的照明、通风设备，其控制开关应安装在（　　）。

（A）通风处　（B）室内　（C）室外屋顶　（D）室外

答案：C

823. 蓄电池组电缆的正极和负极（　　）共用一根电缆。

（A）有时可　（B）不应　（C）可以　（D）不可以

答案：B

824. 对有视线障碍的灭火器设置点，应设置指示其位置的（　　）。

（A）反光标志　（B）发光标志　（C）反光板　（D）发光板

答案：B

825. 消防安全管理部门应指导、督促有关部门确保疏散通道、安全出口、消防车通道畅通，保证防火防烟分区、防火间距负荷（　　）标准。

（A）消防　（B）安全　（C）行业　（D）国际

答案：A

826. 电缆隧道内应设置指向最近安全出口处的（　　），主隧道、各分支拐弯处醒目位置装设整个电缆隧道平面示意图，并在示意图上标注所处位置及各出入口位置。

（A）指示灯光　（B）导向箭头　（C）指示标志　（D）指示箭头

答案：B

827. 消防配电线路宜与其他配电线路分开敷设在不同的电缆井、沟内；确有困难需敷设在同一电缆井沟内时，应分别布置在电缆井、沟的两侧，且消防配电线路应采用（　　）。

（A）防火阻燃电缆　（B）矿物绝缘类不燃性电缆

（C）绝缘电缆　（D）矿物绝缘类

答案：B

828. 消防配电线路明敷时（包括敷设在吊顶内），应穿金属导管或采用封闭式金属槽盒保护，金属导管或封闭式金属槽盒应采取（　　）。

（A）防火保护措施　（B）绝缘措施

（C）防火阻燃措施　（D）阻燃措施

答案：A

829. 采用排油注氮灭火系统的变压器应采用具有联动功能的双浮球结构的（　　）。

（A）气体继电器　（B）电磁继电器　（C）固体继电器　（D）电容继电器

答案：A

830. 氮气释放阀宜安装在氮气储存容器上，保证释放阀后的管路平时处于（　　）。

（A）无压状态　（B）高压状态　（C）低压状态　（D）高低压状态

答案：A

831. 安监部门应定期向消防安全管理人报告消防安全情况，及时报告设计消防安全的（　　）问题。

（A）微小　（B）一般　（C）重大　（D）所有

答案：C

832. 消防设备设施与电气设备（　　）（裸露）部分的安全净距宜符合现行标准《高压配电装置设计技术规程》（DL/T 5352）的规定。

（A）带电　（B）无电　（C）外壳　（D）内壳

答案：A

833. 变电站须有结合本站实际的消防预案，消防预案内应有本站变压器类设备灭火装置、烟感报警装置和消防器材的使用说明并定期开展（　　）。

（A）活动　（B）预演　（C）演练　（D）训练

答案：C

834. 公共建筑内厨房的排油烟管道宜按防火分区设置，且在与竖向排风管连接的支管处应设置公称动作温度为（　　）的防火阀。

（A）100℃　（B）150℃　（C）200℃　（D）250℃

答案：B

835.（　　）应经专门培训，并能熟练操作厂站内各种消防设施；应制定防止消防设施误动、拒动的措施。

（A）值班人员　（B）检修人员　（C）工作人员　（D）施工人员

答案：A

836. 现场装置明显处应有（　　）操作步骤说明，各功能按钮、操作把手应标识明晰，在经常有人通过或误碰易造成装置误动的场所，须另加防护措施并设置警示标识。

（A）手动　（B）自动　（C）手动及自动　（D）机械

答案：A

837. 消防联动、通信和报警线路敷设应满足以下要求：当采用明敷设时，应采用金属管或金属线槽保护，并应在金属管或金属线槽上采取（　　）保护措施。

（A）防腐蚀　（B）防冻　（C）防火　（D）防震

答案：C

838. 变电站消防用电应采用不低于（　　）级负荷供电的电源。

（A）一　（B）二　（C）三　（D）四

答案：B

839. 民用建筑的（　　）可分为一、二、三、四级。

（A）耐火等级　（B）防火等级　（C）消防等级　（D）安全等级

答案：A

840. 四级耐火等级建筑防火墙的燃烧性能和耐火极限不应低于（　　）。

（A）2.00h　（B）3.00h　（C）4.00h　（D）5.00h

答案：B

841.（　　）的物业服务企业应当对管理区域内的共用消防设施进行维护管理，提供消防安全防范服务。

（A）住宅区　（B）商业区　（C）工业区　（D）服务区

答案：A

842. 从事危险化学品道路运输、水路运输的，应当分别依照有关道路运输、水路运输的法律、行政法规的规定，取得危险货物道路运输许可、危险货物水路运输许可，并向（　　）办理登记手续。

（A）消防部门　（B）工商行政管理部门

（C）公安部门　（D）交通部门

答案：B

843. 进行电焊、气焊等具有火灾危险作业的人员和自动消防系统的操作人员，必须（　　），并遵守消防安全操作规程。

（A）经过有关单位许可　（B）持证上岗

（C）考试合格　（D）有现场工作经验

答案：B

844. 生产、储存、装卸易燃易爆危险品的工厂、仓库和专用车站、码头的设置，应当符合消防技术标准。易燃易爆气体和液体的充装站、（　　）、调压站，应当设置在符合消防安全要求的位置，并符合防火防爆要求。

（A）补给站　（B）供应站　（C）供给站　（D）输送站

答案：B

845. 建筑构件、建筑材料和室内装修、装饰材料的防火性能必须符合国家标准；没有国家标准的，必须符合（　　）。

（A）公司标准　（B）行业标准　（C）企业标准　（D）消防标准

答案：B

846. 国家综合性消防救援队、专职消防队按照国家规定承担（　　）和其他以抢救人员生命为主的应急救援工作。

（A）重大自然灾害　（B）重大人身灾害

（C）重大灾害事故　（D）一般灾害事故

答案：C

847. 国家综合性消防救援队、专职消防队应当充分发挥火灾扑救和应急救援专业力量的骨干作用；按照国家规定，组织实施专业技能训练，配备并维护保养（　　），提高火灾扑救和应急救援的能力。

（A）防火器材　（B）消防器材　（C）装备器材　（D）消防设施

答案：C

848. 消防救援机构统一组织和指挥火灾现场扑救，应当优先保障（　　）的生命安全。

（A）遇险人员　（B）人民群众　（C）老幼妇孺　（D）领导

答案：A

849. 地下或半地下建筑（室）和一类高层建筑的耐火等级不应低于（　　）。

（A）四级　（B）三级　（C）二级　（D）一级

答案：D

850. 单、多层重要公共建筑和二类高层建筑的耐火等级不应低于（　　）。

（A）四级　（B）三级　（C）二级　（D）一级

答案：C

851. 建筑高度大于100m的民用建筑，其楼板的耐火极限不应低于（　　）。

（A）2.00h　（B）3.00h　（C）4.00h　（D）5.00h

答案：A

852. 一、二级耐火等级建筑的上人平屋顶，其屋面板的耐火极限分别不应低于（　　）。

（A）1.50h和1.00h　（B）1.50h和2.00h　（C）0.50h和1.00h　（D）2.00h和2.50h

答案：A

853. 消防车道的净宽度和净空高度均不应小于（　　）。

（A）6.0m　（B）5.0m　（C）3.0m　（D）4.0m

答案：D

854. 安装、使用（　　）、燃气用具和敷设电气线路、管线必须符合相关标准和用电、用气安全管理规定，并定期维护保养、检测。

（A）电器产品　（B）防火用具　（C）电子产品　（D）电气产品

答案：A

855. 二级耐火等级建筑内采用（　　）墙体的房间隔墙，其耐火极限不应低于0.75h。

（A）难燃性　（B）不燃性　（C）可燃性　（D）易燃性

答案：A

856. 屋面防水层宜采用（　　）材料。

（A）不燃、难燃　（B）不燃　（C）难燃　（D）易燃

答案：A

857.《危险化学品安全管理条例》所称危险化学品是指具有毒害、腐蚀、爆炸、燃烧、助燃等性质，对人体、设施、环境具有危害的（　　）化学品和其他化学品。

（A）有毒　（B）剧毒　（C）微毒　（D）腐蚀性

答案：B

858. 危险化学品单位应当具备法律、行政法规规定和国家标准、行业标准要求的安全条件，建立、健全安全管理规章制度和岗位安全责任制度，对从业人员进行安全教育、（　　）和岗位技术培训。

（A）考试　（B）法制教育　（C）普法　（D）普法宣传

答案：B

859. 国家鼓励危险化学品生产企业和使用危险化学品从事生产的企业采用有利于提高安全保障水平的先进技术、工艺、设备以及自动控制系统，鼓励对危险化学品实行专门储存、统一配送、（　　）销售。

（A）分散　（B）集中　（C）网络　（D）多地区

答案：B

860. 国家对危险化学品的生产、储存实行统筹规划、（　　）布局。

（A）合理　（B）统一　（C）全面　（D）分散

答案：A

861. 生产、储存危险化学品的单位，应当对其铺设的危险化学品管道设置明显标志，并对危险化学品管道（　　）检查、检测。

（A）定期　（B）不定期　（C）随时　（D）适时

答案：A

862. 进行可能危及危险化学品管道安全的施工作业，施工单位应当在开工的（　　）日前书面通知管道所属单位，并与管道所属单位共同制定应急预案，采取相应的安全防护措施。管道所属单位应当指派专门人员到现场进行管道安全保护指导。

（A）3　（B）7　（C）15　（D）30

答案：B

863. 危险化学品生产企业进行生产前，应当依照安全生产许可证条例的规定，取得危

险化学品（　　）。

（A）安全生产许可证　（B）经营许可证

（C）运输许可证　（D）销售许可证

答案：A

864. 在设计文件中选用的消防产品和具有防火性能要求的建筑材料、建筑构配件和设备，应当注明规格、性能等技术指标，符合（　　）。

（A）世界规定的标准　（B）行业规定的标准

（C）国际规定的标准　（D）国家规定的标准

答案：D

865. 储存数量构成重大危险源的危险化学品储存设施的选址，应当避开地震活动断层和容易发生（　　）、地质灾害的区域。

（A）火灾　（B）洪灾　（C）蝗灾　（D）雷电

答案：B

866. 生产、储存危险化学品的单位，应当在其作业场所设置通信、报警装置，并保证处于（　　）状态。

（A）可用　（B）正常　（C）适用　（D）报警

答案：C

867. 生产、储存危险化学品的企业，应当委托具备国家规定的资质条件的机构，对本企业的安全生产条件每（　　）年进行一次安全评价，提出安全评价报告。安全评价报告的内容应当包括对安全生产条件存在的问题进行整改的方案。

（A）1　（B）3　（C）5　（D）7

答案：B

868. 危险化学品专用仓库应当符合国家标准、行业标准的要求，并设置明显的标志。储存剧毒化学品、易制爆危险化学品的专用仓库，应当按照国家有关规定设置相应的（　　）。

（A）技术防范设施（B）安全防范设施　（C）防范设施　（D）安全设施

答案：A

869. 从事危险化学品经营的企业从业人员应经过专业技术培训并经（　　）合格。

（A）考试　（B）考评　（C）考核　（D）考验

答案：C

870. 危险化学品商店内只能存放（　　）小包装的危险化学品。

（A）军用　（B）商用　（C）民用　（D）私用

答案：C

871. 个人（　　）购买剧毒化学品（属于剧毒化学品的农药除外）和易制爆危险化

学品。

（A）可以　（B）不得　（C）经申请可　（D）视情况可以

答案：B

872. 通过（　）运输危险化学品，应当使用依法取得危险货物适装证书的运输船舶。水路运输企业应当针对所运输的危险化学品的危险特性，制定运输船舶危险化学品事故应急救援预案，并为运输船舶配备充足、有效的应急救援器材和设备。

（A）海上　（B）内河　（C）空中　（D）交通

答案：B

873. 同时培训200人以上规模的固定教学场所、训练场地，应具备满足技能培训需要的（　）

（A）消防设施、消防设备、消防系统　（B）消防设施、消防设备、消防器材

（C）消防设施、消防系统、消防器材　（D）消防系统、消防设备、消防器材

答案：B

874. 建设单位申请消防验收，应当提交消防验收申请表、（　）。

（A）工程竣工验收报告、涉及消防工程设计图纸

（B）工程竣工验收报告、建设工程竣工图纸

（C）工程竣工验收报告、消防工程竣工图纸

（D）工程竣工验收报告、涉及消防的建设工程竣工图纸

答案：D

875. 消防安全专业培训机构开展消防安全专业培训，应当将消防安全管理、建筑防火和自动消防设施（　）技能作为培训的重点

（A）施工、操作、修理、维护　（B）施工、操作、运维、修理

（C）施工、操作、检测、修理　（D）施工、操作、检测、维护

答案：D

876. 对重复使用的危险化学品包装物、容器，使用单位在重复使用前应当进行检查；发现存在（　）的，应当维修或者更换。使用单位应当对检查情况做出记录，记录的保存期限不得少于2年。

（A）缺陷　（B）严重缺陷　（C）安全隐患　（D）一般缺陷

答案：C

877. 危险化学品应当储存在专用仓库、专用场地或者专用储存室（统称专用仓库）内，并由专人负责管理；剧毒化学品以及储存数量构成重大危险源的其他危险化学品，应当在专用仓库内单独存放，并实行（　）收发、双人保管制度。

（A）单人　（B）双人　（C）三人　（D）多人

答案：B

878. 储存危险化学品的（　　）应当建立危险化学品出入库核查、登记制度。

（A）单位　（B）仓库　（C）厂房　（D）车间

答案：A

879. 危险化学品生产企业、经营企业销售剧毒化学品、易制爆危险化学品，应当如实记录购买单位的名称、地址、经办人的姓名、（　　）以及所购买的剧毒化学品、易制爆危险化学品的品种、数量、用途。销售记录以及经办人的身份证明复印件、相关许可证件复印件或者证明文件的保存期限不得少于3年。

（A）身份证号码　（B）护照号码　（C）户口本　（D）电话号码

答案：A

880. 危险化学品的装卸作业应当遵守安全作业标准、规程和制度，并在装卸管理人员的（　　）指挥或者监控下进行。

（A）现场　（B）远程　（C）视频　（D）电话

答案：A

881. 通过道路运输危险化学品的，应当按照运输车辆的核定载质量装载危险化学品，不得（　　）。

（A）超载　（B）满载　（C）超量　（D）超高

答案：A

882. 危险化学品运输车辆应当符合国家标准要求的安全技术条件，并按照国家有关规定（　　）进行安全技术检验。

（A）定期　（B）不定期　（C）经常性　（D）适时

答案：A

883. 通过（　　）运输危险化学品的，应当配备押运人员，并保证所运输的危险化学品处于押运人员的监控之下。

（A）道路　（B）水路　（C）航空　（D）火车

答案：A

884. 运输危险化学品途中因住宿或者发生影响正常运输的情况，需要（　　）停车的，驾驶人员、押运人员应当采取相应的安全防范措施；运输剧毒化学品或者易制爆危险化学品的，还应当向当地公安机关报告。

（A）短时间　（B）较长时间　（C）临时　（D）长时间

答案：B

885. 通过内河运输危险化学品的船舶，其所有人或者经营人应当取得船舶污染损害责任保险证书或者（　　）证明，且证书或证明的副本应当随船携带。

（A）法人担保　（B）财务担保　（C）保险担保　（D）公司担保

答案：B

886. 用于危险化学品运输作业的内河码头、泊位应当符合国家有关安全规范，与（ ）取水口保持国家规定的距离。有关管理单位应当制定码头、泊位危险化学品事故应急预案，并为码头、泊位配备充足、有效的应急救援器材和设备。

（A）自来水　（B）地下水　（C）饮用水　（D）矿泉水

答案：C

887. 船舶载运危险化学品进出内河港口，应当将危险化学品的（ ）、危险特性、包装以及进出港时间等事项，事先报告海事管理机构。

（A）数量　（B）规格　（C）名称　（D）类型

答案：C

888. 在内河港口内进行危险化学品的装卸、过驳作业，应当将危险化学品的名称、危险特性、包装和作业的时间、地点等事项报告港口行政管理部门。港口行政管理部门接到报告后，应当在国务院交通运输主管部门规定的（ ）内做出是否同意的决定，通知报告人，同时通报海事管理机构。

（A）一周　（B）一个月　（C）时间　（D）半个月

答案：C

889. 载运危险化学品的船舶在内河航行、装卸或者停泊，应当悬挂专用的警示标志，按照规定显示（ ）。

（A）专用信号　（B）信号　（C）专用标志　（D）安全标志

答案：A

890. 托运危险化学品的，托运人应当向承运人说明所托运的危险化学品的种类、数量、危险特性以及发生危险情况的应急处置措施，并按照国家有关规定对所托运的危险化学品妥善包装，在（ ）上设置相应的标志。

（A）外包装　（B）内包装　（C）分包装　（D）统一包装

答案：A

891. 托运人不得在托运的普通货物中夹带危险化学品，（ ）将危险化学品匿报或者谎报为普通货物托运。

（A）不可　（B）禁止　（C）不得　（D）严禁

答案：C

892. 生产、经营、使用国家禁止生产、经营、使用的危险化学品的，由安全生产监督管理部门责令停止生产、经营、使用活动，处20万元以上（ ）万元以下的罚款，有违法所得的，没收违法所得；构成犯罪的，依法追究刑事责任。

（A）30　（B）40　（C）50　（D）20

答案：C

893. 未经安全条件审查，新建、改建、扩建生产、储存危险化学品的建设项目的，由

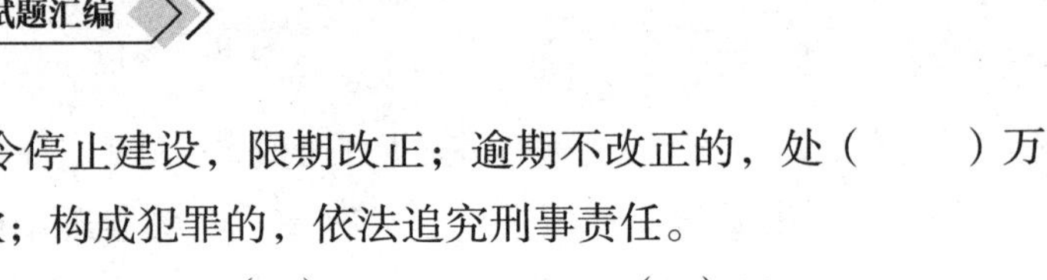

安全生产监督管理部门责令停止建设，限期改正；逾期不改正的，处（　　）万元以上100万元以下的罚款；构成犯罪的，依法追究刑事责任。

（A）30　（B）40　（C）50　（D）20

答案：C

894. 伪造、变造或者（　　）、出借、转让危险化学品安全生产许可证、工业产品生产许可证，或者使用伪造、变造的危险化学品安全生产许可证、工业产品生产许可证的，分别依照《安全生产许可证条例》《中华人民共和国工业产品生产许可证管理条例》的规定处罚。

（A）出租　（B）出售　（C）租借　（D）租售

答案：A

895. 防火阀宜靠近（　　）设置。

（A）防火分隔处　（B）防烟分隔处　（C）消防分隔处　（D）排烟分隔处

答案：A

896. 在防火阀两侧各（　　）范围内的风管及其绝热材料应采用不燃材料。

（A）1.0m　（B）2.0m　（C）3.0m　（D）4.0m

答案：B

897. 当房间的建筑面积不大于100m^{2}时，房间隔墙可采用耐火极限不低于0.50h的难燃性墙体或耐火极限不低于0.30h的（　　）墙体。

（A）难燃性　（B）不燃性　（C）可燃性　（D）易燃性

答案：B

898.（　　）耐火等级多层住宅建筑内采用预应力钢筋混凝土的楼板，其耐火极限不应低于0.75h。

（A）一级　（B）二级　（C）三级　（D）四级

答案：B

899. 物业服务企业应当在物业服务工作范围内，根据实际情况积极开展经常性消防安全宣传教育，每年（　　）本单位员工和居民参加的灭火和应急疏散演练。

（A）至少组织两次　（B）组织一次

（C）至少组织一次　（D）组织两次

答案：C

900.（　　）高层民用建筑消防用电应按一级负荷供电。

（A）一类　（B）二类　（C）甲类　（D）乙类

答案：A

901. 养老院、福利院、救助站等单位，应当对服务对象开展（　　）的用火用电和火场自救逃生安全教育。

（A）每半月一次（B）每月一次（C）经常性（D）每周一次

答案：C

902. 国家机构以外的社会组织或个人利用非国家财政性经费，成立消防安全专业培训机构，应有同时培训（ ）规模的固定教学场所、训练场地，具有满足技能培训需要的消防设施、设备和器材。

（A）150人以上（B）200人以上（C）100人以上（D）250人以上

答案：B

903. 消防安全专业培训机构具有与培训规模和培训专业相适应的专（兼）职教员队伍，其中专（兼）职教员队伍中，专职教员应当不少于教员总数的（ ）。

（A）1/2（B）1/3（C）1/4（D）1/5

答案：A

904. 民用建筑内空气中含有容易（ ），应设置自然通风或独立的机械通风设施，且其空气不应循环使用。

（A）起火物质的房间（B）爆炸危险物质的房间

（C）起火或爆炸危险物质的房间（D）着火或爆炸危险物质的房间

答案：C

905. 消防安全专业培训机构具有建筑、消防等相关专业中级以上职称，并有5年以上消防相关工作经历的教员（ ）。

（A）不多于10人（B）不少于10人（C）不少于5人（D）不多于5人

答案：B

906. 消防安全专业培训机构的消防安全管理、自动消防设施、灭火救援等专业课程应当分别配备理论教员和实习操作教员（ ）。

（A）不少于2人（B）不多于2人（C）不少于3人（D）不多于3人

答案：A

907. 消防安全教育培训的内容应当符合全国统一的消防安全教育（ ）的要求。

（A）培训手册（B）培训指南（C）培训大纲（D）培训规定

答案：C

908. 二类高层民用建筑消防用电应按（ ）供电。

（A）二级负荷（B）一级负荷（C）重要用户（D）三级负荷

答案：A

909. 二级和三级耐火等级建筑内门厅、走道的吊顶应采用（ ）材料。

（A）难燃（B）不燃（C）可燃（D）易燃

答案：B

910. 建筑内预制钢筋混凝土构件的节点外露部位，应采取（　　），且节点的耐火极限不应低于相应构件的耐火极限。

（A）保护措施　（B）防火保护措施　（C）防火措施　（D）安全保护措施

答案：B

911. 一、二级耐火等级建筑内的商店营业厅、展览厅，当设置自动灭火系统和火灾自动报警系统并采用不燃或难燃装修材料时，设置在高层建筑内时，不应大于（　　）。

（A）$2000m^2$　（B）$3000m^2$　（C）$4000m^2$　（D）$5000m^2$

答案：C

912. 消防车道与建筑之间不应设置妨碍消防车操作的（　　）等障碍物。

（A）树木、架空管线　（B）树木

（C）架空管线　（D）广告牌

答案：A

913. 消防车道靠建筑外墙一侧的边缘距离建筑外墙不宜小于（　　）。

（A）6m　（B）5m　（C）4m　（D）3m

答案：B

914. 消防车道的坡度不宜大于（　　）。

（A）8%　（B）7%　（C）9%　（D）6%

答案：A

915. 建筑高度不大于50m的建筑，连续布置消防车登高操作场地确有困难时，可间隔布置，但间隔距离不宜大于（　　），且消防车登高操作场地的总长度仍应符合相应规定。

（A）50m　（B）40m　（C）30m　（D）20m

答案：C

916. 供消防救援人员进入的窗口的净高度和净宽度均不应小于（　　），下沿距室内地面不宜大于1.2m，间距不宜大于20m且每个防火分区不应少于2个，设置位置应与消防车登高操作场地相对应。

（A）1.0m　（B）2.0m　（C）3.0m　（D）4.0m

答案：A

917. 厂房、仓库、公共建筑的外墙应在每层的适当位置设置可供（　　）进入的窗口。

（A）应急救援人员（B）消防救援人员　（C）防火救援人员　（D）救援人员

答案：B

918. 建筑高度大于（　　）的住宅建筑应设置消防电梯。

（A）33m　（B）43m　（C）53m　（D）63m

答案：A

919. 一类高层公共建筑和建筑高度大于（　　）的二类高层公共建筑、5层及以上且总建筑面积大于3000m²的老年人照料设施应设置消防电梯。

（A）30m　（B）31m　（C）32m　（D）33m

答案：C

920. 设置消防电梯的建筑的地下或半地下室，埋深大于（　　）且总建筑面积大于3000m²的其他地下或半地下建筑（室），应设置消防电梯。

（A）10m　（B）12m　（C）15m　（D）20m

答案：A

921. 高层公共建筑和建筑高度大于（　　）的住宅建筑应设置室内消火栓系统。

（A）19m　（B）20m　（C）21m　（D）22m

答案：C

922. 建筑占地面积大于（　　）的厂房和仓库应设置室内消火栓系统。

（A）300m²　（B）400m²　（C）500m²　（D）600m²

答案：A

923. 占地面积大于（　　）或总建筑面积大于3000m²的单、多层制鞋、制衣、玩具及电子等类似生产的厂房应设置自动灭火系统。

（A）1200m²　（B）1300m²　（C）1500m²　（D）1800m²

答案：C

924. 建筑高度大于（　　）的住宅建筑应设置自动灭火系统。

（A）80m　（B）90m　（C）100m　（D）110m

答案：C

925. 每座占地面积大于1500m²或总建筑面积大于（　　）的其他单层或多层丙类物品仓库应设置自动灭火系统。

（A）3000m²　（B）4000m²　（C）5000m²　（D）6000m²

答案：A

926. 单台容量在（　　）及以上的厂矿企业油浸变压器应设置自动灭火系统，并宜采用水喷雾灭火系统。

（A）30MVA　（B）40MVA　（C）50MVA　（D）60MVA

答案：B

927. 单台容量在（　　）及以上的独立变电站油浸变压器应设置自动灭火系统，并宜采用水喷雾灭火系统。

（A）100MVA　（B）110MVA　（C）125MVA　（D）90MVA

答案：C

928. 防烟（　　）应设置防烟设施。

（A）楼梯间及其前室　　（B）楼梯间

（C）前室　　（D）楼梯及其前室

答案：A

929. 避难（　　）应设置防烟设施。

（A）走道的前室、避难层（间）　　（B）走道的前室

（C）避难层（间）　　（D）通道、避难层（间）

答案：A

930. 公共建筑内建筑面积大于（　　）且经常有人停留的地上房间应设置排烟设施。

（A）$80m^2$　　（B）$90m^2$　　（C）$100m^2$　　（D）$110m^2$

答案：C

931. 建筑内长度大于（　　）的疏散走道应设置排烟设施。

（A）18m　　（B）19m　　（C）20m　　（D）21m

答案：C

932. 当供暖管道的表面温度大于（　　）时，供暖管道与可燃物之间不应小于100mm或采用不燃材料隔热。

（A）100℃　　（B）110℃　　（C）120℃　　（D）150℃

答案：A

933. 通风和空气调节系统，横向宜按防火分区设置，竖向不宜超过（　　）。

（A）3层　　（B）4层　　（C）5层　　（D）6层

答案：C

934. 当管道设置（　　）时，管道布置可不受此限制。竖向风管应设置在管井内。

（A）防止回流设施　　（B）防火阀

（C）防止回流设施或防火阀　　（D）回流设施或防火阀

答案：C

935. 空气中含有（　　）的房间，其送、排风系统应采用防爆型的通风设备。

（A）易燃危险物质　　（B）易爆危险物质

（C）易燃、易爆危险物质　　（D）可燃、可爆危险物质

答案：C

936. 排除和输送温度超过（　　）的空气或其他气体以及易燃碎屑的管道，与可燃或难燃物体之间的间隙不应小于150mm，或采用厚度不小于50mm的不燃材料隔热。

（A）70℃　　（B）80℃　　（C）60℃　　（D）90℃

答案：B

937. 排除有燃烧或爆炸危险气体、蒸气和粉尘的排风系统，排风管应采用（　　），并

应直接通向室外安全地点，不应暗设。

（A）金属管道　（B）不锈钢管道　（C）钢管道　（D）软管管道

答案：A

938. 排除和输送温度超过80℃的空气或其他气体以及易燃碎屑的管道，与可燃或难燃物体之间的间隙不应小于150mm，或采用厚度不小于（　　）的不燃材料隔热。

（A）30mm　（B）40mm　（C）50mm　（D）60mm

答案：C

939. 室外消防用水量大于（　　）的厂房消防用电应按二级负荷供电。

（A）15L/s　（B）20L/s　（C）25L/s　（D）30L/s

答案：D

940. 任一层建筑面积（　　）的商店和展览建筑消防用电应按二级负荷供电。

（A）大于3000m^2　（B）小于3000m^2　（C）大于2000m^2　（D）小于2000m^2

答案：A

941. 消防用电按一、二级负荷供电的建筑，当采用自备发电设备作备用电源时，自备发电设备应设置自动和手动启动装置。当采用自动启动方式时，应能保证在（　　）内供电。

（A）30s　（B）35s　（C）40s　（D）45s

答案：A

942. 建筑高度大于100m的民用建筑，建筑内消防应急照明和灯光疏散指示标志的备用电源的连续供电时间不应小于（　　）。

（A）1.5h　（B）2h　（C）2.5h　（D）3h

答案：A

943. 医疗建筑、老年人照料设施、总建筑面积大于100000m^2的公共建筑和总建筑面积大于（　　）的地下、半地下建筑，建筑内消防应急照明和灯光疏散指示的备用电源连续供电时间不应少于1.0h。

（A）15000m^2　（B）20000m^2　（C）25000m^2　（D）30000m^2

答案：B

944. 消防用电设备应采用（　　）的供电回路，当建筑内的生产、生活用电被切断时，应仍能保证消防用电。

（A）共用　（B）专用　（C）公用　（D）生活

答案：B

945. 备用消防电源的供电时间和容量，应满足该建筑（　　）内各消防用电设备的要求。

（A）安全要求　（B）消防要求　（C）火灾延续时间　（D）火灾时间

答案：C

946. 消防配电干线宜按（ ），消防配电支线不宜穿越防火分区。

（A）防火分区划分　　（B）建筑分区划分
（C）消防分区划分　　（D）安全分区划分

答案：A

947. 的消防用电设备及消防电梯等的供电，应在其配电线路的最末一级配电箱处设置自动切换装置。

（A）消防控制室、消防水泵房
（B）消防控制室、消防水泵房、防烟和排烟风机房
（C）消防水泵房、防烟和排烟风机房
（D）消防控制室、防烟和排烟风机房

答案：B

948. 消防配电设备应设置（ ）标志。

（A）明显　　（B）安全　　（C）消防　　（D）警示

答案：A

949. 消防配电线路应满足火灾时连续供电的需要，明敷时，应穿金属导管或采用封闭式金属槽盒保护，金属导管或封闭式金属槽盒应采取（ ）措施。

（A）安全保护　　（B）防火保护　　（C）消防保护　　（D）警示保护

答案：B

950. 消防配电线路应满足火灾时连续供电的需要，明敷时，当采用矿物绝缘类（ ）电缆时，可直接明敷。

（A）普　　（B）难燃　　（C）不燃性　　（D）金属

答案：C

951. 消防配电线路应满足火灾时连续供电的需要，暗敷时，应穿管并敷设在不燃性结构内，且保护层厚度不应小于（ ）。

（A）30mm　　（B）40mm　　（C）50mm　　（D）60mm

答案：A

952. 消防配电线路（ ）其他配电线路分开敷设在不同的电缆井、沟内。

（A）不可　　（B）宜与　　（C）允许　　（D）不允许

答案：B

953.（ ）及以上架空电力线与单罐容积大于200m^{3}或总容积大于1000m^{3}液化石油气储罐（区）的最近水平距离不应小于40m。

（A）35kV　　（B）10kV　　（C）220kV　　（D）66kV

答案：A

954. 可燃材料仓库内宜使用（ ）灯具，并应对灯具的发热部件采取隔热等防火措

施，不应使用卤钨灯等高温照明灯具。

（A）低温照明　（B）照明　（C）应急照明　（D）高温照明

答案：A

955. 可燃材料仓库内宜使用低温照明灯具，并应对灯具的发热部件采取隔热等（　　）措施，不应使用卤钨灯等高温照明灯具。

（A）技术　（B）防火　（C）消防　（D）安全

答案：B

956.（　　）建筑的非消防用电负荷宜设置电气火灾监控系统。

（A）一类高层民用　（B）二类高层民用

（C）一类高层商用　（D）二类高层商用

答案：A

957. 任一层建筑面积（　　）的商店和展览建筑的非消防用电负荷宜设置电气火灾监控系统。

（A）小于3000m^2　（B）大于3000m^2　（C）大于2500m^2　（D）小于2500m^2

答案：B

958. 室外消防用水量（　　）的其他公共建筑的非消防用电负荷宜设置电气火灾监控系统。

（A）大于25L/s　（B）大于35L/s　（C）大于45L/s　（D）大于55L/s

答案：A

959.（　　）、消防电梯间的前室或合用前室、避难走道、避难层（间）应设置疏散照明。

（A）封闭楼梯间、防烟楼梯间　（B）封闭楼梯间、防烟楼梯间及其前室

（C）封闭楼梯间、防烟楼梯前室　（D）防烟楼梯间及其前室

答案：B

960. 建筑面积（　　）的地下或半地下公共活动场所应设置疏散照明。

（A）大于50m^2　（B）大于100m^2　（C）大于150m^2　（D）大于200m^2

答案：B

961. 建筑内疏散照明的地面最低水平照度，对于疏散走道，不应低于（　　）。

（A）1.0lx　（B）2.0lx　（C）3.0lx　（D）4.0lx

答案：A

962. 建筑内疏散照明的地面最低水平照度，对于人员密集场所、避难层（间），不应低于（　　）。

（A）3.0lx　（B）4.0lx　（C）5.0lx　（D）6.0lx

答案：A

963.（　　）配电室、防排烟机房以及发生火灾时仍需正常工作的消防设备房应设置备

用照明，其作业面的最低照度不应低于正常照明的照度。

（A）消防控制室、消防水泵房、自备发电机房

（B）消防水泵房、自备发电机房

（C）消防控制室自备发电机房

（D）消防控制室、消防水泵房

答案：A

964. 公共建筑、建筑高度大于（　　）的住宅建筑、高层厂房（库房）和甲、乙、丙类单、多层厂房，应设置灯光疏散指示标志。

（A）53m　（B）54m　（C）55m　（D）56m

答案：B

965. 疏散指示标志应设置在（　　）的疏散门的正上方。

（A）安全出口　（B）人员密集的场所

（C）安全出口和人员密集的场所　（D）安全通道和人员密集的场所

答案：C

966. 疏散指示标志应设置在疏散走道及其转角处距地面高度1.0m以下的（　　）上。

（A）墙面　（B）墙面或地面　（C）地面　（D）通道

答案：B

967. 疏散指示标志间距不应大于（　　）。

（A）10m　（B）15m　（C）20m　（D）25m

答案：C

968. 疏散指示标志对于袋形走道，不应大于（　　）。

（A）10m　（B）15m　（C）20m　（D）25m

答案：A

969. 疏散指示标志在走道转角区，不应大于（　　）。

（A）0.5m　（B）1.5m　（C）1.0m　（D）2.5m

答案：C

970. 总建筑面积大于（　　）的展览建筑，应在疏散走道和主要疏散路径的地面上增设能保持视觉连续的灯光疏散指示标志或蓄光疏散指示标志。

（A）$5000m^2$　（B）$6000m^2$　（C）$7000m^2$　（D）$8000m^2$

答案：D

971. 总建筑面积大于（　　）的地上商店，应在疏散走道和主要疏散路径的地面上增设能保持视觉连续的灯光疏散指示标志或蓄光疏散指示标志。

（A）$3000m^2$　（B）$4000m^2$　（C）$5000m^2$　（D）$6000m^2$

答案：C

972. 总建筑面积大于（　　）的地下或半地下商店，应在疏散走道和主要疏散路径的地面上增设能保持视觉连续的灯光疏散指示标志或蓄光疏散指示标志。

（A）$500m^2$　（B）$600m^2$　（C）$700m^2$　（D）$800m^2$

答案：A

973. 座位数超过（　　）个的电影院、剧场，应在疏散走道和主要疏散路径的地面上增设能保持视觉连续的灯光疏散指示标志或蓄光疏散指示标志。

（A）1500　（B）1600　（C）1800　（D）2000

答案：A

974. 座位数超过（　　）个的体育馆、会堂或礼堂，应在疏散走道和主要疏散路径的地面上增设能保持视觉连续的灯光疏散指示标志或蓄光疏散指示标志。

（A）3000　（B）3500　（C）4000　（D）5000

答案：A

975. 一、二类隧道的火灾延续时间不应小于（　　）。

（A）1.0h　（B）2.0h　（C）3.0h　（D）4.0h

答案：C

976. 隧道内的消防用水量应按同时开启所有（　　）的用水量之和计算。

（A）消防设施　（B）灭火设施 V　（C）防火设施　（D）救火设施

答案：B

977.（　　）的消防给水管道及室外消火栓应采取防冻措施。

（A）严寒和寒冷地区　（B）严寒地区

（C）寒冷地区　（D）温度极低地区

答案：A

978. 隧道内的消火栓用水量不应小于（　　）。

（A）10L/s　（B）15L/s　（C）20L/s　（D）25L/s

答案：C

979. 隧道外的消火栓用水量不应小于（　　）。

（A）25L/s　（B）30L/s　（C）35L/s　（D）40L/s

答案：B

980. 对于长度小于（　　）的三类隧道，隧道内、外的消火栓用水量可分别为10L/s和20L/s。

（A）1000m　（B）500m　（C）1500m　（D）2000m

答案：A

981. 管道内的消防供水压力应保证用水量达到最大时，最不利点处的水枪充实水柱不小于（　　）。

（A）8.0m （B）9.0m （C）10.0m （D）12.0m

答案：C

982. 消火栓栓口处的出水压力大于（ ）时，应设置减压设施。

（A）0.4MPa （B）0.5MPa （C）0.6MPa （D）0.7MPa

答案：B

983. 隧道内消火栓的间距不应大于（ ）。

（A）30m （B）40m （C）50m （D）60m

答案：C

984. 消火栓的栓口距地面高度宜为（ ）。

（A）1.1m （B）1.2m （C）1.3m （D）1.4m

答案：A

985. 设置消防水泵供水设施的隧道，应在消火栓箱内设置（ ）按钮。

（A）消防水泵启动（B）消防启动 （C）防火启动 （D）安全启动

答案：A

986. 在隧道单侧设置室内消火栓箱，消火栓箱内应配置1支喷嘴口径（ ）的水枪、1盘长25m、直径65mm的水带，并宜配置消防软管卷盘。

（A）17mm （B）19mm （C）21mm （D）23mm

答案：B

987. 通行机动车的一、二类隧道和通行机动车并设置3条及以上车道的三类隧道，在隧道两侧均应设置灭火器，每个设置点不应少于（ ）。

（A）2具 （B）4具 （C）6具 （D）8具

答案：B

988. 一、二级耐火等级建筑内的商店营业厅、展览厅，当设置自动灭火系统和火灾自动报警系统并采用不燃或难燃装修材料时，设置在单层建筑或仅设置在多层建筑的首层内时，不应大于（ ）。

（A）8000m^2 （B）10000m^2 （C）12000m^2 （D）15000m^2

答案：B

989. 除一、二类隧道和通行机动车并设置3条及以上车道的三类隧道外，其他隧道，可在隧道一侧设置灭火器，每个设置点不应少于（ ）。

（A）1具 （B）2具 （C）4具 （D）6具

答案：B

990. 隧道内灭火器设置点的间距不应大于（ ）。

（A）50m （B）80m （C）100m （D）120m

答案：C

991. 长度大于（　　）的隧道，宜采用纵向分段排烟方式或重点排烟方式。

（A）2000m　（B）3000m　（C）2500m　（D）1500m

答案：B

992. 长度不大于3000m的单洞单向交通隧道，宜采用（　　）排烟方式。

（A）纵向　（B）分段　（C）纵向分段　（D）横向

答案：A

993. 单洞双向交通隧道，宜采用（　　）方式。

（A）重点排烟　（B）排烟　（C）送风　（D）防风

答案：A

994. 隧道内采用（　　）通风方式时，可通过排风管道排烟。

（A）全横向和半横向　（B）全横向

（C）半横向　（D）全纵向

答案：A

995. 隧道内排烟风机和烟气流经的风阀、消声器、软接等辅助设备，应能承受设计的隧道火灾烟气排放温度，并应能在250℃下连续正常运行不小于（　　）。

（A）1.0h　（B）2.0h　（C）3.0h　（D）4.0h

答案：A

996. 隧道内排烟管道的耐火极限不应低于（　　）。

（A）0.50h　（B）1.00h　（C）1.50h　（D）2.00h

答案：B

997. 隧道入口外（　　）处，应设置隧道内发生火灾时能提示车辆禁入隧道的警报信号装置。

（A）100 ~ 150m　（B）150 ~ 200m　（C）200 ~ 300m　（D）50 ~ 100m

答案：A

998. 消防车道的边缘距离可燃材料堆垛不应小于（　　）。

（A）3m　（B）4m　（C）5m　（D）6m

答案：C

999. 隧道两侧、人行横通道和人行疏散通道上应设置（　　），其设置高度不宜大于1.5m。

（A）疏散照明　（B）疏散照明和疏散指示标志

（C）疏散指示标志　（D）疏散标志

答案：B

1000. 一、二级耐火等级建筑内的商店营业厅、展览厅，当设置自动灭火系统和火灾自动报警系统并采用不燃或难燃装修材料时，设置在地下或半地下时，不应大于（　　）。

（A）1000m^2　　（B）1500m^2　　（C）2000m^2　　（B）2500m^2

答案：C

1.2 多选题

1. 建设工程的消防设计、施工必须符合国家工程建设消防技术标准。（　　）工程监理等单位依法对建设工程的消防设计、施工质量负责。

（A）建设　　（B）设计　　（C）施工　　（D）消防车通道

答案：ABC

2. 地方各级人民政府主要负责人应当组织实施（　　），协调解决本行政区域内的重大消防安全问题。

（A）安全法律法规　　（B）学习消防法律法规

（C）宣讲方针政策和上级部署要求　　（D）定期研究部署消防工作

答案：BCD

3. 单位违反《中华人民共和国消防法》，有下列行为之一的，责令改正，处5000元以上50000元以下罚款：（　　）。

（A）消防设施、器材或者消防安全标志的配置、设置不符合国家标准、行业标准，或者未保持完好有效的

（B）损坏、挪用或者擅自拆除、停用消防设施、器材的

（C）占用、堵塞、封闭疏散通道、安全出口或者有其他妨碍安全疏散行为的

（D）埋压、圈占、遮挡消火栓或者占用防火间距的

（E）占用、堵塞、封闭消防车通道，妨碍消防车通行的

答案：ABCDE

4. 生产、储存、经营易燃易爆危险品的场所与居住场所设置在同一建筑物内，或者未与居住场所保持安全距离的，（　　）。

（A）责令停产停业　　（B）责令停业整顿

（C）并处5000元以上50000元以下罚款　（D）并处3000元以上30000元以下罚款

答案：AC

5. 违反《中华人民共和国消防法》，有下列行为之一的，处警告或者500元以下罚款；情节严重的，处5日以下拘留：（　　）。

（A）违反消防安全规定进入生产易燃易爆危险品场所的

（B）储存易燃易爆危险品场所的

（C）违反规定使用明火作业

（D）在具有火灾、爆炸危险的场所吸烟、使用明火的

答案：ABCD

6. 住房和城乡建设主管部门、消防救援机构的工作人员滥用职权、玩忽职守、徇私舞弊，有下列行为之一，尚不构成犯罪的，依法给予处分：（　　）。

（A）对不符合消防安全要求的消防设计文件、建设工程、场所准予审查合格、消防验收合格、消防安全检查合格的

（B）无故拖延消防设计审查、消防验收、消防安全检查，不在法定期限内履行职责的

（C）发现火灾隐患不及时通知有关单位或者个人整改的

（D）利用职务为用户、建设单位指定或者变相指定消防产品的品牌、销售单位或者消防技术服务机构、消防设施施工单位的

（E）将消防车、消防艇以及消防器材、装备和设施用于与消防和应急救援无关的事项的

答案：ABCDE

7. 具有行政审批职能的部门，对审批事项中涉及（　　），凡不符合法定条件的（　　）。

（A）消防安全的法定条件要依法严格审批

（B）消防安全的法定条件要依法审核

（C）不得核发相关许可证照或批准开办

（D）可酌情核发相关许可证照或批准开办

答案：AC

8. 教育部门负责（　　）管理中的行业消防安全，指导学校消防安全教育宣传工作，将消防安全教育纳入学校安全教育活动统筹安排。

（A）学校　　（B）小学　　（C）初、高中　　（D）幼儿园

答案：AD

9. 各级人民政府应当加强消防组织建设，根据经济社会发展的需要，建立多种形式的消防组织，加强消防技术人才培养，增强（　　）的能力。

（A）监督检查　　（B）火灾刑事侦查　　（C）火灾预防

（D）火灾扑救　　（E）应急救援

答案：CDE

10. 人员密集场所是指公众聚集场所，（　　）、托儿所，幼儿园，公共图书馆的阅览室，公共展览馆、博物馆的展示厅，劳动密集型企业的生产加工车间和员工集体宿舍，旅游、宗教活动场所等。

（A）医院的门诊楼、病房楼　　（B）学校的教学楼、图书馆、食堂和集体宿舍

（C）养老院　　（D）福利院

答案：ABCD

11. 坚持（　　），机关、团体、企业、事业等单位是消防安全的责任主体，法定代表

人、主要负责人或实际控制人是本单位、本场所消防安全责任人，对本单位、本场所消防安全全面负责。

（A）安全检查 （B）安全自查 （C）隐患自除 （D）责任自负

答案：BCD

12. 公安机关消防机构应当将发现不合格的消防产品和国家明令淘汰的消防产品的情况通报（ ）。

（A）产品质量监督部门 （B）公安部消防产品合格评定中心

（C）工商行政管理部门 （D）当地公安机关

答案：AC

13. 新修订的消防法包括的章节有（ ）。

（A）火灾预防 （B）消防组织 （C）灭火救援 （D）监督检查

答案：ABCD

14. 责令停产停业，对经济和社会生活影响较大，由（ ）。

（A）上一级公安机关消防机构依法决定（B）公安机关消防机构提出意见

（C）公安机关报请本级人民政府依法决定（D）本级人民政府组织公安机关等部门实施

答案：BCD

15. 建立常态化火灾隐患排查整治机制，（ ）。实行重大火灾隐患挂牌督办制度。对报请挂牌督办的重大火灾隐患和停产停业整改报告，在7个工作日内做出同意或不同意的决定，并组织有关部门督促隐患单位采取措施予以整改。

（A）组织实施特大火灾隐患 （B）组织实施重大火灾隐患整治工作

（C）地域性火灾隐患整治工作 （D）区域性火灾隐患整治工作

答案：BD

16. 依法建立（ ）。明确政府专职消防队公益属性，采取招聘、购买服务等方式招录政府专职消防队员，建设营房，配齐装备；按规定落实其工资、保险和相关福利待遇。

（A）公安消防队 （B）政府消防队

（C）公安专职消防队 （D）政府专职消防队

答案：AD

17. 县级以上地方各级人民政府应当组织领导火灾扑救和应急救援工作。组织制定灭火救援应急预案，定期组织开展演练；建立灭火救援社会联动和应急反应处置机制，落实（ ），根据需要调集灭火救援所需工程机械和特殊装备。

（A）人员 （B）装备 （C）经费 （D）灭火药剂等保障

答案：ABCD

18. 科学编制和严格落实城乡消防规划，预留消防队站、训练设施等建设用地，（ ）。

（A）加强消防水源建设 （B）按照规定建设市政消防供水设施

（C）制定市政消防水源管理办法　　（D）明确建设、管理维护部门和单位

答案：ABCD

19. 各有关部门应当建立单位消防安全信用记录，纳入全国信用信息共享平台，作为（　　）、财政奖补等方面的参考依据。

（A）信用评价　（B）项目核准　（C）用地审批　（D）金融扶持

答案：ABCD

20. 公安机关消防机构及其工作人员执行职务，应当自觉接受（　　）的监督。

（A）政府部门　（B）社会　（C）司法机关　（D）公民

答案：BD

21. 县级以上人民政府的工作部门应当在各自职责范围内依法督促本行业、本系统相关单位落实（　　）；加强消防宣传教育培训，每年组织应急演练，提高行业从业人员消防安全意识。

（A）消防安全管理制度　　（B）确定专（兼）职消防安全管理人员

（C）落实消防工作经费　　（D）开展针对性消防安全检查治理

（E）消除火灾隐患

答案：ABCDE

22.《消防法》规定，应当先行责令行政相对人限期改正，逾期不改正才能实施处罚的违法行为是（　　）。

（A）人员密集场所使用国家明令淘汰的消防产品

（B）依法实行消防设计文件备案的建设工程未经备案擅自施工

（C）生产、储存、经营易燃易爆危险品的场所未与居住场所保持安全距离

（D）燃气用具的安装不符合消防技术标准和管理规定

答案：AD

23. 地方各级人民政府在（　　），应当组织开展有针对性的消防宣传教育，采取防火措施，进行消防安全检查。

（A）森林和草原防火期间　　（B）农业收获季节

（C）火灾多发季节　　（D）重大节假日期间

答案：ABCD

24. 单位违反《消防法》规定，擅自举办大型集会、焰火晚会、灯会等群众性活动，具有火灾危险的，公安消防机构应当责令当场改正；当场不能改正的，公安消防机构应当采取的措施为（　　）。

（A）责令停产停业

（B）对其直接负责的主管人员和其他直接责任人员处警告或处罚款

（C）责令停止举办

（D）可以并处罚款

答案：ABD

25.《消防法》规定，任何单位和个人都有（　　）的义务。

（A）维护消防安全（B）保护消防设施　（C）预防火灾

（D）报告火警　　（E）参加有组织的灭火工作

答案：ABCD

26. 公安机关消防机构向有关主管部门移送案件的，应当在本级公安机关消防机构负责人批准后的24h内移送，并根据案件需要附下列材料：（　　）。

（A）案件移送通知书

（B）案件调查情况

（C）涉案物品清单

（D）询问笔录，现场勘验笔录，检验、鉴定意见以及照相、录像、录音等资料

答案：ABCD

27. 依法应当进行消防（　　）的建设工程，未经消防验收或者消防验收不合格的，（　　）投入使用；其他建设工程经依法抽查不合格的，应当（　　）使用。

（A）验收　　（B）禁止　　（C）停止　　（D）不能

答案：ABC

28.（　　）的消防工作，由其主管单位监督管理。

（A）矿井地下部分　　（B）军事设施

（C）核电厂　　（D）海上石油天然气设施

答案：ABCD

29. 法律、行政法规对（　　）的消防工作另有规定的，从其规定。

（A）森林　　（B）草原　　（C）铁路　　（D）民航

答案：AB

30. 过失引起火灾，尚未造成严重损失的，处（　　）。

（A）责令停产停业　　（B）罚款

（C）警告　　（D）10日以下拘留

答案：BC

31.《消防法》设定拘留期限，上限分别为（　　）日以下、（　　）日以下和（　　）日以下。

（A）5　　（B）7　　（C）10　　（D）15

答案：ACD

32. 消防工作贯彻预防为主、（　　）实行消防安全责任制，建立健全社会化的消防工

作网络。

（A）防消结合的方针　　（B）按照政府统一领导

（C）部门依法监管　　（D）单位全面负责

（E）公民积极参与的原则

答案：ABCDE

33.（　　），责令停止施工，并限期改正；逾期不改正的，处10000元以上100000元以下罚款。

（A）民用建筑外保温系统及外墙装饰防火设计、采用材料及施工，不符合国家有关消防安全管理的规定和工程建设标准的

（B）建设单位或者监理单位未核查民用建筑外保温材料质量证明文件的，或者无质量证明文件同意使用，降低消防施工质量的

（C）施工单位未按照规定对民用建筑外保温材料进行检验，降低消防施工质量的

（D）建筑屋面使用以及广告牌设置的

答案：ABC

34. 对在消防工作中有突出贡献的单位和个人，应当按照国家有关规定给予（　　）。

（A）表彰　　（B）优待　　（C）鼓励　　（D）奖励

答案：AD

35. 文化部门负责文化娱乐场所审批或管理中的行业消防安全工作，指导、监督（　　）文化单位履行消防安全职责。

（A）公共图书馆　　（B）文化馆（站）　　（C）剧院等　　（D）港口

答案：ABC

36. 为了预防火灾和减少火灾危害，加强应急（　　）制定《中华人民共和国消防法》。

（A）救援工作　　（B）保护人身安全　　（C）保护财产安全　　（D）维护公共安全

答案：ABCD

37. 建设工程施工应当符合消防安全规定，其消防安全工作由施工单位负责，建设单位予以协助。施工单位应当制定并落实消防安全管理制度，（　　），随施工进度保障充足的消防水源，保证消防通道畅通。

（A）消防安全管理制度　　（B）指定专人负责施工现场消防工作

（C）配备必要的灭火器具　　（D）随施工进度保障充足的消防水源

答案：BC

38. 坚持（　　），机关、团体、企业、事业等单位是消防安全的责任主体，法定代表。

（A）安全自查　　（B）隐患排查　　（C）隐患自除　　（D）责任自负

答案：ACD

39. 火灾事故调查人员应当在2日内将火灾事故简易调查认定书报所属（　　）备案。

（A）施工监理单位（B）公安机关　（C）建设单位　（D）消防机构

答案：BD

40. 公安机关消防机构根据（　　），及时制作火灾事故认定书，作为处理火灾事故的证据。

（A）火灾现场勘验情况　（B）调查情况

（C）有关检验、鉴定意见　（D）以往的火灾经验

答案：ABC

41. 有下述（　　）行为，经责令改正拒不改正的，强制执行，所需费用由违法行为人承担。

（A）占用、堵塞、封闭疏散通道、安全出口或者有其他妨碍安全疏散行为的

（B）埋压、圈占、遮挡消火栓或者占用防火间距的

（C）对火灾隐患经公安机关消防机构通知后不及时采取措施消除的

（D）人员密集场所在门窗上设置影响逃生和灭火救援的障碍物的

（E）占用、堵塞、封闭消防车通道，妨碍消防车通行的

答案：ABDE

42. 储存可燃物资仓库的管理，必须（　　）和（　　）。

（A）严禁靠近　（B）不得入内

（C）执行消防技术标准　（D）管理规定

答案：CD

43. 火灾扑灭后，公安机关消防机构有权（　　）。

（A）根据需要封闭火灾现场　（B）调查火灾原因

（C）核定火灾损失　（D）统计火灾损失

答案：ABCD

44. 消防技术服务机构出具虚假失实文件，情节严重或者给他人造成重大损失的，由原许可机关依法（　　）。

（A）责令停止执业（B）吊销相应资质（C）从重处罚　（D）吊销相应资格

答案：ABD

45. 消防法规定对不及时消除火灾隐患可能严重威胁公共安全的，公安机关消防机构应当依照规定对（　　）采取临时查封措施。

（A）重点部位　（B）危险部位　（C）危险场所　（D）重点场所

答案：BC

46. 消防技术服务机构和执业人员应当依照（　　），接受委托提供消防安全技术服务，并对服务质量负责。

（A）法律、行政法规　（B）国家标准

（C）执业准则　　　　　　　　　　（D）行业标准

答案：ABCD

47. 对（　　）易燃易爆危险品的场所与居住场所设置在同一建筑物内，应依法承担法律责任。

（A）生产　　（B）储存　　（C）使用　　（D）经营

答案：ABD

48.《消防法》设定了（　　）等行政处罚。

（A）罚款　　（B）拘留　　（C）警告　　（D）责令停产停业

（E）责令改正

答案：ABCD

49. 发生火灾时有关单位有（　　）的责任。

（A）发生火灾的单位必须立即组织力量扑救火灾

（B）邻近单位应当给予支援

（C）邻近单位应当给予发生火灾单位经济援助

（D）发生火灾的单位必须给志愿参加灭火工作的人员经济报酬

答案：AB

50. 消防车、消防艇前往执行火灾扑救或者应急救援任务，在确保安全的前提下，不受（　　）的限制。

（A）行驶速度　　（B）行驶路线　　（C）行驶方向　　（D）指挥信号

答案：ABCD

51.《消防法》规定（　　）必须持证上岗。

（A）电焊工　　　　　　　　　　（B）气焊工

（C）自动消防系统的操作人员　　（D）钳工

答案：ABCD

52. 火场总指挥员根据扑救火灾的需要，有权决定的事项有（　　）。

（A）截断电力、可燃气体和液体的输送，限制用火用电

（B）实行交通管制

（C）利用邻近建筑物和有关设施

（D）为防止火灾蔓延，拆除或破损毗邻的建筑物、构筑物

答案：ACD

53. 对于违反《消防法》规定的行为，可处以（　　）等行政处罚。

（A）罚款　　（B）没收违法所得（C）警告　　（D）责令停产停业

答案：ABCD

54. 生产、销售未经依照产品质量法的规定确定的检验机构检验合格的消防产品的，

可以对其采取（　　）的强制措施或行政处罚。

（A）责令停止违法行为　　（B）按照产品质量法的规定从重处罚

（C）没收产品和违法所得　　（D）警告

答案：ABC

55. 违反《消防法》规定，有下列（　　）等行为之一的，依法可处15日以下拘留。

（A）违法生产易燃易爆危险品的

（B）违法使用明火作业的

（C）拒不执行火场指挥人员的指挥，影响灭火救灾的

（D）火灾扑灭后，为隐瞒起火原因，故意破坏现场，尚不构成犯罪的

答案：AD

56. 机关、团体、企业、事业单位违法不履行消防安全职责的，责令限期改正；逾期不改正的，对其直接负责的主管人员和其他直接责任人员依法给予（　　）。

（A）警告　　（B）罚款　　（C）行政处分　　（D）拘留

答案：AC

57. 埋压、圈占消火栓或者占用防火间距，堵塞消防通道的，或者损坏和擅自挪用、拆除、停用消防设施、器材的，依照《消防法》的规定，可采取（　　）等项行政处罚和行政强制措施。

（A）警告　　（B）对逾期不恢复原状的，应当强制拆除或者清除

（C）罚款　　（D）责令其限期恢复原状或者赔偿损失

答案：ABCD

58. 建设工程消防设计审查（　　）的具体办法，由国务院住房和城乡建设主管部门规定。

（A）检查　　（B）消防验收　　（C）备案　　（D）抽查

答案：BCD

59. 火灾扑灭后，起火单位应当按照公安消防机构的要求（　　）。

（A）保护现场　　（B）接受事故调查

（C）核定火灾损失　　（D）如实提供火灾事实的情况

答案：ABD

60.《消防法》规定，拒不执行火场指挥员指挥，影响灭火救灾的，处（　　）。

（A）警告　　（B）罚款　　（C）罚金　　（D）10日以下拘留

答案：ABD

61. 公众聚集场所在投入使用、营业前，建设单位或者使用单位应当向场所所在地的县级以上人民政府公安机关消防机构申请消防安全检查，并提交下列材料（　　）。

（A）消防安全检查申报表

（B）营业执照复印件或者工商行政管理机关出具的企业名称预先核准通知书

（C）依法取得的建设工程消防验收或者进行消防竣工验收备案的法律文件复印件

（D）消防安全制度、灭火和应急疏散预案

答案：ABCD

62. 一次火灾死亡（　　）人以上的，重伤20人以上或者死亡、重伤20人以上的，受灾（　　）户以上的，由省、自治区人民政府公安机关消防机构负责组织调查。

（A）10　　（B）5　　（C）20　　（D）50

答案：AD

63. 机关、团体、事业单位应当至少每季度进行一次防火检查，其他单位应当至少每月进行一次防火检查。检查的内容应当包括（　　）。

（A）火灾隐患的整改情况以及防范措施的落实情况

（B）安全疏散通道、疏散指示标志、应急照明和安全出口情况

（C）消防车通道、消防水源情况

（D）用火、用电有无违章情况

答案：ABCD

64. 对下列违反消防安全规定的行为，单位应当责成有关人员当场改正并督促落实（　　）。

（A）违章进入生产、储存易燃易爆危险物品场所的

（B）违章使用明火作业或者在具有火灾、爆炸危险的场所吸烟、使用明火等违反禁令的

（C）将安全出口上锁、遮挡，或者占用、堆放物品影响疏散通道畅通的

（D）消火栓、灭火器材被遮挡影响使用或者被挪作他用的

答案：ABCD

65.《消防法》规定对有重大火灾隐患经公安消防机构通知逾期不改的单位处（　　）。

（A）警告　　（B）罚款　　（C）责令停业　　（D）没收非法财物

答案：AB

66. 火灾现场总指挥根据扑救火灾的需要，有权决定下列事项（　　）。

（A）使用各种水源

（B）截断电力、可燃气体和可燃液体的输送，限制用火用电

（C）划定警戒区，实行局部交通管制

（D）利用邻近建筑物和有关设施

答案：ABCD

67.《消防法》规定，任何单位、个人不得（　　）。

（A）损坏或擅自挪用消防设施、器材　　（B）埋压、圈占消火栓

（C）占用防火间距　　（D）购买消防器材

答案：ABC

68.《消防法》规定，对参与扑救外单位火灾的（　　）所耗损的燃料、灭火剂和器材、装备等，依照规定予以补偿。

（A）公安消防队　　（B）企业专职消防队

（C）义务消防队　　（D）职业制公安消防队

答案：BC

69.（　　）等公众聚集场所，在使用或者开业前要经过消防安全检查。

（A）歌舞厅　　（B）影剧院　　（C）宾馆　　（D）饭店

答案：ABCD

70. 下列（　　）应当接受消防安全专门培训。

（A）单位的消防安全责任人、消防安全管理人员

（B）专、兼职消防管理人员

（C）消防控制室的值班、操作人员

（D）其他依照规定应当接受消防安全专门培训的人员。

答案：ABCD

71. 消防安全重点单位制定的灭火和应急疏散预案中组织机构应包括（　　）。

（A）灭火行动组　（B）通信联络组　（C）疏散引导组　（D）安全防护救护组

答案：ABCD

72. 单位应当对消防档案（　　）、（　　）。

（A）统一保管　　（B）备查　　（C）随意丢弃　　（D）置之不理

答案：AB

73. 消防安全基本情况应当包括以下内容（　　）。

（A）单位基本概况和消防安全重点部位情况

（B）建筑物或者场所施工、使用或者开业前的消防设计审核、消防验收以及消防安全检查的文件、资料

（C）消防管理组织机构和各级消防安全责任人

（D）消防安全制度

答案：ABCD

74.（　　）应当按照各自职责加强对消防产品质量的监督检查。

（A）产品质量监督部门　　（B）工商行政管理部门

（C）消防救援机构　　（D）消防产品使用单位

答案：ABC

75.（　　）的工作人员进行消防监督检查，应当出示证件。

（A）消防救援机构（B）公安派出所　　（C）消费责任人　　（D）消费管理人

答案：AB

76. 易燃易爆气体和液体的（　　），应当设置在符合消防安全要求的位置，并符合防火防爆要求。

（A）充装站　（B）供应站　（C）调压站　（D）调试站

答案：ABC

77. 消防工作贯彻（　　）的方针。

（A）加强检查　（B）防消结合　（C）预防为主　（D）从严处罚

答案：BC

78. 小学阶段应当重点开展火灾危险及危害性、（　　）、日常生活防火、火场自救逃生常识等方面的教育。

（A）火灾报警　（B）防火灭火措施

（C）消防法律法规　（D）消防安全标志标识

答案：AD

79.（　　）等单位，应当加强对本单位人员的消防宣传教育。

（A）机关　（B）团体　（C）企业　（D）事业等单位

答案：ABCD

80. 应急管理部门及消防救援机构应当加强消防法律、法规的宣传，并（　　）有关单位做好消防宣传教育工作。

（A）督促　（B）指导　（C）协助　（D）管理

答案：ABC

81. 教育、人力资源行政主管部门和学校、有关职业培训机构应当将消防知识纳入（　　）的内容。

（A）教育　（B）考核　（C）教学　（D）培训

答案：ACD

82. 消防安全重点单位除应当履行《中华人民共和国消防法》规定的职责外，还应当履行下列消防安全职责（　　）。

（A）确定消防安全管理人，组织实施本单位的消防安全管理工作

（B）建立消防档案，确定消防安全重点部位，设置防火标志，实行严格管理

（C）实行每日防火巡查，并建立巡查记录

（D）对职工进行岗前消防安全培训，定期组织消防安全培训和消防演练

答案：ABCD

83.（　　）等单位应当履行消防安全职责。

（A）机关　（B）团体　（C）企业　（D）事业

答案：ABCD

84. 机关、团体、企业、事业等单位应当按照国家标准、行业标准配置消防设施、器

材，设置消防安全标志，并定期组织（　　）确保完好有效。

（A）检验　　（B）检查　　（C）维修　　（D）保养

答案：AC

85. 对建筑消防设施每年至少进行一次全面检测，确保完好有效，检测记录应当（　　）。

（A）完整准确　　（B）字迹清晰　　（C）记录准确　　（D）存档备查

答案：AD

86.（　　）使用、销毁易燃易爆危险品，必须执行消防技术标准和管理规定。

（A）生产　　（B）储存　　（C）运输　　（D）销售

答案：ABCD

87. 禁止（　　）不合格的消防产品以及国家明令淘汰的消防产品。

（A）生产　　（B）销售　　（C）存放　　（D）使用

答案：ABD

88.（　　）的防火性能必须符合国家标准；没有国家标准的，必须符合行业标准。

（A）建筑构件　　（B）建筑材料　　（C）室内装修材料　（D）室内装饰材料

答案：ABCD

89. 住房和城乡建设主管部门、消防救援机构及其工作人员应当按照法定的职权和程序进行消防设计审查、消防验收、备案抽查和消防安全检查，做到（　　）。

（A）公正　　（B）严格　　（C）文明　　（D）高效

答案：ABCD

90. 负责公共消防设施维护管理的单位，应当保持（　　）等公共消防设施的完好有效。

（A）消防供水　　（B）消防通信　　（C）消防车通道　　（D）报告火警

答案：ABC

91.（　　）不得用于与消防和应急救援工作无关的事项。

（A）消防车　　（B）消防艇　　（C）消防器材　　（D）装备和设施

答案：ABCD

92. 单位违反下列行为的，责令改正，处5000元以上50000元以下罚款（　　）。

（A）损坏、挪用或者擅自拆除、停用消防设施、器材的

（B）占用、堵塞、封闭疏散通道、安全出口或者有其他妨碍安全疏散行为的

（C）埋压、圈占、遮挡消火栓或者占用防火间距的

（D）对火灾隐患经消防救援机构通知后不及时采取措施消除的

答案：ABCD

93. 下列（　　）行为依照《中华人民共和国治安管理处罚法》的规定处罚。

（A）过失引起火灾的　　（B）谎报火警的

（C）阻碍消防车、消防艇执行任务的　　（D）故意破坏或者伪造火灾现场的

答案：BC

94. 违反《中华人民共和国消防法》，有下列行为之一，尚不构成犯罪的，处10日以上15日以下拘留，可以并处500元以下罚款；情节较轻的，处警告或者500元以下罚款（　　）。

（A）指使或者强令他人违反消防安全规定，冒险作业的

（B）过失引起火灾的

（C）故意破坏或者伪造火灾现场的

（D）扰乱火灾现场秩序，或者拒不执行火灾现场指挥员指挥，影响灭火救援的

答案：ABCD

95. 电器产品、燃气用具的安装、使用及其线路、管路的（　　）检测不符合消防技术标准和管理规定的，责令限期改正。

（A）安装　（B）设计　（C）敷设　（D）维护保养

答案：BCD

96. 消防设施，是指（　　）以及应急广播和应急照明、安全疏散设施等。

（A）火灾自动报警系统　（B）自动灭火系统

（C）消火栓系统　（D）防烟排烟系统

答案：ABCD

97. 消防产品，是指专门用于（　　）避难、逃生的产品。

（A）火灾预防　（B）消防检查　（C）灭火救援　（D）火灾防护

答案：ACD

98. 公众聚集场所，是指（　　）客运车站候车室、客运码头候船厅、民用机场航站楼、体育场馆、会堂以及公共娱乐场所等。

（A）宾馆　（B）饭店　（C）商场　（D）集贸市场

答案：ABCD

99. 下列（　　）单位应当建立单位专职消防队，承担本单位的火灾扑救工作。

（A）大型核设施单位　（B）大型发电厂

（C）民用机场　（D）主要港口

答案：ABCD

100. 坚持（　　），对不履行或不按规定履行消防安全职责的单位和个人，依法依规追究责任。

（A）应急管理　（B）权责一致　（C）依法履职　（D）失职追责

答案：BCD

101. 将消防工作纳入经济社会发展总体规划，包括消防安全布局、（　　）、消防装备等。

（A）消防站　（B）消防供水　（C）消防通信　（D）消防车通道

答案：ABCD

102. 在社会福利机构、幼儿园、托儿所、（ ）以及住宿与生产、储存、经营合用的场所推广安装简易喷淋装置、独立式感烟火灾探测报警器。

（A）居民家庭 （B）小旅馆 （C）企业 （D）群租房

答案：ABD

103. 根据当地经济发展和消防工作的需要建立专职（ ），承担火灾扑救、应急救援等职能。

（A）消防联系人 （B）消防队 （C）志愿消防队 （D）消防责任人

答案：BC

104. （ ）等单位应当落实消防安全主体责任。

（A）事业 （B）企业 （C）机关 （D）团体

答案：ABCD

105. 定期开展防火（ ），及时消除火灾隐患。

（A）检查 （B）演习 （C）备案 （D）巡查

答案：AD

106. 机关、团体、企业、事业等单位应按照国家标准、行业标准配置（ ）。

（A）消防设施 （B）消防器材 （C）消防安全标志 （D）消防手册

答案：ABC

107. 消防设施检测、维护保养和消防安全（ ）等消防技术服务机构和执业人员应当依法获得相应的资质。

（A）督促 （B）评估 （C）咨询 （D）监测

答案：BCD

108. 建设工程的建设、（ ）和监理等单位应当遵守消防法律、法规、规章和工程建设消防技术标准。

（A）验收 （B）设计 （C）监理 （D）施工

答案：BD

109. 因消防安全责任不落实发生一般及以上火灾事故的，依法依规追究（ ）或实际控制人的责任。

（A）单位直接责任人 （B）法定代表人

（C）部门负责人 （D）主要负责人

答案：ABD

110. 微型消防站是单位、社区组建的（ ），具备扑救初起火灾能力的志愿消防队。

（A）有责任 （B）有人员 （C）有装备 （D）有消防经验

答案：BC

111. 单位应当遵守消防（　　），贯彻预防为主、防消结合的消防工作方针，履行消防安全职责，保障消防安全。

（A）制度　（B）法律　（C）法规　（D）规章

答案：BCD

112. 将消防工作与本单位的（　　）等活动统筹安排，批准实施年度消防工作计划。

（A）生产　（B）科研　（C）经营　（D）管理

答案：ABCD

113. 单位可以根据需要确定本单位的消防安全管理人。消防安全管理人对单位的消防安全责任人负责，（　　）消防安全管理工作。

（A）实施　（B）培训　（C）组织　（D）落实

答案：ACD

114. 实行（　　）管理时，产权单位应当提供符合消防安全要求的建筑物，当事人在订立的合同中依照有关规定明确各方的消防安全责任。

（A）建设　（B）承包　（C）租赁　（D）委托经营

答案：BCD

115. 举办（　　）等具有火灾危险的大型活动的主办单位、承办单位以及提供场地的单位，应当在订立的合同中明确各方的消防安全责任。

（A）集会　（B）焰火晚会　（C）会议　（D）灯会

答案：ABD

116. 对建筑物进行局部（　　）的工程，建设单位应当与施工单位在订立的合同中明确各方对施工现场的消防安全责任。

（A）改建　（B）承包　（C）扩建　（D）装修

答案：ACD

117. 下列（　　）单位是消防安全重点单位。

（A）商场　（B）学校　（C）居民住宅　（D）电网经营企业

答案：ABD

118. 消防安全重点单位及其（　　）应当报当地公安消防机构备案。

（A）消防安全管理人　（B）消防安全责任人

（C）部门负责人　（D）消防产品使用单位

答案：AB

119. 消防安全重点单位应当设置或者确定消防工作的归口管理职能部门，并确定（　　）的消防管理人员。

（A）有经验　（B）有能力　（C）专职　（D）兼职

答案：CD

120. 单位消防安全制度主要包括以下（　　）内容。

（A）消防安全教育　（B）消防设施

（C）器材维护管理　（D）防火巡查、检查

答案：ABCD

121. 单位应当对动用明火实行严格的消防安全管理。禁止在具有（　　）的场所使用明火。

（A）火灾　（B）施工现场　（C）室内　（D）爆炸危险

答案：AD

122. 公众聚集场所需要使用明火时，将施工区和使用区进行防火分隔，清除动火区域的（　　），配置消防器材，专人监护，保证施工及使用范围的消防安全。

（A）杂物　（B）易燃物　（C）可燃物　（D）工具

答案：BC

123. 严禁在（　　）、工作等期间将安全出口上锁、遮挡或者将消防安全疏散指示标志遮挡、覆盖。

（A）演习　（B）营业　（C）生产　（D）教学

答案：BCD

124. 单位发生火灾时，应当立即（　　），务必做到及时报警，迅速扑救火灾，及时疏散人员。

（A）核实情况　（B）实施灭火

（C）上报　（D）执行应急疏散预案

答案：BD

125. 消防安全重点单位应当进行每日防火巡查，巡查的内容应当包括（　　）。

（A）用火、用电有无违章情况　（B）消防设施

（C）消防器材　（D）消防安全标志

答案：ABCD

126.（　　）、寄宿制的学校、托儿所、幼儿园应当加强夜间防火巡查，其他消防安全重点单位可以结合实际组织夜间防火巡查。

（A）养老院　（B）企业单位　（C）医院　（D）商场

答案：AC

127. 直辖市人民政府公安机关消防机构负责组织调查一次火灾死亡（　　）人以上的，重伤20人以上或者死亡、重伤20人以上的，受灾（　　）户以上的火灾事故，直辖市的区、县级人民政府公安机关消防机构负责调查其他火灾事故。

（A）10　（B）3　（C）20　（D）50

答案：BD

128. 单位应当按照有关规定定期对灭火器进行（　　）检查。

（A）更换　（B）维护　（C）保养　（D）维修

答案：BCD

129. 对灭火器应当建立档案资料，记明配置（　　）、检查维修单位（人员）、更换药剂的时间等有关情况。

（A）类型　（B）数量　（C）容量　（D）设置位置

答案：ABD

130. 火灾隐患整改完毕，负责整改的部门或者人员应当将整改情况记录报送（　　）签字确认后存档备查。

（A）消防安全责任人　（B）消防安全管理人

（C）部门负责人　（D）主要负责人

答案：AB

131. 公众聚集场所对员工的消防安全培训应当至少每半年进行一次，培训的内容还应当包括（　　）。

（A）组织在场群众疏散的知识和技能　（B）培训消防知识

（C）消防器材使用　（D）引导在场群众疏散的知识和技能

答案：AD

132. 公众聚集场所在营业、活动期间，应当通过（　　）等向公众宣传防火、灭火、疏散逃生等常识。

（A）张贴图画　（B）广播　（C）闭路电视　（D）报纸

答案：ABC

133. 被责令（　　）、停产停业的，应当在整改后向做出决定的部门或者机构报告，经检查合格，方可恢复施工、使用、生产、经营。

（A）立即整改　（B）限期整改　（C）停止施工　（D）停止使用

答案：CD

134. 火灾发生地的县级公安机关消防机构应当根据火灾现场情况，排除现场险情，保障现场调查人员的安全，并初步（　　）。

（A）划定现场封闭范围　（B）设置警戒标志

（C）禁止无关人员进入现场　（D）控制火灾肇事嫌疑人

答案：ABCD

135. 管网灭火系统应设（　　）三种启动方式。

（A）自动控制　（B）远程遥控　（C）手动控制　（D）机械应急操作

答案：ACD

136. 防爆自动启动应同时满足以下（　　）3个条件。

（A）压力释放阀或速动油压继电器动作

（B）本体气体继电器发重瓦斯信号

（C）主变压器断路器跳闸

（D）有2个及以上独立的火灾探测器同时发信号

答案：ABC

137.（　　）值班变电站（换流站）消防控制室宜设置在本站（　　）控制室。

（A）有人　（B）无人　（C）主　（D）副

答案：AC

138. 消防控制室疏散门应直通（　　），宜设置在建筑物地上一层。

（A）室内　（B）出口　（C）室外　（D）安全出口

答案：CD

139. 附设在建筑内的消防控制室，宜设置在建筑内（　　）或（　　），并宜布置在靠外墙部位。

（A）首层　（B）顶层　（C）二层　（D）地下一层

答案：AD

140. 消防控制室应有相应的竣工图纸、各分系统控制逻辑关系说明、（　　）、维护保养制度及值班记录等文件资料。

（A）设备使用说明书　（B）系统操作规程

（C）应急预案　（D）值班制度

答案：ABCD

141. 应确保消防控制室的火灾（　　）处于正常工作状态，不得将应处于自动状态的设在手动状态。

（A）照明系统　（B）自动报警系统

（C）灭火系统　（D）其他联动控制设备

答案：BCD

142. 责令停产停业，对经济和社会生活影响较大的，由（　　）报请本级人民政府依法决定。

（A）住房管理部门　（B）城乡建设主管部门

（C）应急管理部门　（D）公安派出所

答案：ABC

143. 同一建筑物由两个以上单位管理或者使用的，应当明确各方的消防（　　），并确定（　　），对共用的疏散通道、安全出口、建筑消防设施和消防车通道进行统一

（　　）。

（A）安全责任　（B）责任人　（C）指挥　（D）管理

答案：ABD

144. 人员密集场所室内（　　），应当按照消防技术标准的要求，使用不燃、难燃材料。

（A）采暖　（B）装修　（C）装饰　（D）照明

答案：BC

145. 进行（　　）等具有火灾危险作业的人员和自动消防系统的操作人员，必须持证上岗，并遵守消防安全操作规程。

（A）电焊　（B）气焊　（C）爆破　（D）火药

答案：AB

146. 进入（　　）、（　　）易燃易爆危险品的场所，必须执行消防安全规定。禁止非法（　　）易燃易爆危险品进入公共场所或者乘坐公共交通工具。

（A）持有　（B）生产　（C）储存　（D）携带

答案：BCD

147. 依法实行强制性产品认证的消防产品，由具有法定资质的认证机构按照国家标准、行业标准的强制性要求认证合格后，方可（　　）。

（A）生产　（B）销售　（C）运输　（D）使用

答案：ABD

148. 同时具有下列情形的火灾，可以适用简易调查程序（　　）。

（A）没有人员伤亡的

（B）直接财产损失轻微的

（C）当事人对火灾事故事实没有异议的

（D）没有放火嫌疑的

答案：ABCD

149. 勘验火灾现场应当遵循火灾现场勘验规则，采取现场照相或者录像、录音、制作，（　　）和（　　）等方法记录现场情况。

（A）照相或者录像　（B）录音

（C）制作现场勘验笔录　（D）绘制现场图

答案：CD

150.《公共娱乐场所消防安全管理规定》所称公共娱乐场所，是指向公众开放的下列室内场所（　　）。

（A）演出场所　（B）公园　（C）放映场所　（D）餐饮场所

答案：ACD

151. 从事危险化学品经营的企业应当具备下列（　　）条件。

（A）有符合国家标准、行业标准的经营场所，储存危险化学品的，还应当有符合国家标准、行业标准的储存设施

（B）从业人员经过专业技术培训并经考核合格

（C）有健全的安全管理规章制度，有专职安全管理人员

（D）有符合国家规定的危险化学品事故应急预案和必要的应急救援器材、设备

答案：ABCD

152. 火灾事故调查报告应当包括下列（　　）内容。

（A）起火场所概况、起火经过和火灾扑救情况

（B）火灾造成的人员伤亡、直接经济损失统计情况

（C）起火原因和灾害成因分析

（D）防范措施

答案：ABCD

153. 消防监督检查的形式有（　　）。

（A）对公众聚集场所在投入使用、营业前的消防安全检查

（B）对单位履行法定消防安全职责情况的监督抽查

（C）对举报投诉的消防安全违法行为的核查

（D）对小型群众性活动举办前的消防安全检查

答案：ABC

154. 火灾事故调查的任务是（　　），（　　），依法对火灾事故做出处理，总结火灾教训。

（A）梳理事故经过　　（B）调查火灾原因

（C）调查责任人　　（D）统计火灾损失

答案：BD

155. 火灾事故调查应当坚持及时、（　　）的原则。

（A）客观　　（B）公正　　（C）合规　　（D）合法

答案：ABD

156. 消防监控中心实行每日（　　）小时值班制度，每班不应少于（　　）人，值班人员应持有消防设施操作员证，并熟知变电站消防应急程序。

（A）24　　（B）12　　（C）4　　（D）2

答案：AD

157. （　　）和其他联动控制设备应处于正常工作状态，不应擅自关停消防设施。

（A）火灾自动报警系统　　（B）灭火系统

（C）喷雾系统　　（D）排烟系统

答案：AB

158. 办公场所消防控制室运行值班工作要求有：(　　)。

(A)值班人员应通过消防行业特有工种职业技能鉴定

(B)持有初级技能以上等级的职业资格证书

(C)值班人员应每2h记录一次消防设备运行情况

(D)及时记录火情或消防设备故障情况

(E)消防控制室值班记录等相关资料齐全

答案：ABCDE

159. 火灾自动报警系统应接入(　　)或上级24h有人值守的消防监控场所，并有(　　)警示功能。无人值班变电站应将火警信号传至上级有关单位。

(A)消防部门　(B)本单位　(C)声光　(D)发光

答案：BC

160. 按照规定的频次进行防火巡查。消防安全重点单位(　　)进行一次防火巡查，公共娱乐场所营业时(　　)巡查一次，其他单位每周至少一次。

(A)每天　(B)每2h　(C)每周　(D)每小时

答案：AB

161. 一、二级动火(　　)、(　　)应经本单位(动火单位或设备运行管理单位)培训，并经考试合格。

(A)工作票签发人　(B)工作许可人

(C)工作负责人　(D)专责监护人

答案：AC

162. 动火工作票相关人员资格应达到(　　)。

(A)一、二级动火工作票签发人、工作负责人应经本单位(动火单位或设备运行管理单位)培训，并经考试合格

(B)动火工作票签发人应由单位分管领导或总工程师批准，动火工作负责人应由部门(车间)领导批准，并经本单位考试合格的人员

(C)动火执行人应持有政府有关部门颁发的允许电焊与热切割作业的有效证件

(D)其他人员

答案：ABC

163. 消防安全重点部位管理要求(　　)。

(A)建立岗位防火职责

(B)按规定配置消防设施和器材，设置明显的防火标志

(C)在出入口位置悬挂防火警示标示牌，标示牌的内容应包括消防安全重点部位的名称、消防管理措施、灭火方案及防火责任人

(D)重点部位志愿消防员人数不应少于该部位人数的55%，且分布合理

答案：ABC

164. 消防安全重点部位包括（　　）。

（A）调度室　（B）变压器室　（C）电缆隧道　（D）易燃易爆场所

答案：ABCD

165. 安全监督现场检查可采取（　　）等多种方式进行。

（A）现场检查询问　（B）资料查阅

（C）现场测试　（D）维保工作旁站监督

答案：ABCD

166. 消防安全管理制度应包括下列（　　）内容。

（A）消防安全重点部位管理　（B）消防（控制室）值班管理

（C）动火作业管理　（D）防火巡查、检查，火灾隐患整改

答案：ABCD

167. 消防安全重点单位应当履行的消防安全职责包括（　　）。

（A）确定消防安全管理人，组织实施本单位的消防安全管理工作

（B）建立消防档案，确定消防安全重点部位，设置防火标志，实行严格管理

（C）实行每日防火巡查，并建立巡查记录

（D）对职工进行岗前消防安全培训，定期组织消防安全培训和消防演练

答案：ABCD

168. 消防用（　　）等应配备齐全，并涂红漆，以起警示提醒作用，并不得露天存放。

（A）铲　（B）桶　（C）消防斧　（D）防火门

答案：ABC

169. （　　）严禁存放易燃易爆及有毒物品。

（A）设备区　（B）开关室　（C）主控室　（D）休息室

答案：ABCD

170. 因施工需要放在设备区的（　　），应加强管理，并按规定要求使用及存放，施工后立即运走。

（A）易燃物品　（B）易爆物品　（C）消防工器具　（D）饮用瓶装水

答案：AB

171. （　　）应完好、清洁，无锈蚀、破损。

（A）消防箱　（B）消防斧　（C）消防铲　（D）消防桶

答案：ABCD

172. 防火封堵检查维护（　　）。

（A）每季度对防火封堵检查维护一次

（B）当发现封堵损坏或破坏后，应及时用防火堵料进行封堵

（C）封堵维护时防止对电缆造成损伤

（D）封堵后，检查封堵严实，无缝隙、美观，现场清洁

答案：ABCD

173. 变电站水喷淋系统、消防水系统、泡沫灭火系统检查维护（　　）。

（A）每季度对水喷淋系统、消防水系统、泡沫灭火系统检查维护一次

（B）当发现有渗漏时，及时对渗漏点进行处理

（C）对松动的配件进行紧固；对损坏的配件进行更换

（D）维护时防止装置误动作

答案：ABCD

174. 火灾自动报警系统主机除尘，电源等附件维护（　　）。

（A）每半年对火灾自动报警系统主机除尘，电源等附件维护一次

（B）清扫时动作要轻缓，防止损坏部件

（C）清扫后，应对各部件进行检查，防止接触不良，影响正常使用

（D）更换插头、插座、空气开关时，更换前应切断回路电源

答案：ABCD

175. 火灾报警控制系统故障处理原则是（　　）。

（A）火灾报警控制系统动作时，立即派人前往现场检查确认故障信息

（B）当报主电故障时，应确认是否发生主供电源停电。检查主电源的接线、熔断器是否发生断路，备用电源是否已切换

（C）电热器具使用不当

（D）漏电

答案：AB

176. 加强易燃、易爆物品的管理。建立易燃、易爆物品台账，严格按照易燃、易爆物品的管理规定进行（　　）。

（A）采购　　（B）运输　　（C）储存　　（D）使用

答案：ABCD

177. 现场装置明显处应有（　　）步骤说明，各功能按钮、操作把手应标识明晰，在经常有人通过或误碰易造成装置误动的场所，须另加防护措施并设置（　　）。

（A）手动操作　　（B）自动操作　　（C）红色警示灯　　（D）警示标识

答案：AD

178. 各级电网设备消防管理部门应制定灭火和应急疏散预案，预案应当包括下列（　　）内容。

（A）组织机构，包括：灭火行动组、通信联络组、疏散引导组、安全救护组

（B）报警和接警处置程序

（C）应急疏散的组织程序和措施

（D）扑救初起火灾的程序和措施

答案：ABCD

179.《建筑设计防火规范》第10.3.2节原文规定，建筑内疏散照明的地面最低水平照度应符合（　　）。

（A）对于疏散走道，不低于1.0lx

（B）对于人员密集场所、避难层（间），不应低于3.0lx

（C）对于病房楼或手术部的避难间，不应低于10.0lx

（D）对于楼梯间、前室或合用前室、避难走道，不应低于5.0lx

答案：ABCD

180. 变电站（换流站）内建（构）筑物、（　　）、消防供电及应急照明、防排烟及通风等设备设施的配置应符合相关标准的规定。

（A）火灾自动报警系统　　（B）消防给水及消火栓系统

（C）灭火系统　　（D）烟雾预警系统

答案：ABC

181. 消防设施应处于正常工作状态。不得（　　）、挪用或者（　　）、停用消防设施、器材。

（A）维修　　（B）损坏　　（C）擅自拆除　　（D）拆卸

答案：BC

182. 消防设施出现故障，应及时通知（　　），尽快组织（　　）。

（A）单位有关部门　　（B）消防安监部门

（C）修复　　（D）更换

答案：AC

183. 因工作需要临时停用消防设施或（　　）消防器材的，应采取（　　）和事先报告单位消防管理部门，并得到本单位消防安全责任人的批准，工作完毕后应及时恢复。

（A）更换　　（B）移动　　（C）临时措施　　（D）有效措施

答案：BC

184. 贮油设施内应铺设鹅卵石层，其厚度不应小于（　　），卵石直径宜为（　　），应定期检查和清理，以不被淤泥、灰渣及积土所堵塞。

（A）300mm　　（B）250mm　　（C）50～100mm　　（D）50～80mm

答案：BD

185. 变压器室、电容器室、蓄电池室、电缆夹层、配电装置室的门应向（　　）开启；当门外为公共走道或其他房间时，该门应采用（　　）防火门。

（A）疏散方向　　（B）外侧　　（C）甲级　　（D）乙级

答案：AD

186. 蓄电池室每组宜布置在单独的室内，如确有困难，应在每组蓄电池之间设耐火时间大于（　　）的防火隔断，蓄电池室门应（　　）开。

（A）1.5h　（B）2.0h　（C）向内　（D）向外

答案：BD

187. 直流系统的电缆应采用（　　），两组蓄电池的电缆应分别铺设在各自独立的通道内，尽量避免与（　　）并排铺设，对无法设置独立通道的应采取阻燃、防爆、加隔离护板或（　　）等措施。蓄电池组电缆的正极和负极不应共用一根电缆。

（A）阻燃电缆　（B）直流电缆　（C）交流电缆　（D）护套

答案：ACD

188. 动力电缆与控制电缆或通信电缆之间应进行可靠的（　　），可采取将（　　）装入防火槽盒、包覆防火护套或插入防火隔板等隔离措施。

（A）灭火隔离　（B）防火隔离

（C）动力电缆或通信电缆　（D）动力装置或通信装置

答案：BC

189. 靠近充油设备的电缆沟，应设有（　　）措施，盖板应（　　）。可采用防止变压器油流入电缆沟内的卡槽式电缆沟盖板或在普通电缆沟盖板上覆盖防火（　　）等措施。

（A）防火延燃　（B）封堵　（C）绝缘遮蔽　（D）玻璃丝纤维布

答案：ABD

190. 变电站电缆夹层、电缆竖井内应设置（　　）；电缆沟内电缆密集处、转弯处等重点部位可设置固定式自动灭火设施；固定式自动灭火设施宜采用（　　）干粉自动灭火器。

（A）固定式灭火设施　（B）移动式灭火设施

（C）悬挂式　（D）固定式

答案：AC

191. 以下（　　）区域应装设火灾自动报警系统。

（A）主控通信室、配电装置室、可燃介质电容器室、继电器室

（B）未将火警信号传至上级有关单位（调控部门等）的无人值班变电站

（C）采用固定灭火系统的油浸式变压器（含户外）及地下变电站的油浸变压器

（D）220kV及以上变电站的电缆夹层及电缆竖井；地下变电站、户内无人值班变电站的电缆竖井

答案：ABCD

192. 火灾自动报警系统应具备防强磁场干扰措施，在户外安装的设备应有（　　）措施。

（A）防火　（B）防雷　（C）防水　（D）防腐蚀

答案：BCD

193. 消防联动、通信和报警线路敷设应满足（　　）要求。

（A）当采用明敷设时，应采用金属管或金属线槽保护

（B）应在金属管或金属线槽上采取防火保护措施

（C）采用经阻燃处理的电缆可不穿金属管保护，但应敷设在有防火保护措施的封闭线槽内

（D）采用经阻燃处理的电缆可不穿金属管保护

答案：ABC

194. 寒冷地区容易冻结和可能出现沉降地区的消防水系统等设施应有（　　）和（　　）措施。

（A）防燃　（B）防冻　（C）防泄漏　（D）防沉降

答案：BD

195. 变电站（换流站）内灭火设施可分为（　　）灭火系统和（　　）灭火器材。

（A）固定　（B）悬挂　（C）移动　（D）拆卸

答案：AC

196.（　　）及正压式消防空气呼吸器等消防器材应按照《建筑设计防火规范》（GB 50016—2014）和《电力设备典型消防规程》（DL 5027—2015）的要求配置。

（A）消防砂箱　（B）医药箱　（C）砂桶　（D）消防铲

答案：ACD

197. 在同一灭火器配置场所，宜选用（　　）类型和操作方法的灭火器，当选用两种或两种以上类型灭火器时，应采用灭火剂相容的灭火器。当同一场所存在不同种类火灾时，应选（　　）用型灭火器。

（A）相同　（B）不同　（C）典型　（D）通用

答案：AD

198. 变电站（换流站）里的灭火器摆放应该符合（　　）要求。

（A）灭火器应设置在位置明显和便于取用的地点，且不得影响安全疏散

（B）灭火器的摆放应稳固，其铭牌应朝外

（C）灭火器箱不得上锁

（D）对有视线障碍的灭火器设置点，应设置指示其位置的发光标志

答案：ABCD

199. 当室内消火栓栓口处的出水压力超过（　　）时，应加设（　　）或（　　）型消火栓。

（A）0.5MPa　（B）0.5Pa　（C）减压孔板　（D）采用减压稳压

答案：ACD

200. 消防砂箱、砂桶和消防铲均应为（　　），砂箱的上部应有白色的“消防砂箱”字

样，箱门正中应有（　　）的“火警119”字样，箱体侧面应标注使用说明。

（A）大红色　（B）大绿色　（C）白色　（D）黄色

答案：AC

201. 根据《建筑设计防火规范》（GB 50016—2014）要求，（　　）建筑物的消防用电应按一级负荷供电。

（A）建筑高度大于50m的乙丙类厂房　（B）建筑高度大于50m的丙类仓库

（C）一类高层民用建筑　（D）三类高层民用建筑

答案：ABC

202.《火力发电厂与变电站设计防火规范》（GB 50229）要求（　　）与灭火系统、火灾应急照明应按Ⅱ类负荷供电。

（A）消防水泵　（B）电动阀门　（C）火灾探测报警　（D）火灾消防系统

答案：ABC

203. 备用消防电源的供电（　　）和（　　），应满足该建筑火灾延续时间内各消防用电设备的要求。

（A）空间　（B）时间　（C）容量　（D）数量

答案：BC

204. 地下变电站的主控室、（　　）、继电器室、建筑疏散通道和楼梯间应设置应急照明。

（A）配电装置室　（B）配电操控室　（C）变压器室　（D）消防水泵房

答案：ACD

205. 消防配电线路应满足火灾时连续供电的需要，其敷设应符合下列（　　）规定。

（A）暗敷时，应穿管并应敷设在不燃性结构内且保护层厚度不应小于30mm

（B）消防配电线路宜与其他配电线路分开敷设在不同的电缆井、沟内

（C）确有困难需敷设在同一电缆井沟内时，应分别布置在电缆井、沟的两侧，且消防配电线路应采用矿物绝缘类不燃性电缆

（D）当采用矿物绝缘类不燃性电缆时，可直接暗敷

答案：ABC

206. 变电站和换流站内的消防安全标志可根据其功能分为6类，其中包括（　　）。

（A）火灾报警装置标志　（B）禁止和警告标志

（C）灭火设备标志　（D）文字辅助标志

答案：ABCD

207. 以下（　　）变压器（电抗器）应设置固定自动灭火系统。

（A）变电站（换流站）单台容量为125MVA及以上的油浸式变压器（电抗器）

（B）单台容量200Mvar及以上的油浸式平波电抗器

（C）地下变电站的所有油浸式变压器和油浸式平波电抗器处

（D）其他容量和绝缘型式的变压器（电抗器）以及高层建筑内的变压器可根据有关标准和要求设置固定自动灭火系统

答案：ABCD

208. 固定灭火系统的（　　）等设备设施与电气设备带电（裸露）部分的安全净距宜符合现行标准《高压配电装置设计技术规程》（DL/T 5352）的规定。

（A）喷头　（B）管道　（C）控制台　（D）消防柜

答案：ABD

209. 国家强制性产品认证（3C）目录内的消防产品必须具有消防强制性产品（　　），非国家强制性产品认证（3C）目录内的消防产品应具有国家级消防质量检验中心出具的（　　）。

（A）认证证书（CCCF）　（B）检验证书（CCCF）
（C）检验报告　（D）认证报告

答案：AC

210. 固定灭火系统中（　　）、控制回路的控制电缆，当位于存在干扰影响的环境又不具备有效抗干扰措施时，应具有（　　）。

（A）弱电信号　（B）直流信号　（C）绝缘遮蔽　（D）金属屏蔽

答案：AD

211. 火灾探测器（尤其是缆式线型感温电缆）应有良好的（　　）。感温电缆宜采用具有抗（　　）能力的带防护结构层的产品。

（A）固定措施　（B）隔离措施　（C）机械损伤　（D）腐蚀

答案：AC

212. 排油注氮灭火系统可用于油浸式变压器、电抗器内部火灾早期灭火，具有对环境和变压器（　　）等优点。

（A）轻度污染　（B）无污染　（C）成本低廉　（D）无需成本

答案：BC

213. 气体灭火系统可用于扑灭地下变电站封闭空间内的变压器、电抗器火灾。具有（　　）、动作后易于清理、误动时不影响带电设备运行等优点，但灭火气体具有窒息作用。

（A）结构简单　（B）占地少　（C）成本较低　（D）启动迅速

答案：ABCD

214. 细水雾灭火系统可用于室内的油浸式变压器、电抗器灭火，具有（　　）等优点，但系统管网工作压力高、初期投资大、对水源水质要求高。

（A）无污染　（B）持续灭火能力强（C）成本较低　（D）用水量少

答案：ABD

215. 水喷雾灭火系统应具有（　　）启动三种控制方式。

（A）自动应急　（B）自动控制　（C）手动控制　（D）应急机械

答案：BCD

216. 给水管道应在低处设置（　　），埋地管道的放水阀应设置在阀门井内，并将排水引入排水井。

（A）进水口　（B）放水阀　（C）排水井　（D）排污口

答案：BD

217. 下列（　　）信号应接入变电站主设备监控系统。

（A）喷淋泵电源工作状态　（B）喷淋泵的启、停状态和故障状态

（C）水流指示器工作状态　（D）压力开关动作状态

答案：ABCD

218. 细水雾灭火瓶组系统应具有（　　）操作控制方式，其机械应急操作应能在瓶组间内直接手动启动系统。

（A）自动　（B）手动　（C）机械应急　（D）应急响应

答案：ABC

219.（　　）应安装在温度高于0℃的专用设备间内。

（A）系统储液罐（B）启动装置　（C）氮气驱动装置（D）液压装置

答案：ABC

220. 泡沫灭火系统中，下列（　　）信号应接入变电站主设备监控系统。

（A）系统的手动、自动工作状态及故障状态

（B）驱动装置的正常工作状态

（C）系统的启、停信息

（D）驱动装置的正常动作状态

答案：ABCD

221. 消防安全管理情况应当包括以下（　　）内容。

（A）防火检查　（B）巡查记录

（C）消防安全培训记录　（D）消防设施

答案：ABC

222. 采用排油充氮灭火的，暂不采用自动启动灭火方式，只在（　　）时采用手动启动灭火。

（A）接入信号报警　（B）建筑材料发生火灾

（C）仓库发生火灾　（D）变压器发生火灾

答案：AD

223. 控制电缆涂刷防火涂料等施工作业时，严禁（　　）感温线。

（A）移动　（B）涂刷　（C）敷设　（D）踩踏

答案：BD

224. 变电运维人员应结合变电站巡视检查安全消防设施运行情况，包括（　　）、巡检灯是否正常闪亮等。

（A）主机运行是否正常

（B）报警功能是否良好

（C）各种探测器（传感器）运行是否正常

（D）视频摄像头运行是否正常

答案：ABCD

225. 各单位应建立完善的变电站安全消防设施档案，包括出厂资料、设计图纸、（　　）等。

（A）说明书　（B）验收记录　（C）运维记录　（D）检验记录

答案：ABCD

226. 变电站安全消防设施供电及传输线路除应满足带负载能力要求外，还应满足机械强度、（　　）等要求。

（A）防潮　（B）防水　（C）防火　（D）耐腐蚀

答案：BCD

227. 新（改、扩）建变电站安全消防设施建设应与电力工程建设同规划（　　）。

（A）同设计　（B）同施工　（C）同验收　（D）同检查

答案：ABC

228. 变电站安全消防设施验收项目应包含（　　）探测（传感）部件功能及回路绝缘检测、主机功能测试等。

（A）设施外观检查　（B）施工质量检查

（C）消防设施检查　（D）探测（传感）部件安装位置检查

答案：ABD

229. 变电站安全消防设施的（　　）必须符合国家相关法律法规。

（A）设计　（B）施工　（C）监理　（D）运维

答案：ABCD

230. 变电运维专业负责除设备本体消防设施外的变电站安全消防设施（　　）。

（A）运维　（B）检查　（C）日常巡视　（D）更换

答案：AC

231. 变电检修专业负责分管设备本体消防设施运维，包括（　　）换流阀紫外探测设备等。

（A）变压器排油充氮　（B）水喷淋

（C）事故储油池　　　　　　　　　　（D）本体感温电缆

答案：ABCD

232. 变电站（换流站）消防设施是指起防火、辅助灭火作用的（　　）。

（A）建筑构件　（B）设备　（C）设施　（D）消防产品

答案：BCD

233. 变电站（换流站）安防设施是指起安全保护作用的（　　）门窗等。

（A）围墙　（B）围栏　（C）地基　（D）刺网

答案：ABD

234.（　　）、档案室等重要部位严禁吸烟，禁止明火取暖。

（A）调度室　（B）控制室　（C）计算机室　（D）通信室

答案：ABCD

235. 供电生产、施工企业在可能产生有毒害气体或缺氧的场所应配备必要的（　　）等抢救器材。

（A）口罩　　　　　　　　　　（B）正压式空气呼吸器

（C）护目镜　　　　　　　　　（D）防毒面具

答案：BD

236. 火灾自动报警、固定灭火、防烟排烟等各类消防系统及灭火器等各类消防器材，应根据相关规范定期进行（　　），并做好检查维保记录，确保消防设施正常运行。

（A）巡查　（B）检测　（C）检修　（D）保养

答案：ABCD

237. 强化动火管理，（　　）等工作现场严格执行动火工作票制度，落实现场防火和灭火责任。

（A）施工　（B）维护　（C）保养　（D）检修

答案：AD

238. 建立火灾隐患（　　）常态机制，定期开展火灾隐患排查工作。根据发现的隐患，提出整改方案、落实整改措施，保障消防安全。

（A）排查　（B）治理　（C）检查　（D）登记

答案：AB

239. 定期开展消防安全检查，应确保各单位、（　　）了解各自管辖范围内的重点防火要求和灭火方案。

（A）各车间　（B）各班组　（C）各作业人员　（D）个人

答案：ABC

240. 当发现水（泡沫）喷淋系统、气体灭火装置的控制电源异常时，应检查（　　）。

（A）安装是否正确　　　　　　（B）控制电源空气开关是否跳闸

（C）使用是否正确　　（D）控制电源回路是否短路

答案：BD

241. 防火重点部位禁止烟火的标志应（　　），安全疏散指示标志清晰、无破损、脱落；安全疏散通道照明完好、充足。

（A）清晰　　（B）清楚　　（C）无破损　　（D）无脱落

答案：ACD

242. 穿越电缆沟、墙壁、楼板进入控制室、电缆夹层、控制保护屏等处（　　），应采用耐火泥、防火隔墙等严密封堵。

（A）电缆孔　　（B）电缆沟　　（C）电缆洞　　（D）电缆竖井

答案：BCD

243. 变电站应制定消防器材布置图，标明（　　），消防器材按消防布置图布置；变电运维人员应会正确使用、维护和保管。

（A）存放地点　　（B）时间　　（C）数量　　（D）消防器材类型

答案：ACD

244. 消防控制柜应有（　　）灭火装置功能。

（A）自动启动　　（B）手动启动　　（C）远程启动　　（D）遥控启动

答案：ABC

245. 火灾探测器不宜采用（　　）、温度变送器缺陷多发的铂式温度计感烟探测器。

（A）性能好　　（B）产品简单　　（C）成本高　　（D）使用寿命短

答案：CD

246. 锂电池、钠硫电池设置在专用的房间内，建筑面积（　　）时，应设置干粉灭火器或消防砂箱；建筑面积（　　）时，宜设置气体灭火系统和自动报警系统。

（A）$<150m^2$　　（B）$<200m^2$　　（C）$\geqslant 150m^2$　　（D）$\geqslant 200m^2$

答案：BD

247. 地下变电站的（　　）和安全出口应设（　　）指示标志。

（A）疏散通道　　（B）消防通道　　（C）发光疏散　　（D）紧急撤离

答案：AC

248.（　　）及以上变电站的电缆夹层及电缆竖井内应安装线型感温、感烟或吸气式感烟探测器，缆式线型感温火灾探测器在电缆表面以（　　）缠绕方式敷设。

（A）10kV　　（B）220kV　　（C）W形　　（D）S形

答案：BD

249. 消防控制室值班操作人员应熟知（　　）及（　　）和（　　）。

（A）消防控制室管理　　（B）应急预案

（C）应急程序　　（D）设施设备操作方法

答案：ACD

250. 建立消防安全责任制。明确单位（　　）、消防安全监督部门、志愿（专职）消防员、员工等岗位人员的消防安全职责。

（A）安全生产委员会　　（B）消防安全责任人

（C）消防安全管理人　　（D）消防归口管理部门

答案：ABCD

251. 建立消防安全保证和监督体系，明确消防工作归口管理（　　）和（　　）。

（A）主管单位　　（B）监管单位

（C）职能部门　　（D）消防安全监督部门

答案：AD

252. 动火作业应严格履行现场勘查制度、（　　）、工作终结制度。

（A）工作票制度　　（B）工作许可制度

（C）工作监护制度　　（D）工作间断制度

答案：ABCD

253. 动火工作票应规范填写，防火安全措施具有针对性；按照规定执行签发、审批程序；按照规定进行（　　）。

（A）办结　　（B）保存管理　　（C）结算　　（D）存档

答案：AB

254. 每逢法定节日、假日或重大活动前，组织对相关消防安全重点（　　）开展专项防火检查。

（A）单位　　（B）部位

（C）保电重要电力设施所在场所　　（D）重点场所

答案：BC

255. 防火检查内容应包括防火巡查、（　　）等情况。

（A）消防设施器材运维　　（B）火灾隐患整改

（C）消防宣传　　（D）应急演练

答案：ABCD

256. 制定灭火和应急疏散预案。灭火和应急疏散预案应包括（　　）、调度楼、控制楼、油罐区等重点部位和场所。

（A）发电厂厂房　（B）车间　　（C）变电站　　（D）换流站

答案：ABCD

257. 建筑消防设施应制定维护保养计划，并列明消防设施的（　　）、周期。

（A）名称　　（B）说明　　（C）明细　　（D）维护保养的内容

答案：AD

258. 消防监控中心应保存有变电站相应消防设施的（　　）维护保养及值班记录等文

件资料。

（A）竣工图纸　　（B）消防系统运行操作规程

（C）应急预案　　（D）值班制度

答案：ABCD

259. 对于处于高粉尘环境及易发（　　）天气的地区，喷头应有防止灰尘或异物堵塞喷孔的防护装置，防护装置在灭火剂喷放时应能被（　　）或（　　）。

（A）雷雨　　（B）沙尘　　（C）自动吹掉　　（D）打开

答案：ACD

260. 保障（　　）畅通，保证防火防烟分区、防火间距符合消防技术标准。

（A）道路路口　　（B）疏散通道　　（C）安全出口　　（D）消防车通道畅通

答案：BCD

261. 对不能当场改正的火灾隐患，应确定整改（　　）资金予以整改。

（A）措施　　（B）期限　　（C）人员　　（D）方案

答案：ABC

262.（　　）应进行上岗前消防安全培训，经考试合格方能上岗。

（A）工作人员　　（B）新进人员

（C）参加生产实习人员　　（D）调换生产岗位的人员

答案：BCD

263. 凡依法需要计量检定的建筑消防设施所用（　　）等计量仪器仪表以及泄压阀、安全阀等，应按照规定进行定期校验并提供有效证明文件。

（A）称重　　（B）测压　　（C）测流量　　（D）测数

答案：ABC

264.（　　）地区的高位消防水箱应设置在消防水箱间内，其他地区宜设置在室内，当必须在屋顶露天设置时，应采取防冻隔热等安全措施。

（A）严寒　　（B）寒冷　　（C）高原　　（D）冬季冰冻

答案：ABD

265. 当设有消防控制室时，消防水泵的（　　）信息应能反馈至消防控制室，并能在消防控制室利用手动直接控制装置启停。

（A）运行　　（B）启动　　（C）停止　　（D）故障

答案：BCD

266. 消火栓箱内（　　）等配件应齐全。

（A）设施　　（B）水带　　（C）水枪　　（D）工具

答案：BC

267. 室外消火栓阀门应启闭灵活，地下式消火栓应有明显标志，井内应无积水，寒冷地区防冻措施应完好。不得（　　）消火栓。

（A）埋压　　（B）圈占　　（C）遮挡　　（D）占用

答案：ABC

268. 储存装置上应设耐久的固定铭牌，并应标明每个容器的（　　）、灭火剂名称、充装量、充装日期和充压压力等。

（A）型号　　（B）编号　　（C）容积　　（D）皮重

答案：BCD

269.（　　）设置须符合要求，并保持畅通，未锁闭，无任何物品堆放。

（A）疏散通道　　（B）安全出口　　（C）走廊　　（D）楼梯间

答案：ABD

270.（　　）等处，应设置可直接报警的外线电话。

（A）变电站　　（B）消防控制室　　（C）消防值班室　　（D）水泵房

答案：BCD

271. 扩音机应能用话筒播音，（　　）正常，开关和控制按钮动作灵活，监听功能正常，应急广播的语音应清晰，满足消防广播要求。

（A）音量　　（B）仪表　　（C）指示灯显示　　（D）开关

答案：BC

272. 疏散通道上各防火门的（　　）信号应反馈至防火门监控器或消防联动控制器。

（A）开启　　（B）关闭　　（C）故障状态　　（D）工作状态

答案：ABC

273. 垂直卷防火卷帘应具有（　　）的控制功能。

（A）自动　　（B）手动　　（C）温控速放　　（D）机械速放

答案：ABCD

274. 消防控制室内应保存下列纸质和电子档案资料有（　　）。

（A）建（构）筑物竣工后的总平面布局图

（B）建筑消防设施平面布置图

（C）建筑消防设施系统图及安全出口布置图

（D）重点部位位置图

答案：ABCD

275. 消防设施一览表，包括（　　）等内容。

（A）消防设施的类型　　（B）数量

（C）状态　　（D）细则

答案：ABC

276. 建设单位申请消防验收，应当提交下列（　　）材料。

（A）消防验收申请表　　（B）工程竣工验收报告

（C）涉及消防的建设工程竣工图纸　　（D）建设工程规划许可文件

答案：ABC

277. 通过专业仪器设备对涉及（　　）、面积、厚度等可测量的指标进行现场抽样测量；对消防设施的功能进行抽样测试、联调联试消防设施的系统功能等内容。

（A）厚度　　（B）距离　　（C）高度

（D）宽度　　（E）长度

答案：BCDE

278. 具有下列情形之一的建设工程是特殊建设工程：总建筑面积大于20000m²的（　　）。

（A）体育场馆　　（B）会堂　　（C）公共展览馆　　（D）博物馆的展示厅

答案：ABCD

279. 单位应当将消防安全工作纳入内部（　　）内容。

（A）建设　　（B）检查　　（C）考核　　（D）评比

答案：BCD

280.（　　）等单位应当积极开设消防安全教育栏目，制作节目，对公众开展公益性消防安全宣传教育。

（A）通讯　　（B）新闻　　（C）广播　　（D）电视

答案：BCD

281. 同时培训200人以上规模的固定教学场所、训练场地，应满足技能培训需要的（　　）。

（A）消防设施　　（B）消防设备

（C）消防安全培训记录　　（D）消防器材

答案：ABD

282. 消防安全专业培训机构开展消防安全专业培训，应当将消防安全管理、建筑防火和自动消防设施（　　）技能作为培训的重点。

（A）施工　　（B）操作　　（C）检测　　（D）维护

答案：ABCD

283. 建筑的总平面布局和（　　）、耐火等级、（　　）、安全疏散、（　　）、消防电源及配电、消防设施等的消防设计应符合国家工程建设消防技术标准。

（A）平面布置　　（B）消防规划　　（C）建筑构造　　（D）消防给水

答案：ACD

284. 评审专家应当符合相关专业要求，总数不得少于（　　），且独立出具评审意见。特殊消防设计技术资料经（　　）以上评审专家同意即为评审通过。

（A）7人　（B）5人　（C）2/3　（D）3/4

答案：AD

285. 评审专家从专家库随机抽取，对于技术复杂、专业性强或者国家有特殊要求的项目，可以直接邀请相应专业的（　　）参加评审。

（A）中国科学院院士　（B）中国工程院院士

（C）全国工程勘察设计大师　（D）境外具有相应资历的专家

答案：ABCD

286.（　　）、工程监理、（　　）、（　　）等单位依法对建设工程消防设计、施工质量负主体责任。

（A）设计　（B）建设　（C）施工　（D）技术服务

答案：ACD

287. 总建筑面积大于10000m^{2}的（　　）是特殊建设工程。

（A）宾馆　（B）饭店　（C）商场　（D）市场

答案：ABCD

288. 符合下列（　　）条件的，消防设计审查验收主管部门应当出具消防设计审查合格意见。

（A）申请材料齐全、符合法定形式

（B）设计单位具有相应资质

（C）消防设计文件符合国家工程建设消防技术标准

（D）消防设计文件拟采用的新技术、新工艺、新材料不符合国家工程建设消防技术标准规定的

答案：ABC

289. 建设单位申请消防设计审查，应当提交（　　）材料。

（A）消防设计审查申请表

（B）消防设计文件

（C）依法需要办理建设工程规划许可的，应当提交建设工程规划许可文件

（D）依法需要批准的临时性建筑，应当提交批准文件

答案：ABCD

290. 参加建设单位组织的建设工程竣工验收，对建设工程消防施工质量（　　），并对建设工程消防施工质量承担（　　）。

（A）签章确认　（B）签字　（C）监理责任　（D）行政责任

答案：AC

291. 按照（　　）、（　　）和合同约定检验消防产品和具有（　　）、建筑构配件和设备的质量，使用合格产品，保证消防施工质量。

（A）消防设计要求　　（B）施工技术标准

（C）防火性能要求的建筑材料　　（D）技术要求

答案：ABC

292. 建设单位对工程涉及消防的各分部分项工程验收合格；（　　）、技术服务等单位确认工程消防质量符合有关标准。

（A）施工　　（B）建设　　（C）设计　　（D）工程监理

答案：ACD

293. 其他建设工程，建设单位申请施工许可或者申请批准开工报告时，应当提供满足施工需要的（　　）。

（A）消防设计图纸　　（B）设计图

（C）技术资料　　（D）隐蔽工程图

答案：AC

294. 消防设计审查验收主管部门应当对备案的其他建设工程进行抽查。抽查工作推行“（　　）”制度，随机抽取检查对象，随机选派检查人员。

（A）双随机　　（B）预防为主　　（C）综合治理　　（D）一公开

答案：AD

295. 伪造、变造或者（　　）《危险化学品安全管理条例》规定的其他许可证，或者使用伪造、变造的《危险化学品安全管理条例》规定的其他许可证的，分别由相关许可证的颁发管理机关处10万元以上20万元以下的罚款，有违法所得的，没收违法所得；构成违反治安管理行为的，依法给予治安管理处罚；构成犯罪的，依法追究刑事责任。

（A）出租　　（B）出借　　（C）转让　　（D）销毁

答案：ABC

296. 对符合下列（　　）条件的，应当出具消防验收合格意见。

（A）申请材料齐全、符合法定形式

（B）工程竣工验收报告内容完备

（C）涉及消防的建设工程竣工图纸与经审查合格的消防设计文件相符

（D）现场评定结论合格

答案：ABCD

297.（　　）不得擅自修改经审查合格的消防设计文件。确需修改的，建设单位应当依照《建设工程消防设计审查验收管理暂行规定》重新申请消防设计审查。

（A）监理　　（B）建设　　（C）设计　　（D）施工单位

答案：BCD

298. 在设计文件中选用的消防产品和具有防火性能要求的建筑材料、建筑构配件和设备，应当注明（　　）等技术指标，符合国家规定的标准。

（A）规格　　（B）性能　　（C）名称　　（D）材料

答案：AB

299. 建设、设计、（　　）、技术服务等单位及其从业人员违反有关建设工程法律法规和国家工程建设消防技术标准，除依法给予处罚或者追究刑事责任外，还应当依法承担相应的民事责任。

（A）建筑　　（B）消防　　（C）施工　　（D）工程监理

答案：CD

300. 民用建筑内空气中含有容易起火或爆炸危险物质的房间，应设置（　　）设施，且其空气不应循环使用。

（A）自然通风　　（B）空气含量测试　　（C）独立的机械通风（D）温度测控

答案：AC

1.3 判断题

1. 任何单位和个人都有维护消防安全、保护消防设施、预防火灾、报告火警的义务。未成年人有参加有组织的灭火工作的义务。

答案：错

2. 单位的主要负责人是本单位的消防安全责任人。

答案：对

3. 同一建筑物由两个以上单位管理或者使用的，由面积最大一方责任。

答案：错

4. 消防产品必须符合国家标准；没有国家标准的，必须符合行业标准。禁止生产、销售或者使用不合格的消防产品以及国家明令淘汰的消防产品。

答案：对

5. 建筑构件、建筑材料和室内装修、装饰材料的防火性能必须符合国家标准。

答案：对

6. 任何单位、个人不得损坏、挪用或者擅自拆除、停用消防设施、器材，不得埋压、圈占、遮挡消火栓或者占用防火间距，不得占用、堵塞、封闭疏散通道、安全出口、消防车通道。

答案：对

7. 单位专职消防队、志愿消防队参加扑救外单位火灾所损耗的燃料、灭火剂和器材、装备等，由单位专职消防队、志愿消防队自己承担。

答案：错

8. 谎报火警的依照《中华人民共和国治安管理处罚法》的规定处罚。

答案：对

9. 消防设施，是指专门用于火灾预防、灭火救援和火灾防护、避难、逃生的产品。

答案：错

10. 消防安全重点单位应当确定消防安全管理人，组织实施本单位的消防安全管理工作。

答案：对

11. 按照相关标准配备消防设施、器材，设置消防安全标志，定期检验维修，对建筑消防设施每2年进行一次全面检测，确保完好有效。设有消防控制室的，实行24h值班制度，每班不少于1人，并持证上岗。

答案：错

12. 酸性蓄电池室、油罐室、油处理室、大物流仓储等防火、防爆重点场所应采用防爆型的照明、通风设备，其控制开关应安装在室内。

答案：错

13. 消防安全重点单位及其消防安全责任人、消防安全管理人应当报当地公安消防机构备案。

答案：对

14. 单位应当按照国家有关规定，结合本单位的特点，建立健全各项消防安全制度和保障消防安全的操作规程，并公布执行。

答案：对

15. 公共娱乐场所在营业期间动火施工应注意安全。

答案：错

16. 在营业、生产、教学、工作等期间可以将安全出口上锁，但要有值班人员执勤。

答案：错

17. 火灾隐患整改完毕，负责整改的部门或者人员应当将整改情况记录报送消防安全责任人或者消防安全管理人签字确认后存档备查。

答案：对

18. 消防安全重点单位应当按照灭火和应急疏散预案，至少每2年进行一次演练，并结合实际，不断完善预案。

答案：错

19. 单位应当对消防档案统一保管、备查。

答案：对

20. 安全出口、疏散通道和楼梯口应当设置符合标准的灯光疏散指示标志。指示标志应当设在门的两侧、疏散通道和转角处距地面1m以下的墙面上。设在走道上的指示标志的间距不得大于50m。

答案：错

21. 公共娱乐场所内应当设置火灾事故应急照明灯，照明供电时间不得少于5min。

答案：错

22. 危险化学品安全管理，应当坚持安全第一、预防为主、综合治理的方针，强化和落实企业的主体责任。

答案：对

23. 生产、储存、使用、经营、运输危险化学品的单位的主要负责人对本单位的危险化学品安全管理工作全面负责。

答案：对

24. 危险化学品单位应当制定本单位危险化学品事故应急预案，可以不配备应急救援人员和应急救援器材、设备。

答案：错

25. 生产、储存易燃易爆危险物品的大型企业应当建立专职消防队。

答案：对

26. 无人值班变电站与运维班驻地消防控制室之间应采用普通线路连接。

答案：错

27. 电器产品、燃气用具的安装或者线路、管路的敷设不符合消防安全技术规定的，责令限期改正；逾期不改正的，责令停止使用。

答案：对

28. 禁止携带易燃易爆危险物品进入公共场所或乘坐交通工具。

答案：对

29. 消防器材、装备设施不得用于与消防和抢险救援工作无关的事项。

答案：对

30. 安装在爆炸危险场所的灯具应是防爆型的。

答案：对

31. 任何单位和个人不得占用防火间距，不得堵塞消防通道。

答案：对

32. 在设有车间或者仓库的建筑物内，可以设置员工集体宿舍。

答案：错

33. 单位应当组织新上岗和进入新岗位的员工进行上岗前的消防安全培训。

答案：对

34. 消防安全重点单位对每名员工应当至少每年进行一次消防安全培训。

答案：对

35. 单位发生火灾时，应当立即实施灭火和应急疏散预案，务必做到及时报警，迅速扑救火灾，及时疏散人员。

答案：对

36. 新建、扩建和改建工程或项目，需要设置消防设施的，消防设施与主体设备或项目应同时设计、同时施工、同时投入生产或使用，并通过消防验收。

答案：对

37. 消防安全重点单位应当进行每日防火巡查，可不确定巡查的人员、内容、部位等。

答案：错

38. 消防档案应当包括消防安全基本情况和消防安全管理情况。

答案：对

39. 安全出口处的疏散门应向内开启。

答案：错

40. 消防安全重点单位应当按照灭火和应急疏散预案，至少每季度进行一次演练，并结合实际，不断完善预案。

答案：错

41. 供电生产、施工企业在可能产生有毒害气体或缺氧的场所应配备必要的正压式空气呼吸器、防毒面具等抢救器材，并应进行使用培训，掌握正确的使用方法，以防止救护人员在灭火中中毒或窒息。

答案：对

42. 任何单位发生火灾，必须立即组织力量扑救。邻近单位应当给予支援。

答案：对

43. 进行电焊、气焊等具有火灾危险作业的人员和自动消防系统的操作人员，必须由有经验的人员担任，并遵守消防安全操作规程。

答案：错

44. 同一建筑物由两个以上单位管理或使用的，应当明确各方的消防安全责任，并确定责任人对共用的疏散通道、安全出口、建筑消防设施和消防车通道进行统一管理。

答案：对

45. 对举报投诉占用、堵塞、封闭疏散通道、安全出口或者其他妨碍安全疏散行为，以及擅自停用消防设施的，应当在接到举报投诉后6h内进行核查。

答案：错

46. 可以在公共娱乐场所营业时进行设备检修、电气焊、油漆粉刷等施工、维修作业。

答案：错

47. 对在消防工作中有突出贡献的单位和个人，应当按照国家有关规定给予表彰和奖励。

答案：对

48. 危险化学品，是指具有毒害、腐蚀、爆炸、燃烧、助燃等性质，对人体、设施、环境具有危害的剧毒化学品和其他化学品。

答案：对

49. 公共娱乐场所应当按照《建筑灭火器配置设计规范》配置灭火器材。

答案：错

50. 电网设备消防管理应遵循“预防为主，防消结合”的工作方针，坚持“安全第一”的指导思想，按照“谁主管，谁负责”的原则，实行逐级消防安全责任制。

答案：对

51. 各级电网设备消防管理部门对电网设备重点防火部位或场所应建立岗位防火责任制，并落实消防措施。

答案：对

52. 电网设备发生火灾时，应立即采取必要措施，及时报警，迅速扑救火灾并疏散人员。

答案：对

53. 电网设备火灾扑灭后，事故单位应立即清理火灾现场。

答案：错

54. 电网设备火灾事故调查处理，应按“四不放过”原则，分清责任，总结教训，落实防范措施。

答案：对

55. 变电站消防设施的运维管理包括巡视、检测、维保、运维等工作。

答案：错

56. 变电站消防设施管理单位应与具有维修、保养、检测资质的单位签订消防设施维修、维护、第三方检测合同，维护和检测单位不应相同。

答案：对

57. 任何单位和个人严禁擅自关停消防设施。值班、巡查、检测时发现故障，应及时组织修复。因故障维修等原因需要暂时停用消防系统的，应有确保消防安全的有效措施，并经本单位消防安全责任人批准。

答案：对

58. 消防设施周围、消防通道及安全出口不得堆放其他物件。

答案：对

59. 电缆穿越电缆沟、墙壁、楼板进入控制室、电缆夹层、控制柜及仪表盘、保护盘等处的电缆孔、洞和竖井必须用防火堵料严密封堵。

答案：对

60. 火灾自动报警系统的维护保养应确保系统保持连续正常运行，各路电源均能正常供电。

答案：对

61. 现场消防设施不得随意移动或挪作他用。

答案：错

62. 在电气设备发生火灾时，可以用水进行灭火。

答案：错

63. 在变电站内进行动火作业，需要到主管部门办理动火（票）手续，并采取安全可靠的措施。

答案：对

64. 因施工需要放在设备区的易燃、易爆物品，应加强管理，并按规定要求使用及存放，施工后立即运走。

答案：对

65. 防火重点部位禁止烟火的标志应清晰、无破损、脱落；安全疏散指示标志应清晰、无破损、脱落；安全疏散通道照明应完好、充足。

答案：对

66. 每年对火灾自动报警系统操作功能、远程功能核对检查试验一次。

答案：错

67. 蓄电池室每组宜布置在单独的室内，如确有困难，应在每组蓄电池之间设耐火时间大于2.0h的防火隔断，蓄电池室门应向内开。

答案：错

68. 火灾自动报警系统应接入本单位或上级24h有人值守的消防监控场所，并有声光警示功能。无人值班变电站应将火警信号传至上级有关单位。

答案：对

69. 消防用电设备应采用专用的供电回路。

答案：对

70. 消防配电设备应设有明显标志，其配电线路必须按防火分区划分。

答案：错

71. 变电站电缆沟防火墙上部的电缆盖板应用绿色做出标识，标明“防火墙”字样并编号。

答案：错

72. 设在疏散走道上的防火卷帘应在卷帘的两侧设置手动启闭装置。

答案：对

73. 消防应急灯具与供电线路之间应直接连接，必须使用插头连接。

答案：错

74. 按照规程要求划定并明确单位一级动火区和二级动火区。动火作业时，应严格执行动火工作票制度。

答案：对

75. 消防设施在管理上应等同于主设备，包括维护、保养、检修、更新，落实相关所需资金等。

答案：对

76. 对电气设备灭火时，仅准许在熟悉该设备带电部分人员的指挥或带领下进行灭火。

答案：对

77. 变电站的大型油浸式变压器应设置能贮存最大一台变压器油量的事故贮油池，宜采用固定式灭火系统。

答案：对

78. 消防器材配置包括灭火器、消防水带、消防砂桶、消防砂箱、消防铲、消防斧等，配置数量依现场情况决定。

答案：错

79. 消防控制室值班操作人员应熟知消防应急程序，掌握报警处理流程。

答案：对

80. 设计、施工、工程监理、技术服务等单位依法对建设工程消防设计、施工质量负主体责任。

答案：对

81. 按照工程消防设计要求和合同约定，选用合格的消防产品和满足防火性能要求的建筑材料、建筑构配件和设备。

答案：对

82. 建设单位组织有关单位进行建设工程竣工验收时，对建设工程是否符合消防要求进行查验。

答案：对

83. 国家工程建设消防技术标准规定的一类高层住宅建筑属于特殊建设工程。

答案：对

84. 变配电工程不属于特殊建设工程。

答案：错

85.《建设工程消防设计审查验收管理暂行规定》中规定实行施工图设计文件联合审查的，可不用将建设工程消防设计的技术审查并入联合审查。

答案：错

86. 建设、设计、施工、工程监理、技术服务等单位及其从业人员违反有关建设工程法律法规和国家工程建设消防技术标准，依法给予处罚或者追究刑事责任，但不承担相应的民事责任。

答案：错

87. 新颁布的国家工程建设消防技术标准实施之前，建设工程的消防设计已经依法审查合格的，需重新进行审查。

答案：错

88. 建设工程的消防设计、施工必须符合国家工程建设消防技术标准。

答案：对

89. 已经通过消防设计审核，擅自改变消防设计，降低消防安全标准的，应当依法从重处罚。

答案：对

90. 询问应当制作笔录，由火灾事故调查人员和被询问人签名或者捺指印。被询问人拒绝签名和捺指印的，应当在笔录中注明。

答案：对

91.《建设工程消防设计审查验收管理暂行规定》所称其他建设工程，是指特殊建设工程以外的其他按照国家工程建设消防技术标准需要进行消防设计的建设工程。

答案：对

92. 建设单位收到检查不合格整改通知后，应当停止使用建设工程，并组织整改，整改完成后，可不进行复查。

答案：错

93. 消防设计审查验收主管部门收到建设单位提交的消防设计审查申请后，对申请材料齐全的，应当出具受理凭证。

答案：对

94. 实行施工图设计文件联合审查的，应当将建设工程消防设计的技术审查并入联合审查。

答案：对

95. 特殊建设工程竣工验收后，建设单位应当向消防设计审查验收主管部门申请消防验收；未经消防验收或者消防验收不合格的，禁止投入使用。

答案：对

96. 其他建设工程竣工验收合格之日起5个工作日内，建设单位应当报消防设计审查验收主管部门备案。

答案：对

97. 未提供满足施工需要的消防设计图纸及技术资料的，有关部门不得发放施工许可证或者批准开工报告。

答案：对

98. 设计单位不具有相应资质，消防设计审查验收主管部门不得出具消防设计审查合格意见。

答案：对

99. 设计单位应当履行的消防设计、施工质量责任和义务包括：在设计文件中选用的消防产品和具有防火性能要求的建筑材料、建筑构配件和设备，应当注明规格、性能等技术指标，符合国家规定的标准是设计单位应当履行下列消防设计、施工质量责任和义务。

答案：对

1.4 简答题

1. 国家对消防工作的监督管理是如何划分的？

答案：国务院应急管理部门对全国的消防工作实施监督管理。县级以上地方人民政府应急管理部门对本行政区域内的消防工作实施监督管理，并由本级人民政府消防救援机构负责实施。军事设施的消防工作，由其主管单位监督管理，消防救援机构协助；矿井地下部分、核电厂、海上石油天然气设施的消防工作，由其主管单位监督管理。

2. 建设工程单位申请消防验收，应当提交哪些材料？

答案：建设单位申请消防验收，应当提交下列材料：①消防验收申请表；②工程竣工验收报告；③涉及消防的建设工程竣工图纸。

3. 国家对特殊建设工程未经消防设计审查或者审查不合格的如何要求？

答案：特殊建设工程未经消防设计审查或者审查不合格的，建设单位、施工单位不得施工；其他建设工程，建设单位未提供满足施工需要的消防设计图纸及技术资料的，有关部门不得发放施工许可证或者批准开工报告。

4. 国家对生产、储存、经营易燃易爆危险品的场所有哪些规定?

答案: 生产、储存、经营易燃易爆危险品的场所不得与居住场所设置在同一建筑物内，并应当与居住场所保持安全距离。生产、储存、经营其他物品的场所与居住场所设置在同一建筑物内的，应当符合国家工程建设消防技术标准。

5. 发现火灾后如何处理?

答案: 任何人发现火灾都应当立即报警。任何单位、个人都应当无偿为报警提供便利，不得阻拦报警。严禁谎报火警。人员密集场所发生火灾，该场所的现场工作人员应当立即组织、引导在场人员疏散。任何单位发生火灾，必须立即组织力量扑救。邻近单位应当给予支援。消防队接到火警，必须立即赶赴火灾现场，救助遇险人员，排除险情，扑灭火灾。

6. 机关、团体、企业、事业单位消防安全管理规定中对消防安全重点单位管理是如何规定的?

答案: 消防安全重点单位应当设置或者确定消防工作的归口管理职能部门，并确定专职或者兼职的消防管理人员；其他单位应当确定专职或者兼职消防管理人员，可以确定消防工作的归口管理职能部门。归口管理职能部门和专兼职消防管理人员在消防安全责任人或者消防安全管理人的领导下开展消防安全管理工作。

7. 机关、团体、企业、事业单位消防安全管理规定中对动火作业有何要求?

答案: 单位应当对动用明火实行严格的消防安全管理。禁止在具有火灾、爆炸危险的场所使用明火；因特殊情况需要进行电、气焊等明火作业的，动火部门和人员应当按照单位的用火管理制度办理审批手续，落实现场监护人，在确认无火灾、爆炸危险后方可动火施工。动火施工人员应当遵守消防安全规定，并落实相应的消防安全措施。公众聚集场所或者两个以上单位共同使用的建筑物局部施工需要使用明火时，施工单位和使用单位应当共同采取措施，将施工区和使用区进行防火分隔，清除动火区域的易燃、可燃物，配置消防器材，专人监护，保证施工及使用范围的消防安全。公共娱乐场所在营业期间禁止动火施工。

8. 机关、团体、企业、事业单位消防安全管理规定中对发生火灾的处置有何要求?

答案: 单位发生火灾时，应当立即实施灭火和应急疏散预案，务必做到及时报警，迅速扑救火灾，及时疏散人员。邻近单位应当给予支援。任何单位、人员都应当无偿为报火警提供便利，不得阻拦报警。单位应当为公安消防机构抢救人员、扑救火灾提供便利和条件。火灾扑灭后，起火单位应当保护现场，接受事故调查，如实提供火灾事故的情况，协助公安消防机构调查火灾原因，核定火灾损失，查明火灾事故责任。未经公安消防机构同意，不得擅自清理火灾现场。

9. 火灾整改完毕后应如何处理？

答案：火灾隐患整改完毕，负责整改的部门或者人员应当将整改情况记录报送消防安全责任人或者消防安全管理人签字确认后存档备查。

10. 机关、团体、企业、事业单位消防安全管理规定中对消防安全重点单位灭火和应急疏散预案应如何开展？

答案：消防安全重点单位应当按照灭火和应急疏散预案，至少每半年进行一次演练，并结合实际，不断完善预案。其他单位应当结合本单位实际，参照制定相应的应急方案，至少每年组织一次演练。消防演练时，应当设置明显标识并事先告知演练范围内的人员。

11. 消防设施的定义是什么？

答案：消防设施是指火灾自动报警系统、自动灭火系统、消火栓系统、防烟排烟系统以及应急广播和应急照明、安全疏散设施等。

12. 火灾事故现场调查原则是什么？

答案：火灾事故调查人员应当根据调查需要，对发现、扑救火灾人员，熟悉起火场所、部位和生产工艺人员，火灾肇事嫌疑人和被侵害人等知情人员进行询问。对火灾肇事嫌疑人可以依法传唤。必要时，可以要求被询问人到火灾现场进行指认。询问应当制作笔录，由火灾事故调查人员和被询问人签名或者捺指印。被询问人拒绝签名和捺指印的，应当在笔录中注明。

13. 对火灾事故认定有异议的应如何处理？

答案：当事人对火灾事故认定有异议的，可以自火灾事故认定书送达之日起 15 日内，向上一级公安机关消防机构提出书面复核申请；对省级人民政府公安机关消防机构做出的火灾事故认定有异议的，向省级人民政府公安机关提出书面复核申请。复核申请应当载明申请人的基本情况，被申请人的名称，复核请求，申请复核的主要事实、理由和证据，申请人的签名或者盖章，申请复核的日期。

14. 火灾报警控制器（联动型）应满足哪些功能要求？

答案：①火灾报警控制器（联动型）的火灾报警功能应符合《火灾报警控制器》

（GB 4717）的要求；②集中火灾报警控制器（联动型）应能集中监控所辖无人值班变电站的区域火灾报警控制器（联动型），显示火灾探测器、手动火灾报警按钮等设备的正常、报警、屏蔽及故障状态等信息，并能按照规定逻辑程序启动相应的联动系统。

15. 运维班驻地消防控制室应配置哪些消防设备？

答案：①集中火灾报警控制器（联动型），包括火灾报警控制器、联动控制器等；②消防图形显示装置；③光纤集中转换模块；④辅助设备监控工作站。

16. 无人值班变电站应配置哪些消防设备？

答案：①区域火灾报警控制器（联动型），包括火灾报警控制器、联动控制器、消防电话总机、消防广播控制装置（需要时）等；②光纤转换模块；③辅助设备监控主机。

17. 依据《消防控制室通用技术要求》（GB 25201），消防控制室管理应符合哪些要求？

答案：①应实行每日 24h 专人值班制度，每班不应少于 2 人，值班人员应持有消防控制室操作职业资格证书；②消防设施日常维护管理应符合 GB 25201 的要求；③应确保火灾自动报警系统、灭火系统和其他联动控制设备处于正常工作状态，不得将应处于自动状态的设在手动状态；④应确保高位消防水箱、消防水池、气压水罐等消防储水设施水量充足，确保消防泵出水管阀门、自动喷水灭火系统管道上的阀门常开；确保消防水泵、防排烟风机、防火卷帘正常。

18. 依据《火灾自动报警设计规范》（GB 50116—2013），消防控制室内设备的布置应符合哪些规定？

答案：①设备面盘前的操作距离，单列布置时不应小于 1.5m，双列布置时不应小于 2m；②在值班人员经常工作的一面，设备面盘至墙的距离不应小于 3m；③设备面盘后的维修距离不宜小于 1m；④设备面盘的排列长度大于 4m 时，其两端应设置宽度不小于 1m 的通道；⑤与建筑其他弱电系统合用的消防控制室内，消防设备应集中设置，并应与其他设备间有明显间隔。

19. 设计单位应当履行的消防设计、施工质量责任和义务有哪些？

答案：①按照建设工程法律法规和国家工程建设消防技术标准进行设计，编制符合要求的消防设计文件，不得违反国家工程建设消防技术标准强制性条文；②在设计文件中选用的消防产品和具有防火性能要求的建筑材料、建筑构配件和设备，应当注明规格、性能等技术指标，符合国家规定的标准；③参加建设单位组织的建设工程竣工验收，对建设工程消防设计实施情况签章确认，并对建设工程消防设计质量负责。

20. 工程监理单位应当履行的消防设计、施工质量责任和义务有哪些？

答案：①按照建设工程法律法规、国家工程建设消防技术标准，以及经消防设计审查合格或者满足工程需要的消防设计文件实施工程监理；②在消防产品和具有防火性能要求的建筑材料、建筑构配件和设备使用、安装前，核查产品质量证明文件，不得同意使用或者安装不合格的消防产品和防火性能不符合要求的建筑材料、建筑构配件和设备；③参加建设单位组织的建设工程竣工验收，对建设工程消防施工质量签章确认，并对建设工程消防施工质量承担监理责任。

21. 建设单位申请消防设计审查，应当提交哪些材料？

答案：①消防设计审查申请表；②消防设计文件；③依法需要办理建设工程规划许可的，应当提交建设工程规划许可文件；④依法需要批准的临时性建筑，应当提交批准文件。

22. 建设单位办理备案，应当提交哪些材料？

答案：①消防验收备案表；②工程竣工验收报告；③涉及消防的建设工程竣工图纸。

23. 机关、团体、企业、事业等单位应当履行的消防安全职责有哪些？

答案：①落实消防安全责任制，制定本单位的消防安全制度、消防安全操作规程，制定灭火和应急疏散预案；②按照国家标准、行业标准配置消防设施、器材，设置消防安全标志，并定期组织检验、维修，确保完好有效；③对建筑消防设施每年至少进行一次全面检测，确保完好有效，检测记录应当完整准确，存档备查；④保障疏散通道、安全出口、消防车通道畅通，保证防火防烟分区、防火间距符合消防技术标准；⑤组织防火检查，及时消除火灾隐患；⑥组织进行有针对性的消防演练；⑦法律、法规规定的其他消防安全职责。

24. 火灾现场勘查的规则是什么？

答案：勘验火灾现场应当遵循火灾现场勘验规则，采取现场照相或者录像、录音，制作现场勘验笔录和绘制现场图等方法记录现场情况。对有人员死亡的火灾现场进行勘验的，火灾事故调查人员应当对尸体表面进行观察并记录，对尸体在火灾现场的位置进行调查。现场勘验笔录应当由火灾事故调查人员、证人或者当事人签名。证人、当事人拒绝签名或者无法签名的，应当在现场勘验笔录上注明。现场图应当由制图人、审核人签字。

25. 消防安全重点单位除履行规定的职责外，还应当履行哪些职责？

答案：①明确承担消防安全管理工作的机构和消防安全管理人并报知当地公安消防部门，组织实施本单位消防安全管理。消防安全管理人应当经过消防培训；②建立消防档案，确定消防安全重点部位，设置防火标志，实行严格管理；③安装、使用电器产品、燃气用具和敷设电气线路、管线必须符合相关标准和用电、用气安全管理规定，并定期维护保养、检测；④组织员工进行岗前消防安全培训，定期组织消防安全培训和疏散演练；⑤根据需要建立微型消防站，积极参与消防安全区域联防联控，提高自防自救能力；⑥积极应用消防远程监控、电气火灾监测、物联网技术等技防物防措施。

26. 单位可以根据需要确定本单位的消防安全管理人。消防安全管理人对单位的消防安全责任人负责，实施和组织落实哪些消防安全管理工作？

答案：①拟订年度消防工作计划，组织实施日常消防安全管理工作；②组织制定消防安全制度和保障消防安全的操作规程并检查督促其落实；③拟订消防安全工作的资金投入和组织保障方案；④组织实施防火检查和火灾隐患整改工作；⑤组织实施对本单位消防设施、灭火器材和消防安全标志的维护保养，确保其完好有效，确保疏散通道和安全出口畅通；⑥组织管理专职消防队和义务消防队；⑦在员工中组织开展消防知识、技能的宣传教育和培训，组织灭火和应急疏散预案的实施和演练；⑧单位消防安全责任人委托的其他消防安全管理工作。

此外，消防安全管理人应当定期向消防安全责任人报告消防安全情况，及时报告涉及消防安全的重大问题。未确定消防安全管理人的单位，上面规定的消防安全管理工作由单位消防安全责任人负责实施。

27. 居民住宅区的物业管理单位应当在管理范围内履行哪些消防安全职责？

答案：①制定消防安全制度，落实消防安全责任，开展消防安全宣传教育；②开展防火检查，消除火灾隐患；③保障疏散通道、安全出口、消防车通道畅通；④保障公共消防设施、器材以及消防安全标志完好有效。其他物业管理单位应当对受委托管理范围内的公共消防安全管理工作负责。

28. 哪些范围的单位是消防安全重点单位，应当按照规定的要求，实行严格管理？

答案：①商场（市场）、宾馆（饭店）、体育场（馆）、会堂、公共娱乐场所等公众聚集场所（以下统称公众聚集场所）；②医院、养老院和寄宿制的学校、托儿所、幼儿园；③国家机关；④广播电台、电视台和邮政、通信枢纽；⑤客运车站、码头、民用机场；⑥公共图书馆、展览馆、博物馆、档案馆以及具有火灾危险性的文物保护单位；⑦发电厂（站）和电网经营企业；⑧易燃易爆化学物品的生产、充装、储存、供应、销售单位；⑨服装、制鞋等劳动密集型生产、加工企业；⑩重要的科研单位；⑪ 其他发生火灾可能性较大以及一旦发生火灾可能造成重大人身伤亡或者财产损失的单位。

29. 公众聚集场所应当在具备哪些消防安全条件后，向当地公安消防机构申报进行消防安全检查，经检查合格后方可开业使用？

答案：①依法办理建筑工程消防设计审核手续，并经消防验收合格；②建立健全消防安全组织，消防安全责任明确；③建立消防安全管理制度和保障消防安全的操作规程；④员工经过消防安全培训；⑤建筑消防设施齐全、完好有效；⑥制定灭火和应急疏散预案。

30. 消防安全基本情况应当包括哪些内容？

答案：①单位基本概况和消防安全重点部位情况；②建筑物或者场所施工、使用或者开业前的消防设计审核、消防验收以及消防安全检查的文件、资料；③消防管理组织机构和各级消防安全责任人；④消防安全制度；⑤消防设施、灭火器材情况；⑥专职消防队、义务消防队人员及其消防装备配备情况；⑦与消防安全有关的重点工种人员情况；⑧新增消防产品、防火材料的合格证明材料；⑨灭火和应急疏散预案。

31. 消防安全重点单位应当进行每日防火巡查，并确定巡查的人员、内容、部位和频次。其他单位可以根据需要组织防火巡查。巡查应当包括哪些内容？

答案：①用火、用电有无违章情况；②安全出口、疏散通道是否畅通，安全疏散指示标志、应急照明是否完好；③消防设施、器材和消防安全标志是否在位、完整；④常闭式防火门是否处于关闭状态，防火卷帘下是否堆放物品影响使用；⑤消防安全重点部位的人员在岗情况；⑥其他消防安全情况。

32. 机关、团体、事业单位应当至少每季度进行一次防火检查，其他单位应当至少每月进行一次防火检查。防火检查应当包括哪些内容？

答案：①火灾隐患的整改情况以及防范措施的落实情况；②安全疏散通道、疏散指示标志、应急照明和安全出口情况；③消防车通道、消防水源情况；④灭火器材配置及有效情况；⑤用火、用电有无违章情况；⑥重点工种人员以及其他员工消防知识的掌握情况；⑦消防安全重点部位的管理情况；⑧易燃易爆危险物品和场所防火防爆措施的落实情况以及其他重要物资的防火安全情况；⑨消防（控制室）值班情况和设施运行、记录情况；⑩防火巡查情况；⑪ 消防安全标志的设置情况和完好、有效情况；⑫ 其他需要检查的内容。

33. 同时具有哪些情形的火灾，可以适用简易调查程序？

答案：①没有人员伤亡的；②直接财产损失轻微的；③当事人对火灾事故事实没有异议的；④没有放火嫌疑的。

34. 消防安全重点单位对每名员工应当至少每年进行一次消防安全培训。宣传教育和培训应当包括什么内容？

答案：①有关消防法规、消防安全制度和保障消防安全的操作规程；②本单位、本岗位的火灾危险性和防火措施；③有关消防设施的性能、灭火器材的使用方法；④报火警、扑救初起火灾以及自救逃生的知识和技能。

35. 哪些人员应当接受消防安全专门培训？

答案：①单位的消防安全责任人、消防安全管理人；②专、兼职消防管理人员；③消防控制室的值班、操作人员；④其他依照规定应当接受消防安全专门培训的人员。其中第③项人员应当持证上岗。

36. 消防安全重点单位制定的灭火和应急疏散预案应当包括哪些内容？

答案：①组织机构，包括：灭火行动组、通信联络组、疏散引导组、安全防护救护组；②报警和接警处置程序；③应急疏散的组织程序和措施；④扑救初起火灾的程序和措施；⑤通信联络、安全防护救护的程序和措施。

37. 消防安全教育培训的内容应当符合全国统一的消防安全教育培训大纲的要求，主要包括哪些内容？

答案：①国家消防工作方针、政策；②消防法律法规；③火灾预防知识；④火灾扑救、人员疏散逃生和自救互救知识；⑤其他应当教育培训的内容。

38. 消防监督检查的形式有哪些？

答案：①对公众聚集场所在投入使用、营业前的消防安全检查；②对单位履行法定消防安全职责情况的监督抽查；③对举报投诉的消防安全违法行为的核查；④对大型群众性活动举办前的消防安全检查；⑤根据需要进行的其他消防监督检查。

39. 具有哪些情形的，应当确定为火灾隐患？

答案：①影响人员安全疏散或者灭火救援行动，不能立即改正的；②消防设施未保持完好有效，影响防火灭火功能的；③擅自改变防火分区，容易导致火势蔓延、扩大的；④在人员密集场所违反消防安全规定，使用、储存易燃易爆危险品，不能立即改正的；⑤不符合城市消防安全布局要求，影响公共安全的；⑥其他可能增加火灾实质危险性或者危害性的情形。

40. 从事危险化学品经营的企业应当具备哪些条件？

答案：①有符合国家标准、行业标准的经营场所，储存危险化学品的，还应当有符合国家标准、行业标准的储存设施；②从业人员经过专业技术培训并经考核合格；③有健全的安全管理规章制度；④有专职安全管理人员；⑤有符合国家规定的危险化学品事故应急预案和必要的应急救援器材、设备；⑥法律、法规规定的其他条件。

41. 消防档案管理有何要求？

答案：要建立健全消防档案管理制度。消防档案应包括消防安全基本情况和消防安全管理情况。消防档案应当全面反映单位消防工作情况，并附有必要的图表，根据情况变化及时更新。各单位应当对消防档案统一保管。

42. 对变电站消防监控场所有哪些要求？

答案：①有人值班变电站（换流站）消防控制室设置在本站主控制室，无人值班变电站应将火灾报警信号上传至上级有关单位（如地市级或县级变电站消防监控中心）；②消防监控中心实行每日 24h 值班制度，每班不应少于 2 人，值班人员应持有消防设施操作员证，并熟知变电站消防应急程序；③消防监控中心应保存有变电站相应消防设施的竣工图纸、消防系统运行操作规程、应急预案、值班制度、维护保养及值班记录等文件资料；④消防监控中心应根据实际情况配置正压式空气呼吸器等必需的消防应急装备。

43. 泡沫喷雾灭火系统检查项目有哪些？

答案：泡沫喷雾灭火系统泡沫喷头、管件、管网、阀门、压力表及泡沫液储罐无损伤、腐蚀、渗漏，泡沫罐液位显示正常，各压力表指示正确。当喷头上有异物时应及时清除，各阀门标识清晰、位置正确，工作状态正确。

44. 消防安全技术监督有哪些要求？

答案：①新建、扩建和改建工程或项目，需要设置消防设施的，消防设施与主体设备或项目应同时设计、同时施工、同时投入生产或使用，并通过消防验收；②按照国家工程建设消防标准需要进行消防设计的新建、扩建、改建（含室内装修、用途变更）工程，建设单位应当依法申请建设工程消防设计审核、消防验收，依法办理消防设计和竣工验收备案手续并接受抽查；③建设、设计、施工单位不得擅自修改经消防管理机构审核合格的建设工程消防设计的情况，确需修改的，建设单位应当向出具消防设计审核意见的管理机构重新申请消防设计审核；④消防产品必须符合国家标准，没有国家标准的，必须符合行业标准。禁止使用不合格的消防产品以及国家明令淘汰的消防产品。依法实行强制性产品认证的消防产品，由具有法定资质的认证机构按照国家标准、行业标准的强制性要求认证合格后，方可生产、销售、使用。

45. 各级电网设备消防管理部门应制定灭火和应急疏散预案，预案应当包括哪些内容？

答案：①组织机构，包括灭火行动组、通信联络组、疏散引导组、安全救护组；②报警和接警处置程序；③应急疏散的组织程序和措施；④扑救初起火灾的程序和措施；⑤通信联络、安全防护救护的程序和措施。

46. 公司电网设备重点消防单位应当定期进行消防巡查，巡查内容包括哪些？

答案：①用火用电违章情况；②安全出口、疏散通道畅通情况，安全疏散指示标志、应急照明完好情况；③消防设施、器材和消防安全标志在位、完整情况；④常闭式防火门关闭状态，防火卷帘下是否堆放物品；⑤消防安全重点部位的人员在岗情况。

47. 各级电网设备消防管理部门应结合每年春、秋季安全大检查对电网设备进行消防安全检查，必要时可根据情况对电网设备进行消防专项检查。消防检查内容应当包括什么？

答案：①火灾隐患的整改情况以及防范措施的落实情况；②安全疏散通道、疏散指示标志、应急照明和安全出口情况；③灭火器材配置及有效情况；④用火、用电违章情况；⑤消防安全重点部位的管理情况；⑥易燃易爆危险物品和场所防火防爆措施的落实情况及其他重要物资的防火安全情况；⑦消防安全标志的设置、完好情况及烟感报警系统的运行情况。

48. 变电站（换流站）内何种区域应装设火灾自动报警系统？

答案：①主控通信室、配电装置室、可燃介质电容器室、继电器室（含地下变电站、无人值班变电站）；②未将火警信号传至上级有关单位（调控部门等）的无人值班变电站；③采用固定灭火系统的油浸式变压器（含户外）及地下变电站的油浸变压器；④ 220kV 及以上变电站的电缆夹层及电缆竖井；地下变电站、户内无人值班的变电站的电缆竖井。

49. 排油注氮灭火系统的启动方式及条件有哪些？

答案： 排油注氮灭火系统应具有防爆自动启动、灭火自动启动方式。

（1）防爆自动启动应同时满足以下 3 个条件：①压力释放阀或速动油压继电器动作；②本体气体继电器发重瓦斯信号；③主变压器断路器跳闸。

（2）灭火自动启动应同时满足以下 3 个条件：①有 2 个及以上独立的火灾探测器同时发信号；②本体气体继电器发重瓦斯信号；③主变压器断路器跳闸。

50. 消防水系统和消防设施应如何设计？

答案： ①消防水系统应同工业、生活水系统分离，以确保消防水量、水压不受其他系统影响；②消防设施的备用电源应由保安电源供给，未设置保安电源的应按Ⅱ类负荷供电，消防设施用电线路敷设应满足火灾时连续供电的需求；③变电站、换流站消防水泵电机应配置独立的电源。

51. 单位消防安全责任人的职责是什么？

答案： ①贯彻执行消防法规，保障单位消防安全符合规定，掌握本单位的消防安全情况；②将消防工作与本单位的安全生产、经营管理等活动统筹安排，批准实施年度消防工作计划；③为本单位的消防安全提供必要的经费和组织保障；④组织确定逐级消防安全责任，批准实施消防安全制度和保障消防安全的操作规程；⑤督促落实火灾隐患整改，及时处理涉及消防安全的重大问题；⑥组织制定符合本单位实际的灭火和应急疏散预案，以及培训和演练计划；⑦根据需要确定本单位消防安全管理人；⑧根据消防法规的规定和实际情况，建立专职消防队（或志愿消防队）、微型消防站；⑨及时、如实报告火灾事故信息，落实事故处理“四不放过”要求。

52. 防火封堵检查维护的原则是什么？

答案： ①每季度对防火封堵检查维护一次；②当发现封堵损坏或破坏后，应及时用防火堵料进行封堵；③封堵维护时防止对电缆造成损伤；④封堵后，检查封堵严实，无缝隙、美观，现场清洁。

53. 变电站和换流站内的消防安全标志可根据其功能分为哪几类？

答案： ①火灾报警装置标志；②紧急疏散逃生标志；③灭火设备标志；④禁止和警告标志；⑤方向辅助标志；⑥文字辅助标志。

54. 火灾报警控制系统故障表现形式有哪些？处理原则是什么？

答案：火灾报警控制系统故障表现形式有：①变电站消防告警总信号发出；②警报音响发出。

处理原则是：①火灾报警控制系统动作时，立即派人前往现场检查确认故障信息；②当报主电故障时，应确认是否发生主供电源停电，检查主电源的接线、熔断器是否发生断路，备用电源是否已切换；③当报备电故障时，应检查备用电池的连接接线，当备用电池连续工作时间超过8h后，也可能因电压过低而报备电故障；④若系统装置发生异常的声音、光指示、气味等情况时，应立即关闭电源，联系专业人员处理。

55. 排油充氮灭火装置压力低如何处理？

答案：排油充氮灭火装置压力低，会有氮气瓶欠压告警信号发出。处理原则是：①现场检查排油充氮柜氮气瓶压力是否正常；②若确为压力低，应及时停用排油充氮灭火装置，联系专业人员处理；③若氮气压力正常，应判断是否为误报警。若不能恢复，联系专业人员处理。

56. 变电运维人员应结合变电站巡视检查消防设施运行情况，巡视包括哪些设备？

答案：变电运维人员结合变电站巡视检查的消防设施，包括主机运行是否正常、报警功能是否良好、各种探测器（传感器）、视频摄像头运行是否正常、巡检灯是否正常闪亮等。

57. 变电站安消防设施验收项目应包含哪些内容？

答案：变电站安消防设施验收项目应包含设施外观检查、施工质量检查、探测（传感）部件安装位置检查、探测（传感）部件功能及回路绝缘检测、主机功能测试等，验收方法应参照相关国家标准执行，一次性设施的功能性测试可提前组织开展工厂化验收。

58. 动火工作票相关人员应具备什么资格？

答案：①一、二级动火工作票签发人、工作负责人应经本单位（动火单位或设备运行管理单位）培训，并经考试合格；②动火工作票签发人应由单位分管领导或总工程师批准，动火工作负责人应由部门（车间）领导批准，并经本单位考试合格的人员；③动火执行人应持有政府有关部门颁发的允许电焊与热切割作业的有效证件。

59. 建设、设计、施工、工程监理、技术服务等单位应依法对建设工程消防设计、施工质量负哪些责任？

答案：建设单位依法对建设工程消防设计、施工质量负首要责任。设计、施工、工程监理、技术服务等单位依法对建设工程消防设计、施工质量负主体责任。建设、设计、施工、工程监理、技术服务等单位的从业人员依法对建设工程消防设计、施工质量承担相应的个人责任。

60. 消防设施维护管理单位应与消防设备生产厂家、消防设施施工安装企业或具有消防设施维护保养检测资质的维保单位或有维修、保养能力的单位签订消防设施维修、保养合同。维护保养单位应满足哪些要求?

答案: ①从事建筑消防设施保养的人员,应通过消防行业特有工种职业技能鉴定,持有高级技能以上等级职业资格证书。②凡依法需要计量检定的建筑消防设施所用称重、测压、测流量等计量仪器仪表以及泄压阀、安全阀等,应按照规定进行定期校验并提供有效证明文件。③维护保养单位应储备一定数量的建筑消防设施易损件或与有关产品厂家、供应商签订相关合同,以保证供应。

1.5 案例题

1. 某市一综合小市场,地上4层。2010年该市场发生火灾,共造成20人死亡,30人重伤,直接经济损失5000万元。经调查,认定该起事故的原因为:火灾发生当日下午13点整,为封闭位于建筑物四楼的装修遗留孔洞,安全管理人张某安排该商场员工王某和周某从地下室搬运焊接工具至四楼,并在营业期间直接动火作业。由于未采取任何防护措施,焊接飞火直接引燃相邻书店展示柜台,并迅速引燃周边数个商铺。火灾初起时,张某、王某、周某取用附近点一具MT3灭火器及一具MF2灭火器进行灭火,发现扑救无效后逃跑。在火灾中自动喷水灭火系统数个喷头玻璃泡破裂,但始终未出水,部分周围商户自发取用室内消火栓扑救火灾,但由于消火栓箱体内未配备水枪,导致扑救失败。事发时,一至三层仍正常营业,无火灾警报或消防广播触发。当火势向下蔓延时,顾客及营业员匆忙逃生时发现多个疏散门锁闭,有20人因踩踏致死,其余重伤人员多因为直接跳窗逃生造成。

试分析:

(1)该起事故的直接原因。

答案: ①违章动火;②明火作业未采取防护措施。

(2)该起事故的间接原因。

答案: ①管理松散,未严格落实消防安全管理制度;②管理人员意识淡薄,无消防安全管理意识;③检测维保巡查制度缺失,未保持消防设施完好有效;④未指定应急预案,未组织应急演练。

（3）该自动喷水灭火系统没有出水的主要原因可能是？

答案：①高位水箱无水，补水措施故障；②楼层闸阀被关闭；③高位水箱出水管堵塞。

（4）在该情景中，无法使用灭火器扑灭初期火灾的原因可能是？

答案：①灭火器选型不当；②灭火器配置级别过低。

2. 某消防技术服务机构受托对某地区银行办公的综合楼进行消防设施的专项检查，该综合楼火灾自动报警系统采用双电源供电，双电源切换控制箱安装在一层低压配电室，考虑到系统供电的可靠性，在供电回路上设置剩余电流电气火灾探测器，实现电流故障动作保护和过负载保护。火灾报警控制器显示12只感烟探测器被屏蔽（洗衣房2只，其他楼层10只），1只防火阀模块故障。对火灾自动报警系统进行测试，过程如下：切断控制器与备用电源之间的连接，控制器无异常显示；恢复控制器与备用电源之间的连接，切断火灾报警控制器的主电源，控制器自动切换到备用电源工作，显示主电故障；测试8只感烟探测器，6只正常报警，2只不报警，试验过程中控制器出现重启现象，继续试验报警功能，控制器关机，无法重新启动：恢复控制器主电源，控制器启动并正常工作；使探测器底座上的总线接线端子短路，控制器上显示该探测器所在回路总线故障：触发满足防排烟系统启动条件的报警信号，消防联动控制器发出了同时启动5个排烟阀和5个送风阀的控制信号，控制器显示了3个排烟阀和5个送风阀的开启反馈信号，相对应的排烟机和送风机正常启动并在联动控制器上显示启动反馈信号。银行数据中心机房设置了IG541气体灭火系统，以组合分配方式设置A、B、C三个气体灭火防护区。断开气体灭火控制器与各防护区气体灭火驱动装置的连接线，进行联动控制功能试验，过程如下：按下A防护区门外设置的气体灭火手动自动按钮。A防护区内的光警报器启动。然后按下气体灭火器手动停止按钮，测量气体灭火控制控制器启动输出端电压，一直为0V。按下B防护区内1只火灾手动报警按钮。测量气体火灾控制器输出端电压，25s后电压为24V。测试C防护区，按下气体灭火控制器上的启动按钮。再按下相对应的停止按钮，测量气体灭火控制器启动输出端电压，25s后电压为24V。据了解，消防维保单位进行系统试验过程中不慎碰坏了两端驱动气体管道，维保人员直接更换了损坏的驱动气体管道并填写了维修更换记录。

试分析：

（1）导致排烟阀未反馈开启信号的原因是什么？

答案：线路故障、排烟阀控制模块损坏、排烟阀本身损坏。

（2）维保人员对配电室气体灭火系统驱动气体管道维修的做法是否正确？为什么？

答案：不正确。因为：①首先，进行维修的单位和人员要有相应的资质；②查看气体管道是否具有相应的合格证、质量认证证书等法定文件；③查看管道的规格、型号是否符合要求；④安装前管道要进行强度试验和气密性试验；⑤使用专用的安装工具。

3. 2010年11月15日13时左右，上海某物业管理有限公司雇用无证电焊工人吴某、王某将电焊机、配电箱等工具搬至10层处，准备加固建筑北侧外立面10层凹廊部位的悬挑支撑。14时14分，吴某在连接好电焊作业的电源线后，用点焊方式测试电焊枪是否能作业时，溅落的焊渣引燃了北墙外侧9层脚手架上平时掉落的聚氨酯泡沫碎块和琐屑。吴某、王某发现起火后，使用现场灭火器进行扑救，但未扑灭，见火越烧越大，两人随即通过脚手架逃离现场。聚氨酯泡沫碎块和碎屑被引燃后，立即引起墙面喷涂的聚氨酯保温材料及脚手架上的毛竹排、木夹板和尼龙安全网燃烧，并在较短时间内形成大面积的脚手架立体火灾。燃烧后产生的热量直接作用在建筑外窗玻璃表面，使外窗玻璃爆裂，火势通过窗口向室内蔓延，引燃住宅内的可燃装修材料及家具等可燃物品，形成猛烈燃烧，导致大楼整体燃烧。

试分析：

（1）该事故的起火直接原因是什么？

答案：该物业管理有限公司雇佣无证电焊工人吴某、王某违章进行电焊作业引燃聚氨酯泡沫碎块、碎屑引发火灾。

（2）总结本案例的主要教训。

答案：①建筑外墙保温工程不应使用燃烧性能为B3级易燃的外墙保温材料；②施工现场消防安全管理漏洞多，使用无证电焊工违法施工，且缺乏有效的安全监管措施；③关于外墙保温系统的安全技术标准和法律法规亟待完善和补充。

4. 2010年7月15日15时45分，某外籍游轮开始向原油库卸油。此前，大连某国际储运有限公司已同意下属燃料油股份有限公司委托上海某公司使用天津某公司生产的含有强氧化剂过氧化氢的脱硫化氢剂。20时许，上海某公司人员开始利用卸油管道加注“脱硫化氢剂”，天津某公司人员负责现场指导。16日13时，油轮停止卸油，开始扫舱作业。上海某公司和天津某公司现场人员在得知油轮停止卸油的情况下，继续将剩余的约22.6m³脱硫化氢剂加入管道。18时02分，靠近加注点东侧管道低点处发生爆炸，导致罐区阀组损坏、大量原油泄漏并引发大火。

试分析：

（1）该事故的起火直接原因是什么？

答案：大连某国际储运有限公司同意下属燃料油股份有限公司委托上海某公司使用天津某公司生产的含有强氧化剂过氧化氢的脱硫化氢剂，违规在原油库输油管道上进行加注脱硫化氢剂作业，并在油轮停止卸油的情况下仍继续加注，造成脱硫化氢剂在输油管道内局部富集，发生强氧化反应，导致输油管道发生爆炸，引发火灾和原油泄漏。

（2）总结本案例的主要教训。

答案：①在油库内违章加注“脱硫化氢剂”；②危险化学品管理不严；③防火堤外没有防止“流淌火”的技术措施；④灭火及救援力量不足。

5. 广东省某市一村民自建住宅，用于生产机器设备及耳机面料等物品。该建筑共四层，其中一层为生产车间和男工宿舍，其中堆放大量聚氨酯海绵等物品；二层为生产车间；三层部分为业主住房；四层为女工宿舍和员工活动场所。2010年8月10日7时许，业主的两个儿子早上去上学，在住宅三层门口听见噼噼啪啪的声音，就回来告诉业主，业主走出三层楼门时楼梯已充满烟，然后他下到一楼看见一楼西南角货架上层聚氨酯海绵在燃烧，于是用一楼平台处的室内消火栓灭火，但是无法接上水枪，于是又跑到三楼立即打电话报警。大火于当日9时许被基本控制，10时5分完全被扑灭。本次火灾共造成13人被烟熏窒息而死亡，死亡人员全部位于四楼。经调查，起火原因是该业主家庭作坊的一层南墙西端上方穿线孔内电源线短路，引发0.7～2.2m范围内电源线多处短路，产生的迸溅熔珠引燃下方可燃物起火所致。

试分析：

（1）总结本次事故的主要教训。

答案：①业主违反规定在住宅内设置家庭生产作坊和员工集体宿舍，未按规定采取有效的防火分隔和技术防范措施；②起火建筑一层内堆放了大量可燃材料（聚氨酯海绵），致使起火后火势迅速蔓延，释放大量有毒烟气，造成重大人员伤亡。

（2）本建筑存在哪些消防安全隐患？

答案：①起火建筑主人非法将住宅用作生产作坊，改变了原有建筑的使用性质，在此过程中均未受到有关部门监管，基层的消防安全责任制度得不到落实；②从业人员法律意识与消防安全意识薄弱，逃生自救能力差。

6. 某家具城为单层钢架结构，其北厅建于1996年10月。1998年5月5日17时45分许，家具城北厅B通道一进门第一家摊位的售货员杨某下班整理完账目后，发现大厅里面特别红，就怀疑着火了，她立即去叫保安员。经保安员查看，发现里面确实起火了，保安员进到厅内拉出水带，发现没水，又找来灭火器救火，但都无济于事，这时才打电话报警。由于火灾发生突然，燃烧迅速，在很短时间内已形成轰燃。火焰从顶部及四周窗口向外翻卷，浓烟高达两三百米，在高温作用下，分钢结构屋架发生倒塌。经过4h的灭火工作，21时20分大火被彻底扑灭。经现场勘查、人员调查和技术检测、鉴定，火灾原因是建材城北厅内的电铃线圈过热，引燃裹在线圈外部的牛皮纸、塑料布、后盖及底座，掉落在沙发上引起火灾。

试分析：

（1）总结本次事故的主要教训？

答案：该家具城建筑的耐火等级、防火分区、消防设施、消防水源等诸多方面存在隐患，以至于在火灾发生时，火势蔓延迅速，因建筑结构耐火等级不够，短时间内主体建筑就变形倒塌，给火灾扑救带来了难度，加大了直接财产损失。

（2）本建筑存在哪些消防安全隐患？

答案：①建筑室外消火栓数量过少，火灾发生后水源严重不足，给火灾扑救带来了一定的困难；②家具城消防水泵房无人值班，火灾发生后室内消火栓和自动灭火喷淋系统不能发挥作用，致使火灾蔓延迅速；③家具城平时对消防设施、电气设备维护管理不力，对固定消防设施未能做到经常维护、检修。

7. 某综合性商业大厦由新旧两部分组成，楼内有感烟报警装置、自动喷水灭火系统、防火卷帘等自动消防设施，并有墙壁消火栓57座。旧营业楼位于主楼北侧，共4层，与主楼毗邻，一层二层主要经营家用电器、文具用品、日用百货，三层经营金银首饰并设有卡拉OK舞厅，四层为办公室。1993年8月12日22时许，2名从卡拉OK舞厅出来的客人发现商业大厦旧楼一层的礼品柜台处起火，并有烟从窗户向外冒，就大喊“着火了”。当晚值班人员得知起火后立即组织保安人员自行开展火灾扑救。由于旧楼内无自动喷水灭火系统，加之扑救不当，导致火势迅速向周围及二层蔓延。之后才有人拨打119电话，经过消防局7个多小时的扑救，于8月13日5时30分将大火扑灭。火灾将大厦旧营业厅一、二、三层大部分商品烧毁，四层办公室局部被烧；大厦新楼二、三层局部过火，一、四、五、六层被烟熏。大厦起火直接原因是旧营业厅一层中部小礼品货架灯箱夜间未关闭，导致箱内一荧光灯镇流器线圈匝间短路，使线圈产生高温，引燃了固定镇流器的木质材料所致。

试分析：

（1）总结本次事故的主要教训。

答案：该商业大厦违反了“在营业终了后，必须断掉营业性用电”的规定，导致货架灯箱内荧光灯镇流器线圈匝间短路起火。另外，该商业大厦未按规定设置防火分区，对固定消防设施、设备器材平时维修管理不善，致使消防自动报警系统、自动防火卷帘等消防设施在火灾中未能正常发挥作用，使小火变成特大火灾。

（2）本建筑存在哪些消防安全隐患？

答案：①在装修时，未按规定设置防火分区，新旧营业楼之间有7处接合部相通，均未采取防火分隔措施，导致火灾发生后蔓延迅速，造成重大经济损失；②旧营业楼未设置自动喷水灭火系统，未能有效地控制初起火灾；③旧营业楼未设置火灾自动报警系统，值班员没有在第一时间发现火灾，错过了火灾扑灭的最佳时期；④整个大厦未设置防烟排烟系统，致使火灾时有毒烟气蔓延迅速，救火人员难以开展有效的内攻灭火。

8. 青岛市某有限公司调理食品厂主要配备有碳烤、蒸煮、油炸、调理食品等深加工生产流水线，年生产加工各类鸡肉熟食制品。厂区主要包括生食处理区、熟食处理区和冷藏车间。火灾事故发生在厂区西侧熟食处理区，车间设有室内消火栓系统、火灾报警系统和自动喷水灭火系统，且系统运行正常。火灾事故车间为碳烤间，室内面积47.8m^2，室内顶棚为双层不锈钢内夹层保温板，内侧喷涂有聚氨酯发泡保温材料。2010年11月5日早晨5时左右，调理食品厂当班生炭工巩某等三人在向碳烤炉加炭过程中，发现碳烤间内东起第一个排烟罩下的生炭燃起了明火，明火通过排烟引风引燃了排烟罩及排烟管道内的油渍，排烟管道内的火焰透过排烟罩上方夹层内管道上的检查孔引燃了厂房顶部的保温层，火势由此迅速蔓延。最终事故造成5名员工死亡和重大经济损失。

试分析：

（1）该事故的起火直接原因是什么?

答案：工作人员未按规定及规章制度要求清洗排烟管道，导致在管道内残积有大量油渍，遇明火即引起燃烧，是火灾事故发生的直接原因。

（2）总结本案例的主要教训。

答案：①企业擅自在厂房顶彩钢板内侧喷涂聚氨酯发泡保温材料是致使火灾迅速蔓延和致使人员中毒身亡的主要原因；②企业安全生产监管责任不落实，执行消防安全生产法规、规范不严格，对排烟管道内清洗不彻底导致积有大量油渍等安全隐患没有督促整改，也是导致事故发生的间接原因；③部分员工对消防安全知识掌握不熟练。火灾发生时，员工未及时报警且未通知值班人员，延误了火灾初期扑救和人员疏散的有利时机，是导致人员伤亡的重要因素。

9. 消防技术服务机构对某商业大厦中的湿式自动喷水系统进行验收前检测。该大厦地上5层，地下1层，建筑高度22.8m，层高均为4.5m，每层建筑面积均为1080m^2。五层经营地方特色风味餐饮，一至四层为服装、百货、手机电脑经营等，地下一层为停车库及设备用房。该大厦顶层的钢屋架采用自动喷水灭火系统保护，其给水管网串联接入大厦湿式自动喷水灭火系统的配水干管。大厦顶层设置符合国家标准要求的高位消防水箱及稳压泵，消防水池和消防水泵均设置在地下一层。消防水池为两路供水105m^3且无消防水泵井，自动喷水灭火系统的供水泵为两台流量为40L/s、扬程为0.85MPa的卧式离心水泵（一用一备）。检测时发现，钢屋架处的自动喷水管网未设置独立的湿式报警阀，且未安装水流指示器，消防技术服务机构人员认为这种做法是错误的。随后又发现如下情况：消防水泵出水口处的止回阀下游与明杆闸阀之间的管路上安装了压力表，但吸水管路上未安装压力表；湿式报警阀的报警口与延迟器之间的阀门处于关闭状态，业主解释说，此阀一开，报警阀就异常灵敏而频繁动作报警。检测人员对湿式报警阀相关的管路及附件、控制线路、模块、压力开关等进行了全面检查，未发现异常。消防技术服务机构人员将末端试水装置打开，湿式报警阀、压力开关相继动作，主泵启动，运行5min后，在业主建议下，将其余各层喷淋系统给水管网上的试水阀打开，观察给水管网是否通畅。全部试水阀打开10min后，主泵虽仍运行，但出口压力显示为零。切换至备用实验，结果同前。经核查，电气设备、主备用水泵均无故障。

试分析：

（1）水泵出水管路处压力表上的安装位置是否正确？说明理由。

答案：不正确。理由：压力表应安装在止回阀上游。

（2）有人说，水泵吸水管上应安装与出水管相同规格型号的压力表，这种说法是否正确？说明理由。

答案：不正确。理由：①出水管压力表和吸水管压力表的最大量程不同。出水管压力表最大量程不应低于设计工作压力的2倍且不应低于1.6MPa，吸水管压力表的最大量程根据工程具体确定但不应低于0.7MPa；②吸水管宜设真空表、压力表或真空压力表，出水管只需要设压力表。

（3）消防技术服务机构人员认为该大厦钢屋架处独立的自动喷水管网应安装湿式报警阀及水流指示器，这种说法是否正确？简述理由。

答案：不正确。理由：保护室内钢屋架的闭式系统应设独立的报警阀组，因此应安装湿式报警阀。但本案例每层建筑面积均为1080m^2，如果顶层只有一个防火分区，则该报警阀保护的喷头全部在一个防火分区内，可以不设水流指示器。如果顶层设两个及以上防火分区，则每个防火分区应设水流指示器。

10. 某商业大厦按规范要求设置了火灾自动报警系统、自动喷水灭火系统以及气体灭火系统等建筑消防设施，消防技术服务机构受业主委托，对相关消防设施进行了检测，有关情况如下：

（1）火灾自动报警设施功能性检测：消防技术服务机构人员切断火灾报警控制器电源，控制器显示电故障，选择2只感烟探测器加烟测试，控制器正确显示报警信息，5min后，控制器自行关机。恢复控制器主电源供电，控制器重新开机工作正常。现场拆下一只控制器，将控制器底座上的总线信号端子短路，控制器上显

示48条探测器故障信息。检测过程中控制器显示屏上显示2只感烟探测器报故障情况，据业主值班人员介绍，经常有此类故障出现，一般取下后用高压气枪吹扫几次后就可以恢复。检测人员到现场找到故障探测器取下后用高压气枪吹扫，然后重新安装到原来位置，其中一只探测器恢复正常，另一只探测器故障依然存在；更换新的探测器后，该故障依然存在。该商业大厦中庭15m高，设置了1台管路吸气式火灾探测器，安装在距地面1.5m高的墙面上，探测器采样管路长90m，垂直管路上每隔4m设置一个采样孔。消防技术服务机构人员随机选择一个采样孔，加烟进行报警功能测试，125s后探测器报警；封堵末端采样孔后，120s探测器报气流故障。

（2）自动喷水灭火系统联动控制功能检测：消防技术服务机构人员开启末端试水装置，湿式报警阀、压力开关随之动作，但喷淋泵一直未启动，再将火灾报警控制器的联动启泵功能设置为自动方式后，喷淋泵自动启动。

（3）气体灭火联动控制功能检测：配电室设置了5套预制七氟丙烷气体灭火装置，消防技术服务机构人员加烟触发配电室内一只感烟探测器报警，再加温触发一只感温探测器报警，配电室内声光报警器随之启动，但气体灭火控制器一直没有输出灭火启动及联动控制信号；按下气体灭火控制器上的启动按钮，气体灭火控制器仍然一直没有输出灭火启动及联动控制信号。经检查，确认气体灭火控制连接线路及接线均无问题。

试分析：

（1）指出火灾自动报警系统存在的问题，并简要说明原因。

答案：①存在问题：在备用电源供电下，5min后关机；原因是备用电源容量不满足8h供电的要求。②存在问题：将控制器底座上的总线信号端子短路，控制器上显示48条探测器故障信息；原因是该回路总线短路保护隔离器保护的探测器有48个，超过了32个的规定。③存在问题：管路吸气式火灾探测器垂直管路上每隔4m设一个采样孔；原因是垂直管路每2℃温差间隔或3m间隔应设一个采样孔。

（2）指出消防技术服务机构检测人员处理探测器故障的方式是否正确并说明理由，探测器故障的原因可能有哪些？

答案：不正确；理由是应查明探测器报故障的原因并排除故障，对脏污的探测器应由相关资质的机构人员进行清洗，清洗后做响应阈值和必要的功能试验，合格者才可安装使用。不应直接用高压气枪吹扫，以免损坏探测器，也不应吹扫后就直接安装。

故障原因：①探测器底座与总线的连线不正确或接触不良；②该探测器总线回路断线或其他故障；③探测器与底座脱落或接触不良。

（3）指出吸气式探测器设置功能及测试方法有哪些不符合规范之处，并说明理由。

答案：①随机选择一个采样孔，加烟进行报警功能测试，做法不符合规范；理由是应选择最末端（最不利点）的采样孔测试。② 125s 后探测器报警，不符合规范；理由是吸气式探测器应在 120s 内报火警。③ 120s 探测器报气流故障，不符合规范；理由是吸气式探测器应在 100s 内报故障。

（4）指出自动喷水系统的喷淋泵启动控制是否符合规范要求，说明理由。

答案：①开启末端试水装置，湿式报警阀、压力开关动作，喷淋泵未启动不符合规范；理由是压力开关动作后应直接连锁启动喷淋泵。②将火灾报警控制器的联动启泵功能设置为自动方式后，在没有火警信号的情况下，喷淋泵自动启动不符合规范要求；理由是压力开关没有连锁启动喷淋泵，如果联动启动喷淋泵还需要一个火灾探测器或手动报警按钮的信号才能触发联动启动喷淋泵。

11. 北方某寒冷地区耐火等级为二级的商场建筑，建筑高度为16m，地上3层，地下1层。地上部分总建筑面积为5700m²，地下部分总建筑面积为900m²。商场全部采用干式自动喷水灭火系统保护，地上部分采用轻钢龙骨石膏板吊顶，地下部分采用格栅吊顶。在某次年度消防检测过程中，检测人员打开设置在系统最不利点处的末端试水装置，压力开关动作，消防水泵启动，但水力警铃未发出报警铃声。消防水泵启动30s后，快速排气阀前的电动阀动作并正常排气，电动阀启动1min后，末端试水装置出口压力达到0.05MPa，其余各类组件均正常动作和反馈信号。在系统复位后，测试人员缓慢打开末端试装置使系统小流量排气，空气压缩机始终未启动。随后检测人员对该商场配置的灭火器进行检查，该商场地上部分每层设置了7个灭火器配置点，地下部分设置了4个灭火器配置点，每个配置点配置了2具MF/ABC2灭火器，商场内最不利点至离该点最近的灭火器配置点的距离均不大于25m。检查人员随机抽查了商场内20%的灭火器，被抽查的灭火器全部合格。除干式自动喷水系统外，商场内还配备了室内、室外消火栓系统，火灾自动报警系统，防排烟系统，轻便水龙及软管卷盘等各种消防设施设备。

试分析：

（1）判断该干式自动喷水灭火系统检测中所测得的问题，并推测原因。

答案：①水力警铃未发出报警铃声。原因：由于压力开关正确动作，推测水力警铃管路堵塞、水力警铃铃锤故障或者水力警铃未按图纸正确安装或调试。②消防水泵启动 30s 后快速排气阀前的电动阀才开始动作。原因：快速排气阀前的电动阀应在消防水泵启动的同时启动，此处延迟了 30s 推测为逻辑设计错误。③排气充水时间过长。原因：系统排气充水时间约为 1.5min，干式系统应在 1min 内完成排气充水，推测电动阀逻辑设计错误导致系统内排气过慢，延长了排气充水的时间。④空气压缩机始终未动作。原因：空气压缩机无法正常启动来弥补系统内气体泄漏，推测空气压缩机故障或系统侧压力检测装置故障。

（2）判断该商场灭火器配置是否合理，如不合理，简述理由并提出解决方案（按中危险级、每层一个计算单元考虑）。

答案：不合理。理由：①商场内发生的火灾类型主要为A类火灾；手提式灭火器在A类火灾中危险级场所的最大保护距离为20m，情景中灭火器配置点最大保护距离按25m考虑，不符合规范要求。②单具2kgABC干粉灭火器的最小灭火级别为1A，但是A类火灾中危险级场所单具灭火器的最小灭火级别为2A，灭火器的选型不符合规范要求。解决方案：①地上部分：每层建筑面积约为5700/3=1900m^2；每层所需灭火器的最小灭火级别$Q=1.3KS/U=1.3\times0.5\times1900/75=16.4$A；设有7个配置点，每个配置点的最小需配灭火级别为$Q_e=Q/N=16.4/7=2.35$A，按照3A考虑；A类火灾中危险级场所单具灭火器最小灭火级别为2A，情景中灭火器更换为至少每个点配置2个3kgABC干粉灭火器，并适当增加配置点以匹配保护距离。②地下部分：地下一层所需灭火器的最小灭火级别为$Q=1.3KS/U=1.3\times0.5\times900/75=7.8$A；设有4个配置点，每个配置点的最小需配灭火级别为$Q_E=Q/N=7.8/4=1.95$A，按2A考虑；同地上部分，单具灭火器的最小灭火配置级为2A，配置2具1A灭火器不合理；可考虑每个点配置1具3kg ABC干粉灭火器，并适当增加配置点以匹配保护距离。

（3）针对本案例情景，简述该商场干式报警阀组功能年度检测的要求。

答案：该商场的干式报警阀组年度功能检测的要求：①打开末端试水装置，报警阀组、压力开关动作，联动启动排气阀入口的电动阀和消防水泵，水流指示器动作报警；②水力警铃报警，距警铃3m处，声强不低于70dB；③打开末端试水装置1min后，出水压力不应低于0.05MPa；④消控室的消防控制设备显示水流指示器、压力开关、电动阀及消防水泵的反馈信号。

12. 某科研单位实验室，设置有组合分配式七氟丙烷气体灭火系统，剩余电流式电气火灾监控系统。在某次年度消防检测中，检测人员拆开启动气瓶电磁阀的信号线，并将信号线插入测试用灯泡，随后对各个防护区进行了如下检测：防护区A：按下紧急启动按钮后开始计时，30s后防护区内、外的声光报警装置同时开始启动，防护区内开始自动关闭门、窗、开口，60s后小灯泡通电发光。防护区B：用电子发烟器触发防护区内的一只感烟火灾探测器，系统无信号反馈，继续触发一只手动火灾报警按钮，同时用秒表开始计时，防护区内声光报警装置启动，防护区内开始自动关闭门、窗、开口，15s后小灯泡发光。防护区C：采用高温测试装置触发防护区内的两只感温火灾探测器并开始使用秒表计时，在25s时按下紧急停止按钮，声光报警装置开始启动，防护区内开始自动关闭门、窗、开口，小灯泡未发光。防护区D：用电子发烟器触发防护区内的一只感烟火灾探测器，防护区内、外的声光报警装置开始启动，随后手动触发防护区内一只感温火灾探测器并开始计时，防护区内开始自动关闭门、窗、开口，30s后小灯泡发光。之后检测人员对电气火灾监控系统进行了检测，采用模拟短路的方式使系统产生漏电，进而触发电气火灾监控系统。漏电发生后电气火灾探测器正确动作并发出报警信号，此时防护区D开始发出声光报警信号，同时消防控制室图形显示装置显示火灾发生。

试分析：

（1）判断各个防护区消防逻辑设计是否正确，并简述理由。

答案：①A区不正确。理由：按下紧急启动按钮后，应立即开始防护区内的声光报警并发出逻辑控制信号，延迟30s后开始喷射，即小灯泡发光，情景中的信号均向后延迟了30s。②B区不正确。理由：一只感烟火灾探测器发出报警信号后，声光报警装置应能动作，而情景中无信号反馈，故不正确。③C区不正确。理由：两只不同类型的探测器发出报警信号，声光报警装置应开始动作，并发出逻辑控制信号，按下紧急停止按钮后，声光报警装置应停止，且所有控制动作应终止。④D区不正确。理由：30s后开始喷射，即小灯泡发光。按照规定延迟时间不大于30s。

（2）情景中发出的逻辑控制信号仅涉及了两个操作，除此之外还应执行哪些操作？

答案：情景中设置了延迟喷放以及关闭门、窗、开口，但未涉及关闭风机、通风和空气调节系统及电动防火阀的操作，存在一定的逻辑设计问题。

（3）判断电气火灾监控系统存在的问题。

答案：存在的问题：①情景中电气装置线路存在明显的故障，其接入了火灾自动报警系统或气体灭火系统的控制器，在触发了电气火灾探测器后，向气体灭火系统传达了逻辑触发信号，导致防护区D意外收到逻辑触发信号；②电气火灾监控系统为预警系统，在图形显示装置上应区别显示，情景中在收到电气火灾探测器的信号后直接显示为火警信号，是明显的逻辑设计错误。

13. 某大型商业综合体，地上20层，一级耐火等级。建筑内设置有火灾自动报警系统、预作用自动喷水灭火系统、防火分隔水幕系统等消防设施，并设置了符合规范要求的防火卷帘、消防电梯、防烟楼梯间等设施设备。该建筑设计有一处中庭，连通建筑的一至三层，净高18m。中庭中采用了非高灵敏型管路采样式吸气感烟火灾探测器，并设置有两条采样管，长度分别为120m和80m，且每隔4m布置一个采样孔。该商业建筑的消防控制室设置在地上一层，报警及联动设备采用了火灾报警控制器（联动型），全建筑共设置有22条总线回路，其中设计有9条额定容量242点的报警回路，每条回路敷设180个点位，13条额定容量108点的联动回路，每条回路敷设99个点位。在某次年度消防检测中，检测人员对各系统均进行了相应检测，并记录了如下问题：

（1）预作用系统无法按照正常测试规程启动，测试过程中采用了一只感烟火灾探测器与一只感温火灾探测器形成“与”逻辑后启动了预作用系统。

（2）防火分隔水幕无法按照正常测试流程启动，测试过程中采用触发两只感烟火灾探测器形成“与”逻辑信号后方启动了防火分隔水幕。

（3）在针对安装于疏散通道的防火卷帘的测试中，某卷帘只能由防火分区内一只专门用于该防火卷帘的感烟火灾探测器启动，并下降至距楼板面1.8m处，随后再触发两只距防火卷帘纵深0.3m的感温火灾探测器，该防火卷帘方降落至楼板面。

（4）模拟火灾报警时，联动控制器能够发出联动控制信号，迫使消防电梯停于首层，并控制其余普通客用、货用电梯在其所在楼层立即停止使用。后续针对水系统的检测中，测得该建筑水灭火系统工作压力约为2.50MPa，消火栓栓口处静压约为1.0MPa，预作用系统阀体处的工作压力约为1.60MPa，喷头处工作压力约为1.20MPa，建筑整体采取分区设置减压阀方式进行分区供水，减压阀各项参数均符合规范要求。

试分析：

（1）判断该建筑管路采样系统中存在的消防设计问题，并简述理由。

答案：①存在的问题：中庭采用了非高灵敏型管路采样式吸气感烟火灾探测器不符合规范要求。理由：该建筑中庭高度18m，管路采样式吸气感烟探测器安装高度超过16m时，应采用高灵敏型探测器。②存在的问题：采样管设置不符合规范要求。理由：管路采样式吸气感烟火灾探测器每条采样管的采样孔数量不宜大于25个，情景中长度为120m的采样主管，按照每4m间隔布置应设置有30个采样孔，不符合规范要求。采样管长120m，超过了100m的规定。

（2）判断该建筑火灾报警控制器是否存在消防设计问题。

答案：火灾报警控制器（联动型）如果采用分别布线的敷设方式，其总点位用于联动不超过1600点，用于报警不超过3200个点，每条总线分别不超过100个点位和200个点位，且应留有不少于10%的余量。本例联动回路设99个点位，余量为9点，不满足额定容量10%余量的要求。

14. 消防技术服务机构受东北某造纸企业委托，对其成品仓库设置的干式自动喷水灭火系统进行检测。该仓库地上2层，耐火等级为二级，建筑高度15.8m，建筑面积7800m^2，纸类成品为堆垛式仓储，堆垛最高为6.3m。仓库除配置干式自动喷水灭火系统外，还设置了室内消火栓系统和火灾自动报警系统。厂区内环状消防供水管网（管径DN250mm）保证室内、外消防用水，消防水泵设计扬程为1.0MPa。屋顶消防水箱最低有效水位至仓库地面的高差为20m；水箱的有效水位高度为3m，厂区共有2个相互连通的地下消防水池，总容积为1120m³。干式自动喷水灭火系统设有一台干式报警阀，放置在距离仓库约980m的值班室内（有采暖）、喷头型号为ZSTX15–68（℃）。检测人员核查相关系统试压及调试记录后，有如下发现：

（1）干式自动喷水灭火系统管网水压强度及严密性试验均采用气压试验替代，且未对管网进行冲洗。

（2）干式报警阀调试记录中，没有发现开启系统试验阀后报警阀启动时间及水流到试验装置所需时间的记录值。随后进行现场测试，情况为：在干式自动喷水灭火系统最不利点处开启末端试水装置，干式报警阀加速排气阀随之开启，6.5min后干式报警阀水力警铃开始报警，后又停止（警铃及配件质量、连接管路均正常），末端试水装置出水量不足。人工启动消防泵加压，首层的水流指示器动作后始终不复位。查阅水流指示器产品进场验收记录、系统竣工验收试验记录等，均未发现问题。

试分析：

（1）干式自动喷水灭火系统试压及调试记录中存在的主要问题是什么？

答案：存在的主要问题主要有：①管网水压强度及严密性试验均采用气压试验代替不妥，应分别做水压试验和气压试压；②未对管网进行冲洗；③记录不全，未做报警阀启动及出水时间测试记录。

（2）开启末端试水装置测出哪些问题？原因是什么？

答案：测出问题及原因分别有：① 6.5min 后干式报警阀报警，报警太迟。原因：系统管网太长。②末端试水装置出水量不足。原因：管网未清洗，水流不畅。③水泵未启动。原因：压力开关故障、控制线路故障、水泵控制柜处于手动状态。④水力警铃报警后又停止，不能持续报警。原因：报警管路上有堵塞，如过滤器堵塞。

15. 某一为四星级旅馆建筑，建筑高度为128.0m，下部设置3层地下室（每层层高3.3m）和4层裙房（裙房的建筑高度为33.4m），高层主体东侧为旅馆主入口，设置长12m、宽6m、高5m的门廊，北侧设置员工出入口。建筑主体3层（局部4层）以上外墙全部设置玻璃幕墙。旅馆客房的建筑面积为50m² ~ 96m²，外墙全部为不可开启窗扇的外窗。建筑周围设置宽度为6m的环形消防车道，消防车道的内边缘距离建筑外墙6 ~ 22m；沿建筑高层主体东侧和北侧连续设置了宽度为15m的消防车登高操作场地，北侧的消防车登高操作场地距离建筑外墙12m，东侧距离建筑外墙6m。地下一层设置总建筑面积为7000m²的商店，总建筑面积980m²的卡拉OK厅（每间房间的建筑面积小于50m²）和1个建筑面积为260m²的舞厅；地下二层设置变配电室（干式变压器）、常压燃油锅炉房和柴油发电机房等设备用房和汽车库；地下三层设置消防水池、消防水泵房和汽车库。在地下一层，娱乐区与商店之间采用防火墙完全分隔；卡拉OK区域每隔180～200m²设置了2.00h耐火极限的实体墙，每间卡拉OK间的房门均为防烟隔音门。舞厅与其他部位的分隔为2.00h耐火极限的实体墙和乙级防火门；商店内的相邻防火分区之间均有一道宽度为9m（分隔部位长度大于30m）且符合规范要求的防火卷帘。裙房的地上一、二层设置商店，三层设置商店和宝宝乐等儿童活动场所，四层设置餐饮场所和电影院。一层的商店采用轻质墙体在吊顶下将商店隔成每间建筑面积小于100m²的多个小商铺，每间商铺的门口均通向主要疏散通道，至最近安全出口的直线距离均为5～35m，商铺的进深为8m。裙房与高层主体之间用防火墙和甲级防火门进行了分隔，裙房和建筑的地下室均按国家标准要求的建筑面积和分隔方式划分防火分区。高层主体中的疏散楼梯间、客房、公共走道的地面均为阻燃地毯（B1级），客房墙面贴有墙布（B2级）；旅馆大堂和商店的墙面和地面均为大理石（A级）装修，顶棚均为石膏板（A级）。建筑高层主体、裙房和地下室的疏散楼梯均按国家标准要求采用了防烟楼梯间或疏散楼梯，地下楼层的疏散楼梯在首层与地上楼层的疏散楼梯已采用符合要求的防火隔墙和防火门完全分隔。地下一层商店有3个防火分区分别借用了其他防火分区2.4m疏散净宽度，且均不大于需借用疏散宽度的防火分区所需疏散净宽度的30%，每个防火分区的疏散净宽度（包括借用的疏散宽度）均符合国家标准的规定，商店区域的总疏散净宽度为39.6m（各防火分区的人员密度均按0.6人/m²取值）。建筑按国家标准设置了自动喷水灭火系统、室内外消火栓系统、火灾自动报警系统、防烟系统及火火器等，每个消火栓箱内配置了消防水带、消防水枪、消防水泵接合器直接设置在高层主体北侧的外墙上，地下室、商店、酒店区的公共走道和建筑面积大于100m²的房间均按国家标准设置了机械排烟系统。

试分析：

（1）指出该建筑在总平面布局存在的问题，并简述理由。

答案：①高层建筑主体东侧设置宽6m的门廊，同时该侧设消防车登高操作场地，且该消防车登高操作场地距建筑外墙为6m。此处设置消防车登高操作场地，门廊进深大于4m，不合规范要求。②主体北侧消防车登高操作场地距离建筑外墙12m，规范要求距离建筑外墙5～10m，此处不符合规范要求。③和消防车对应的建筑立面未设置消防救援窗口。除少数建筑外，大部分建筑的火灾在消防队到达时均已经达到比较大的规模，从楼梯进入有时难以接近火源，就有必要在外墙上设置灭火救援用的入口。厂房、仓库、公共建筑的外墙应每层设置可供消防救援人员进入的窗口。

（2）指出该建筑在防火分区和防火分隔方面存在的问题，并简述理由。

答案：①卡拉OK区域每隔180～200m²设置了2.00h耐火极限的实体墙，每间卡拉 OK 的房门均为防烟隔音门。卡拉 OK 每个区域应用耐火极限不低于 2.00h 的防火隔墙，门为乙级防火门。②舞厅与其他部位的分隔为耐火极限 2.00h 的实体墙和乙级防火门。舞厅与其他部位的分隔应为耐火极限不低于 2.00h 的不燃性防火隔墙。③一层的商店采用轻质墙体在吊顶下将商店隔成每间建筑面积小于 $100m^2$ 的多个小商铺。应该用耐火极限不低于 0.75h 的不燃性防火隔墙砌至梁或楼板的基层，不能只分隔到吊顶下。

16. 某砖混结构甲醇合成厂房，屋顶承重构件采用耐火极限0.5h的难燃性材料，厂内地下1层、地下2层（局部3层），建筑高度22m，长度和宽度均为40m，厂房居中位置设置一部连通各层的敞开楼梯，每层外墙下有便于开间的自然排烟窗，存在爆炸危险的部位按国家标准要求设置了泄压设施，厂房东侧外墙水平距离25m处有一间二级耐火等级的燃煤锅炉房（建筑高度7m），南侧外墙水平距离25m处有一座二级耐火等级的多层厂房办公楼（建筑高度16m），西侧12m处有一座丙类仓库（建筑高度6m，二级耐火等级），北侧设置两座单罐容量为$300mm^3$甲醇储罐，储罐与厂房之间的防火间距为25m，储罐四周设置防火堤。防火堤外侧基脚线水平距离厂房北侧外墙7m。厂房防火堤四周设置宽度小于4m的环形消防车道。厂房内一层布置了变、配电站、办公室和休息室，这些场所之间及与其他部位之间均设置了耐火极限不低于4.00h的防火墙。变、配电室与生产部位之间的防火墙上设置了镶嵌固定窗扇的防火玻璃观察窗。办公室和休息室与生产部位之间开设甲级防火门。顶层局部厂房临时改为员工宿舍，员工宿舍与生产部位之间为耐火极限不低于4.00h的防火墙，并设置了两部专用的防烟楼梯间。厂房地面采用水泥地面，地表面涂刷醇酸油漆，厂房与相邻厂房相连通的管、沟采取了通风措施；下水道设置了水封设施。电气设备符合《爆炸危险环境电力装置设计设计规范》（GB 50058—2014）规定的防爆要求。

试分析：

（1）指出该厂房在火灾危险性和耐火等级方面存在的消防安全问题，并提出解决方案。

答案：①该厂房为甲醇合成厂房，火灾危险性为甲类。甲类厂房的耐火等级不应低于二级（$S<300m^2$ 单层甲类厂房可采用三级。该厂房长度和宽度均为 40m，所以耐火等级不应低于二级）。②该甲类厂房用的是砖混结构。不符合规范要求。该厂房火灾危险性为甲类，宜采用敞开或半敞开，考虑泄压要求时，应用轻质墙体。③该厂房屋顶承重构件采用难燃性材料，不符合规范要求。耐火等级不低于二级，应采用除吊顶为难燃外其他的构件均为不燃性构件。

（2）指出该厂房在安全疏散方面存在的消防安全问题，并提出解决方案。

答案：疏散方面存在的问题和解决方案有：①此厂房居中设置楼梯一部，数量不够，至少要有两个出口或两部疏散楼梯。应靠外墙设置两部疏散楼梯，或增设两部室外楼梯。②该厂房的安全出口应分散布置，其相邻两个安全出口最近边缘之间的水平距离不应小于5m。该厂房首层外门的总净宽度应按该层人数不少于0.60m / 100人计算，且所有外门的最小净宽度均不应小于1.20m。③该厂房为多层厂房，用敞开楼梯不符合规范要求。应采用封闭楼梯间或是增设两部室外楼梯。

17. 2011年2月3日0时，沈阳某大厦A座住宿人员李某、冯某二人，在位于大厦B座室外南侧停车场西南角处燃放了两箱烟花。10min后，B座南侧11层公寓室外平台铺设的塑料草坪被坠落的烟花引燃，起火2~3min后草坪火引燃外墙外保温系统外露的密封胶条，密封胶条再引燃内部苯板之间的泡沫棒，5~7min后燃烧的泡沫棒引燃外墙保温系统，火势在烟囱效应的作用下沿外幕墙与保温板之间的空腔从11层向顶层迅速蔓延，首先是内部无保护层的挤塑聚苯板被引燃，然后铝塑板内表面的金属铝保护层在高温下熔化，中间夹芯的PVC材料被引燃。起火15~20min后，火焰蔓延至B座南侧外立面顶部，并沿B座外立面向东、西两侧蔓延，最后蔓延至B座北侧。起火后10min左右，建筑外窗上的玻璃受热破碎，火势进入室内。随着建筑外立面火势的蔓延，各层的窗户玻璃逐渐破碎，火势随之逐层向室内蔓延。火灾进入室内后，烧穿户门向走廊蔓延，并进一步通过走廊内的可燃物（地毯、吊顶等）在建筑内部横向蔓延，未发现火灾在建筑内部竖向蔓延的痕迹。B座北侧外立面燃烧后，被引燃的铝塑板、苯板、窗帘等可燃物大量掉落，形成飞火。同时B座北侧的外墙外保温系统和建筑室内也被大面积引燃，产生高强度热辐射。在飞火和热辐射的共同作用下，与B座相距仅6.50m的A座南侧幕墙保温系统被引燃，火势由下向上蔓延。

试分析：

（1）该事故的起火直接原因是什么？

答案：2011年2月3日0时，沈阳某大厦A座住宿人员李××、冯××二人，在位于沈阳皇朝万鑫国际大厦B座室外南侧停车场西南角处燃放了两箱烟花，引燃了B座11层公寓南侧室外平台地面塑料草坪，随后引燃了铝塑板结合处可燃胶条、泡沫棒和挤塑板，火势迅速蔓延、扩大，致使建筑外窗破碎，引燃室内可燃物，进而形成大面积立体燃烧。

（2）总结本案例的主要教训。

答案：①建筑外墙或幕墙使用铝塑板和保温材料的燃烧性能低；②外保温系统未做防火封堵、防护层等防火保护措施；③A座与B座之间的防火间距不足。

18. 某酒吧位于某小区一期居民住宅楼1号楼和2号楼之间的连接体的首层，层高5.30m，建筑面积229m^2，场所内局部设置夹层。酒吧为独立防火分区，其东面、西面各有一个出口，为防止扰民酒吧棚顶部装有聚氨酯泡沫吸音板。场所内设有室内消火栓并配置了手提式灭火器，未设火灾自动报警和自动喷水灭火系统。2009年1月31日晚，酒吧内有顾客为庆祝生日于23时55分左右开始燃放烟花。23时56分11秒，烟花刚燃放完毕，有顾客发现酒吧顶棚有火花蔓延，随后拨打“119”报警。火灾共造成15人中毒死亡、22人受伤，烧毁电视机、音像灯光设备等物资，火灾直接财产损失10万余元。

试分析：

（1）该事故的起火直接原因是什么？

答案：顾客在酒吧内违法燃放烟花，引燃顶棚聚氨酯泡沫吸音材料，引发火灾。

（2）总结本案例的主要教训。

答案：①在人员密集的娱乐场所内大量使用易燃、有毒的有机高分子吸音材料；②在室内燃放烟花；③火灾发生初期，没有及时逃生。

19. 2011年9月5日4时42分，某经济开发区某轮胎翻新门市部发生火灾。该轮胎翻新门市部建筑的一层为翻新轮胎的加工场地，南北3个开间，东西进深2跨，西北侧为打磨机，东南侧为硫化炉，机器周边的空间摆放了数量不等的轮胎，二层为承租人王某一家日常生活起居的房间。现场勘验发现，房间东西南北四面均有烧毁痕迹，其中北起第一间与第二件中间墙外堆放杂货物（塑料口袋、废纸、塑料布、废皮等）表面烧损，西北侧烧毁重于其他部位。西院内上方南北走向四根架空铝线，自西向东绝缘层的颜色依次为红、黄、绿、蓝。红色线残留端较长，南侧电线杆上端线路残留呈东短西长状，通过走访最先发现火灾报警人，可证实西院偏东北部位先起火。经调查，可排除放火与遗留火种引发火灾。

试分析：

（1）该事故的起火原因是什么？

答案：该门市部用电设备多，部分用电设备功率大，电线敷设不规范，且门市内存有轮胎、用于翻新轮胎所需原料、汽油等可燃、易燃物品，存在电器引发火灾的条件。

（2）总结本案例的主要教训。

答案：少数经营业主明知有隐患还冒险经营，重效益、轻安全，消防安全意识淡薄，缺少必要的防火逃生自救知识。

20. 2010年11月5日9时17分32秒，某商业大厦一楼服装区发生火灾，在场工作人员拿起灭火器进行扑救，火势不得控制，后报警。本次火灾共造成19人死亡，24人受伤，火灾过火面积15830m²，直接财产损失1560万元。经现场勘验、调查访问和对火灾痕迹物证的鉴定，综合分析认定这起火灾的起火原因是商业大厦一层二区精品店仓库顶部的电气线路短路所致。火灾发生时，大厦电工立即关闭了全部电源（含消防电源），因大厦内消防系统无法启动，消防控制人员全力扑救火灾，导致大厦内人员无法得以安全疏散，最终酿成悲剧。

试分析：

（1）本次事故中，造成最终后果的因素有哪些？

答案：①报警晚，延误了灭火和楼内人员自救逃生的最佳时机。这次火灾发生后，在场人员没有及时向消防部门报警，而是在使用灭火器自行扑救无效后才向消防部门报火警。消防队到场时，火灾已进入猛烈燃烧阶段。②火灾发生后，电工关闭全部电源（含消防电源），导致消防设施启动后又停止动作。导致烟、火蔓延到其他防火分区，从而造成人身伤亡。③单位员工和群众逃生自救意识差。在火灾发生后，部分人员逃生不及时，逃生方式不正确，终导致人员伤亡。

（2）谈谈商厦在哪些方面违反消防法规及标准？

答案：①火灾发生时，建筑自动消防设施已经正常启动，但由于单位电工在发现火灾时将消防电源在内的所有电源全部切断，导致建筑消防设施未能发挥作用。②单位消防责任制不落实。商厦管理部门没有根据实际制定消防安全管理制度，消防管理混乱，无人组织防火巡查，无人落实安全隐患的整改，无人对员工进行必要的消防安全培训。

2. 交通安全部分

2.1 单选题

1.《中华人民共和国道路交通安全法》是为了维护道路交通秩序，（　　），提高通行效率。

（A）保证车辆高速行驶　　（B）圆满完成运输任务

（C）保护公民合法权益　　（D）减少交通事故

答案：C

2. 机动车经（　　）登记后，方可上道路行驶。

（A）道路运输管理机构　　（B）公安机关交通管理部门

（C）工商部门　　（D）税务部门

答案：B

3. 尚未登记的机动车，需要临时上道路行驶，应当（　　）。

（A）取得临时通行牌证　　（B）到公安机关备案

（C）直接上路行驶　　（D）在车窗上张贴合格证

答案：A

4. 申请机动车登记，机动车所有人不需要提交的证明或凭证是（　　）。

（A）驾驶证

（B）身份证明和机动车来历证明

（C）整车出厂合格证明或者机动车进口凭证

（D）车辆购置税的完税证明或者免税凭证

答案：A

5. 机动车在以下哪种情形不需要办理相应的登记（　　）。

（A）所有权发生转移的　　（B）用作抵押的

（C）进行大修的　　（D）报废的

答案：C

6. 已达到报废标准的机动车（　　）上道路行驶。

（A）允许临时　　（B）不可以　　（C）经维修后可以　（D）缴管理费后可以

答案：B

7. 允许收缴、扣留机动车驾驶证的机构是（　　）。

（A）道路运输管理部门　　（B）公安机关交通管理部门

（C）工商部门　　（D）税务部门

答案：B

8. 驾驶人在道路上驾驶机动车时，（　　）。

（A）可以不携带驾驶证

（B）可以不携带行驶证

（C）必须携带驾驶证、行驶证和强制保险标志

（D）应携带出厂合格证明或进口凭证

答案：C

9. 驾驶人驾驶机动车上道路行驶前，应当对机动车的（　　）进行认真检查。

（A）安全技术状况　（B）整体结构　　（C）所有部件　　（D）齿轮油

答案：A

10. 机动车驾驶人（　　）车辆。

（A）在没有交通信号时可以任意驾驶　（B）应当依法、安全和文明驾驶

（C）在没有交通警察时可随意驾驶　　（D）可按照自己的习惯驾驶

答案：B

11. 驾驶人在（　　）可以驾驶机动车。

（A）饮酒后　　（B）患有妨碍安全驾驶的疾病

（C）过度疲劳时　　（D）饮茶后

答案：D

12. 公安机关交通管理部门对累积记分达到规定分值的机动车驾驶人，扣留驾驶证，（　　）。

（A）进行道路交通安全法律、法规教育（B）予以扣留机动车的处理

（C）予以吊销行驶证的处理　　（D）依法进行行政拘留

答案：A

13. 下列不属于道路交通信号的是（　　）。

（A）交通信号灯　　（B）交通信息板

（C）交通警察的指挥　　（D）交通标志

答案：B

14. 以下不属于道路交通信号的是（　　）。

（A）警灯　　（B）交通标志

（C）交通警察的指挥　　（D）交通标线

答案：A

15. 驾驶机动车，必须遵守（　　）的原则。

（A）右侧通行　　（B）左侧通行　　（C）内侧通行　　（D）中间通行

答案：A

16. 没有划分机动车道、非机动车道和人行道的道路，机动车（　　）。

（A）在道路两侧通行　　（B）在道路中间通行

（C）实行分道通行　　（D）可随意通行

答案：B

17. 机动车遇有交通警察现场指挥时，应当按照（　　）通行。

（A）道路标志　（B）交通信号灯的指挥

（C）交通警察的指挥　（D）道路标线

答案：C

18. 机动车在没有交通标志、标线的道路上，应当（　　）。

（A）随意行驶　（B）加速行驶

（C）停车观察周围情况后行驶　（D）在确保安全、畅通的原则下通行

答案：D

19. 机动车在设有最高限速标志的道路上行驶时，（　　）。

（A）不得超过标明的最高时速　（B）允许超过标明最高时速的10%

（C）可以超过车辆的最高设计时速　（D）按规定的最高车速行驶

答案：A

20. 机动车在没有限速标志的路段（　　）。

（A）应当以最高设计车速行驶　（B）不受速度限制

（C）应当保持安全车速　（D）按自己的意愿行驶

答案：C

21. 机动车在夜间或者容易发生危险的路段，应当（　　）。

（A）以最高设计车速行驶　（B）降低速度，谨慎驾驶

（C）保持现有速度行驶　（D）以超过规定的最高车速行驶

答案：B

22. 机动车遇有沙尘、冰雹、雨、雪、雾、结冰等气象条件时，应当（　　）行驶。

（A）以较高速度　（B）以超过规定的最高车速

（C）以现有速度　（D）降低速度

答案：D

23. 机动车通过没有交通信号灯、交通标志、交通标线或者交通警察指挥的交叉路口时，应当（　　）。

（A）迅速通过　（B）减速慢行　（C）适当加速　（D）保持行驶速度

答案：B

24. 在车道减少的路段、路口，机动车应当（　　）。

（A）借道超车　（B）依次交替通行　（C）加速通过　（D）抢道行驶

答案：B

25. 在没有交通信号的交叉路口遇到车辆缓慢行驶时，机动车应当（　　）。

（A）借右侧道路超车　（B）从左侧超车

（C）依次交替通行　（D）穿插等候的车辆

答案：C

26. 机动车通过有交通信号的铁路道口时，应当（　　）通行。
（A）以正常速度　（B）保持安全车速　（C）尽快加速　（D）按照交通信号
答案：D

27. 机动车通过有管理人员的铁路道口时，应当（　　）通行。
（A）以正常速度　（B）按照交通信号或者管理人员的指挥通行
（C）尽快加速　（D）保持安全车速
答案：B

28. 机动车安全通过没有交通信号的铁道路口的方法是（　　）。
（A）按原来车速行驶　（B）减速或停车观察
（C）加速尽快通过　（D）紧随前车行驶
答案：B

29. 机动车安全通过没有管理人员的铁道路口的方法是（　　）。
（A）按原来车速行驶　（B）紧随前车行驶
（C）加速尽快通过　（D）减速或停车观察
答案：D

30. 机动车遇行人正在通过人行横道时，应当（　　）。
（A）停车让行　（B）绕行通过
（C）持续鸣喇叭通过　（D）提前加速通过
答案：A

31. 机动车行经过没有交通信号的道路，遇行人横过道路时，应当（　　）。
（A）鸣喇叭，让行人快走　（B）加速行驶
（C）减速或停车避让　（D）绕行通过
答案：C

32. 机动车在道路上发生故障，需要停车排除时，驾驶人应当立即开启危险报警闪光灯，（　　）。
（A）就地停车，以免造成机械事故　（B）将机动车移至不妨碍交通的地方停放
（C）迅速停车，并在车前方设置警告标志（D）停车后迅速报警
答案：B

33. 机动车在道路上发生故障，难以移动的，首先应当持续开启危险报警闪光灯，（　　）。
（A）集中精力排除故障　（B）向过往车辆求救
（C）并在来车方向设置警告标志　（D）立即报警
答案：C

34. 机动车在道路上发生故障，难以移动的，首先应当（　　）。
（A）集中精力排除故障　（B）向过往车辆求救

（C）立即报警　（D）持续开启危险报警闪光灯

答案：D

35. 警车、消防车、救护车、工程救险车执行紧急任务时，其他车辆（　　）。

（A）可加速穿行　（B）可谨慎超越　（C）视情让行　（D）应当让行

答案：D

36. 警车、消防车、救护车、工程救险车非执行紧急任务时，（　　）。

（A）不享有道路优先通行权　（B）享有道路优先通行权

（C）其他车辆和行人应当让行　（D）可以随意穿行

答案：A

37. 道路养护车辆、工程作业车进行作业时，在不影响过往车辆通行的前提下，过往车辆和人员（　　）。

（A）可以超越　（B）应当注意避让　（C）可以不让行　（D）应各行其道

答案：B

38. 机动车停车的错误做法是（　　）。

（A）应当在规定地点停放

（B）禁止在人行道上停放

（C）在道路上临时停车时，不得妨碍其他车辆和行人通行

（D）可以停放在非机动车道上

答案：D

39. 高速公路限速标志标明的最高时速不得超过（　　）。

（A）100km　（B）110km　（C）120km　（D）150km

答案：C

40. 机动车在高速公路上发生故障时，警告标志应当设置在故障车来车方向（　　）以外。

（A）30m　（B）50m　（C）100m　（D）150m

答案：D

41. 在道路上发生交通事故，造成人身伤亡的，驾驶人应当（　　）。

（A）迅速报告执勤的交通警察或者公安机关交通管理部门

（B）立即通知车辆保险公司

（C）迅速将车移到安全的地方撤离现场，自行协商处理损害赔偿事宜

（D）先检查车辆受损情况

答案：A

42. 在道路上发生交通事故，未造成人身伤亡，当事人对事实及成因无争议的，应当（　　）。

（A）将车停在原地，保护好现场，等待交通警察前来处理

（B）即行撤离现场，自行协商处理损害赔偿事宜

（C）不得撤离现场

（D）保护现场，请保险公司定损

答案：B

43. 在道路上发生交通事故，仅造成轻微财产损失，并且基本事实清楚的，当事人（　　）。

（A）不得撤离现场　　（B）应当迅速报警

（C）应当先撤离现场再进行协商处理　　（D）应当将车停在原地协商赔偿

答案：C

44. 机动车驾驶人违反道路交通安全法律、法规关于道路通行规定的，处警告或者处（　　）。

（A）20元以上200元以下罚款　　（B）200元以上1000元以下罚款

（C）500元以上2000元以下罚款　　（D）吊销驾驶证

答案：A

45. 饮酒后驾驶机动车的，处暂扣（　　）驾驶证，并处200元以上500元以下罚款。

（A）12个月　　（B）6个月

（C）3个月以上6个月以下　　（D）1个月以上3个月以下

答案：D

46. 醉酒后驾驶机动车的，由公安机关交通管理部门约束至酒醒，处（　　）拘留和暂扣3个月以上6个月以下驾驶证，并处500元以上2000元以下罚款。

（A）60日　　（B）30日　　（C）15日以上　　（D）15日以下

答案：D

47. 对违反道路交通安全法律、法规关于机动车停放、临时停车规定的，机动车驾驶人不在现场，妨碍其他车辆、行人通行的，处（　　）罚款。

（A）10元以上20元以下　　（B）20元

（C）20元以上200元以下　　（D）200元以上

答案：C

48. 对违反道路交通安全法律、法规关于机动车停放、临时停车规定的，虽在现场但拒绝立即驶离，妨碍其他车辆、行人通行的，处（　　）罚款。

（A）20元以上200元以下　　（B）20元

（C）10元以上20元以下　　（D）200元以上

答案：A

49. 在道路上行驶的机动车，未悬挂机动车号牌，公安机关交通管理部门应当（　　）。

（A）拘留驾驶人　　（B）处200元以上2000元以下罚款

（C）处2000元以上罚款　　（D）扣留机动车

答案：D

50. 在道路上行驶的机动车，未放置检验合格标志，公安机关交通管理部门应当（　　）。

（A）吊销驾驶证　（B）扣留机动车

（C）扣留机动车号牌　（D）拘留驾驶人

答案：B

51. 在道路上行驶的机动车，未放置保险标志，公安机关交通管理部门应当（　　）。

（A）拘留驾驶人　（B）扣留机动车号牌

（C）吊销驾驶证　（D）扣留机动车

答案：D

52. 机动车在道路行驶，未随车携带行驶证，公安机关交通管理部门应当（　　）。

（A）吊销驾驶证　（B）扣留机动车号牌

（C）扣留机动车　（D）拘留驾驶人

答案：C

53. 故意遮挡、污损机动车号牌的，（　　）或者处20元以上200元以下罚款。

（A）记12分　（B）处警告　（C）扣留机动车　（D）拘留驾驶人

答案：B

54. 不按规定安装机动车号牌的，（　　）或者处20元以上200元以下罚款。

（A）记12分　（B）处警告　（C）拘留驾驶人　（D）扣留机动车

答案：B

55. 伪造、变造或者使用伪造、变造机动车登记证书的，由公安机关交通管理部门予以收缴，（　　），并处2000元以上5000元以下罚款。

（A）注销行驶证　（B）吊销驾驶证　（C）拘留驾驶人　（D）扣留该机动车

答案：D

56. 伪造、变造或者使用伪造、变造机动车号牌的，由公安机关交通管理部门（　　），扣留该机动车，并处2000元以上5000元以下罚款。

（A）收缴号牌　（B）吊销驾驶证　（C）拘留驾驶人　（D）注销行驶证

答案：A

57. 伪造、变造或者使用伪造、变造的机动车行驶证的，由公安机关交通管理部门予以收缴（　　），并处2000元以上5000元以下罚款。

（A）收缴号牌　（B）吊销驾驶证　（C）拘留驾驶人　（D）注销行驶证

答案：B

58. 伪造、变造或者使用伪造、变造的机动车检验合格标志的，由公安机关交通管理部门予以收缴（　　），并处1000元以上3000元以下罚款。

（A）注销行驶证　（B）吊销驾驶证　（C）扣留该机动车　（D）拘留驾驶人

答案：C

59. 伪造、变造或者使用伪造、变造的机动车保险标志的，由公安机关交通管理部门予以收缴（　　），并处1000元以上3000元以下罚款。

（A）注销行驶证　（B）吊销驾驶证　（C）拘留驾驶人　（D）扣留该机动车

答案：D

60. 伪造、变造或者使用伪造、变造的机动车驾驶证的，由公安机关交通管理部门予以收缴（　　），并处1000元以上3000元以下罚款。

（A）注销行驶证　（B）收缴号牌　（C）扣留该机动车　（D）拘留驾驶人

答案：C

61. 使用其他车辆的机动车登记证书、号牌、行驶证、检验合格标志、保险标志的，由公安机关交通管理部门予以收缴（　　），并处1000元以上3000元以下罚款。

（A）扣留该机动车（B）拘留驾驶人　（C）收缴号牌　（D）注销行驶证

答案：A

62. 非法安装警报器、标志灯具的，由公安机关交通管理部门强制拆除，予以收缴，并处（　　）罚款。

（A）100元以上200元以下　（B）200元以上500元以下

（C）200元以上2000元以下　（D）2000元以上

答案：C

63. 未取得机动车驾驶证驾驶机动车的，由公安交通管理部门处（　　）罚款。

（A）100元以上200元以下　（B）200元以上500元以下

（C）200元以上1000元以下　（D）200元以上2000元以下

答案：D

64. 机动车驾驶证被暂扣期间驾驶机动车的，由公安交通管理部门处（　　）罚款。

（A）100元以上200元以下　（B）200元以上500元以下

（C）200元以上2000元以下　（D）2000元以上

答案：C

65. 未取得机动车驾驶证驾驶机动车的，公安交通管理部门除按照规定罚款外，还可以并处（　　）。

（A）15日以下拘留　（B）吊销驾驶证

（C）扣留车辆　（D）5年不准领取驾驶证

答案：A

66. 机动车驾驶证被吊销的，公安交通管理部门除按照规定罚款外，还可以并处（　　）。

（A）吊销驾驶证　（B）15日以下拘留

（C）5年不准领取驾驶证　（D）扣留车辆

答案：B

67. 机动车驾驶证被暂扣期间驾驶机动车的，公安交通管理部门除按照规定罚款外，还可以并处（　　）。

（A）吊销驾驶证　　（B）5年不准领取驾驶证

（C）15日以下拘留　　（D）扣留车辆

答案：C

68. 将机动车交由未取得机动车驾驶证的人驾驶的，由公安交通管理部门处（　　）罚款。

（A）100元以上200元以下　　（B）200元以上500元以下

（C）200元以上2000元以下　　（D）2000元以上

答案：C

69. 将机动车交由机动车驾驶证被吊销、暂扣的人驾驶的，由公安交通管理部门处（　　）罚款。

（A）100元以上200元以下　　（B）200元以上500元以下

（C）200元以上1000元以下　　（D）200元以上2000元以下

答案：D

70. 将机动车交由未取得机动车驾驶证的人驾驶的，公安交通管理部门除按照规定罚款外，还可以并处（　　）。

（A）15日以下拘留　　（B）吊销驾驶证

（C）扣留车辆　　（D）5年不得重新取得驾驶证

答案：B

71. 将机动车交由机动车驾驶证被吊销、暂扣的人驾驶的，公安交通管理部门除按照规定罚款外，还可以并处（　　）。

（A）15日以下拘留

（B）5年不得重新取得驾驶证

（C）扣留车辆

（D）吊销驾驶证

答案：D

72. 造成交通事故后逃逸，尚不构成犯罪的，由公安交通管理部门处（　　）罚款。

（A）100元以上200元以下　　（B）200元以上500元以下

（C）200元以上2000元以下　　（D）2000元以上

答案：C

73. 造成交通事故后逃逸，尚不构成犯罪的，公安交通管理部门除按照规定罚款外，还可以并处（　　）。

（A）15日以下拘留　　（B）吊销驾驶证

（C）扣留车辆　　（D）5年不得重新取得驾驶证

答案：A

74. 机动车行驶超过规定时速50%的，公安交通管理部门除按照规定罚款外，还可以并处（　　）。

（A）15日以下拘留　　（B）吊销驾驶证

（C）扣留车辆　　（D）3年不得重新取得驾驶证

答案：B

75. 违反交通管制的规定强行通行，不听劝阻的，由公安交通管理部门处（　　）罚款。

（A）100元以上200元以下　　（B）200元以上500元以下

（C）200元以上2000元以下　　（D）2000元以上

答案：C

76. 故意损毁、移动、涂改交通设施，造成危害后果，尚不构成犯罪的，由公安交通管理部门处（　　）罚款。

（A）100元以上200元以下　　（B）200元以上500元以下

（C）200元以上1000元以下　　（D）200元以上2000元以下

答案：D

77. 对驾驶拼装的机动车上道路行驶的驾驶人，处200元以上2000元以下罚款，并（　　）。

（A）拘留驾驶人　（B）吊销驾驶证　（C）注销行驶证　（D）驾驶人记12分

答案：B

78. 对驾驶已达到报废标准的机动车上道路行驶的驾驶人，处200元以上2000元以下罚款，并（　　）。

（A）拘留驾驶人　（B）注销行驶证　（C）吊销驾驶证　（D）暂扣驾驶证

答案：C

79. 出售已达到报废标准的机动车的，没收违法所得，处销售金额等额的罚款，对该机动车予以收缴，（　　）。

（A）拘留购车人　　（B）拘留售车人

（C）吊销购车人驾驶证　　（D）强制报废

答案：D

80. 当事人逾期不履行行政处罚决定的，做出行政处罚决定的行政机关可以（　　）。

（A）申请人民法院强制执行　　（B）申请人民检察院强制执行

（C）吊销其机动车驾驶证　　（D）处15日以下拘留

答案：A

81. 道路交通违法行为人应当在15日内到（　　）接受处理。

（A）人民检察院　　（B）人民法院

（C）公安交通管理部门　　（D）道路运输管理部门

答案：C

82. 道路交通违法行为人无正当理由逾期未接受处理的（　　）。

（A）拘留15日　　（B）吊销驾驶证

（C）扣留车辆　　（D）终生不得重新取得驾驶证

答案：B

83. 机动车登记，不包括（　　）登记。

（A）挂失　　（B）注册　　（C）变更　　（D）注销

答案：A

84. 已注册登记机动车所有人的住所迁出公安机关交通管理部门管辖区域的，机动车所有人应当向登记该机动车的公安机关交通管理部门申请（　　）登记。

（A）注册　　（B）转移　　（C）变更　　（D）注销

答案：C

85. 申请机动车转移登记，当事人不需要向登记该机动车的公安机关交通管理部门提交的证明或凭证是（　　）。

（A）机动车驾驶证　　（B）当事人的身份证明

（C）机动车行驶证　　（D）机动车所有权转移的证明、凭证

答案：A

86. 已注册登记的机动车达到国家规定的强制报废标准的，机动车所有人应当将车辆在报废期满前将机动车（　　）。

（A）卖给废品收购站　　（B）交售给机动车回收企业

（C）交给公安机关交通管理部门　　（D）交给道路运输管理部门

答案：B

87. 已注册登记的机动车达到国家规定的强制报废标准的，由机动车（　　）将报废的机动车登记证书、号牌、行驶证交公安机关交通管理部门注销。

（A）所有人　　（B）驾驶人

（C）回收企业　　（D）安全技术检验机构

答案：C

88. 机动车登记证书、号牌、行驶证丢失或者损毁，机动车所有人申请补发的，应当向（　　）提交本人身份证明和申请材料。

（A）交通部门　　（B）公安机关交通管理部门

（C）工商部门　　（D）保险公司

答案：B

89. 已注册登记的机动车达到国家规定的强制报废标准的，机动车所有人应当在车辆报废期满前将机动车（　　）。

（A）卖给附近废品收购站　　（B）自行处理

（C）交售给规定的机动车回收企业　　（D）大修后转售

答案：C

90. 小型、微型非营运载客汽车从注册登记之日起，（　　）以内每2年检验1次。

（A）2年　　（B）3年　　（C）4年　　（D）6年

答案：D

91. 小型、微型非营运载客汽车从注册登记之日起，超过6年不满15年的，每（　　）检验1次。

（A）6个月　　（B）1年　　（C）2年　　（D）3年

答案：B

92. 机动车驾驶人初次申领机动车驾驶证后的（　　）为实习期。

（A）3个月　　（B）6个月　　（C）12个月　　（D）24个月

答案：C

93. 机动车驾驶人在实习期内不得驾驶（　　）。

（A）小型汽车　　（B）出租车　　（C）自动挡汽车　　（D）三轮汽车

答案：B

94. 机动车驾驶证有效期分为（　　）、10年和长期。

（A）1年　　（B）2年　　（C）5年　　（D）6年

答案：D

95. 道路交通安全违法行为累积记分周期为（　　）。

（A）3个月　　（B）6个月　　（C）12个月　　（D）24个月

答案：C

96. 机动车驾驶人累计记分达到12分，拒不参加公安机关交通管理部门通知的学习，也不接受考试的，由公安机关交通管理部门（　　）。

（A）公告其驾驶证停止使用　　（B）扣留其驾驶证

（C）吊销其驾驶证　　（D）对其加倍处以罚款

答案：A

97. 机动车驾驶证丢失、损毁，机动车驾驶人申请补发的，应当向（　　）提交本人身份证明和申请材料。

（A）交通部门　　（B）公安机关交通管理部门

（C）工商部门　　　　　　　　　　（D）当地派出所

答案：B

98. 机动车在没有限速标志、标线的情况下，没有道路中心线的城市道路规定最高时速为（　　）。

（A）30km　　（B）40km　　（C）50km　　（D）70km

答案：A

99. 机动车在没有限速标志、标线的情况下，没有道路中心线的公路规定最高时速为（　　）。

（A）30km　　（B）40km　　（C）50km　　（D）70km

答案：B

100. 机动车在没有限速标志、标线的情况下，同方向只有一条机动车道的城市道路规定最高时速为（　　）。

（A）30km　　（B）40km　　（C）50km　　（D）70km

答案：C

101. 汽车遇雾天，能见度在50m以内时，最高时速不准超过（　　）。

（A）45km　　（B）30km　　（C）50km　　（D）60km

答案：B

102. 汽车遇雨天，能见度在50m以内时，最高时速不准超过（　　）。

（A）30km　　（B）45km　　（C）50km　　（D）60km

答案：A

103. 汽车遇雪天，能见度在50m以内时，最高时速不准超过（　　）。

（A）60km　　（B）50km　　（C）45km　　（D）30km

答案：D

104. 汽车遇有沙尘天气，能见度在50m以内时，最高时速不准超过（　　）。

（A）45km　　（B）30km　　（C）50km　　（D）60km

答案：B

105. 汽车遇有冰雹天气，能见度在50m以内时，最高时速不准超过（　　）。

（A）45km　　（B）30km　　（C）50km　　（D）60km

答案：B

106. 汽车驶入非机动车道，最高时速不准超过（　　）。

（A）30km　　（B）40km　　（C）50km　　（D）60km

答案：A

107. 汽车驶出非机动车道，最高时速不准超过（　　）。

（A）60km　　（B）50km　　（C）40km　　（D）30km

答案：D

108. 汽车通过铁路道口时，最高时速不准超过（　　）。

（A）50km　（B）60km　（C）30km　（D）40km

答案：C

109. 汽车通过急弯路时，最高时速不准超过（　　）。

（A）50km　（B）60km　（C）30km　（D）40km

答案：C

110. 汽车通过窄路时，最高时速不准超过（　　）。

（A）50km　（B）60km　（C）30km　（D）40km

答案：C

111. 汽车通过窄桥时，最高时速不准超过（　　）。

（A）50km　（B）60km　（C）30km　（D）40km

答案：C

112. 汽车在下陡坡时，最高时速不准超过（　　）。

（A）50km　（B）60km　（C）40km　（D）30km

答案：D

113. 汽车在掉头时，最高时速不准超过（　　）。

（A）50km　（B）60km　（C）40km　（D）30km

答案：D

114. 汽车在转弯时，最高时速不准超过（　　）。

（A）50km　（B）60km　（C）40km　（D）30km

答案：D

115. 汽车牵引发生故障的机动车时，最高时速不准超过（　　）。

（A）50km　（B）60km　（C）40km　（D）30km

答案：D

116. 驾驶机动车超车，应当（　　）。

（A）从前车的右侧超越　（B）从前车的左侧超越

（C）从左右两侧均可超越　（D）不受速度限制

答案：B

117. 在没有道路中心线的道路上，前车遇后车发出超车信号时，应当（　　）。

（A）保持原有状态行驶

（B）加速行驶

（C）迅速停车让行

（D）在条件许可的情况下，降低速度、靠右让路

答案：D

118. 在同方向只有一条机动车道的道路上，前车遇后车发出超车信号时，应当（　　），靠右让行。

（A）在条件许可的情况下，降低速度　（B）加速

（C）及时停车　（D）保持正常行驶速度

答案：A

119. 机动车在狭窄的山路会车有困难时，（　　）先行。

（A）速度快的让速度慢的　（B）重车让空车

（C）靠山体的一方　（D）不靠山体的一方

答案：D

120. 机动车在窄桥上会车时，应当（　　）。

（A）加速通过　（B）减速靠右通行　（C）不给对方让行　（D）减速靠中间通行

答案：B

121. 会车中道路一侧有障碍，双方车辆应做到（　　）先行。

（A）无障碍一方让对方　（B）无让路条件的一方让对方

（C）有障碍的一方让对方　（D）速度快的让速度慢的

答案：C

122. 机动车在狭窄的坡路会车时，正确的会车方法是（　　）先行。

（A）下坡车让上坡车；

（B）坡顶交会时距离坡顶远的一方；

（C）上坡车让下坡车；

（D）下坡车已行至中途而上坡车未上坡时，让上坡车

答案：A

123. 夜间会车应当在距相对方向来车（　　）改用近光灯。

（A）50m 以内　（B）150m 以外　（C）30m 以内　（D）100m 以内

答案：B

124. 准许机动车掉头的地方是（　　）。

（A）铁路道口　（B）人行横道　（C）隧道　（D）环岛

答案：D

125. 机动车行经交叉路口向右转弯，遇有同车道前车正在等候放行信号时，应当（　　）。

（A）从左绕行通过路口　（B）鸣喇叭示意前车让路

（C）从右绕行通过路口　（D）依次停车等候

答案：D

126. 在没有方向指示信号灯的交叉路口，(　　)。

(A) 转弯的机动车让直行的车辆先行

(B) 直行的机动车让转弯的车辆先行

(C) 相对方向行驶的左转弯机动车让右转弯车辆先行

(D) 应从左或右绕行通过路口

答案：A

127. 机动车通过没有交通信号的交叉路口，应当(　　)先行。

(A) 让左方道路来车　　(B) 让右方道路来车

(C) 左转弯车让右转弯　　(D) 直行车让转弯车辆

答案：B

128. 机动车通过没有交通信号灯也没有交通警察指挥的交叉路口，相对方向行驶的(　　)。

(A) 直行车让左转弯车先行　　(B) 左转弯车让右转弯车先行

(C) 右转弯车让左转弯车先行　　(D) 车辆可随意穿行

答案：C

129. 机动车遇有前方交叉路口交通阻塞时，(　　)应当。

(A) 依次停在路口以外等候，不得进入路口

(B) 从左绕行，设法通过路口

(C) 从右绕行，设法通过路口

(D) 迅速掉头，逆行驶离

答案：A

130. 机动车遇有前方机动车停车排队等候时，应当(　　)。

(A) 从前方车辆两侧穿插　　(B) 从前方车辆左侧超越

(C) 从前方车辆右侧超越　　(D) 依次排队

答案：D

131. 机动车在遇有前方机动车缓慢行驶时，应当(　　)。

(A) 从前方车辆两侧穿插　　(B) 停车等候

(C) 从前方车辆两侧超越　　(D) 依次排队行驶

答案：D

132. 除重型、中型载货汽车、半挂车和载运集装箱的车辆，其他载货的机动车载物，高度从地面起不得超过(　　)。

(A) 2.5m　　(B) 3.5m　　(C) 4m　　(D) 4.2m

答案：A

133. 小型载客汽车(　　)挂车。

（A）不得牵引

（B）允许牵引2辆

（C）允许牵引总质量不超过本身的

（D）只允许牵引旅居挂车或者总质量700kg以下的

答案：D

134. 机动车向左转弯时，应当提前（　　）。

（A）开启左转向灯　（B）开启危险报警闪光灯

（C）开启右转向灯　（D）伸手示意其他车辆注意

答案：A

135. 机动车向左变更车道时，应当提前（　　）。

（A）开启左转向灯　（B）开启危险报警闪光灯

（C）开启右转向灯　（D）伸手示意其他车辆注意

答案：A

136. 机动车超车前，应当提前（　　）。

（A）开启危险报警闪光灯　（B）开启左转向灯

（C）开启右转向灯　（D）伸手示意其他车辆注意

答案：B

137. 机动车驶离停车地点时，应当提前（　　）。

（A）持续鸣喇叭　（B）开启危险报警闪光灯

（C）开启左转向灯　（D）伸手示意其他车辆注意

答案：C

138. 机动车掉头时，应当提前（　　）。

（A）伸手示意其他车辆注意　（B）开启危险报警闪光灯

（C）开启右转向灯　（D）开启左转向灯

答案：D

139. 夜间机动车在道路上发生故障或交通事故，妨碍交通又难以移动的，应当开启（　　）、示廓灯和后位灯。

（A）危险报警闪光灯　（B）远光灯

（C）近光灯　（D）防雾灯

答案：A

140. 机动车向右转弯、向右变更车道、超车完毕驶回原车道、靠路边停车时，应当提前（　　）。

（A）开启危险报警闪光灯　（B）伸手示意其他车辆注意

（C）开启右转向灯　（D）开启左转向灯

答案：C

141. 机动车向右转弯时，应当提前（　　）。

（A）开启危险报警闪光灯　（B）伸手示意其他车辆注意

（C）开启左转向灯　（D）开启右转向灯

答案：D

142. 机动车向右变更车道时，应当提前（　　）。

（A）开启右转向灯　（B）伸手示意其他车辆注意

（C）开启危险报警闪光灯　（D）开启左转向灯

答案：A

143. 机动车超车完毕驶回原车道时，应当提前（　　）。

（A）开启右转向灯　（B）开启危险报警闪光灯

（C）伸手示意其他车辆注意　（D）开启左转向灯

答案：A

144. 机动车靠路边停车时，应当提前（　　）。

（A）开启右转向灯　（B）开启危险报警闪光灯

（C）伸手示意其他车辆注意　（D）开启左转向灯

答案：A

145. 机动车在雾天行驶时，应当开启雾灯和（　　）。

（A）右转向灯　（B）危险报警闪光灯

（C）伸手示意其他车辆注意　（D）左转向灯

答案：B

146. 机动车在夜间行驶，没有路灯时，应当开启（　　）、示廓灯和后位灯。

（A）转向灯　（B）雾灯

（C）危险报警闪光灯　（D）前照灯

答案：D

147. 机动车在夜间行驶，路灯照明不良时，应当开启（　　）。

（A）前照灯、示廓灯和后位灯　（B）雾灯

（C）危险报警闪光灯　（D）示廓灯

答案：A

148. 机动车驶近急弯等影响安全视距的路段时，应当（　　），并鸣喇叭示意。

（A）加速通过　（B）减速慢行

（C）使用危险报警闪光灯　（D）随意通行

答案：B

149. 机动车驶近坡道顶端等影响安全视距的路段时，应当（　　），并鸣喇叭示意。

（A）快速通过　（B）使用危险报警闪光灯

（C）减速慢行　　（D）随意通行

答案：C

150. 机动车在夜间通过没有交通信号灯控制的交叉路口时，应当（　　）。

（A）使用远光灯　　（B）使用近光灯

（C）使用危险报警闪光灯　　（D）交替使用远近光灯示意

答案：D

151. 机动车载运危险化学品，应当经（　　）批准后，按指定的时间、路线、速度行驶，悬挂警示标志并采取必要的安全措施。

（A）公安机关　　（B）道路运输管理机构

（C）城市管理部门　　（D）环保部门

答案：A

152. 饮酒后驾驶营运机动车的，处暂扣3个月驾驶证，并处（　　）罚款。

（A）200元　　（B）500元　　（C）1000元　　（D）2000元

答案：B

153. 醉酒后驾驶营运机动车的，由公安机关交通管理部门约束至酒醒，处15日以下拘留和暂扣6个月驾驶证，并处（　　）罚款。

（A）200元　　（B）300元　　（C）500元　　（D）2000元

答案：D

154. 一年内有醉酒后驾驶营运机动车的行为，被处罚（　　）的，吊销驾驶证。

（A）1次以上　　（B）2次以上　　（C）3次以上　　（D）4次以上

答案：B

155. 货运机动车超过核定载质量，但没有超过核定载质量30%的，处（　　）罚款。

（A）100元以上200元以下　　（B）200元以上500元以下

（C）500元以上1000元以下　　（D）1000元以上

答案：B

156. 货运机动车超过核定载质量，但没有超过核定载质量（　　）的，处200元以上500元以下罚款。

（A）15%　　（B）20%　　（C）25%　　（D）30%

答案：D

157. 货运机动车超过核定载质量30%或者违反规定载客的，处（　　）罚款。

（A）200元以上500元以下　　（B）500元

（C）500元以上2000元以下　　（D）2000元以上

答案：C

158. 货运机动车超过核定载质量（　　）或者违反规定载客的，处500元以上2000元以下罚款。

（A）15%　　（B）20%　　（C）30%　　（D）25%

答案：C

159. 载货汽车从注册登记之日起，（　　）以内每年检验1次。

（A）5年　　（B）6年　　（C）8年　　（D）10年

答案：D

160. 载货汽车从注册登记之日起，10年以内每年检验（　　）。

（A）1次　　（B）2次　　（C）3次　　（D）4次

答案：A

161. 载货汽车从注册登记之日起，超过10年的，每（　　）检验1次

（A）6个月　　（B）1年　　（C）2年　　（D）3年

答案：A

162. 载货汽车从注册登记之日起，超过10年的，每年检验（　　）。

（A）1次　　（B）2次　　（C）3次　　（D）4次

答案：B

163. 载运集装箱的车辆高度从地面起不得超过（　　）。

（A）5.5m　　（B）5m　　（C）4.5m　　（D）4.2m

答案：D

164. 货运机动车在留有安全位置的情况下，车厢内可以附载临时作业人员1人至（　　）。

（A）5人　　（B）6人　　（C）7人　　（D）8人

答案：A

165. 载货汽车载物高度超过（　　）时，货物上不得载人。

（A）2m　　（B）3m　　（C）4m　　（D）车厢拦板

答案：D

166. 载货汽车、半挂牵引车、拖拉机（　　）挂车。

（A）不得牵引　　（B）只允许牵引1辆　（C）允许牵引2辆　（D）允许牵引3辆

答案：B

167. 机动车载运超限物品行经铁路道口时，应当按照当地（　　）规定的铁路道口、时间通过。

（A）交通部门　　（B）公安部门　　（C）运输部门　　（D）铁路部门

答案：D

168. 在高速公路上行驶的载货汽车最高车速不得超过每小时（　　）。

（A）60km　　（B）80km　　（C）100km　　（D）120km

答案：C

169. 申请增加（　　）准驾车型的，不得有在造成人员死亡的交通事故中承担全部或主要责任的记录。

（A）大型客车、牵引车、中型客车

（B）小型汽车、小型自动挡汽车

（C）普通三轮摩托车、普通二轮摩托车、轻便摩托车

（D）低速载货汽车、三轮汽车

答案：A

170. 年龄达到60周岁，持有准驾车型为牵引车、大型货车驾驶证的驾驶人，应当到驾驶证核发地车辆管理所换领准驾车型为（　　）的驾驶证。

（A）轮式自动机械车　　（B）低速载货汽车

（C）三轮汽车　　（D）小型汽车或者小型自动挡汽车

答案：D

171. 年龄在60周岁以上或者持有牵引车、大型货车准驾车型驾驶证的，在1个记分周期结束后，（　　）内未提交身体检查结果的，车辆管理所注销其驾驶证。

（A）半年　　（B）1年　　（C）2年　　（D）3年

答案：B

172. 图中标志的含义是（　　）。

（A）载货汽车驶入　　（B）禁止载客汽车驶入

（C）禁止载货汽车驶入　　（D）禁止机动车驶入

答案：C

173. 图中标志的含义是（　　）。

（A）汽车拖、挂车驶入　　（B）禁止机动车驶入

（C）禁止载货汽车驶入　　（D）禁止汽车拖、挂车驶入

答案：D

174. 图中标志的含义是（　　）。

（A）限制质量　（B）限制轴重　（C）限制速度　（D）限制长度

答案：A

175. 图中标志的含义是（　　）。

（A）禁止机动车驶入　（B）禁止运输危险品车辆驶入
（C）禁止载货汽车驶入　（D）禁止小型车辆驶入

答案：B

176. 连接半挂车时，使牵引车的牵引座与挂车的牵引销连接后，将锁止杆置于（　　）位置。

（A）锁止　（B）松开　（C）紧固　（D）断开

答案：A

177. 分离半挂车时，先降下挂车支撑架，然后断开（　　），开启牵引座锁止机构，将牵引车驶离挂车。

（A）保险绳和拉簧　（B）制动管路接头和灯用电缆插头
（C）锁止臂　（D）牵引销

答案：B

178. 连接全挂车时，将牵引车的牵引钩与挂车挂钩连接好，并将牵引钩锁止好，连接（　　）。

（A）防护网　（B）导线
（C）缓冲弹簧　（D）制动管路接头、灯用电缆插头等

答案：D

179. 寒冷状态下起动柴油车时，（　　）。

（A）直接起动
（B）将点火开关钥匙置于Ⅱ档即可起动
（C）先将点火开关钥匙置于ON上预热，预热灯熄灭后再起动
（D）将点火开关钥匙置于Ⅲ档即可起动

答案：C

180. 车辆下长坡过程中，当制动鼓温度过高时，(　　)。
(A) 要尽快进入水中冷却　(B) 千万不要立即进入水中冷却
(C) 可浇水冷却　(D) 不用理会
答案：B

181. 大型车辆起步前除要观察后视镜以外，还应（　　），以看清风窗玻璃前下方长1.5m、宽3m范围内的情况。
(A) 站起来观察前下方　(B) 下车观察前下方
(C) 观察前下视镜　(D) 伸出头观察前下方
答案：C

182. 汽车列车换挡减挡时机，要比单车（　　）。
(A) 滞后　(B) 提前
(C) 一样　(D) 有时滞后，有时提前
答案：B

183. 汽车列车的车身越长，转弯半径（　　）。
(A) 可能变大，也可能变小　(B) 越小
(C) 不变　(D) 越大
答案：D

184. 汽车的车身越高，转弯时的稳定性（　　）。
(A) 可能变差，也可能变好　(B) 越差
(C) 不变　(D) 越好
答案：B

185. 汽车列车急转弯时，无论向左或向右，都应降低车速，低速沿车道的（　　）通过。
(A) 内侧　(B) 中间　(C) 外侧　(D) 任意一侧
答案：C

186. 汽车列车转弯时，牵引车的尾部或挂车部分往往要借用对方车道。因此，驾驶汽车列车在转弯过程中要注意（　　）。
(A) 做好让车准备　(B) 提前占道
(C) 靠内侧行驶　(D) 连续鸣喇叭
答案：A

187. 全挂车倒车，要避免牵引车与挂车形成（　　）。
(A) 较大的角度　(B) 较小的角度　(C) 直线　(D) 直角
答案：B

188. 电瓶车进出非机动车道时，最高行驶速度不得超过每小时（　　）。
(A) 15km　(B) 20km　(C) 30km　(D) 40km
答案：A

189. 轮式专用机械车通过急弯路时，速度不得超过每小时（　　）。

（A）35km　（B）30km　（C）25km　（D）15km

答案：D

190. 汽车吊车及其他轮式专用机械车（　　）。

（A）可以牵引车辆　（B）允许牵引1辆挂车

（C）不得牵引车辆　（D）可牵引2辆挂车

答案：C

191. 轮式专用机械车，（　　）。

（A）驾驶室可载1人　（B）不得载人

（C）作业时踏板上可站人　（D）可载现场操作人员

答案：B

192. 轮式专用机械车驾驶人员作业时，（　　）。

（A）可将头伸出车外　（B）可将手伸出车外

（C）头、手、脚等肢体不得伸出车外　（D）可将脚伸出车外

答案：C

193. 吊车、轮式专用机械车不准在（　　）以上的坡道上进行横向起吊作业。

（A）25%　（B）15%　（C）10%、　（D）5%

答案：D

194. 吊车、装载机、挖掘机等车辆的作业灯应能照清（　　）情况。

（A）货物　（B）吊钩、铲车作业

（C）路面　（D）现场

答案：B

195. 叉车门架与滚轮的配合间隙不得大于（　　），且滑动良好无卡阻。

（A）1.5mm　（B）2mm　（C）2.5mm　（D）3mm

答案：A

196. 起重机构的滚轮转动应灵活，滚轮及轴应无裂纹、缺损，轮槽磨损量不得大于原尺寸的（　　）。

（A）25%　（B）20%　（C）15%　（D）10%

答案：D

197. 叉车货叉根角不得大于（　　）。

（A）80°　（B）90°　（C）93°　（D）100°

答案：C

198. 叉车货叉的厚度不得低于原尺寸的（　　）。

（A）90%　（B）80%　（C）70%　（D）60%

答案：A

199. 起重机构的链轮转动应灵活，凹槽深度不得超过原尺寸（　　）。

（A）1.5mm　（B）2mm　（C）2.5mm　（D）0.5mm

答案：D

200. 叉车左右货叉尖的高度差不得超过货叉水平段长度的（　　）。

（A）3%　（B）5%　（C）7%　（D）9%

答案：A

201. 汽车起重机吊钩开口度比原尺寸增大（　　）应予报废。

（A）5%　（B）10%　（C）12%　（D）15%

答案：D

202. 在起重臂升到最大仰角和吊钩下落最低位置时，卷扬筒上的钢丝绳应保留（　　）以上。

（A）1.5圈　（B）2圈　（C）3圈　（D）2.5圈

答案：C

203. 驾驶人有下列（　　）违法行为一次记6分。

（A）使用其他车辆行驶证　（B）饮酒后驾驶机动车

（C）车速超过规定时速50%以上　（D）违法占用应急车道行驶

答案：D

204. 有下列（　　）违法行为的机动车驾驶人将被一次记12分。

（A）驾驶故意污损号牌的机动车上道路行驶

（B）机动车驾驶证被暂扣期间驾驶机动车的

（C）以隐瞒、欺骗手段补领机动车驾驶证的

（D）驾驶机动车不按照规定避让校车的

答案：A

205. 公安交通管理部门对驾驶人的交通违法行为除依法给予行政处罚外，实行下列哪种制度（　　）。

（A）奖励里程制度　（B）违法登记制度

（C）累积记分制度　（D）强制报废制度

答案：C

206. 机动车行驶中，乘坐机动车正确的做法是（　　）。

（A）干扰驾驶员驾驶

（B）不将身体任何部分伸出车外

（C）在道路上没其他车辆且不影响其他行人的情况下跳车

答案：B

207. 遇有交通信号灯、交通标志或交通标线与交通警察的指挥不一致时，（　　）。

（A）服从信号灯　　（B）服从交通警察指挥

（C）服从交通标志、标线

答案：B

208. 醉酒驾驶机动车在道路上行驶会受到（　　）处罚。

（A）处2年以下徒刑　　（B）处拘役，并处罚金

（C）处2年以上徒刑　　（D）处管制，并处罚金

答案：B

209. 交通信号灯包括（　　）。

（A）交通信号灯、交通标志、交通标线

（B）绿灯、红灯和黄灯信号

（C）直行信号、左转弯信号、停止信号

答案：B

210. 在有信号灯控制的人行横道前，准备横过道路时，要等（　　）的时候通过最安全。

（A）黄灯闪烁　（B）红灯亮　（C）红灯闪烁　（D）绿灯亮

答案：D

211. 使用伪造、变造的行驶证一次记（　　）。

（A）12分　（B）6分　（C）3分　（D）2分

答案：A

212. 行人在没有交通信号灯和人行横道的路口应（　　）。

（A）跑步快速通过　　（B）示意机动车让行后直行通过

（C）确认安全后直行通过

答案：C

213. 骑自行车通过没有非机动车信号灯的路口应（　　）。

（A）减慢车速通过　　（B）确认安全后通过

（C）按机动车信号灯指示通过

答案：C

214. 转弯的非机动车通过有信号灯控制的交叉路口时应当（　　）。

（A）在直行的车辆和行人前通过　　（B）让直行的车辆和行人先通过

（C）有优先通行权

答案：B

215. 驾驶人未携带（　　）驾驶机动车上路，交通警察可依法扣留车辆。

（A）机动车通行证　　（B）居民身份证

（C）从业资格证　　（D）机动车行驶证/驾驶证

答案：D

216. 非机动车遇有前方路口交通堵塞时，应当（　　）。

（A）下车推行通过路　　（B）从人行横道内绕行通过路口

（C）不得进入路口

答案：C

217. 在没有交通信号灯控制也没有交通警察指挥的路口，相对方向行驶同为转弯的非机动车相遇时，（　　）。

（A）左转弯的车让右转弯的车先行　　（B）右转弯的车让左转弯的车先行

（C）谁抢先谁先行

答案：B

218. 驾驶人违反交通运输管理法规发生重大事故致人死亡且逃逸的，处（　　）有期徒刑。

（A）3年以下　　（B）7年以上

（C）3年以上7年以下　　（D）10年以上

答案：C

219. 驾驶人出现下列（　　）情况，不得驾驶机动车。

（A）驾驶证丢失、损毁　　（B）驾驶证接近有效期

（C）记分达到10分　　（D）记分达到6分

答案：A

220. 机动车驾驶人造成事故后逃逸构成犯罪的，吊销驾驶证且（　　）不得重新取得驾驶证。

（A）5年内　　（B）10年内　　（C）终身　　（D）20年内

答案：C

221. 骑自行车或电动自行车在路段上横过机动车道时，应当（　　）。

（A）注意车辆缓慢通行　　（B）示意车辆让行

（C）下车推行

答案：C

222. 机动车驾驶人初次申领驾驶证后的实习期是（　　）。

（A）6个月　　（B）1年　　（C）2年　　（D）3年

答案：B

223. 已注册登记的小型载客汽车有下列（　　）情形，所有人不需要办理变更登记。

（A）机动车更换发动机　　（B）加装前后防撞装置

（C）更换车身或者车架　　（D）改变车身颜色

答案：B

224. 驾驶人有（　　）情形，交通警察可依法扣留机动车驾驶证。

（A）饮酒后驾驶机动车　　（B）超过规定速度10%

（C）疲劳后驾驶机动车　　　　（D）行车中未系安全带

答案：A

225. 机动车驾驶人初次申请机动车驾驶证和增加准驾车型后的实习期为（　　）。

（A）6个月　　（B）1年　　（C）2年　　（D）3年

答案：B

226. 在有禁停标志路段的路边停放机动车是（　　）违法行为。

（A）停车占用人行道　　　　（B）在公共汽车站停车

（C）在有禁停标志路段停车　　　　（D）在非机动车道停车

答案：B

227. 在没有非机动车的道路上，骑自行车应（　　）。

（A）在人行道上骑行　　　　（B）在机动车专用道内骑行

（C）靠机动车道的右侧骑行

答案：C

228. 骑自行车应当在（　　）车道内通行。

（A）机动车道内（B）非机动车道内（C）人行横道上

答案：B

229. 上道路行驶的机动车有下列哪种情形交通警察可依法扣留车辆（　　）。

（A）未携带机动车登记证书　　　　（B）未携带保险合同

（C）未放置保险标志　　　　（D）未放置城市环保标志

答案：C

230. 未满（　　）的儿童，不准在道路上骑、学自行车。

（A）10周岁　　（B）12周岁　　（C）4周岁

答案：B

231.《中华人民共和国道路交通安全法》（　　）起施行。

（A）2004年1月1日　　　　（B）2004年3月1日

（C）2004年5月1日

答案：C

232. 交通信号灯中的黄灯表示什么（　　）。

（A）禁止通行　　（B）准许通行　　（C）警示

答案：C

233. 下列（　　）以下儿童不能骑自行车上街。

（A）3岁　　（B）5岁　　（C）8岁　　（D）10岁

答案：A

234. 上道路行驶的机动车未悬挂机动车号牌的一次记（　　）。

（A）3分　（B）2分　（C）6分　（D）12分

答案：D

235. 上道路行驶的机动车有（　　）情形的，交通警察可依法扣留车辆。

（A）未携带身份证　（B）未放置检验合格标志

（C）未携带机动车登记证书　（D）未放置城市环保标志

答案：B

236. 提供虚假材料申领驾驶证的申请人应承担下列（　　）法律责任。

（A）取消申领驾驶证资格　（B）处20元以上200元以下罚款

（C）1年内不得再次申领驾驶证　（D）2年内不能再次申领驾驶证

答案：C

237. 驾驶机动车在道路上违反道路交通安全法的行为，属于（　　）行为。

（A）违章行为　（B）违法行为　（C）过失行为　（D）违规行为

答案：B

238. 驾驶人违反交通运输管理法规发生重大事故后，因逃逸致人死亡的，处（　　）有期徒刑。

（A）2年以下　（B）3年以下　（C）7年以下　（D）7年以上

答案：D

239. 道路交通违法行为累积记分周期是（　　）。

（A）14个月　（B）12个月　（C）10个月　（D）6个月

答案：B

240. 驾驶人户籍迁出原车辆管理所需要向（　　）的车辆管所提出申请。

（A）迁出地　（B）居住地　（C）所在地　（D）迁入地

答案：D

241. 驾驶与准驾车型不符的机动车一次记（　　）。

（A）12分　（B）6分　（C）3分　（D）2分

答案：A

242. 饮酒后驾驶机动车一次记（　　）。

（A）12分　（B）6分　（C）3分　（D）2分

答案：A

243. 造成交通事故后逃逸，尚不构成犯罪的一次记（　　）。

（A）12分　（B）6分　（C）3分　（D）2分

答案：A

244. 使用伪造、变造的机动车号牌一次记（　　）。

（A）12分　（B）6分　（C）3分　（D）2分

答案：A

245. 驾驶人驾驶机动车违反道路交通信号灯通行一次记（　　）。

（A）12分　（B）6分　（C）3分　（D）2分

答案：B

246. 有下列（　　）违法行为的机动车驾驶人将被一次记6分。

（A）驾驶与准驾车型不符未取得校车驾驶资格驾驶校车的机动车

（B）饮酒后驾驶机动车

（C）驾驶机动车违反道路交通信号灯

（D）吸毒后驾驶机动车

答案：C

247. 驾驶证记载的驾驶人信息发生变化的要在（　　）内申请换证。

（A）50日　（B）60日　（C）40日　（D）30日

答案：D

248. 持小型汽车驾驶证的驾驶人在下列（　　）情况下需要接受审验。

（A）有效期满换发驾驶证时　（B）一个记分周期末

（C）记分周期满12分　（D）记分周期未满分

答案：A

249. 驾驶人因服兵役、出国（境）等原因无法办理审验时，延期审验期限最长不超过（　　）。

（A）1年　（B）2年　（C）3年　（D）5年

答案：C

250. 年龄在60周岁以上的驾驶人（　　）提交一次身体条件证明。

（A）每2年　（B）每3年　（C）每1年　（D）每6个月

答案：C

251. 驾驶人有下列（　　）违法行为一次记12分。

（A）违反交通信号灯　（B）使用伪造机动车号牌

（C）拨打、接听手机的　（D）违反禁令标志指示

答案：B

252. 驾驶已达到报废标准的机动车上路行驶的驾驶人，会受到下列哪种处罚（　　）。

（A）处15日以下拘留　（B）吊销机动车驾驶证

（C）处20以上200元以下罚款　（D）追究刑事责任

答案：B

253. 上道路行驶的机动车故意遮挡、污损、不按规定安装机动车号牌的一次记（　　）。

（A）12分　　（B）6分　　（C）3分　　（D）2分

答案：A

254. 驾驶人出现下列哪种情况，不得驾驶机动车（　　）。

（A）驾驶证丢失、损毁　　（B）驾驶证接近有效期

（C）记分达到10分　　（D）记分达到6分

答案：A

255. 驾驶人将机动车交由（　　）驾驶的，交通警察可依法扣留机动车驾驶证。

（A）实习期驾驶人　　（B）取得驾驶证的人

（C）驾驶证被吊销的人　　（D）驾驶证记分达到6分的人

答案：C

256. 道路交通安全违法行为累积记分的周期是（　　）。

（A）3个月　　（B）6个月　　（C）12个月　　（D）24个月

答案：C

257. 公安机关交通管理部门对累积记分达到规定分值的驾驶人（　　）。

（A）依法追究刑事责任　　（B）处15日以下拘留

（C）终身禁驾　　（D）进行法律法规教育，重新考试

答案：D

258. 驾驶人连续驾驶不得超过（　　）。

（A）4h　　（B）5h　　（C）6h　　（D）10h

答案：A

259. 驾驶机动车在道路上追逐竞驶，情节恶劣，会受到（　　）处罚。

（A）处拘役，并处罚金　　（B）处管制，并处罚金

（C）处1年以上徒刑　　（D）处6个月徒刑

答案：A

260. 以欺骗、贿赂等不正当手段取得驾驶证被依法撤销驾驶许可的，（　　）不得重新申请驾驶许可。

（A）3年内　　（B）终身　　（C）1年内　　（D）5年内

答案：A

261. 对驾驶拼装机动车上路行驶的驾驶人，除按规定接受罚款外，还要受到（　　）处理。

（A）暂扣驾驶证　　（B）处10日以下拘留

（C）吊销驾驶证　　（D）追究刑事责任

答案：C

262. 驾驶报废机动车上路行驶的驾驶人，除按规定罚款外，还要受到（　　）处理。

（A）撤销驾驶许可　　（B）收缴驾驶证

（C）强制恢复车况　　（D）吊销驾驶证

答案：D

263. 驾驶人应在驾驶证有效期满前（　　）申请换证。

（A）60日内　　（B）30日内　　（C）90日内　　（D）6个月内

答案：C

264. 下列（　　）行为会受到200元以上2000元以下罚款，并处吊销机动车驾驶证。

（A）违反道路通行规定　　（B）超过规定时速50%

（C）驾车没带驾驶证　　（D）造成交通事故后逃逸

答案：B

265. 驾驶拼装机动车上路行驶的驾驶人，会受到（　　）处罚。

（A）依法追究刑事责任　　（B）处15日以下拘留

（C）终身禁驾　　（D）处200以上2000元以下罚款

答案：D

266. 机动车驾驶人违法驾驶造成重大交通事故构成犯罪的，依法追究（　　）。

（A）刑事责任　　（B）民事责任　　（C）直接责任　　（D）经济责任

答案：A

267. 上道路行驶的机动车有（　　）情形交通警察可依法扣留车辆。

（A）未悬挂机动车号牌　　（B）未携带身份证

（C）未携带保险合同　　（D）未放置城市环保标志

答案：A

268. 驾驶人未携带（　　）驾驶机动车上路，交通警察可依法扣留车辆。

（A）机动车驾驶证　　（B）居民身份证

（C）机动车通行证　　（D）从业资格证

答案：A

269. 未取得驾驶证的学员在道路上学习驾驶技能，下列（　　）做法是正确的。

（A）使用所学车型的教练车由非教练员的驾驶人随车指导

（B）使用私家车由教练员随车指导

（C）使用所学车型的教练车单独驾驶学习

（D）使用所学车型的教练车由教练员随车指导

答案：D

270. 机动车驾驶人初次申领驾驶证后的实习期是（　　）。

（A）12个月　　（B）6个月

（C）3个月以上6个月以下　　（D）1个月以上3个月以下

答案：A

271. 某日早上6时，冉某驾驶一辆大客车出发，连续行驶至上午11时，在××县境内宣南路1km处，坠于公路一侧垂直高度8.5m的陡坎下，造成13人死亡、9人受伤。冉某的主要违法行为是（　　）。

（A）超速行驶　　（B）不按交通标线行驶

（C）客车超员　　（D）疲劳驾驶

答案：D

272. 某日13时10分，罗某驾驶一辆中型客车从高速公路0km处出发，下午14时10分行至该高速公路125km加200m处时，发生追尾碰撞，机动车驶出西南侧路外边坡，造成11人死亡、2人受伤。罗某的主要违法行为是（　　）。

（A）超速行驶　　（B）不按交通标线行驶

（C）客车超员　　（D）疲劳驾驶

答案：A

273. 何某驾驶一辆乘载53人的大客车（核载47人）行至××高速公路南京境内454km加100m处，被一辆重型半挂牵引车追尾，导致大客车翻出路侧护栏并起火燃烧，造成17人死亡、27人受伤。何某的主要违法行为是（　　）。

（A）超速行驶　　（B）不按交通标线行驶

（C）客车超员　　（D）疲劳驾驶

答案：C

274. 罗某驾驶大型卧铺客车（乘载44人，核载44人）行至××县境内540县道58km加500m处时，在结冰路面以每小时44km速度行驶，导致机动车侧滑翻下公路，造成15人死亡、27人受伤。罗某的主要违法行为是（　　）。

（A）超速行驶　　（B）不按交通标线行驶

（C）客车超员　　（D）疲劳驾驶

答案：A

275. 佟某驾驶一辆大客车（乘载54人，核载55人）行至太原境内以45km的时速通过一处泥泞路段时，机动车侧滑驶出路外坠入深沟，导致14人死亡、40人受伤。佟某的主要违法行为是（　　）。

（A）超速行驶　　（B）不按交通标线行驶

（C）客车超员　　（D）疲劳驾驶

答案：A

276. 郝某驾驶一辆载有84.84t货物的重型自卸货车（核载15.58t），行至滦县境内××省道34km加623m处，与前方同向行驶的一辆载有45.85t货物的货车（核载1.71t）

追尾碰撞后，侧翻撞向路边人群，造成19人死亡、17人受伤。双方驾驶人共同的违法行为是（　　）。

（A）超速行驶　　（B）不按交通标线行驶

（C）货车超载　　（D）疲劳驾驶

答案：C

277. 周某驾驶一辆轻型厢式货车（搭载22人）行驶至丙察公路79km加150m处时，坠入道路一侧山崖，造成12人死亡、10人受伤。周某的主要违法行为是什么（　　）。

（A）驾驶逾期未检验的机动车　　（B）货运机动车载客

（C）超速行驶　　（D）疲劳驾驶

答案：B

278. 赵某（持有A2驾驶证）驾驶大型卧铺客车，行驶至叶城县境内219国道226km加215m处转弯路段时，坠入道路一侧山沟，致16人死亡，26人受伤。赵某的主要违法行为是什么（　　）。

（A）客车超员　　（B）驾驶逾期未检验的机动车

（C）驾驶与准驾车型不符的机动车　　（D）疲劳驾驶

答案：C

279. 叶某驾驶中型厢式货车，行至陂头镇上汶线3km加600m弯道路段时，以40km/h的速度与王某驾驶的乘载19人的三轮载货摩托车发生正面相撞，造成10人死亡、9人受伤。双方驾驶人的主要违法行为是（　　）。

（A）叶某驾驶与准驾车型不符的机动车

（B）王某驾驶摩托车非法载客

（C）叶某超速行驶

（D）王某不按信号灯指示行驶

答案：B

280. 某日19时，杨某驾驶大客车，乘载57人（核载55人），连续行驶至次日凌晨1时，在金城江区境内050国道3008km加110m处，因机动车左前胎爆裂，造成12人死亡、22人受伤的特大交通事故。杨某的主要违法行为是（　　）。

（A）疲劳驾驶　　（B）客车超员　　（C）超速行驶　　（D）操作不当

答案：A

281. 唐某驾驶一辆大客车，乘载74人（核载30人），以每小时38km的速度，行至一连续下陡坡转弯路段时，机动车翻入路侧溪水内，造成17人死亡、57人受伤。唐某的主要违法行为是（　　）。

（A）酒后驾驶　　（B）客车超员　　（C）疲劳驾驶　　（D）超速行驶

答案：B

282. 李某驾驶一辆大客车，乘载21人（核载35人），行驶途中察觉制动装置有异常但未处理，行至双岛海湾大桥时时速为50km（该路段限速40km），因制动失灵坠入海中，造成13人死亡、8人受伤。李某的主要违法行为是（　　）。

（A）超速行驶　（B）疲劳驾驶　（C）客车超员　（D）驾驶故障机动车

答案：D

283. 吴某驾驶一辆大客车，乘载33人（核载22人），行至163县道7km加300m处时，机动车失控坠入山沟，造成10人死亡、21人受伤。事后经酒精检测，吴某血液酒精含量为26mg/100ml。吴某的主要违法行为是（　　）。

（A）超速行驶　（B）客车超员　（C）疲劳驾驶　（D）酒后驾驶

答案：B

284. 钱某驾驶大型卧铺客车，乘载45人（核载40人），保持40km/h以上的车速行至八宿县境内连续下坡急转弯路段处，翻下100m深的山崖，造成17人死亡、20人受伤。钱某的主要违法行为是（　　）。

（A）驾驶时接听手持电话　（B）超速行驶

（C）客车超员　（D）疲劳驾驶

答案：C

285. 某日3时40分，孙某驾驶大客车（乘载54人、核载55人）行至随岳高速公路229km加300m处，在停车下客过程中，被后方驶来李某驾驶的重型半挂机动车追尾，造成26人死亡，29人受伤。事后查明，李某从前日18时许出发，途中一直未休息。双方驾驶人的主要违法行为是（　　）。

（A）孙某违法停车下客　（B）孙某客车超员

（C）李某超速　（D）李某疲劳驾驶

答案：D

286. 陶某驾驶中型客车（乘载33人），行至许平南高速公路163km处时，以120km/h的速度与停在最内侧车道上安某驾驶的因事故无法移动的小客车（未设置警示标志）相撞，中型客车撞开右侧护栏侧翻，造成16死亡、15人受伤。双方驾驶人的主要违法行为是（　　）。

（A）陶某客车超员　（B）陶某超速行驶

（C）安某未按规定设置警示标志　（D）安某违法停车

答案：B

287. 邹某驾驶大型卧铺客车（核载35人，实载47人），行至京港澳高速公路938km时，因乘车人携带的大量危险化学品在车厢内突然发生爆燃，造成41人死亡，6人受伤。此事故中的主要违法行为是（　　）

（A）客车超员　（B）携带危险物品　（C）超速行驶　（D）不按规定停车

答案：A

288. 杨某驾驶改装小型客车（核载9人，实载64人，其中62人为幼儿园学生），行至榆林子镇马槽沟村处，占用对向车道逆行时与一辆重型自卸货车正面碰撞，造成22人死亡、44人受伤。该起事故中的主要违法行为是（　　）。

（A）货车超速行驶　　（B）非法改装机动车

（C）客车超员　　（D）客车逆向行驶

答案：C

289. 戚某驾驶大客车，乘载28人（核载55人），由南向北行至一无交通信号控制的交叉路口，以50km的时速与由东向西行至该路口与李某驾驶的重型半挂牵引车（核载40t，实载55.2t）侧面相撞，造成12人死亡、17人受伤。此事故中的主要违法行为是（　　）。

（A）客车超员　　（B）客车超速行驶

（C）货车超载　　（D）货车驾驶人经验不足

答案：B

290. 图中所示标志是（　　）。

（A）警告标志　　（B）禁令标志　　（C）指示标志　　（D）指路标志

答案：A

291. 警告标志的作用是警告（　　）。

（A）车辆、行人注意危险地点　　（B）车辆、行人不准通行

（C）驾驶人前面有弯路　　（D）驾驶人前面容易拥堵

答案：A

292. 图中所示标志是（　　）。

（A）警告标志　　（B）禁令标志　　（C）指示标志　　（D）指路标志

答案：D

293. 指路标志的作用是（　　）。

（A）警告车辆和行人注意危险地点　　（B）禁止或限制车辆和行人交通行为

（C）指示车辆和行人行进　　（D）传递道路方向、地点、距离信息

答案：D

294. 图中所示标志是（　　）。

（A）警告标志　（B）禁令标志　（C）指示标志　（D）指路标志

答案：B

295. 禁令标志的作用是（　　）。

（A）警告车辆和行人注意危险地点　（B）禁止或限制车辆和行人交通行为

（C）指示车辆和行人行进　（D）传递道路方向、地点、距离信息

答案：B

296. 图中所示标志是（　　）。

（A）警告标志　（B）禁令标志　（C）指示标志　（D）指路标志

答案：C

297. 指示标志是指示车辆、行人（　　）。

（A）注意危险地点

（B）按标志指示的路线、方向行驶

（C）注意行驶

（D）可以通行的方向，但可以不按指示的方向通行

答案：B

298. 图中所示标志是（　　）。

（A）警告标志　（B）禁令标志　（C）指示标志　（D）辅助标志

答案：D

299. 凡主标志无法完整表达或指示其规定时，为维护行车安全与交通畅通的需要，应设置（　　）。

（A）指示标记　（B）警示标记　（C）辅助标志　（D）立面标记

答案：C

300. 图中所示标志是（　　）。

（A）旅游区标志　（B）指示标志　（C）指路标志　（D）辅助标志

答案：A

2.2　多选题

1. 机动车驾驶人在实习期内不得驾驶（　　）。

（A）执行任务的警车　（B）执行任务的消防车

（C）执行任务的救护车　（D）执行任务的工程抢险车

答案：ABCD

2. 机动车在高速公路上行驶，不得有下列（　　）行为。

（A）在匝道、加速车道或者减速车道上超车

（B）骑、轧行到分界线或者在路肩上行驶

（C）非紧急情况在应急车道行驶或者停车

答案：ABC

3. 机动车超车时应当遵循（　　）规定。

（A）提前开启左转向灯　（B）从左侧超车

（C）变化远近光或者鸣喇叭　（D）对面有来车时严禁超车

答案：ABCD

4. 机动车在（　　）情况下应当使用左转向灯。

（A）向左转弯　（B）准备超车　（C）掉头　（D）靠边停车

答案：ABC

5. 机动车在（　　）情况下应当使用右转向灯。

（A）靠边停车　（B）向右转弯　（C）向右变更车道　（D）掉头

答案：ABC

6. 机动车在遇见雾、雪、沙尘、冰雹等能见度低的情况下行驶时应开启（　　）。

（A）前照灯　（B）示宽灯　（C）后尾灯　（D）防雾灯

答案：ABCD

7. 驾驶机动车不得有（　　）行为。

（A）在车门、车厢没关好时行车

（B）下陡坡时熄火或者空挡滑行

（C）向道路上抛撒物品

（D）拨打接听手持电话等妨碍安全驾驶的行为

答案：ABCD

8. 机动车临时停车时，在距离（　　）30m以内不得停车。

（A）公共汽车站　（B）急救站　（C）加油站　（D）消防栓

答案：ABCD

9. 警车、消防车、救护车、工程救险车在执行紧急任务遇交通受阻时候，可以断续使用警报器，并遵守（　　）规定。

（A）不得在禁止使用警报器的区域或者路段使用警报器

（B）夜间在市区不得使用警报器

（C）列队行驶时，前车已经使用警报器的，后车不再使用警报器

（D）禁止鸣喇叭路段不得使用警报器

答案：ABC

10. 机动车在有禁止掉头或者禁止左转弯标志、标线以及在铁道路口、人行横道、桥梁、（　　）、（　　）、（　　）或者（　　）不得掉头。

（A）急弯　（B）陡坡

（C）隧道　（D）容易发生危险的路段

答案：ABCD

11. 机动车驾驶人在机动车驾驶证（　　）等情况下或者暂扣期间内及记分达到12分的，不得驾驶机动车。

（A）丢失　（B）损毁　（C）超过有效期　（D）被依法扣留

答案：ABCD

12. 交通标志分为（　　）、（　　）、（　　）、指路标志、旅游区标志、道路施工安全标志和（　　）。

（A）指示标志　（B）警告标志　（C）禁令标志　（D）辅助标志

答案：ABCD

13. 道路交通标线分为（　　）、（　　）、（　　）。

（A）指示标线　（B）警告标线　（C）禁止标线　（D）双黄线

答案：ABC

14. 机动车登记（　　）的式样由国务院公安部门规定并监制。

（A）证书　（B）号牌　（C）行驶证　（D）驾驶证

答案：ABC

15. 下列（　　）车辆应当按照规定喷涂标志图案，安装警报器、标志灯具。

（A）警车　（B）消防车　（C）救护车　（D）工程救险车

答案：ABCD

16. 任何单位或者个人不得有（　　）行为。

（A）拼装机动车或者擅自改变机动车已登记的结构、构造或者特征

（B）改变机动车型号、发动机号、车架号或者车辆识别代号

（C）伪造、变造或者使用伪造、变造的机动车登记证书、号牌、行驶证、检验合格标志

（D）保险标志使用其他机动车的登记证书、号牌、行驶证、检验合格标志、保险标志。

答案：ABCD

17. 交通信号包括（　　）。

（A）交通信号灯（B）交通标志　（C）交通标线　（D）交通警察

答案：ABCD

18. 同车道行驶的机动车，后车应当与前车保持足以采取紧急制动措施的安全距离，有下列哪些情形之一的，不得超车（　　）。

（A）前方车辆行驶时

（B）前车正在左转弯、掉头、超车的

（C）与对面来车有会车可能的

（D）前车为执行紧急任务的警车、消防车、救护车、工程救险车的

答案：ABCD

19. 下列（　　）等机动车应当按照安全作业标准作业，在不影响其他车辆通行的情况下，可以不受车辆分道行驶的限制，但是不得逆向行驶。

（A）消防车　（B）洒水车　（C）清扫车　（D）军车

答案：BC

20. 交通警察调查处理道路交通安全违法行为和交通事故，有下列哪些情形之一的，应当回避（　　）。

（A）是本案的当事人或者当事人的近亲属

（B）本人或者其近亲属与本案有利害关系

（C）与本案当事人有其他关系，可能影响案件的公正处理

（D）本人目睹事故现场的

答案：ABC

21. 对道路交通安全违法行为的处罚种类包括（　　）。

（A）警告　（B）罚款

（C）暂扣或者吊销机动车驾驶证　（D）纪律处分

答案：ABC

22. 机动车驾驶人违反道路交通安全法律、法规关于道路通行规定的，处警告或者

(　　)以下罚款。

(A)50元以上　　(B)20元以上　　(C)200元以下　　(D)500元以下

答案：BC

23. 有下列(　　)行为之一的，由公安机关交通管理部门处200元以上2000元以下罚款。

(A)造成交通事故后逃逸，尚不构成犯罪的

(B)机动车行驶超过规定时速50%的

(C)违反交通管制的规定强行通行，不听劝阻的

(D)故意损毁、移动、涂改交通设施，造成危害后果，尚不构成犯罪的

答案：ABCD

24. 当事人逾期不履行行政处罚决定的，做出行政处罚决定的行政机关可以采取(　　)措施。

(A)到期不缴纳罚款的，每日按罚款数额的3%加处罚款

(B)申请人民法院强制执行

(C)到派出所进行举报

(D)到检察院进行检举

答案：AB

25. 中国人民解放军和中国人民武装警察部队在编机动车牌证、在编机动车检验以及机动车驾驶人考核工作，由(　　)。

(A)中国人民解放军有关部门负责　　(B)中国人民武装警察部队有关部门负责

(C)地方交警支队负责　　(D)地方车辆管理所负责

答案：AB

26. 下列哪些地方50m以内不准停车(　　)。

(A)交叉路口　　(B)铁道路口

(C)急转弯路　　(D)宽度不足4m的窄路

答案：ABCD

27. 下列哪些路段30m内不准停车(　　)。

(A)公交车站　　(B)急救站　　(C)消防队　　(D)派出所

答案：ABC

28. 高速公路段能见度小于200m时，要开启(　　)，车速不超过60km与同车道前车保持100m以上距离。

(A)雾灯　　(B)示廓灯　　(C)前、后位灯　　(D)近光灯

答案：ABCD

29. 高速公路段能见度小于50m时，要开启(　　)，车速不超过20km并从最近的出口

尽快驶离高速公路。

（A）雾灯、近光灯 （B）示廓灯 （C）前、后位灯 （D）危险报警闪光灯

答案：ABCD

30. 机动车驾驶人有（　　）嫌疑的，应当接受测试、检验。

（A）饮酒 （B）打电话 （C）吃零食 （D）吸食毒品

答案：AD

31. 机动车辆发生（　　）故障时，需要修复后方准行驶。

（A）灯光 （B）制动器 （C）转向器 （D）喇叭

答案：ABC

32. 对交通事故的责任人，应追究的责任有（　　）。

（A）刑事责任 （B）行政责任 （C）民事责任 （D）罚款、拘留

答案：AC

33. 一日三查指的是（　　）。

（A）出车前检查 （B）行车中检查 （C）收车后检查 （D）归队检查

答案：ABC

34. 车行经交叉路口，向右转弯遇有同车道前车正在等候放行信号时，错误的做法有（　　）。

（A）应从左或右绕行，迅速通过路口 （B）鸣喇叭示意前车让路

（C）须依次停车等候，不得强行转弯 （D）交叉路口转弯

答案：AB

35. 入导向车道的车辆，错误的做法有（　　）。

（A）小客车可以变更车道 （B）不准变更车道

（C）开转向灯后可以变更车道 （D）直接行驶

答案：AC

36. 车遇有前方交叉路口交通阻塞时，错误的做法有（　　）。

（A）应当依次停在路口以外等候，不得进入路口

（B）驾驶人应下车帮助疏通道路

（C）车辆调头返回

（D）加速通过

答案：BC

37. 通过没有交通信号灯也没有交通警察指挥的交叉路口，相对方向行驶错误的做法有（　　）。

（A）直行车让左转弯车先行 （B）左转弯车让右转弯车先行

（C）右转弯车让左转弯车先行 （D）直接行驶

答案：AB

38. 车上下渡船时，错误的做法是（　　）。

（A）应当低速慢行　　（B）应当加速快行

（C）应当中速行驶　　（D）平稳通过

答案：BC

39. 车发生故障不能行驶时，错误的做法有（　　）。

（A）须将车辆移至不妨碍交通的地点，并开启危险报警闪光灯

（B）应尽快修复

（C）可在任意地点停放车

（D）开启雾灯

答案：BC

40. 超车后错误的做法有（　　）。

（A）在不影响被超车行驶时，驶回原车道

（B）立即驶回原车道然后减速行驶

（C）迅速驶回原车道

（D）立即停车

答案：BCD

41. 在道路上驾驶机动车时必须戴好（　　）。

（A）学生证　　（B）驾驶证　　（C）行驶证　　（D）维修证

答案：BC

42. 购置新车上路行驶，错误的做法是（　　）。

（A）可以不办理任何手续

（B）必须向公安机关交通管理部门办理登记手续，领取号牌、行驶证

（C）可以办理个别手续

答案：AC

43. 教练车在训练时错误的做法有（　　）。

（A）可以销运货物　　（B）不准乘坐与教学无关人员

（C）可以乘坐与教练无关的客人　　（D）可以搭乘宠物

答案：AC

44. 车辆在停车场以外的其他地点停车时，在施工地段下列错误的是（　　）。

（A）不准停车　　（B）准许临时停车

（C）不准长时间停车　　（D）临时停靠

答案：BC

45. 机动车下陡坡时错误的操作是（　　）。

（A）不准空当或熄火滑行　　（B）可以空挡滑行，但不准熄火滑行

（C）为节约燃料可利用空挡滑行　　　（D）挂倒车挡

答案：BC

46. 快速车道上的车辆低速行驶或遇后车超越时错误的做法有（　　）。

（A）应加速行驶，跟上前车　　　（B）须改在慢速车道上行驶

（C）不受后车影响，照常行驶　　　（D）靠边行驶

答案：AC

47. 在高速公路上行驶，易造成驾驶员（　　）。

（A）行驶视野变窄（B）认知距离缩短（C）速度判断错误（D）意识水平低沉

答案：ABCD

48. 下列（　　）原因可能造成制动侧滑。

（A）左右制动间隙不相等

（B）左右车载负荷不相等

（C）悬架导向杆系和转向杆系发生运动干涉

（D）前后轴车轮抱死时间不一致

答案：ABCD

49. 一般气囊碰撞传感器安装的位置在（　　）。

（A）前左右挡泥板（B）方向盘内　　（C）ECU内　　（D）车座下面

答案：ABCD

50. 下列（　　）原因可能造成燃油消耗量上升。

（A）点火时刻不准，火花强度不够　　（B）冷却系失常，发动机过热

（C）底盘系统间隙失常，润滑不良　　（D）燃油供给系统故障

答案：ABCD

51. 汽车行驶时受到的空气阻力与下列（　　）因素有关。

（A）迎流面积　　（B）空气阻力系数（C）空气密度　　（D）附着系数

答案：ABC

52. 驾驶员应了解机内净化所采用的措施有（　　）。

（A）汽油直接喷射系统　　　（B）三元催化装置

（C）分层燃烧系统　　　（D）均质稀燃技术

答案：ACD

53. 动力转向系统应达到的要求是（　　）。

（A）能有效减小操纵力，特别是停车、转向的操纵力

（B）转向灵活性好

（C）具有直线行驶的稳定性，转向结束时转向盘应可自动回正，驾驶员应有良好的“路感”

（D）要有随动作用，工作可靠

答案：ABCD

54. 下面的车辆长度（　　）属于中型客车。

（A）6m　（B）7m　（C）9m　（D）10m

答案：CD

55. 下列（　　）措施可以降低交通噪声。

（A）增加街道宽度　（B）实施单向　（C）兴建立交桥　（D）加强街道的绿化

答案：ABCD

56. 下列（　　）门前的道路没有行人过街设施的，应当施划人行横道线，设置提示标志。

（A）学校　（B）幼儿园　（C）医院　（D）养老院

答案：ABCD

57. 警车、消防车、救护车、工程救险车执行紧急任务时，可以使用警报器、标志灯具，在确保安全的前提下，不受（　　）的限制，其他车辆和行人应当让行。

（A）行驶路线　（B）行驶方向　（C）行驶速度　（D）信号灯

答案：ABCD

58. 对道路交通安全违法行为的处罚种类包括（　　）。

（A）警告　（B）罚款

（C）暂扣或者吊销机动车驾驶证　（D）拘留

答案：ABCD

59. 在道路上驾驶自行车、电动自行车应当遵守（　　）规定。

（A）不得牵引、攀扶车辆或者被其他车辆牵引

（B）不得双手离把但可以手中持物

（C）不得扶身并行、互相追逐或者曲折竞驶

（D）不得在道路上骑独轮自行车或者2人以上骑行的自行车

答案：ACD

60. 交通信号灯由（　　）组成。

（A）红灯　（B）绿灯　（C）黄灯　（D）蓝灯

答案：ABC

61. 下列（　　）属于交通信号。

（A）交通信号灯　（B）交通标志　（C）交通标线　（D）交通警察指挥

答案：ABD

62. 乘坐机动车应当遵守下列（　　）规定。

（A）乘坐两轮摩托车可以侧向骑坐

（B）不得在机动车道上拦乘机动车

（C）在机动车道上不得从机动车左侧上下车

（D）开关车门不得妨碍其他车辆和行人通行

答案：BCD

63. 行人不得有下列（　　）行为。

（A）跨越、倚坐道路隔离设施　　（B）扒车、强行拦车

（C）实施妨碍道路交通安全的其他行为　（D）在人行道左侧行走

答案：ABC

64. 驾驶非机动车，必须遵守（　　）规定。

（A）醉酒的人不准驾驶

（B）丧失正常驾驶能力的残疾人不准驾驶（残疾人专用车除外）

（C）未满16岁的人，不准在道路上赶畜力车

（D）未满12岁的儿童，不准在道路上骑自行车、三轮车和推、拉人力车

答案：ABCD

65. 遇有（　　）等严重影响交通安全的情形，采取其他措施难以保证交通安全时，公安机关交通管理部门可以实行交通管制。

（A）交通严重滞留堵塞　　（B）自然灾害

（C）恶劣气象条件　　（D）交通事故

答案：ABCD

66. 机动车驾驶人在实习期内不得驾驶（　　）。

（A）执行任务的警车　　（B）执行任务的消防车

（C）执行任务的救护车　　（D）执行任务的工程抢险车

答案：ABCD

67. 机动车在高速公路上行驶，不得有（　　）行为。

（A）在匝道、加速车道或者减速车道上超车

（B）骑、轧行到分界线或者在路肩上行驶

（C）试车或者学习驾驶机动车

（D）非紧急情况在应急车道行驶或者停车

答案：ABCD

68. 机动车超车时应当遵循（　　）规定。

（A）提前开启左转向灯　　（B）对面有来车时严禁超车

（C）变化远近光或者鸣喇叭　　（D）从左侧超车

答案：ABCD

69. 机动车在（　　）情况下应当使用左转向灯。

（A）准备超车　（B）掉头　（C）靠边停车　（D）向左转弯

答案：BCD

70. 机动车在（　　）情况下应当使用右转向灯。

（A）向右转弯　（B）向右变更车道　（C）掉头　（D）靠边停车

答案：BCD

71. 机动车在遇见恶劣天气的情况下行驶时应开启（　　）。

（A）后尾灯　（B）防雾灯　（C）示宽灯　（D）前照灯

答案：ABCD

72. 驾驶机动车不得有（　　）行为。

（A）未系安全带　（B）下陡坡时熄火或者空挡滑行

（C）向道路上抛撒物品　（D）开车时赌气

答案：ABCD

73. 机动车临时停车时，在距离（　　）50m以内不得停车。

（A）消防队门前　（B）消防栓　（C）加油站　（D）急救站

答案：ABCD

74. 警车、消防车、救护车、工程救险车在执行紧急任务遇交通受阻时候，可以断续使用警报器，并遵守（　　）规定。

（A）不得在禁止使用警报器的区域或者路段使用警报器

（B）列队行驶时，前车已经使用警报器的，后车不再使用警报器

（C）禁止鸣喇叭路段不得使用警报器

（D）夜间在市区不得使用警报器

答案：ACD

75. 机动车在有禁止掉头或者禁止左转弯标志、标线以及在铁道路口、人行横道、桥梁、（　　）、（　　）、（　　）或者（　　）不得掉头。

（A）陡坡　（B）急弯

（C）隧道　（D）易发生危险的路段

答案：ABCD

76. 机动车驾驶人在机动车驾驶证（　　）等情况下或者暂扣期间内及记分达到12分的，不得驾驶机动车。

（A）超过有效期　（B）被依法扣留　（C）损毁　（D）丢失

答案：ABCD

77. 交通标志分为（　　）、旅游区标志、道路施工安全标志。

（A）警告标志　（B）禁令标志　（C）指示标志　（D）辅助标志

答案：ABCD

78. 道路交通标线分为（　　）。

（A）双黄线　（B）禁止标线　（C）虚线　（D）双实线

答案：AB

79. 机动车登记（　　）的式样由国务院公安部门规定并监制。

（A）行驶证　（B）驾驶证　（C）号牌　（D）证书

答案：ACD

80. 下列（　　）车辆应当按照规定喷涂标志图案，安装警报器、标志灯具。

（A）警车　（B）医疗车　（C）军队车　（D）私家车

答案：AB

81. 任何单位或者个人不得有下列（　　）行为。

（A）拼装机动车或者擅自改变机动车已登记的结构、构造或者特征

（B）改变机动车型号、发动机号、车架号或者车辆识别代号

（C）伪造、变造或者使用伪造、变造的机动车登记证书、号牌、行驶证、检验合格标志、保险标志

（D）使用其他机动车的登记证书、号牌、行驶证、检验合格标志、保险标志

答案：ABCD

82. 交通信号包括（　　）的指挥。

（A）交通信号灯　（B）交通警察　（C）交通标线　（D）交通标志

答案：ABCD

83. 同车道行驶的机动车，后车应当与前车保持足以采取紧急制动措施的安全距离，有下列哪些情形之一的，不得超车（　　）。

（A）前车正在左转弯、掉头、超车的　（B）前方出现塌方的

（C）后方出现超车的　（D）会车

答案：AD

84.（　　）机动车应当按照安全作业标准作业，在不影响其他车辆通行的情况下，可以不受车辆分道行驶的限制，但是不得逆向行驶。

（A）洒水车　（B）警车　（C）清扫车　（D）货车

答案：BC

85. 交通警察调查处理道路交通安全违法行为和交通事故，有下列哪些情形之一的，应当回避（　　）。

（A）是本案的当事人或者当事人的近亲属

（B）本人目睹事故现场的

（C）事故发生的情况

（D）出现二次事故

答案：ABCD

86. 对道路交通安全违法行为的处罚种类包括（　　）。

（A）罚款　（B）暂扣或者吊销机动车驾驶证

（C）警告　　　　　　　　　　（D）纪律处分

答案：ABC

87. 机动车驾驶人违反道路交通安全法律、法规关于道路通行规定的，处警告或者（　　）以下罚款。

（A）50元以上　（B）100元以下　（C）150元以下　（D）15元以上

答案：BD

88. 下列（　　）地方100m以内不准停车。

（A）铁道路口　（B）分道口　（C）高速路口　（D）交叉路口

答案：ABCD

89. 下列（　　）路段80m内不准停车。

（A）警察厅　（B）消防队　（C）急救站　（D）娱乐场所

答案：BC

90. 高速公路段能见度小于200m时，要开启（　　），车速不超过60km与同车道前车保持100m以上距离。

（A）示廓灯　（B）危险报警灯　（C）雾灯　（D）转向灯

答案：AC

91. 高速公路段能见度小于50m时，要开启（　　），车速不超过20km并从最近的出口尽快驶离高速公路。

（A）示廓灯　（B）危险报警灯　（C）雾灯　（D）前、后位灯

答案：ABCD

92. 机动车驾驶人有（　　）犯罪前科，应当接受测试、检验。

（A）吸食毒品　（B）犯罪　（C）违章　（D）挑衅

答案：ABCD

93. 高速公路是一种（　　）的公路。

（A）具有中央分隔带　　　　　　（B）全部为立体交叉

（C）具有多车道（单向两车道以上）　（D）出入口进行控制

答案：ABCD

94. 提高汽车燃料经济性在使用方面的措施有（　　）。

（A）提高驾驶操作技术　　　　（B）定期维护以及提高运输企业品牌

（C）及时修理　　　　　　　　（D）采用现代汽车检测技术和提高管理水平

答案：ACD

95. 机动车液压传动系统通常由（　　）组成。

（A）控制元件　（B）动力元件　（C）辅助元件　（D）执行元件

答案：ABCD

96. 机动车液压式动力转向按液流的形式分为（　　）。

（A）分压式　（B）常压式　（C）压动式　（D）常流式

答案：BD

97. 外部环境对驾驶员生理、心理的影响包括（　　）。

（A）行车途中播放音乐　（B）微气候的变化

（C）社会现实　（D）行驶速度

答案：ABC

98. 常见的液力变矩器主要由（　　）三个元件组成。

（A）飞轮　（B）泵轮　（C）导轮　（D）涡轮

答案：BCD

99. 汽车排放的污染物主要有（　　）。

（A）一氧化碳　（B）微粒物

（C）碳氢化合物　（D）氮氧化物和硫化物

答案：ABCD

100. 电动车电控发动机空气供给系统由（　　）等组成。

（A）空气滤清器　（B）进气管

（C）节气门体和怠速调整螺钉　（D）空气阀

答案：ABCD

101. 汽车用交流发电机由（　　）等组成。

（A）转子　（B）定子、皮带轮　（C）整流器　（D）端盖、风扇叶轮

答案：ABCD

102. 配气机构的新结构有（　　）。

（A）多气门　（B）旋转气门

（C）齿形皮带传动　（D）可变配气相位以及可调式进气系统

答案：ABCD

103. 汽车运输过程的主要量标有（　　）。

（A）运量　（B）行程利用系数

（C）周转量　（D）质量利用系数、平均技术速度

答案：ABCD

104. 霍尔式晶体管点火系，它主要由（　　）等组成。

（A）霍尔式信号发生器　（B）配电器和火花塞

（C）点火控制器　（D）点火线圈

答案：ABCD

105. 汽油喷射发动机外装燃油泵多数由（　　）等组成。

（A）电动机　　（B）限压阀　　（C）滚子泵　　（D）单向阀

答案：ABCD

106. 制动器的新型辅助制动装置有（　　）。

（A）磨损报警装置和制动力保持装置　（B）制动力调节装置

（C）制动防抱死装置　（D）异常报警装置

答案：ABCD

107. 交通安全管理规定中有下列（　　）严重违章行为之一者，对违章驾驶员给予1000元罚款、吊扣驾驶员准驾证、驾驶员待岗参加厂举办的违章学习班等处罚。

（A）无证驾驶（无准驾证）　（B）酒后驾驶

（C）将车交无证人员驾驶　（D）酒醉犯罪

答案：ABC

108. 交通安全管理规定中乘车人员违反下列（　　）规定之一者罚款100、500元。

（A）上车时携带易燃、易爆等危险物品者

（B）乘车人在车上打闹、喧哗、不听乘务人员（乘车负责人）和驾驶员的管理者

（C）车辆未停稳时，争抢上、下车者

（D）乘车人爬座在车厢板或驾驶室顶部，将头或手伸出车厢外或车窗外边者

答案：ABCD

109. 交通安全管理规定中以下（　　）交通违章属严重违章。

（A）无证驾驶（无准驾证）　（B）酒后驾驶

（C）将车交无证人员驾驶　（D）超速行驶

答案：ABCD

110. 交通安全管理规定中驾驶员有下列（　　）行为之一时，乘车责任人要及时提醒并有权拒乘，由此影响工作而造成的损失由驾驶员承担。

（A）车辆性能不符合安全要求　（B）驾驶员将车交无证人驾驶

（C）驾驶员酒后驾驶　（D）驾驶员未系安全带、超速行驶

答案：ABCD

111. 交通安全管理规定中乘车安全责任人有下列（　　）行为之一时，驾驶员要及时提醒并有权拒绝行车，由此影响工作而造成的损失由乘车安全责任人承担。

（A）严重威胁行车安全的违章指挥

（B）责任人强令驾驶员超速行驶或冒险通过

（C）责任人要求驾驶员更改行车路线、绕道办私事

（D）责任人强行驾驶车辆

答案：ABCD

112. 林某驾车以110km/h的速度在城市道路行驶，与一辆机动车追尾后弃车逃离被群众拦下。经鉴定，事发时林某血液中的酒精浓度为135.8mg/100ml。林某的主要违法行为是（　　）。

（A）醉酒驾驶　（B）超速驾驶　（C）疲劳驾驶　（D）肇事

答案：ABD

113. 周某夜间驾驶大货车在没有路灯的城市道路上以90km/h的速度行驶，一直开启远光灯，在通过一窄路时，因加速抢道，导致对面驶来的一辆小客车撞上右侧护栏。周某的主要违法行为是（　　）。

（A）超速行驶　（B）不按规定会车

（C）疲劳驾驶　（D）不按规定使用灯光

答案：ABD

114. 所有货车和挂车要在车身（　　）位置设置反光标识。

（A）后部　（B）前部　（C）车身全部　（D）侧面

答案：AD

115. 机动车行驶至转弯路段时，易引发事故的驾驶行为有（　　）。

（A）机动车占对向道行驶　（B）在弯道内急转转向盘

（C）在驶入弯道前不减速　（D）机动车靠路右侧行驶

答案：ABC

116. 驾驶机动车通过学校时要注意（　　）。

（A）观察标志标线　（B）减速慢行

（C）不要鸣喇叭　（D）快速通过

答案：ABC

117. 机动车通过隧道时，禁止以下（　　）行为。

（A）超车　（B）停车　（C）掉头　（D）倒车

答案：ABC

118. 在山区道路行驶时，驾驶人要注意（　　）。

（A）保持与前车的安全距离　（B）避免转弯时占道行驶

（C）上陡坡提前换低速挡　（D）下长坡时，充分利用发动机制动

答案：ABCD

119. 机动车在夜间发生故障时，驾驶人要（　　）以确保安全。

（A）选择安全区域停车　（B）开启危险报警闪光灯

（C）开启示廓灯和后位灯　（D）按规定设置警告标志

答案：ABCD

120. 雨天安全行车的注意事项是（　　）。
（A）避免紧急制动、紧急转向　　（B）保持足够的安全距离
（C）注意非机动车和行人动态　　（D）选择安全车速行驶
答案：ABCD

121. 雾天机动车在道路上通行，驾驶人要（　　）。
（A）减速慢行　（B）保持安全车距　（C）正确使用灯光　（D）高速行驶
答案：ABC

122. 在泥泞道路上行车时，正确的做法是（　　）。
（A）尽量避免使用行车制动器　　（B）选用中低速挡慢速行驶
（C）稳握转向盘　　（D）加速通过
答案：ABC

123. 驾驶机动车遇有漫水路时，正确的做法是（　　）。
（A）停车察明水情　　（B）确认安全后，低速通过
（C）机动车涉水后，间断轻踏制动踏板　（D）机动车涉水后，持续轻踏制动踏板
答案：ABC

124. 为确保机动车在高速公路行驶的安全，不得有下列（　　）行为。
（A）倒车逆行，穿越中央分隔带掉头，或在车道内停车
（B）骑、轧车行道分界线或者在路肩上行驶
（C）在匝道、加速车道或者在减速车道上超车
（D）试车或者学习驾驶机动车
答案：ABCD

125. 机动车在高速公路上行驶，遇有雾、雨、雪且能见度在100～200m之间时，应该（　　）。
（A）开启雾灯、近光灯、示廓灯、前后位灯
（B）车速不超过60km/h
（C）与同车道前车保持100m以上的距离
（D）从最近的出口尽快驶离高速公路
答案：ABC

126. 机动车在高速行驶中突然爆胎，要采取的安全措施是（　　）。
（A）紧急制动，靠边停车　　（B）牢牢地握住转向盘，保持直行
（C）立即松开加速踏板　　（D）轻踩制动踏板
答案：BCD

127.《道路交通安全法》对机动车实行的强制制度有（　　）。
（A）第三者责任强制保险　　（B）强制报废

（C）强制安检　　（D）强制登记

答案：AB

128.（　　）在道路上通行应当有监护人带领。

（A）学龄前儿童　　（B）不能控制自己行为的精神疾病患者

（C）老人　　（D）盲人

答案：AB

129. 道路通行原则包括（　　）。

（A）右侧通行　（B）分道通行　（C）优先通行　（D）安全通行

答案：ABCD

130. 交通信号包括（　　）。

（A）交通信号灯（B）警示标志　（C）交通标线　（D）交通警察的指挥

答案：ACD

131. 驾驶机动车上路，需具备（　　）有效牌证。

（A）悬挂机动车号牌　　（B）检验合格证

（C）行驶证　　（D）驾驶证

答案：ABCD

132. 乘车人应当遵守下列（　　）规定。

（A）不得在车行道上候车　　（B）不得向车外抛撒杂物

（C）机动车未停稳时不得上、下车

答案：ABC

133. 道路通行的规定有（　　）。

（A）根据道路条件和通行需要，道路划分为机动车道、非机动车道和人行道的，机动车、非机动车、行人实行分道通行

（B）没有划分机动车道、非机动车道和人行道的，机动车、非机动车、行人在保证安全的前提下按需通行

（C）道路划设专用车道的，在专用车道内，只准许规定的车辆通行，其他车辆不得进入专用车道内行驶

（D）未经许可，任何单位和个人不得占用道路从事非交通活动

答案：ACD

134.《道路交通安全法》体现了以人为本的思想，赋予人行横道线绝对优先通行权、保护无信号情况下行人横过道路权，具体表现为（　　）。

（A）让行人和优先通行的车辆先行

（B）机动车遇行人正在通过人行横道时，应当减速行驶

（C）机动车行经人行横道时，应当减速行驶

（D）道路无人时可以快速通过

答案：ABC

135. 在道路上发生交通事故，正确的做法是（　　）。

（A）车辆驾驶人应当立即停车，保护现场

（B）造成人身伤亡的，车辆驾驶人应当立即抢救受伤人员，并迅速报告执勤的交通警察或者公安机关交通管理部门

（C）因抢救受伤人员变动现场的，应当标明位置

（D）在道路上发生交通事故，未造成人身伤亡，当事人对事实及成因无争议的，可以即行撤离现场，恢复交通，自行协商处理损害赔偿事宜

答案：ABCD

136. 关于交通事故抢救治疗费用正确的说法是（　　）。

（A）医疗机构对交通事故中的受伤人员应当及时抢救，不得因抢救费用未及时支付而拖延救治

（B）肇事车辆参加机动车第三者责任强制保险的，由道路交通事故社会救助基金先行垫付部分或者全部抢救费用

（C）抢救费用超过责任限额的，未参加机动车第三者责任强制保险或者肇事后逃逸的，由道路交通事故社会救助基金先行垫付部分或者全部抢救费用，道路交通事故社会救助基金管理机构有权向交通事故责任人追偿

（D）肇事车辆参加机动车第三者责任强制保险的，由保险公司在责任限额范围内支付抢救费用

答案：ACD

137. 饮酒后驾驶营运机动车的处罚规定是（　　）。

（A）处暂扣1个月以上3个月以下机动车驾驶证

（B）并处200元以上500元以下罚款

（C）吊销机动车驾驶证，5年内不得重新取得机动车驾驶证

（D）处15日拘留，并处5000元罚款

答案：CD

138. 以下应处200元以上500元以下罚款的是（　　）。

（A）公路客运车辆载客超过额定乘员的

（B）公路客运车辆超过额定乘员20%或者违反规定载货的

（C）货运机动车超过核定载质量的

（D）货运机动车超过核定载质量30%或者违反规定载客的

（E）机动车行使超过规定时速50%的

答案：AC

139. 使用伪造、变造的驾驶证，由公安机关交通管理部门予以收缴，并处（　　）罚款构成犯罪的，依法追究（　　）责任。

（A）民事　　（B）200元以上2000元以下

（C）经济　　（D）刑事

答案：BD

140. 达到报废标准的机动车不得上道路行驶。报废的（　　）应当在公安机关交通管理部门的监督下解体。

（A）大型客车　　（B）大型货车　　（C）小型客车　　（D）小型货车

答案：AB

141. 以下符合《道路交通安全法》对机动车驾驶人驾驶要求规定的说法正确的是（　　）。

（A）驾驶机动车上道路行驶前，应当对机动车的安全技术性能进行认真检查

（B）不得驾驶安全设施不全或者机件不符合技术标准等具有安全隐患的机动车

（C）应当遵守道路交通安全法律、法规的规定，按照操作规范安全驾驶、文明驾驶

（D）在农村道路可以无证驾驶。

答案：ABC

142. 下列（　　）情况下不得超车。

（A）前车正在右转弯　　（B）前车正在掉头

（C）与对面来车有会车可能　　（D）前车正在超车

答案：BCD

143. 以下说法正确的是（　　）。

（A）铁路与道路平面交叉的道口，应当设置警示灯、警示标志或者安全防护设施

（B）无人看守的铁路道口，应当在距道口200m处设置警示标志

（C）任何单位和个人不得擅自设置、移动、占用、损毁交通信号灯、交通标志、交通标线

（D）道路两侧设置的广告牌，应当与交通设施保持必要的距离

答案：ACD

144. 对交通事故损害赔偿的争议，正确的做法是（　　）。

（A）当事人可以请求公安机关交通管理部门调解

（B）经过公安机关交通管理部门调解才能向人民法院提起民事诉讼

（C）不能向人民法院直接提起民事诉讼

（D）可以直接向人民法院提起民事诉讼

答案：AD

145. 一年内有醉酒后驾驶机动车的行为，被处罚两次以上的，还将追加（　　）处罚。

（A）吊销机动车驾驶证　　（B）5年内不得驾驶营运机动车

（C）处以5000元罚款　　（D）拘留、终身不得驾驶营运机动车

答案：AB

146. 机动车通过没有交通信号灯控制也没有交通警察指挥的交叉路口，应当遵守（　　）规定。

（A）有交通标志、标线控制的，让优先通行的一方先行

（B）转弯的机动车让直行的车辆先行

（C）没有交通标志、标线控制的，在进入路口前停车瞭望，让右方道路的来车先行

（D）相对方向行驶的右转弯的机动车让左转弯的车辆先行

答案：ABCD

147. 机动车在下列（　　）路段禁止掉头。

（A）人行横道　　（B）桥梁

（C）禁止左转弯标志、标线的地点　　（D）急弯

答案：ABCD

148. 下列（　　）情况下必须按规定使用转向灯。

（A）向右变更车道　　（B）准备超车

（C）靠路边停车　　（D）超车完毕驶回原车道

答案：ABCD

149. 非机动车通过有交通信号灯控制的交叉路口，应当按照下列（　　）规定通行。

（A）转弯的非机动车让直行的车辆、行人优先通行

（B）向左转弯时，靠路口中心点的左侧转弯

（C）向左转弯时，靠路口中心点的右侧转弯

（D）直行的车辆应当避让转弯的非机动车

答案：AC

150. 有下列（　　）情况可能重新申请机动车驾驶证。

（A）吊销机动车辆驾驶证已满1年的　（B）驾驶许可依法被撤销已满3年的

（C）吊销机动车辆驾驶证已满2年的　（D）吸食毒品但已戒除的

答案：BCD

151. 下列（　　）情况下必须按规定使用转向灯。

（A）向右变更车道　　（B）靠路边停车

（C）准备超车　　（D）向右转弯

答案：ABCD

152. 持有下列（　　）准驾车型的，必须在一个记分周期结束后15日内提交体检证明。

（A）大型客车　（B）中型客车　（C）城市公交车　（D）小型汽车

答案：ABC

153. 下列（　　）违法行为，会被一次记12分。

（A）饮酒后驾驶机动车的　　（B）造成交通事故后逃逸尚不构成犯罪的

（C）超过3个月不缴纳罚款　　（D）机动车驾驶证被暂扣期间驾驶机动车的

答案：BCD

154. 下列（　　）违法行为，会被一次记2分。

（A）连续驾驶机动车超过4小时未停车休息的

（B）违反道路交通信号灯的

（C）驾驶机动车没有关好车门、车厢的

（D）行车中接听手持电话的

答案：AD

155. 交通肇事逃逸是指发生交通事故后，交通事故当事人为逃避法律追究（　　）的行为。

（A）驾驶车辆逃离事故现场　　（B）遗弃车辆逃离事故现场

（C）拒绝承认　　（D）不抢救伤者

答案：AB

156. 机动车与非机动车驾驶人、行人发生交通事故，依据《道路交通安全法》第七十六条的规定需要减轻机动车方赔偿责任的，下列说法正确的是（　　）。

（A）非机动车驾驶人、行人在事故中负次要责任的，减轻比例不超过20%

（B）非机动车驾驶人、行人在事故中负同等责任的，减轻比例不超过40%

（C）非机动车驾驶人、行人在事故中负主要责任的，减轻比例不超过60%

（D）非机动车驾驶人、行人在事故中负全部责任的，减轻比例不超过80%

答案：ABCD

157. 机动车能够通过的道路包括（　　）等。

（A）公路　　（B）城市道路　　（C）广场　　（D）公共停车场

答案：ABCD

158. 行人的（　　）行为属违法行为。

（A）在道路上使用滑板　　（B）在车行道内嬉闹

（C）抛物击车　　（D）在机动车道上拦乘机动车

答案：ABCD

159. 持代号A3准驾车型的驾驶员可以准驾的车辆有（　　）。

（A）城市公交车　（B）中型客车　　（C）小型汽车　　（D）无轨电车

答案：AC

160. 机动车驾驶证有效期分为（　　）。

（A）6年　　（B）5年　　（C）10年　　（D）长期

（E）12年

答案：ACD

161. 道路交通标线分为（　　）。
（A）指路标线　（B）指示标线　（C）警告标线　（D）辅助标线
答案：BC

162. 机动车在（　　）路段不得停车。
（A）设有禁停标志的路段　（B）人行横道
（C）桥梁　（D）交叉路口
答案：ABCD

163. 驾驶（　　）在路段上横过机动车道，应当下车推行。
（A）人力车　（B）畜力车　（C）自行车　（D）电动自行车
答案：CD

164. 处理事故的“四不放过”原则包括（　　）。
（A）事故原因不清楚不放过　（B）责任人没有受到严肃处理不放过
（C）整改措施不落实不放过　（D）责任没有认定清楚不放过
答案：ABC

165. 交通事故所表现出的具体事故状态，一般分为（　　）等状态。
（A）碰撞　（B）碾压　（C）刮擦　（D）翻车
答案：ABCD

166. 驾驶员的判断力应包括（　　）。
（A）距离判断　（B）速度判断　（C）行人动态判断　（D）车辆判断
答案：ABCD

167. 导致习惯性违章的原因有（　　）。
（A）侥幸心理　（B）投机心理　（C）从众心理　（D）冒险心理
答案：ABCD

168. 交通工程监控系统包括（　　）。
（A）信息采集系统　（B）保护系统
（C）信息提供系统　（D）监控中心
答案：ACD

169. 道路交通系统的基本因素是（　　）。
（A）人　（B）车　（C）道路　（D）环境及管理
答案：ABD

170. 交通量三参数包括（　　）。
（A）流量　（B）密度　（C）空间　（D）速度
答案：ABD

171. 交通量分布预测方法可分为（　　）。
（A）现在型式法（B）时间估算法（C）空间计量法（D）综合模式法
答案：AD

172. 监控系统构成包括（　　）。
（A）物流中心（B）信息管理中心（C）监控中心（D）外场设备
答案：BCD

173. 交通设施安全设置按位置分类有（　　）。
（A）路侧护栏（B）栏杆（C）桥梁护栏（D）端部护栏
答案：ACD

174. 防眩设施设置原则是（　　）。
（A）长直线路段（B）斜线
（C）平行线距离（D）上、下行车道路面高差大于2m路段
答案：AD

175. 目前在道路上广泛使用的视线诱导设施有（　　）。
（A）轮廓标（B）内轮廓线（C）路钮（D）线形诱导标
答案：ACD

176. 交通标志的三要素是指（　　）。
（A）颜色（B）密度（C）形状（D）图幅
答案：ACD

177. 路面标线的分类按形态可分为（　　）。
（A）线条（B）线性（C）字符标记（D）突起路标
答案：ACD

178. 交通控制从控制方法来说包括（　　）。
（A）定点（B）定性（C）定时（D）感应控制
答案：CD

179. 不考虑对向车流的影响时，对饱和流量有显著影响的因素有（　　）。
（A）车道位置（B）排列顺序（C）车辆组成（D）路况情况
答案：AC

180. 监控系统中信息采集子系统采集的信息主要包括（　　）。
（A）交通信息（B）气象信息（C）车辆信息（D）异常事件信息
答案：ABD

181. 监控系统根据所辖道路状况和交通状况可分为多种类型，可包括（　　）。
（A）主线控制（B）分值控制（C）匝道控制（D）综合控制
答案：ACD

182. 监控中心的功能可包括（　　）。

（A）车辆监控　　（B）宏观监视功能

（C）微观控制　　（D）宏观协调控制功能

答案：BD

183. 监控系统的主要硬件设备应包括（　　）。

（A）综合控制台　（B）显示设备　（C）视频动画　（D）计算机系统

答案：ABD

184. 信息提供子系统作为高速公路监控手段主要用来解决高速公路上出现的交通问题有（　　）。

（A）周期性交通阻塞　　（B）偶发性交通事件

（C）密集性发生　　（D）特殊事件

答案：ABD

185. 信息提供子系统主要包括（　　）。

（A）可变情报板　（B）可变限速标志　（C）车道控制器　（D）可控变量

答案：ABC

186. 匝道控制的基本策略有（　　）。

（A）集中表现　（B）点布控　（C）延迟策略　（D）分散策略

答案：CD

187. 匝道控制方式有（　　）。

（A）关闭控制　（B）定点控制　（C）集中控制　（D）交通感应控制

答案：ABD

188. 高速公路信息系统可分为（　　）通信层次。

（A）长途网　（B）短途网　（C）短路网　（D）用户网

答案：ABD

189. 通信网现代化的三大标志是（　　）。

（A）自动化　（B）媒体化　（C）数字化　（D）网络管理

答案：ACD

190. 通信网的网管功能主要有（　　）。

（A）故障管理　（B）应用管理　（C）配置管理　（D）性能管理

答案：ACD

191. 紧急电话系统由（　　）部分组成。

（A）紧急传输　　（B）传输线路

（C）紧急电话控制台　　（D）紧急电话分机

答案：BCD

192. 通信管道敷缆的施工方法有（　　）。

（A）受力法　（B）反措法　（C）牵引法　（D）气吹法

答案：CD

193. 道路收费系统的分类按不同的收费制式分有（　　）。

（A）均一式　（B）分散法　（C）开放式　（D）封闭式

答案：ACD

194. 确定收费车道的因素有（　　）。

（A）设计小时交通量　（B）服务时间

（C）服务水平　（D）服务周到

答案：ABC

195. 道路照明光源应具备（　　）特性。

（A）发光效率要高　（B）使用寿命要长

（C）要具有适当的显色性　（D）光照时间

答案：ABC

196. 道路路界环境系统主要包括道路沿线周围（　　）方面的环境特征。

（A）路界声环境　（B）路界生态环境　（C）路界景观环境　（D）人为因素

答案：ABC

197. 交通噪声控制综合治理措施一般包括（　　）。

（A）缩小和消灭噪声源　（B）控制噪声传播

（C）减少周边影响　（D）合理规划及设计道路

答案：ABD

198. 金属立柱不得有（　　）多余结块和划痕等表面缺陷，不符合要求时每构件减1、2分。

（A）漏镀　（B）露铁　（C）流挂　（D）膜镀

答案：ABC

199. 防眩板表面不得有（　　）等表面缺陷。

（A）气泡　（B）裂纹　（C）干燥　（D）端面分层

答案：ABD

200. 收费站由（　　）设施组成。

（A）收费口　（B）收费广场　（C）监控楼　（D）敬爱内控广场

答案：ABC

2.3 判断题

1. 红灯表示禁止通行，绿灯表示准许通行，黄灯表示警示。

   答案：对

2. 道路划分为机动车道、非机动车道和人行道的，机动车、非机动车、行人实行分道通行。

   答案：对

3. 没有划分机动车道、非机动车道和人行道的，机动车在道路中间通行，非机动车、行人在道路两侧通行。

   答案：对

4. 遇有交通警察现场指挥时，应当按照交通警察的指挥通行。

   答案：对

5. 电动自行车应当在机动车道内行驶。

   答案：错

6. 行人应当在人行道内行走，没有人行道的靠路边行走。

   答案：对

7. 行人通过路口或者横过道路应当走人行横道或者过街设施。

   答案：对

8. 非机动车、行人不需要遵守交通信号灯的指示。

   答案：错

9. 行人通过没有人行横道的路口可以随便横过道路。

   答案：错

10. 行人横过道路时，遇有道路隔离设施可以跨越通过。

    答案：错

11. 在道路上可以倚坐在隔离设施上休息。

    答案：错

12. 在乘坐公共汽车时不得向车外抛洒物品。

    答案：对

13. 行人进行锻炼时可以在道路上进行。

    答案：错

14. 横过道路时应当加速通过或忽前忽后避让车辆。

    答案：错

15. 骑自行车遇有黄灯亮时，已经越过停止线的可以继续通行。

    答案：对

16. 乘坐两轮摩托车应当正向骑坐。

答案：对

17. 方向指示信号灯的箭头方向向左、向上、向右分别表示左转、直行、右转。

答案：对

18. 闪光信号灯为持续闪烁的黄灯，指示车辆、行人通过时注意瞭望，确认安全后通过。

答案：对

19. 人员出行时可以坐在货车车厢内。

答案：错

20. 轻便摩托车不得载人。

答案：对

21. 驾驶自行车、电动自行车、三轮车横过机动车道的，应当下车推行。

答案：对

22. 驾驶电动自行车必须年满16周岁。

答案：对

23. 驾驶自行车转弯时应当伸手示意。

答案：对

24. 驾驶自行车转弯时应当加速行驶尽快通过转弯路口。

答案：错

25. 驾驶自行车超越前车时不得妨碍被超越的车辆行驶。

答案：对

26. 驾驶自行车转弯时应当在伸手示意后突然猛拐。

答案：错

27. 如果驾驶自行车的水平很高可以双手离把行驶。

答案：错

28. 驾驶自行车时可以攀扶其他车辆节省体力。

答案：错

29. 同伴的自行车坏了可以自己骑车牵引。

答案：错

30. 驾驶自行车只要制动好，其他机件坏了照样可以上路行驶。

答案：错

31. 自己不会骑自行车，所以让别人在道路上教你学骑自行车。

答案：错

32. 驾驶自行车时不得扶身并行、互相追逐或者曲折竞驶。

答案：对

33. 行人在道路上通行，可以3人以上并行。

答案：错

34. 外出乘车时可以从出租车的左侧上下车。

答案：错

35. 学生接送车辆驾驶室副座不准乘坐中小学生。

答案：对

36. 行人不得在机动车道上拦乘机动车。

答案：对

37. 乘坐轮摩托车应当按规定戴安全头盔，乘坐两轮摩托车应当侧坐。

答案：错

38. 行人在没有交通信号灯和人行横道的路口应跑步快速通过。

答案：错

39. 夜间当路口红灯不停闪烁时，表示车辆和行人必须让行。

答案：对

40. 当路口信号灯为红灯和黄灯同时亮时，它表示的是道路畅通快速通过。

答案：错

41. 骑自行车通过没有非机动车信号灯的路口应按机动车信号灯指示通过。

答案：对

42. 骑车人转弯前应当减速慢行，伸手示意，不得突然猛拐，超越前车时不得妨碍被超越车辆的行驶。

答案：对

43. 夜间机动车发生故障不能行驶时，除白天应遵守的规定外，还要开启前照灯、示廓灯、后位灯并开启危险报警闪光灯。

答案：对

44. 黄灯持续闪烁时表示车辆、行人须注意瞭望，确认安全后通过。

答案：对

45. 当你不慎在道路上发生交通事故时，你首先应该做的是与对方当事论理。

答案：错

46.《中华人民共和国道路交通安全法》的立法目的是加强机动车管理。

答案：错

47. 凡在中华人民共和国境内道路上通行的车辆驾驶人、行人、乘车人，都必须遵守《中华人民共和国道路交通安全法》。

答案：对

48. 在中华人民共和国境内与道路交通活动有关的单位和个人，都必须遵守《中华人民共和国道路交通安全法》。

答案：对

49. 在道路上通行的行人、乘车人，应参照执行《中华人民共和国道路交通安全法》。

答案：错

50. 机动车未悬挂号牌，可以上道路行驶。

答案：错

51. 机动车未放置检验合格标志，可以上道路行驶。

答案：错

52. 机动车未放置保险标志，可以上道路行驶。

答案：错

53. 驾驶机动车上道路行驶，须随车携带机动车行驶证。

答案：对

54. 机动车号牌应当按照规定悬挂并保持清晰、完整，不得故意遮挡、污损。

答案：对

55. 任何单位和个人不得收缴、扣留机动车号牌。

答案：对

56. 应当报废的机动车必须及时办理注销登记。

答案：对

57. 机动车可根据个人需要安装警报器或者标志灯具。

答案：错

58. 任何单位或者个人不得拼装机动车。

答案：对

59. 专业维修企业可以改变机动车型号、发动机号、车架号。

答案：错

60. 专业维修企业可以改变车辆识别代号。

答案：错

61. 任何单位或者个人不得伪造、变造机动车登记证书、号牌、行驶证、检验合格标志、保险标志。

答案：对

62. 经运输企业批准可以使用变造的机动车登记证书、号牌、行驶证、检验合格标志、保险标志。

答案：错

63. 单位或者个人可以临时使用其他机动车的检验合格标志、保险标志上路行驶。

答案：错

64. 单位或者个人不可以临时使用其他机动车的检验合格标志、保险标志上路行驶。

答案：对

65. 机动车驾驶人必须经过公安机关交通管理部门考试合格，领取驾驶证，方准在道路上驾驶机动车。

答案：对

66. 持有境外机动车驾驶证的人，经公安机关交通管理部门考核合格的，可以发给中国的机动车驾驶证。

答案：对

67. 不得驾驶安全设施不全或者机件不符合技术标准等具有安全隐患的机动车。

答案：对

68. 饮酒未醉时，可以驾驶机动车。

答案：错

69. 全国实行统一的道路交通信号。

答案：对

70. 道路划分为机动车道、非机动车道和人行道的，机动车、非机动车、行人实行分道通行。

答案：对

71. 道路划设专用车道的，在专用车道内，其他车辆可以借道超车。

答案：错

72. 小型机动车可以超越执行紧急任务的警车。

答案：错

73. 机动车行经交叉路口，不得超车。

答案：对

74. 机动车行经弯道时，在保证不发生事故的前提下可以迅速超车。

答案：错

75. 机动车通过交叉路口，应当按照交通信号通过。

答案：对

76. 道路养护车辆、工程作业车进行作业时，其他车辆不用让行。

答案：错

77. 机动车在道路上临时停车的，不得妨碍其他车辆和行人通行。

答案：对

78. 设计最高时速低于70km的机动车，允许进入高速公路。

答案：错

79. 机动车在高速公路上发生故障时，车上人员应当迅速转移到故障车前方躲避。

答案：错

80. “酒后”一般指饮用各种白酒、啤酒、果酒后4h以内。

答案：错

81. 车辆在支、干不分的情况下，非机动车让机动车先行。

答案：错

82. 在道路上发生交通事故，造成人身伤亡的，车辆驾驶人因抢救受伤人员变动现场的，应当标明位置。

答案：对

83. 对道路交通安全违法行为的处罚种类包括警告、罚款、暂扣或者吊销驾驶证。

答案：对

84. 机动车除驾驶室和车厢外，其他任何部位不准载人。

答案：对

85. 驾驶人可以驾驶拼装的机动车或者已达到报废标准的机动车临时上道路行驶。

答案：错

86. 违反道路交通安全法律、法规的规定，发生重大交通事故，构成犯罪的，依法追究刑事责任，并由公安机关交通管理部门吊销驾驶证。

答案：对

87. 造成交通事故后逃逸的，由公安机关交通管理部门吊销机动车驾驶证，且终生不得重新取得机动车驾驶证。

答案：对

88. 违章当事人到期不缴纳罚款的，做出行政处罚决定的行政机关可以每日按罚款数额的3%加处罚款。

答案：对

89.《中华人民共和国道路交通安全法》中所称的“道路”是指公路、城市道路和虽在单位管辖范围但允许社会机动车通行的地方。

答案：对

90. 广场、公共停车场等用于公众通行的场所，不属于《中华人民共和国道路交通安全法》中所称的“道路”。

答案：对

91.《中华人民共和国道路交通安全法》中所称的“交通事故”是指车辆在道路上因过错或者意外造成的人身伤亡或者财产损失的事件。

答案：对

92. 已注册登记的机动车更换发动机的，机动车所有人应当向登记该机动车的公安机关交通管理部门申请变更登记。

答案：对

93. 已注册登记的机动车更换车身或者车架的，机动车所有人应当向登记该机动车的公安机关交通管理部门申请变更登记。

答案：对

94. 申请机动车转移登记时，当事人应当向登记该机动车的公安机关交通管理部门交验机动车。

答案：对

95. 在实习期内驾驶机动车的，应当在车身后部粘贴或者悬挂统一式样的实习标志。

答案：对

96. 机动车驾驶人在实习期内，可以驾驶执行任务的警车、消防车、工程救险车和救护车辆。

答案：错

97. 机动车驾驶人实习期内，可以在正式驾驶人监督指导下驾驶载运危险品的车辆。

答案：错

98. 机动车驾驶人在1个记分周期内记分未达到12分，所处罚款已经缴纳的，记分予以剔除。

答案：对

99. 机动车驾驶人在1个记分周期内记分虽未达到12分，但尚有罚款未缴纳的，记分也予以清除。

答案：错

100. 机动车驾驶人的驾驶证丢失，仍然可以驾驶机动车。

答案：错

2.4 简答题

1.《中华人民共和国道路交通安全法》的立法目的和宗旨是什么？

答案：维护道路交通秩序，预防和减少交通事故，保护人身安全，保护公民、法人和其他组织的财产安全及其他合法权益，提高通行效率。

2. 道路交通安全工作应当遵循的基本原则是什么？

答案：依法管理，按方便群众的原则保障道路交通有序、安全、畅通。

3.《中华人民共和国道路交通安全法》的效力范围是如何规定的？

答案：中华人民共和国境内的车辆驾驶人、行人、乘车人以及与道路交通活动有关的单位和个人都应当遵守本法。

4. 申请机动车登记应当提交哪些证明、凭证？

答案：①机动车所有人的身份证明；②机动车来历证明；③机动车整车出厂合格证明或者进口机动车进口凭证；④车辆购置税的完税证明或者免税凭证；⑤法律、行政法规规定应当在机动车登记时提交的其他证明、凭证。

5. 机动车上道路行驶应当悬挂和携带哪些标志和牌证？

答案：悬挂机动车号牌，放置检验合格标志、保险标志、随车携带机动车行驶证。

6. 机动车定期进行安全技术检验应当提供哪些凭证？

答案：机动车行驶证和机动车第三者责任强制保险单。

7. 达到报废标准的哪些车辆应在公安交管部门的监督下解体？

答案：大型客、货车及其他营运车辆应当在公安交管部门的监督下解体。

8. 道路交通安全法规定的特种车辆是哪几种？

答案：共 4 种，即警车、消防车、救护车、工程救险车。

9. 非机动车哪些方面应当符合安全技术标准？

答案：非机动车的外形尺寸、质量、制动器、车铃和夜间反光装置应当符合安全技术标准。

10. 道路交通信号包括哪些内容？

答案：交通信号包括交通信号灯、交通标志、交通标线和交通警察的指挥。

11. 交通信号灯由哪几种颜色构成，分别表达何种意义？

答案：交通信号灯由红灯、绿灯、黄灯组成。红灯表示禁止通行，绿灯表示准许通行，黄灯表示警示。

12. 公安机关交通管理部门发现已经投入使用的道路存在着严重的事故隐患，应该怎么办？

答案：及时向当地人民政府报告，并提出防范交通事故、消除隐患的建议，当地人民政府应当及时做出处理决定。

13. 设计最高时速低于多少的不得进入高速公路，高速公路限速标志标明的最高时速不得超过多少千米？

答案： 设计最高时速低于 70km 的机动车不得进入高速公路；高速公路限速标志标明的最高时速不得超过 120km。

14. 在没有划分机动车道、非机动车道、人行道的道路上，如何通行？

答案： 机动车在道路中间通行，非机动车和行人在道路两侧通行。

15. 道路划设专用车道的，如何通行？

答案： 道路划设专用车道的，在专用车道内，只准许规定的车辆通行，其他车辆不得进入专用车道内行驶。

16. 遇有交通警察现场指挥时，车辆、行人应当怎样通行？

答案： 遇有交通警察现场指挥时，应当按照交通警察的指挥通行。

17. 在没有交通信号的道路上，车辆、行人应在什么原则下通行？

答案： 应当在确保安全、畅通的原则下通行。

18. 机动车上道行驶，在行车速度上应当遵守哪些规定？

答案： 机动车上道行驶，不得超过限速标志标明的最高时速。在没有限速标志的路段，应当保持安全距离。夜间行驶或者容易发生危险的路段行驶，以及遇有沙尘、冰雹、雨、雪、雾、结冰等气象条件时，应当降低行驶速度。

19. 机动车在哪些情形下不得超车？

答案： ①前车正在左转弯、掉头、超车的；②与对面来车有会车可能的；③前车为执行紧急任务的警车、消防车、救护车、工程抢险车的；④行经铁路道口、交叉路、窄桥、弯道、陡坡、隧道、人行横道、市区交通流量大的路段等没有超车条件的。

20. 机动车通过交叉路口，应该怎么做？

答案： 机动车通过交叉路口，应当按照交通信号灯、交通标志、交通标线或者交通警察的指挥通过；通过没有交通信号灯、交通标志、交通标线或者交通警察指挥的交叉路口时，应当减速慢行，并让行人和优先通行的车辆先行。

21. 机动车行驶中遇有前方车辆停车排队或者行驶缓慢时应遵守哪些规定?

答案: 机动车遇有前方车辆停车排队等候或者缓慢行驶时，不得借道超车或者占用对面车道，不得穿插等候的车辆。

22. 机动车在车道减少的路段、路口，或者在没有交通信号灯、交通标志、交通标线或者交通警察指挥的交叉路口遇到停车排队等候或者缓慢行驶时，应遵守哪些规定?

答案: 机动车应当依次交替通行。

23. 机动车通过铁路道口时，应当怎样通过?

答案: 机动车通过铁路道口时，应当按照交通信号或者管理人员的指挥通行；没有交通信号或者管理人员的，应当减速或者停车，在确认安全后通过。

24. 机动车行经人行横道时应当采取什么措施?

答案: 机动车行经人行横道时，应当减速行驶；遇行人正在通过人行横道，应当停车让行。机动车行经没有交通信号的道路时，遇行人横过道路，应当避让。

25. 机动车载物应当遵守哪些规定?

答案: 机动车载物应当符合核定的载质量，严禁超载；载物的长、宽、高不得违反装载要求，不得遗洒、飘散载运物。

26. 机动车运载超限的不可解体的物品，影响交通安全的，应该怎么做?

答案: 机动车运载超限的不可解体的物品，影响交通安全的，应当按照公安机关交通管理部门指定的时间、路线、速度行驶，悬挂明显标志。在公路上运载超限的不可解体的物品，并应当依照公路法的规定执行。

27. 机动车载运爆炸物品、易燃易爆化学物品以及剧毒、放射性等危险物品，应当怎么做?

答案: 机动车载运爆炸物品、易燃易爆化学物品以及剧毒、放射性等危险物品，应当经公安机关批准后，按指定的时间、路线、速度行驶，悬挂警示标志并采取必要的安全措施。

28. 机动车在道路上发生故障，需要停车排除故障时，驾驶人应当怎么做?

答案: 机动车在道路上发生故障，需要停车排除故障时，驾驶人应当立即开启危险报警闪光灯，将机动车移至不妨碍交通的地方停放；难以移动的，应当持续开启危险报警闪光灯，并在来车方向设置警告标志等措施扩大示警距离，必要时迅速报警。

29. 执行紧急任务的特种车辆在确保安全的前提下，有哪些特殊通行权？

答案：可以使用警报器、标志灯具；在确保安全的前提下，不受行驶路线、行驶方向、行驶速度和信号灯的限制，其他车辆和行人应当让行。

30. 洒水车、清扫车作业时，在不影响其他车辆通行的情况下，有何特殊通行权？

答案：不受车辆分道行驶的限制，但是不得逆向行驶。

31. 工程作业车进行作业时，在不影响过往车辆通行的前提下，有何特殊通行权？

答案：工程作业车进行作业时，在不影响过往车辆通行的前提下，其行驶路线和方向不受交通标志、标线限制，过往车辆和人员应当注意避让。

32. 机动车在高速公路上发生故障时应该怎么办？

答案：①立即开启危险报警闪光灯，将车移至不妨碍交通的地方停放；②在来车方向150m以外设置警告标志；③车上人员应当迅速转移到右侧路肩上或者应急车道内，并迅速报警。

33. 在什么情况下可以在高速公路上拦截行驶的车辆？

答案：除公安机关的人民警察依法执行紧急公务外，任何单位、个人不得在高速公路上拦截检查行驶的车辆。

34. 在道路上发生交通事故后，驾驶人应该如何处置？

答案：在道路上发生交通事故，车辆驾驶人应当立即停车，保护现场；造成人身伤亡的，车辆驾驶人应当立即抢救受伤人员，并迅速报告执勤的交通警察或者公安机关交通管理部门。因抢救受伤人员变动现场的，应当标明位置。

35. 在道路上发生交通事故，仅造成轻微财产损失的，并且基本事实清楚的，当事人应当怎么办？

答案：当事人应当先撤离现场，再进行协商处理。

36. 对交通事故损害赔偿的争议，当事人可以怎么做？

答案：（1）对交通事故损害赔偿的争议，当事人可以请求公安机关交通管理部门调解，也可以直接向人民法院提起民事诉讼。

（2）经公安机关交通管理部门调解，当事人未达成协议或者调解书生效后不履行的，当事人可以向人民法院提起民事诉讼。

37. 交通事故认定书应当载明哪些内容？

答案：应载明交通事故的基本事实、形成原因和当事人的责任。

38. 机动车之间发生交通事故的，如何承担赔偿责任？

答案：由保险公司在机动车第三者责任强制保险责任限额范围内予以赔偿；不足部分的，由过错的一方承担赔偿责任；双方都有过错的，按照各自过错的比例分担责任。

39. 机动车与非机动车驾驶人、行人之间发生交通事故的，如何承担赔偿责任？

答案：由保险公司在机动车第三者责任强制保险责任限额范围内予以赔偿；不足部分，如果是非机动车驾驶人、行人没有过错的，由机动车一方承担赔偿责任；如果是有证据证明非机动车驾驶人、行人有过错的，根据过错程度适当减轻机动车一方的赔偿责任；如果是机动车一方没有过错的，承担不超过10%的赔偿责任。交通事故的损失是由非机动车驾驶人、行人故意碰撞机动车造成的，机动车一方不承担赔偿责任。

40. 对道路交通安全违法行为的处罚种类有哪些？

答案：警告、罚款、暂扣或吊销机动车驾驶证、拘留。

41. 行人、乘车人、非机动车驾驶人违反道路交通安全法律法规关于道路通行规定的，罚款数额是如何规定的？

答案：5元以上50元以下罚款。非机动车驾驶人拒绝接受罚款处罚的，可以扣留其非机动车。

42. 饮酒后驾驶机动车的，怎样处罚？

答案：饮酒后驾驶机动车的，处暂扣6个月机动车驾驶证，并处1000元以上2000元以下罚款。因饮酒后驾驶机动车被处罚，再次饮酒后驾驶机动车的，处10日以下拘留，并处1000元以上2000元以下罚款，吊销机动车驾驶证。

43. 醉酒驾驶机动车的，怎样处罚？

答案：醉酒驾驶机动车的，由公安机关交通管理部门约束至酒醒，吊销机动车驾驶证，依法追究刑事责任；5年内不得重新取得机动车驾驶证。

44. 公路客运车辆载客超载的怎么处罚?

答案: 公路客运车辆载客超过额定乘员的，处200元以上500元以下罚款；超过额定乘员20%或者违反规定载货的，处500元以上2000元以下罚款。

45. 伪造、变造或者使用伪造、变造的机动车登记证书、号牌、行驶证、驾驶证的，会受到什么处罚?

答案: 由公安机关交通管理部门予以收缴，扣留该机动车，处15日以下拘留，并处2000元以上5000元以下罚款；构成犯罪的，依法追究刑事责任。

46. 非法安装警报器、标志灯具的，会受到什么处罚?

答案: 由公安机关交通管理部门强制拆除，予以收缴，并处200元以上2000元以下罚款。

47. 对6个月内发生两次以上特大交通事故负有主要责任或者全部责任的专业运输单位，怎么处置?

答案: 由公安机关交通管理部门责令消除安全隐患，未消除安全隐患的机动车，禁止上道路行驶。

48. 行政处罚决定书应当载明哪些内容?

答案: 行政处罚决定书应当载明当事人的违法事实、行政处罚的依据、处罚内容、时间、地点以及处罚机关名称，并由执法人员签名或者盖章。

49. 机动车的登记分为哪几种?

答案: 分为注册登记、变更登记、转移登记、抵押登记和注销登记。

50. 申请机动车注册登记，应当交验机动车，并提交哪些证明、凭证?

答案: ①机动车所有人的身份证明；②购车发票等机动车来历证明；③机动车整车出厂合格证明或者进口机动车进口凭证；④车辆购置税完税证明或者免税凭证；⑤机动车第三者责任强制保险凭证；⑥法律、行政法规规定应当在机动车注册登记时提交的其他证明、凭证。

不属于国务院机动车产品主管部门规定免予安全技术检验的车型的，还应当提供机动车安全技术检验合格证明。

51. 已注册登记的机动车有哪些情形的，机动车所有人应当向登记该机动车的公安机关交通管理部门申请变更登记？

答案：①改变机动车车身颜色的；②更换发动机的；③更换车身或者车架的；④因质量有问题，制造厂更换整车的；⑤营运机动车改为非营运机动车或者非营运机动车改为营运机动车的；⑥机动车所有人的住所迁出或者迁入公安机关交通管理部门管辖区域的。

52. 申请机动车转移登记，当事人除了应当向登记该机动车的公安机关交通管理部门交验机动车，还应提交哪些证明、凭证？

答案：①当事人的身份证明；②机动车所有权转移的证明、凭证；③机动车登记证书；④机动车行驶证。

53. 已注册登记的机动车达到国家规定的强制报废标准的，机动车所有人应当怎么做？

答案：机动车所有人应当在报废期满前将机动车交售给机动车回收企业，由机动车回收企业将报废的机动车登记证书、号牌、行驶证交公安机关交通管理部门注销。机动车所有人逾期不办理注销登记的，公安机关交通管理部门应当公告该机动车登记证书、号牌、行驶证作废。

54. 机动车登记证书、号牌、行驶证丢失或者损毁，机动车所有人应该怎么办？

答案：应当向公安机关交通管理部门提交本人身份证明和申请材料，申请补发。

55. 机动车号牌应当怎样正确悬挂？

答案：机动车号牌应当悬挂在车前、车后指定位置，保持清晰、完整。

56. 机动车检验合格标志、保险标志应当怎样正确粘贴？

答案：机动车检验合格标志、保险标志应当粘贴在机动车前窗右上角。

57. 机动车安全技术检验由什么机构实施？

答案：机动车安全技术检验由机动车安全技术检验机构实施。

58. 机动车安全技术检验项目由哪些部门规定？

答案：机动车安全技术检验项目由国务院公安部门会同国务院质量技术监督部门规定。

59. 哪个部门负责对机动车安全技术检验机构实行资格管理和计量认证管理？

答案：质量技术监督部门负责对机动车安全技术检验机构实行资格管理和计量认证管理。

60. 营运载客汽车进行安全技术检验期限是怎样规定的？

答案：营运载客汽车5年以内每年检验1次；超过5年的，每6个月检验1次。

2.5 案例题

1. 石某驾驶低速载货机动车，运载4.05t货物（核载1.2t）行驶至宁津县境内314省道51km加260m处，在越过道路中心线超越前方同向行驶的机动车时，与对向正常行驶的中型客车（乘载12人，核载11人）正面相撞，造成10人死亡、2人受伤。此事故中的违法行为是什么？

答案：①货车超载；②货车违法超车；③客车超员。

2. 张某驾驶车辆在高速公路上发生故障不能移动，开启危险报警闪光灯后下车，联系朋友李某驾驶私家车帮忙拖曳到应急车道。李某拖曳故障车的过程中，刘某驾驶货运车辆以每小时110km的速度驶来，导致三车相撞。这起事故中的违法行为有哪些？

答案：①李某用私家车拖曳故障车辆；②刘某超速行驶；③未在故障车辆后设置警示标志。

3. 周某夜间驾驶11座客车在没有路灯的城市道路上以90km/h的速度行驶，一直开启远光灯，在通过一窄路时，因加速抢道，导致对面驶来的一辆小客车撞上右侧护栏。周某的主要违法行为是什么？

答案：①不按规定会车；②超速行驶；③不按规定使用灯光。

4. 林某驾车以110km/h的速度在城市道路行驶，与一辆机动车追尾后弃车逃离被群众拦下。经鉴定，事发时林某血液中的酒精浓度为135.8mg/100ml。林某的主要违法行为是什么？

答案：①醉酒驾驶；②超速驾驶；③肇事逃逸。

5. 2009年8月10日0：40分，周某驾驶山东牌照解放牌大货车沿京沪高速公路由北向南行驶至事故地点时，遇王某驾驶的河北省牌照大货车停在应急车道内更换轮胎，苏某驾驶河北省牌照大货车将车停在王某车前，并下车帮助王某更换轮胎，周某将在第四车道内更换轮胎的王某、苏某、赵某撞倒后，又与王某车左侧前部相撞，之后周某又与苏车左后尾部及左后侧相撞，造成王某、苏某当场死亡，赵某、李某受伤，车辆损坏的交通事故。请问本次事故违反了《中华人民共和国道路交通安全法》哪些规定？

答案：（1）违反了《中华人民共和国道路交通安全法》第五十二条规定：机动车在道路上发生故障，需要停车排除故障时，驾驶人应当立即开启危险报警闪光灯，将机动车移至不妨碍交通的地方停放；难以移动的，应当持续开启危险报警闪光灯，并在来车方向设置警告标志等措施扩大示警距离，必要时迅速报警。

（2）违反了第六十八条规定：机动车在高速公路上发生故障时，应当依照本法第五十二条的有关规定办理；但是，警告标志应当设置在故障车来车方向150m以外，车上人员应当迅速转移到右侧路肩上或者应急车道内，并且迅速报警。机动车在高速公路上发生故障或者交通事故，无法正常行驶的，应当由救援车、清障车拖曳、牵引。

6. 2009年9月22日17时10分许，本市驾驶员陈某驾驶天津号牌的“宇通”牌大客车，沿××路由南向北行驶左转××道时，与在人行横道线上通过道路的行人王某发生碰撞，造成王某受伤后经医院抢救无效死亡。请问本次事故违反了《中华人民共和国道路交通安全法》哪条规定？

答案：违反了《中华人民共和国道路交通安全法》第四十七条规定：“机动车行经人行横道时，应当减速行驶；遇行人正在通过人行横道，应当停车让行。机动车行经没有交通信号的道路时，遇行人横过道路，应当避让”。

7. 驾驶员陈某醉酒后驾驶自家轿车沿津芦公路由西向东行驶至某金属制品有限公司门前时，因酒后处理情况不当，将公路南侧站立的行人李某、赵某撞倒，造成陈某、李某、赵某三人受伤，李某、赵某经抢救无效死亡。请问本次事故违反了《中华人民共和国道路交通安全法》哪条规定？

答案：违反了《中华人民共和国道路交通安全法》第二十二条的规定：“饮酒、服用国家管制的精神药品或者麻醉药品，或者患有妨碍安全驾驶机动车的疾病，或者过度疲劳影响安全驾驶的，不得驾驶机动车”。

8. 2019年2月8日14时许，董某驾驶小型轿车沿八官线由西向东行驶至洛宁县上戈镇杜河村路段处，超越前方同向行驶曲某军无机动车驾驶证驾驶的无号牌正三轮摩托车（后载卫某英、曲某波二人）时，未保持安全距离，致使两车相撞，造成曲某军、卫某英、曲某波三人受伤及车辆损坏的交通事故。经调查发现，董某驾驶机动车超车时，未与前车保持必要的安全距离，曲某军无机动车驾驶证驾驶无号牌三轮摩托车，违法载人。请分析此次事故中双方责任？

答案：（1）董某驾驶机动车超车时，未与前车保持必要的安全距离是造成事故的原因。董某负该起事故的主要责任。

（2）曲某军无机动车驾驶证驾驶无号牌三轮摩托车，违法载人，并未确保安全行驶是造成事故的原因。曲某军负该起事故的次要责任。

9. 2009年7月22日05时20分许，河北省驾驶员曹某驾驶客车，沿外环线由南向北行驶至交通路口道交口时遇红灯未停，因躲闪不及将正在由东向西正常通行的骑自行车人郑某撞倒，造成郑某当场死亡。请问本次事故违反了《中华人民共和国道路交通安全法》哪些规定？

答案：违反了《中华人民共和国道路交通安全法》的规定："机动车通过交叉路口，应当按照交通信号灯、交通标志、交通标线或者交通警察的指挥通过；通过没有交通信号灯、交通标志、交通标线或者交通警察指挥的交叉路口时，应当减速慢行，并让行人和优先通行的车辆先行"。

10. 2009年1月6日02时00分，石某驾驶辽宁省牌照客车以125km/h的速度沿京沈高速公路由西向东超速行驶至事故地点时，撞到尚某驾驶的北京牌照小型货车后尾部，后尚车先后撞到中心护栏、右侧护栏，仰翻在硬路肩起火，造成驾驶人石某、乘车人周某死亡，乘车人张某受伤，两车损坏的交通事故。请问本次事故违反了《中华人民共和国道路交通安全法》哪些规定？

答案：违反了《中华人民共和国道路交通安全法》第四十二条规定：机动车上道路行驶，不得超过限速标志标明的最高时速。在没有限速标志的路段，应当保持安全车速。

3. 安保（反恐）部分

3.1 单选题

1.《中华人民共和国反恐怖主义法》于（　　）会议通过。

（A）第十二届全国人民代表大会常务委员会第十八次

（B）第十一届全国人民代表大会常务委员会第十八次

（C）第十二届全国人民代表大会常务委员会第十六次

（D）第十一届全国人民代表大会常务委员会第十五次

答案：A

2. 为了防范和惩治恐怖活动，加强反恐怖主义工作，维护国家安全、公共安全和人民生命财产安全，根据（　　），制定《中华人民共和国反恐怖主义法》。

（A）宪法　（B）民法　（C）刑法　（D）军事法

答案：A

3.《反恐怖主义法》规定，国家不向任何恐怖活动（　　）做出妥协，不向任何恐怖活动人员提供庇护或者给予难民地位。

（A）单位和个人　（B）团体和企业　（C）组织和人员　（D）私企

答案：C

4. 国家反对一切形式的恐怖主义，依法取缔（　　）组织，对任何组织、策划、准备实施、实施恐怖活动，宣扬恐怖主义，煽动实施恐怖活动，组织、领导、参加恐怖活动组织，为恐怖活动提供帮助的，依法追究法律责任。

（A）单位和个人　（B）团体和企业　（C）恐怖活动　（D）恐怖组织

答案：C

5. 本法所称恐怖主义，是指通过暴力、破坏、恐吓等手段，制造社会恐慌、（　　）、侵犯人身财产，或者胁迫国家机关、国际组织，以实现其政治、意识形态等目的的主张和行为。

（A）危害公共安全　（B）危害地方　（C）社会动荡　（D）恐怖活动

答案：A

6. 恐怖活动，是指恐怖主义性质的下列行为：组织、策划、准备实施、实施造成或者意图造成人员伤亡、（　　）、公共设施损坏、社会秩序混乱等严重社会危害的活动的。

（A）物品损坏　（B）重大财产损失　（C）暴力破坏　（D）社会动荡

答案：B

7. 恐怖活动，是指恐怖主义性质的下列行为：组织、（　　）、参加恐怖活动组织的。

（A）组织　（B）领导　（C）参加　（D）实施

答案：B

8. 恐怖活动，是指恐怖主义性质的下列行为：为恐怖活动组织、恐怖活动人员、实施恐怖活动或者恐怖活动培训提供信息、（　　）、物资、劳务、技术、场所等支持、协助、便利的。

（A）货币　（B）现金　（C）资金　（D）存款

答案：C

9. 恐怖活动是指（　　）或者意图造成人员伤亡、重大财产损失、公共设施损坏、社会秩序混乱等严重社会危害的活动的行为。

（A）组织、策划、准备实施、实施造成　（B）组织、策划

（C）准备实施、实施　（D）准备策划

答案：A

10. 恐怖活动是指宣扬（　　），煽动实施恐怖活动，或者非法持有宣扬恐怖主义的物品，强制他人在公共场所穿戴宣扬恐怖主义的服饰、标志的行为。

（A）恐怖主义　（B）极端主义　（C）拜金主义　（D）享乐主义

答案：A

11. 恐怖活动是指（　　）恐怖活动组织的行为。

（A）组织、领导、参加　（B）组织

（C）领导、参加　（D）领导

答案：A

12. 为恐怖活动组织、恐怖活动人员、实施恐怖活动或者恐怖活动培训提供（　　）等支持、协助、便利的行为属恐怖活动。

（A）技术、场所

（B）信息、资金

（C）信息、资金、物资、劳务、技术、场所

（D）技术、场所

答案：C

13. 恐怖活动组织，是指（　　）以上为实施恐怖活动而组成的犯罪组织。

（A）2人　（B）3人　（C）4人　（D）5人

答案：B

14.（　　），是指实施恐怖活动的人和恐怖活动组织的成员。

（A）待业人员　（B）社会闲散人员　（C）恐怖活动人员　（D）公务人员

答案：C

15.（　　），是指正在发生或者已经发生的造成或者可能造成重大社会危害的恐怖活动。

（A）危急事件　（B）慈善时间　（C）恐怖事件　（D）救援事件

答案：C

16. 国家将反恐怖主义纳入国家（　　），综合施策，标本兼治，加强反恐怖主义的能力建设，运用政治、经济、法律、文化、教育、外交、军事等手段，开展反恐怖主义工作。

（A）政治战略　（B）国防战略　（C）安全战略　（D）对外战略

答案：C

17. 国家反对一切形式的以歪曲（　　）或者其他方法煽动仇恨、煽动歧视、鼓吹暴力等极端主义，消除恐怖主义的思想基础。

（A）佛教教义　（B）道教教义　（C）宗教教义　（D）共产主义

答案：C

18. 反恐怖主义工作坚持专门工作与（　　）相结合，防范为主、惩防结合和先发制敌、保持主动的原则。

（A）百姓路线　（B）群众路线　（C）政治路线　（D）革命路线

答案：B

19. 反恐怖主义工作应当（　　），尊重和保障人权，维护公民和组织的合法权益。

（A）依规进行　（B）依理进行　（C）依法进行　（D）持续进行

答案：C

20. 在反恐怖主义工作中，应当尊重公民的（　　）习惯，禁止任何基于地域、民族、宗教等理由的歧视性做法。

（A）宗教信仰自由　（B）民族风俗

（C）宗教信仰自由和民族风俗　（D）精神自由

答案：C

21.（　　）工作应当依法进行，尊重和保障人权，维护公民和组织的合法权益。

（A）反恐　（B）反恐工作　（C）反暴力　（D）反恐怖主义

答案：D

22. 反恐怖主义工作应当依法进行，尊重和保障人权，（　　）公民和组织的合法权益。

（A）尊重　（B）保障　（C）尊重和保障　（D）维护

答案：D

23. 在反恐怖主义工作中，应当（　　）公民的宗教信仰自由和民族风俗习惯，禁止任何基于地域、民族、宗教等理由的歧视性做法。

（A）保障　（B）尊敬　（C）按照　（D）尊重

答案：D

24.（　　）设立反恐怖主义工作领导机构，统一领导和指挥全国反恐怖主义工作。

（A）国家　（B）省级　（C）县级　（D）市级

答案：A

25. 国家设立反恐怖主义工作领导机构，统一领导和指挥全国（　　）工作。

（A）反拜金主义　（B）反极端主义　（C）享乐主义　（D）反恐怖主义

答案：D

26. 设区的市级以上地方人民政府设立反恐怖主义工作（　　），县级人民政府根据需要设立反恐怖主义工作领导机构，在上级反恐怖主义工作领导机构的领导和指挥下，负责本地区反恐怖主义工作。

（A）单位　（B）小组　（C）领导机构　（D）办公室

答案：C

27. 设区的市级以上地方（　　）设立反恐怖主义工作领导机构，县级人民政府根据需要设立反恐怖主义工作领导机构，在上级反恐怖主义工作领导机构的领导和指挥下，负责本地区反恐怖主义工作。

（A）人民检察院　（B）人民法院　（C）人民政府　（D）人民部队

答案：C

28. 公安机关、国家安全机关和（　　）、司法行政机关以及其他有关国家机关，应当根据分工，实行工作责任制，依法做好反恐怖主义工作。

（A）人民检察院、人民法院　（B）人民检察院

（C）人民法院　（D）人民部队

答案：A

29. 公安机关、国家安全机关和人民检察院、人民法院、司法行政机关以及其他有关国家机关，应当根据分工，实行（　　），依法做好反恐怖主义工作。

（A）工作责任制　（B）任务均分制　（C）全日制　（D）分片制

答案：A

30. 中国人民解放军、中国人民武装警察部队和（　　）组织依照本法和其他有关法律、行政法规、军事法规以及国务院、中央军事委员会的命令，并根据反恐怖主义工作领导机构的部署，防范和处置恐怖活动。

（A）民兵　（B）特种兵　（C）女兵　（D）空军

答案：A

31. 有关部门应当建立（　　），依靠、动员村民委员会、居民委员会、企业事业单位、社会组织，共同开展反恐怖主义工作。

（A）联动配合机制（B）联动机制　（C）配合机制　（D）联合机制

答案：A

32. 有关部门应当建立联动配合机制，（　　）村民委员会、居民委员会、企业事业单位、社会组织，共同开展反恐怖主义工作。

（A）依靠、动员　（B）依靠　（C）动员　（D）配合

答案：A

33. 有关部门应当建立联动配合机制，依靠、动员（　　）、企业事业单位、社会组织，共同开展反恐怖主义工作。

（A）村民委员会、居民委员会　　（B）村民委员会
（C）居民委员会　　（D）村民

答案：A

34. 有关部门应当建立联动配合（　　），依靠、动员村民委员会、居民委员会、企业事业单位、社会组织，共同开展反恐怖主义工作。

（A）管理机构　　（B）组织　　（C）机制　　（D）办法

答案：C

35. 任何（　　）都有协助、配合有关部门开展反恐怖主义工作的义务，发现恐怖活动嫌疑或者恐怖活动嫌疑人员的，应当及时向公安机关或者有关部门报告。

（A）个人　　（B）单位和个人　　（C）单位　　（D）个企

答案：B

36. 对举报恐怖活动或者协助防范、（　　）恐怖活动有突出贡献的单位和个人，以及在反恐怖主义工作中做出其他突出贡献的单位和个人，按照国家有关规定给予表彰、奖励。

（A）停止　　（B）制止　　（C）组织　　（D）阻止

答案：B

37. 对在中华人民共和国（　　）对中华人民共和国国家、公民或者机构实施的恐怖活动犯罪，或者实施的中华人民共和国缔结、参加的国际条约所规定的恐怖活动犯罪，中华人民共和国行使刑事管辖权，依法追究刑事责任。

（A）领域外　　（B）领域内　　（C）领土外　　（D）领土内

答案：A

38. 国家反恐怖主义工作领导机构根据《反恐怖主义法》（　　）的规定，认定恐怖活动组织和人员，由国家反恐怖主义工作领导机构的办事机构予以公告。

（A）第一条　　（B）第三条　　（C）第二条　　（D）第四条

答案：B

39. 国务院公安部门、国家安全部门、外交部门和（　　）反恐怖主义工作领导机构对于需要认定恐怖活动组织和人员的，应当向国家反恐怖主义工作领导机构提出申请。

（A）县级　　（B）市级　　（C）省级　　（D）国家级

答案：C

40. 金融机构和特定非金融机构对国家反恐怖主义工作领导机构的办事机构公告的恐怖活动组织和人员的资金或者其他资产，应当立即予以冻结，并按照规定及时向

国务院公安部门、（　　）和反洗钱行政主管部门报告。

（A）国务院　（B）国家安全部门

（C）国务院公安部门　（D）省相关部门

答案：B

41. 被认定的恐怖活动（　　）对认定不服的，可以通过国家反恐怖主义工作领导机构的办事机构申请复核。国家反恐怖主义工作领导机构应当及时进行复核，做出维持或者撤销认定的决定。复核决定为最终决定。

（A）组织　（B）组织和人员　（C）人员　（D）成分

答案：B

42. 国家反恐怖主义工作（　　）做出撤销认定的决定的，由国家反恐怖主义工作领导机构的办事机构予以公告；资金、资产已被冻结的，应当解除冻结。

（A）执行机构　（B）领导机构　（C）办事机构　（D）国家机构

答案：B

43. 根据（　　）诉讼法的规定，有管辖权的中级以上人民法院在审判刑事案件的过程中，可以依法认定恐怖活动组织和人员。对于在判决生效后需要由国家反恐怖主义工作领导机构的办事机构予以公告的，适用《反恐怖主义法》的有关规定。

（A）刑事　（B）民事　（C）军事　（D）国家

答案：A

44. 各级（　　）和有关部门应当组织开展反恐怖主义宣传教育，提高公民的反恐怖主义意识。

（A）人民法院　（B）人民政府　（C）人民检察院　（D）人民警察

答案：B

45. （　　）资源行政主管部门和学校、有关职业培训机构应当将恐怖活动预防、应急知识纳入教育、教学、培训的内容。

（A）教育、人力　（B）人力　（C）教育　（D）教学

答案：A

46. 教育、人力资源行政主管部门和学校、有关职业培训机构应当将恐怖活动预防、应急知识纳入（　　）、培训的内容。

（A）教育、教学　（B）教育　（C）教学　（D）人力

答案：C

47. 村民委员会、居民委员会应当协助（　　），加强反恐怖主义宣传教育。

（A）人民政府以及有关部门　（B）人民政府

（C）有关部门　（D）警察部门

答案：A

48. 各级人民政府和（　　）应当组织开展反恐怖主义宣传教育，提高公民的反恐怖主义意识。

（A）人民法院　（B）有关部门　（C）人民检察院　（D）社区

答案：B

49. 教育、（　　）行政主管部门和学校、有关职业培训机构应当将恐怖活动预防、应急知识纳入教育、教学、培训的内容。

（A）社会　（B）人力　（C）高校　（D）人力资源

答案：D

50. 新闻、（　　）、电视、文化、宗教、互联网等有关单位，应当有针对性地面向社会进行反恐怖主义宣传教育。

（A）广播　（B）宗教　（C）培训　（D）传播

答案：A

51. （　　）应当为公安机关、国家安全机关依法进行防范、调查恐怖活动提供技术接口和解密等技术支持和协助。

（A）互联网服务提供者　（B）电信业务经营者、互联网服务提供者

（C）电信业务经营者　（D）移动业务服务者

答案：B

52. 电信业务经营者、互联网服务提供者应当为（　　）依法进行防范、调查恐怖活动提供技术接口和解密等技术支持和协助。

（A）公安机关　（B）公安机关、国家安全机关

（C）国家安全机关　（D）检察机关

答案：B

53. 电信业务经营者、互联网服务提供者应当依照（　　）规定，落实网络安全、信息内容监督制度和安全技术防范措施，防止含有恐怖主义、极端主义内容的信息传播；发现含有恐怖主义、极端主义内容的信息的，应当立即停止传输，保存相关记录，删除相关信息，并向公安机关或者有关部门报告。

（A）法律　（B）法律、行政法规

（C）行政法规　（D）本条例

答案：B

54. 网信、电信、公安、国家安全等主管部门对含有（　　）内容的信息，应当按照职责分工，及时责令有关单位停止传输、删除相关信息，或者关闭相关网站、关停相关服务。有关单位应当立即执行，并保存相关记录，协助进行调查。对互联网上跨境传输的含有恐怖主义、极端主义内容的信息，电信主管部门应当采取技术措施，阻断传播。

（A）恐怖主义、极端主义　（B）恐怖主义

（C）极端主义　　　　　　　　（D）享乐主义

答案：A

55. 铁路、公路、水上、航空的货运和（　　）等物流运营单位应当实行安全查验制度，对客户身份进行查验，依照规定对运输、寄递物品进行安全检查或者开封验视。对禁止运输、寄递，存在重大安全隐患，或者客户拒绝安全查验的物品，不得运输、寄递。

（A）邮政　　（B）快递　　（C）邮政、快递　　（D）顺丰

答案：C

56. 铁路、公路、水上、航空的货运和邮政、快递等物流运营单位应当实行安全查验制度，对客户身份进行查验，依照规定对（　　）物品进行安全检查或者开封验视。对禁止运输、寄递，存在重大安全隐患，或者客户拒绝安全查验的物品，不得运输、寄递。

（A）运输　　（B）寄递　　（C）运输、寄递　　（D）快递

答案：C

57. 铁路、公路、水上、航空的货运和邮政、快递等物流运营单位，应当实行运输、（　　）、物品信息登记制度。

（A）寄客户身份　　（B）递客户身份　　（C）寄递客户身份　　（D）客户身份

答案：C

58. 铁路、公路、水上、航空的货运和邮政、快递等物流运营单位，应当实行运输、寄递客户身份、物品信息（　　）。

（A）抽检制度　　（B）注册制度　　（C）登记制度　　（D）普查制度

答案：C

59. 电信、互联网、金融、住宿、长途客运、机动车租赁等业务经营者、服务提供者，应当对客户身份进行查验。对（　　）或者拒绝身份查验的，不得提供服务。

（A）人员　　（B）群众　　（C）身份不明　　（D）身份证

答案：C

60. 生产和进口单位应当依照规定对枪支等武器、弹药、管制器具、危险化学品、民用爆炸物品、核与放射物品做出（　　）标识，对民用爆炸物品添加安检示踪标识物。

（A）物理追踪　　（B）电子追踪　　（C）安检示踪　　（D）持续追踪

答案：B

61. 生产和进口单位应当依照规定对枪支等武器、弹药、管制器具、危险化学品、民用爆炸物品、核与放射物品作出电子追踪标识，对（　　）添加安检示踪标识物。

（A）危险化学品　　（B）民用爆炸物品　　（C）核与放射物品　　（D）易燃易爆品

答案：B

62.（　　）应当依照规定对运营中的危险化学品、民用爆炸物品、核与放射物品的运输工具通过定位系统实行监控。

（A）执行单位　（B）运输单位　（C）管理单位　（D）国家机构

答案：B

63. 运输单位应当依照规定对运营中的危险化学品、民用爆炸物品、核与放射物品的运输工具通过（　　）实行监控。

（A）查找系统　（B）定位系统　（C）追踪系统　（D）跟踪系统

答案：B

64. 有关单位应当依照规定对传染病（　　）等物质实行严格的监督管理，严密防范传染病病原体等物质扩散或者流入非法渠道。

（A）抗体　（B）病原体　（C）衣原体　（D）蛋白质

答案：B

65. 有关单位应当依照规定对传染病病原体等物质实行严格的监督管理，严密防范传染病病原体等物质扩散或者流入（　　）渠道。

（A）合法　（B）非法　（C）大众　（D）违法

答案：B

66. 对管制器具、危险化学品、民用爆炸物品，国务院有关主管部门或者（　　）人民政府根据需要，在特定区域、特定时间，可以决定对生产、进出口、运输、销售、使用、报废实施管制，可以禁止使用现金、实物进行交易或者对交易活动做出其他限制。

（A）市级　（B）省级　（C）县级　（D）国家级

答案：B

67. 运输单位应当依照规定对运营中的危险化学品、（　　）、核与放射物品的运输工具通过定位系统实行监控。

（A）物品　（B）民用爆炸物品　（C）物资　（D）危化品

答案：B

68. 有关单位应当依照规定对传染病病原体等物质实行严格的监督管理，严密防范传染病病原体等物质扩散或者流入非法（　　）。

（A）道路　（B）路径　（C）渠道　（D）通道

答案：C

69. 发生枪支等武器、弹药、危险化学品、民用爆炸物品、核与放射物品、传染病病原体等物质被盗、被抢、丢失或者其他流失的情形，（　　）应当立即采取必要的控制措施，并立即向公安机关报告，同时依照规定向有关主管部门报告。公安机关接到报告后，应当及时开展调查。有关主管部门应当配合公安机关开展工作。

（A）其他单位　（B）监理单位　（C）案发单位　（D）国家单位

答案：C

70. 任何单位和个人不得非法制作、生产、储存、运输、进出口、销售、提供、购买、使用、持有、报废、销毁《反恐怖主义法》相关规定的（　　）。公安机关发现的，应当予以扣押；其他主管部门发现的，应当予以扣押，并立即通报公安机关；其他单位、个人发现的，应当立即向公安机关报告。

（A）物资　　（B）商品　　（C）货品　　（D）物品

答案：D

71. 国务院反洗钱行政主管部门、国务院有关部门、机构依法对（　　）履行反恐怖主义融资义务的情况进行监督管理。

（A）金融机构　　（B）非金融机构

（C）金融机构和特定非金融机构　　（D）财政机构

答案：C

72. 国务院反洗钱行政主管部门发现涉嫌（　　）融资的，可以依法进行调查，采取临时冻结措施。

（A）社会主义　　（B）极端主义　　（C）恐怖主义　　（D）享乐主义

答案：C

73. 审计、财政、税务等部门在依照法律、行政法规的规定对有关单位实施（　　）的过程中，发现资金流入流出涉嫌恐怖主义融资的，应当及时通报公安机关。

（A）监督　　（B）检查　　（C）监督检查　　（D）监察

答案：C

74. 海关在对进出境人员携带现金和无记名有价证券实施监管的过程中，发现涉嫌（　　）融资的，应当立即通报国务院反洗钱行政主管部门和有管辖权的公安机关。

（A）社会主义　　（B）极端主义　　（C）恐怖主义　　（D）享乐主义

答案：C

75. 地方（　　）人民政府制定、组织实施城乡规划，应当符合反恐怖主义工作的需要。

（A）各级　　（B）省级　　（C）地级　　（D）国家级

答案：A

76. 地方各级人民政府应当根据需要，组织、督促有关（　　）在主要道路、交通枢纽、城市公共区域的重点部位，配备、安装公共安全视频图像信息系统等防范恐怖袭击的技防、物防设备、设施。

（A）建设单位　　（B）设计单位　　（C）施工单位　　（D）管理单位

答案：A

77. 地方各级（　　）制定、组织实施城乡规划，应当符合反恐怖主义工作的需要。

（A）人民政府　　（B）办事处　　（C）人员　　（D）公务员

答案：A

78. 公安机关和有关部门对宣扬极端主义，利用（　　）危害公共安全、扰乱公共秩序、侵犯人身财产、妨害社会管理的，应当及时予以制止，依法追究法律责任。

（A）恐怖活动　（B）恐怖主义　（C）犯罪活动　（D）极端主义

答案：D

79. 公安机关发现（　　）活动的，应当责令立即停止，将有关人员强行带离现场并登记身份信息，对有关物品、资料予以收缴，对非法活动场所予以查封。

（A）极端主义　（B）恐怖活动　（C）恐怖主义　（D）犯罪活动

答案：A

80. 任何单位和个人发现宣扬（　　）的物品、资料、信息的，应当立即向公安机关报告。

（A）恐怖活动　（B）恐怖主义　（C）极端主义　（D）犯罪活动

答案：C

81. 公安机关和有关部门对宣扬极端主义，利用极端主义危害公共安全、扰乱公共秩序、侵犯人身财产、妨害（　　）的，应当及时予以制止，依法追究法律责任。

（A）公共秩序　（B）社会管理　（C）人身财产　（D）社会秩序

答案：B

82. 任何单位和个人发现宣扬极端主义的物品、资料、信息的，应当立即向（　　）报告。

（A）武警部队　（B）公安机关　（C）人民政府　（D）检查部门

答案：B

83. 对被教唆、胁迫、引诱参与恐怖活动、（　　）活动，或者参与恐怖活动、极端主义活动情节轻微，尚不构成犯罪的人员，公安机关应当组织有关部门、村民委员会、居民委员会、所在单位、就读学校、家庭和监护人对其进行帮教。

（A）极端主义　（B）恐怖主义　（C）社会主义　（D）享乐主义

答案：A

84. 监狱、看守所、社区矫正机构应当加强对服刑的恐怖活动罪犯和（　　）罪犯的管理、教育、矫正等工作。监狱、看守所对恐怖活动罪犯和极端主义罪犯，根据教育改造和维护监管秩序的需要，可以与普通刑事罪犯混合关押，也可以个别关押。

（A）极端主义　（B）恐怖主义　（C）社会主义　（D）享乐主义

答案：A

85. 对恐怖活动罪犯和极端主义罪犯被判处徒刑以上刑罚的，监狱、看守所应当在刑满释放前根据其犯罪性质、情节和社会危害程度，服刑期间的表现，释放后对所居住社区的影响等进行（　　）评估。

（A）社会危险性　（B）公共危险性　（C）社会可靠性　（D）社会不可靠性

答案：A

86. 罪犯服刑地的中级人民法院对于确有（　　）的，应当在罪犯刑满释放前做出责令其在刑满释放后接受安置教育的决定。决定书副本应当抄送同级人民检察院。被决定安置教育的人员对决定不服的，可以向上一级人民法院申请复议。

（A）社会危险性　（B）公共危险性　（C）社会可靠性　（D）公共可靠性

答案：A

87. 安置教育由省级人民政府组织实施。安置教育机构应当每年对被安置教育人员进行（　　），对于确有悔改表现，不致再危害社会的，应当及时提出解除安置教育的意见，报决定安置教育的中级人民法院做出决定。被安置教育人员有权申请解除安置教育。

（A）评估　（B）评定　（C）估计　（D）评审

答案：A

88. （　　）对安置教育的决定和执行实行监督。

（A）人民检察院　（B）人民政府　（C）公安机关　（D）政府机关

答案：A

89. 人民检察院对（　　）的决定和执行实行监督。

（A）安置教育　（B）培训教育　（C）教育　（D）犯罪人

答案：A

90. 公安机关应当会同有关部门，将遭受恐怖袭击的可能性（　　）以及遭受恐怖袭击可能造成重大的人身伤亡、财产损失或者社会影响的单位、场所、活动、设施等确定为防范恐怖袭击的重点目标，报本级反恐怖主义工作领导机构备案。

（A）一般　（B）较大　（C）较小　（D）最大

答案：B

91. 重点目标的管理单位应当履行下列职责：①制定防范和应对处置恐怖活动的预案、措施，定期进行（　　）；②建立反恐怖主义工作专项经费保障制度，配备、更新防范和处置设备、设施；③指定相关机构或者落实责任人员，明确岗位职责；④实行风险评估，实时监测安全威胁，完善内部安全管理；⑤定期向公安机关和有关部门报告防范措施落实情况。

（A）培训　（B）培训和演练　（C）演练　（D）培训

答案：B

92. 重点目标的管理单位应当根据城乡规划、相关标准和实际需要，对重点目标同步设计、同步建设、同步运行符合本法第（　　）条规定的技防、物防设备、设施。

（A）二十　（B）二十七　（C）二七　（D）十

答案：B

93. 重点目标的管理单位应当建立公共安全视频图像信息系统值班监看、信息保存使用、运行维护等（　　），保障相关系统正常运行。采集的视频图像信息保存期限不得少于90日。

（A）管理标准　（B）管理制度　（C）执行制度　（D）执行标准

答案：B

94. 对重点目标以外的涉及公共安全的（　　）、场所、活动、设施，其主管部门和管理单位应当依照法律、行政法规规定，建立健全安全管理制度，落实安全责任。

（A）管理机构　（B）其他单位　（C）执行单位　（D）政府机关

答案：B

95. 重点目标的管理单位应当对重要岗位人员进行安全背景审查。对有不适合情形的人员，应当调整（　　），并将有关情况通报公安机关。

（A）工作性质　（B）工作岗位　（C）工作地点　（D）工作位置

答案：B

96. 大型活动承办单位以及重点目标的管理单位应当依照规定，对进入（　　）活动场所、机场、火车站、码头、城市轨道交通站、公路长途客运站、口岸等重点目标的人员、物品和交通工具进行安全检查。发现违禁品和管制物品，应当予以扣留并立即向公安机关报告；发现涉嫌违法犯罪人员，应当立即向公安机关报告。

（A）中型　（B）大型　（C）小型　（D）最大型

答案：B

97. 对航空器、列车、船舶、城市轨道车辆、公共电汽车等公共交通运输工具，（　　）应当依照规定配备安保人员和相应设备、设施，加强安全检查和保卫工作。

（A）管理单位　（B）营运单位　（C）执行单位　（D）处置单位

答案：B

98. 公安机关和有关部门应当掌握重点目标的（　　），指导、监督重点目标的管理单位履行防范恐怖袭击的各项职责。

（A）重要动态　（B）基础信息和重要动态

（C）基础信息　（D）基础动态

答案：B

99. 公安机关、中国人民武装警察部队应当依照有关规定对重点目标进行（　　）、检查。

（A）巡逻　（B）警戒、巡逻　（C）警戒　（D）巡视

答案：B

100. 飞行管制、民用航空、公安等主管部门应当按照职责分工，加强（　　）和飞行活动管理，严密防范针对航空器或者利用飞行活动实施的恐怖活动。

（A）航空器　（B）空域、航空器　（C）空域　（D）海域

答案：B

101. 各级（　　）应当在重点国（边）境地段和口岸设置拦阻隔离网、视频图像采集和防越境报警设施。

（A）军事机关　　（B）人民政府和军事机关

（C）人民政府　　（D）武警部队

答案：B

102. 公安机关和中国人民解放军应当严密组织国（边）境巡逻，依照规定对（　　）国（边）境前沿、进出国（边）境管理区和国（边）境通道、口岸的人员、交通运输工具、物品，以及沿海沿边地区的船舶进行查验。

（A）抵　　（B）抵离　　（C）离　　（D）流动

答案：B

103. 出入境证件签发机关、出入境边防检查机关对恐怖活动人员和恐怖活动嫌疑人员，有权决定（　　）或者宣布其出境入境证件作废。

（A）不准其出境入境、不予签发出境入境证件

（B）不予签发出境入境证件

（C）不予签发出境入境证件

（D）扣押

答案：A

104. 海关、出入境边防检查机关发现（　　）嫌疑人员或者涉嫌恐怖活动物品的，应当依法扣留，并立即移送公安机关或者国家安全机关。

（A）恐怖活动　　（B）极端活动　　（C）恐怖袭击　　（D）极端袭击

答案：A

105. 检验检疫机关发现涉嫌恐怖活动物品的，应当依法（　　），并立即移送公安机关或者国家安全机关。

（A）扣留　　（B）扣除　　（C）保留　　（D）扣押

答案：A

106. 国务院外交、公安、国家安全、发展改革、工业和信息化、商务、旅游等（　　）应当建立境外投资合作、旅游等安全风险评估制度，对中国在境外的公民以及驻外机构、设施、财产加强安全保护，防范和应对恐怖袭击。

（A）主管部门　　（B）主要部门　　（C）管理部门　　（D）执行部门

答案：A

107. 驻外机构应当建立健全（　　），加强对有关人员、设施、财产的安全保护。

（A）安全防范制度和应对处置预案　　（B）应对处置预案

（C）安全防范制度　　（D）防护措施

答案：A

108. 国家反恐怖主义工作（　　）建立国家反恐怖主义情报中心，实行跨部门、跨地区情报信息工作机制，统筹反恐怖主义情报信息工作。

（A）执行机构　　（B）领导机构　　（C）管理机构　　（D）政府机构

答案：B

109. 有关部门应当加强反恐怖主义情报信息（　　）工作，对搜集的有关线索、人员、行动类情报信息，应当依照规定及时统一归口报送国家反恐怖主义情报中心。

（A）搜寻　　（B）搜集　　（C）收集　　（D）寻找

答案：B

110. 地方反恐怖主义工作领导机构应当建立跨部门（　　），组织开展反恐怖主义情报信息工作，对重要的情报信息，应当及时向上级反恐怖主义工作领导机构报告，对涉及其他地方的紧急情报信息，应当及时通报相关地方。

（A）情报信息排查机制　　（B）情报信息工作机制

（C）情报信息工作方法　　（D）情报中心

答案：B

111. 公安机关、国家安全机关和有关部门应当依靠群众，加强基层基础工作，建立（　　）情报信息工作力量，提高反恐怖主义情报信息工作能力。

（A）下层　　（B）基层　　（C）上层　　（D）高层

答案：B

112. 公安机关、国家安全机关、军事机关在其职责范围内，因反恐怖主义（　　）的需要，根据国家有关规定，经过严格的批准手续，可以采取技术侦察措施。

（A）情报收集工作（B）情报信息工作　（C）情报信息规整　（D）情报工作

答案：B

113. 依照前款规定获取的材料，只能用于（　　）应对处置和对恐怖活动犯罪、极端主义犯罪的侦查、起诉和审判，不得用于其他用途。

（A）社会主义　　（B）恐怖主义　　（C）极端主义　　（D）享乐主义

答案：B

114. 有关部门对于在《反恐怖主义法》（　　）规定的安全防范工作中获取的信息，应当根据国家反恐怖主义情报中心的要求，及时提供。

（A）第一章　　（B）第三章　　（C）第三节　　（D）第二节

答案：B

115. 国家反恐怖主义情报中心、地方反恐怖主义工作领导机构以及公安机关等有关部门应当对有关情报信息进行（　　）、核查、监控，认为有发生恐怖事件危险，需要采取相应的安全防范、应对处置措施的，应当及时通报有关部门和单位，并可以根据情况发出预警。有关部门和单位应当根据通报做好安全防范、应对处置工作。

（A）筛查　（B）筛查、研判　（C）研判　（D）研究

答案：B

116. 反恐怖主义工作领导机构、有关部门和单位、个人应当对履行反恐怖主义工作职责、义务过程中知悉的（　　）和个人隐私予以保密。

（A）商业秘密　（B）国家秘密、商业秘密

（C）国家秘密　（D）国家机密

答案：B

117. 违反规定泄露（　　）和个人隐私的，依法追究法律责任。

（A）商业秘密　（B）国家秘密、商业秘密

（C）国家秘密　（D）国家机密

答案：B

118. 公安机关接到恐怖活动嫌疑的报告或者发现恐怖活动嫌疑，需要（　　）的，应当迅速进行调查。

（A）调查　（B）调查核实　（C）核实　（D）调整

答案：B

119. 公安机关调查恐怖活动嫌疑，可以依照有关法律规定对嫌疑人员进行（　　）、传唤，可以提取或者采集肖像、指纹、虹膜图像等人体生物识别信息和血液、尿液、脱落细胞等生物样本，并留存其签名。

（A）盘问　（B）盘问、检查　（C）检查　（D）询问

答案：B

120. 公安机关调查（　　），可以通知了解有关情况的人员到公安机关或者其他地点接受询问。

（A）恐怖活动　（B）恐怖活动嫌疑　（C）活动嫌疑　（D）极端活动

答案：B

121. 公安机关调查恐怖活动嫌疑，有权向有关单位和个人收集、调取相关（　　）。有关单位和个人应当如实提供。

（A）信息　（B）信息和材料　（C）材料　（D）证据

答案：B

122. 公安机关调查恐怖活动嫌疑，经县级以上公安机关负责人批准，可以查询嫌疑人员的（　　）、债券、股票、基金份额等财产，可以采取查封、扣押、冻结措施。查封、扣押、冻结的期限不得超过2个月，情况复杂的，可以经上一级公安机关负责人批准延长1个月。

（A）存款　（B）存款、汇款　（C）汇款　（D）财产

答案：B

123. 公安机关调查恐怖活动嫌疑，经县级以上公安机关负责人批准，可以根据其危险程度，责令恐怖活动嫌疑人员遵守下列一项或者多项约束措施：（一）未经公安机关批准（　　）所居住的市、县或者指定的处所；（二）不得参加大型群众性活动或者从事特定的活动；（三）未经公安机关批准不得乘坐公共交通工具或者进入特定的场所；（四）不得与特定的人员会见或者通信；（五）定期向公安机关报告活动情况；（六）将护照等出入境证件、身份证件、驾驶证件交公安机关保存。公安机关可以采取电子监控、不定期检查等方式对其遵守约束措施的情况进行监督。采取前两款规定的约束措施的期限不得超过3个月。对不需要继续采取约束措施的，应当及时解除。

（A）离开　（B）走出　（C）不得离开　（D）擅自离开

答案：C

124. 公安机关经调查，发现犯罪事实或者犯罪嫌疑人的，应当依照（　　）诉讼法的规定立案侦查。本章规定的有关期限届满，公安机关未立案侦查的，应当解除有关措施。

（A）民事　（B）刑事　（C）军事　（D）基本

答案：B

125. 国家建立健全恐怖事件应对处置预案体系，国家反恐怖主义工作领导机构应当针对恐怖事件的（　　）和可能造成的社会危害，分级、分类制定国家应对处置预案，具体规定恐怖事件应对处置的组织指挥体系和恐怖事件安全防范、应对处置程序以及事后社会秩序恢复等内容。

（A）规律、特点　（B）特点　（C）规律　（D）体系特点

答案：A

126. 应对处置恐怖事件，各级反恐怖主义工作（　　）应当成立由有关部门参加的指挥机构，实行指挥长负责制。反恐怖主义工作领导机构负责人可以担任指挥长，也可以确定公安机关负责人或者反恐怖主义工作领导机构的其他成员单位负责人担任指挥长。

（A）领导机构　（B）指挥机构　（C）执行机构　（D）监督机构

答案：A

127. 跨省、自治区、直辖市发生的恐怖事件或者特别重大恐怖事件的应对处置，由（　　）反恐怖主义工作领导机构负责指挥；在省、自治区、直辖市范围内发生的涉及多个行政区域的恐怖事件或者重大恐怖事件的应对处置，由省级反恐怖主义工作领导机构负责指挥。

（A）国家　（B）省级　（C）地市　（D）地区

答案：A

128. 恐怖事件发生后，发生地反（　　）工作领导机构应当立即启动恐怖事件应对处置预案，确定指挥长。有关部门和中国人民解放军、中国人民武装警察部队、民兵组织，按照反恐怖主义工作领导机构和指挥长的统一领导、指挥，协同开展打击、控制、救援、救护等现场应对处置工作。

（A）恐怖主义　（B）极端主义　（C）社会主义　（D）邪恶主义

答案：A

129. 上级反恐怖主义工作领导机构可以对应对处置工作进行（　　），必要时调动有关反恐怖主义力量进行支援。需要进入紧急状态的，由全国人民代表大会常务委员会或者国务院依照宪法和其他有关法律规定的权限和程序决定。

（A）指导　（B）指挥　（C）领导　（D）协调

答案：A

130. 发现恐怖事件或者疑似恐怖事件后，公安机关应当（　　）进行处置，并向反恐怖主义工作领导机构报告；中国人民解放军、中国人民武装警察部队发现正在实施恐怖活动的，应当立即予以控制并将案件及时移交公安机关。

（A）立即　（B）马上　（C）稍后　（D）即刻

答案：A

131. 反恐怖主义工作领导机构尚未确定指挥长的，由在场处置的（　　）职级最高的人员担任现场指挥员。公安机关未能到达现场的，由在场处置的中国人民解放军或者中国人民武装警察部队职级最高的人员担任现场指挥员。现场应对处置人员无论是否属于同一单位、系统，均应当服从现场指挥员的指挥。

（A）公安机关　（B）全国人民代表大会常务委员会

（C）人民政府　（D）武警部队

答案：A

132. 中华人民共和国在境外的机构、人员、重要设施遭受或者可能遭受恐怖袭击的，国务院外交、公安、国家安全、（　　）、国有资产监督管理、旅游、交通运输等主管部门应当及时启动应对处置预案。国务院外交部门应当协调有关国家采取相应措施。

（A）商务、金融　（B）金融　（C）商务　（D）财产

答案：A

133. 应对处置恐怖事件，应当（　　）保护直接受到恐怖活动危害、威胁人员的人身安全。

（A）优先　（B）稍后　（C）随机　（D）直接

答案：A

134. 恐怖事件发生后，负责应对处置的（　　）工作领导机构可以决定由有关部门和

单位采取下列一项或者多项应对处置措施：（一）组织营救和救治受害人员，疏散、撤离并妥善安置受到威胁的人员以及采取其他救助措施；（二）封锁现场和周边道路，查验现场人员的身份证件，在有关场所附近设置临时警戒线；（三）在特定区域内实施空域、海（水）域管制，对特定区域内的交通运输工具进行检查；（四）在特定区域内实施互联网、无线电、通信管制；（五）在特定区域内或者针对特定人员实施出境入境管制；（六）禁止或者限制使用有关设备、设施，关闭或者限制使用有关场所，中止人员密集的活动或者可能导致危害扩大的生产经营活动；（七）抢修被损坏的交通、电信、互联网、广播电视、供水、排水、供电、供气、供热等公共设施；（八）组织志愿人员参加反恐怖主义救援工作，要求具有特定专长的人员提供服务；（九）其他必要的应对处置措施。

（A）恐怖活动　（B）恐怖主义　（C）犯罪活动　（D）反恐怖主义

答案：D

135. 人民警察、人民武装警察以及其他依法配备、携带武器的应对处置人员，对在现场持（　　）等凶器或者使用其他危险方法，正在或者准备实施暴力行为的人员，经警告无效的，可以使用武器；紧急情况下或者警告后可能导致更为严重危害后果的，可以直接使用武器。

（A）枪支、刀具　（B）枪支　（C）刀具　（D）管制刀具

答案：A

136. 恐怖事件发生、发展和应对处置信息，由恐怖事件发生地的（　　）反恐怖主义工作领导机构统一发布；跨省、自治区、直辖市发生的恐怖事件，由指定的省级反恐怖主义工作领导机构统一发布。

（A）省级　（B）国家　（C）地市　（D）设区市

答案：A

137. 任何单位和个人不得编造、传播虚假恐怖事件信息；不得（　　）可能引起模仿的恐怖活动的实施细节；不得发布恐怖事件中残忍、不人道的场景；在恐怖事件的应对处置过程中，除新闻媒体经负责发布信息的反恐怖主义工作领导机构批准外，不得报道、传播现场应对处置的工作人员、人质身份信息和应对处置行动情况。

（A）报道、传播　（B）传播　（C）报道　（D）录制

答案：A

138. 恐怖事件应对处置结束后，（　　）人民政府应当组织有关部门帮助受影响的单位和个人尽快恢复生活、生产，稳定受影响地区的社会秩序和公众情绪。

（A）各级　（B）上级　（C）下级　（D）省级

答案：A

139. 当地人民政府应当及时给予恐怖事件（　　）适当的救助，并向失去基本生活条件的受害人员及其近亲属及时提供基本生活保障。卫生、民政等主管部门应当为恐怖事件受害人员及其近亲属提供心理、医疗等方面的援助。

（A）受害人员及其近亲属　（B）受害人员

（C）其近亲属　（D）被害人员

答案：A

140. 公安机关应当及时对恐怖事件立案侦查，查明事件发生的原因、经过和结果，依法追究恐怖活动（　　）的刑事责任。

（A）组织、人员　（B）人员　（C）组织　（D）组织者

答案：A

141. 反恐怖主义工作领导机构应当对恐怖事件的发生和应对处置工作进行（　　），提出防范和应对处置改进措施，向上一级反恐怖主义工作领导机构报告。

（A）全面分析、总结评估　（B）总结评估

（C）全面分析　（D）全面评估

答案：A

142. 中华人民共和国根据缔结或者参加的国际条约，或者按照（　　）原则，与其他国家、地区、国际组织开展反恐怖主义合作。

（A）平等互惠　（B）平等互利　（C）平等共赢　（D）互不干涉

答案：C

143. 国务院有关部门根据国务院授权，代表（　　）与外国政府和有关国际组织开展反恐怖主义政策对话、情报信息交流、执法合作和国际资金监管合作。

（A）公安部门　（B）人民政府　（C）中国政府　（D）中国

答案：C

144. 在不违背我国法律的前提下，边境地区的（　　）以上地方人民政府及其主管部门，经国务院或者中央有关部门批准，可以与相邻国家或者地区开展反恐怖主义情报信息交流、执法合作和国际资金监管合作。

（A）地级　（B）市级　（C）县级　（D）省级

答案：C

145. 涉及恐怖活动犯罪的（　　）司法协助、引渡和被判刑人移管，依照有关法律规定执行。

（A）军事　（B）民事　（C）刑事　（D）外交

答案：C

146. 经与有关国家达成协议，并报（　　）批准，国务院公安部门、国家安全部门可

以派员出境执行反恐怖主义任务。

（A）公安部门（B）人民政府（C）国务院（D）中央

答案：C

147. 中国人民解放军、中国人民武装警察部队派员出境执行反恐怖主义任务，由（ ）批准。

（A）公安部门（B）人民政府

（C）中央军事委员会（D）国家军事委员会

答案：C

148. 通过反（ ）国际合作取得的材料可以在行政处罚、刑事诉讼中作为证据使用，但我方承诺不作为证据使用的除外。

（A）社会主义（B）极端主义（C）恐怖主义（D）邪恶主义

答案：C

149. 国务院和县级以上地方各级人民政府应当按照事权划分，将反（ ）工作经费分别列入同级财政预算。国家对反恐怖主义重点地区给予必要的经费支持，对应对处置大规模恐怖事件给予经费保障。

（A）共产主义（B）恐怖主义（C）极端主义（D）邪恶主义

答案：B

150. 公安机关、国家安全机关和有关部门，以及（ ），应当依照法律规定的职责，建立反恐怖主义专业力量，加强专业训练，配备必要的反恐怖主义专业设备、设施。县级、乡级人民政府根据需要，指导有关单位、村民委员会、居民委员会建立反恐怖主义工作力量、志愿者队伍，协助、配合有关部门开展反恐怖主义工作。

（A）中国人民解放军

（B）中国人民解放军、中国人民武装警察部队

（C）中国人民武装警察部队

（D）公安机关

答案：B

151. 对因履行反恐怖主义工作职责或者（ ）有关部门开展反恐怖主义工作导致伤残或者死亡的人员，按照国家有关规定给予相应的待遇。

（A）协助（B）协助、配合（C）配合（D）指导

答案：B

152. 因报告和制止恐怖活动，在恐怖活动犯罪案件中作证，或者从事反（ ）工作，本人或者其近亲属的人身安全面临危险的，经本人或者其近亲属提出申请，公安机关、有关部门应当采取下列一项或者多项保护措施：（一）不公开真实姓名、住址和工作单位等个人信息；（二）禁止特定的人接触被保护人员；（三）对人身和

住宅采取专门性保护措施；（四）变更被保护人员的姓名，重新安排住所和工作单位；（五）其他必要的保护措施。公安机关、有关部门应当依照前款规定，采取不公开被保护单位的真实名称、地址，禁止特定的人接近被保护单位，对被保护单位办公、经营场所采取专门性保护措施，以及其他必要的保护措施。

（A）恐怖主义　（B）极端主义　（C）社会主义　（D）邪恶主义

答案：A

153. 国家（　　）反恐怖主义科学研究和技术创新，开发和推广使用先进的反恐怖主义技术、设备。

（A）鼓励、支持　（B）支持　（C）鼓励　（D）鼓舞

答案：A

154. 公安机关、国家安全机关、中国人民解放军、中国人民武装警察部队因履行反恐怖主义职责的紧急需要，根据国家有关规定，可以征用（　　）的财产。任务完成后应当及时归还或者恢复原状，并依照规定支付相应费用；造成损失的，应当补偿。

（A）单位和个人　（B）单位　（C）个人　（D）组织

答案：A

155. 因开展反恐怖主义工作对有关（　　）的合法权益造成损害的，应当依法给予赔偿、补偿。有关单位和个人有权依法请求赔偿、补偿。

（A）单位和个人　（B）单位　（C）个人　（D）组织

答案：A

156. 组织、策划、准备实施、实施恐怖活动，宣扬（　　），煽动实施恐怖活动，非法持有宣扬恐怖主义的物品，强制他人在公共场所穿戴宣扬恐怖主义的服饰、标志，组织、领导、参加恐怖活动组织，为恐怖活动组织、恐怖活动人员、实施恐怖活动或者恐怖活动培训提供帮助的，依法追究刑事责任。

（A）恐怖主义　（B）极端主义　（C）社会主义　（D）邪恶主义

答案：A

157. 参与下列活动之一，情节轻微，尚不构成犯罪的，由公安机关处10日以上15日以下拘留，可以并处1万元以下罚款：（一）宣扬（　　）或者煽动实施恐怖活动、极端主义活动的；（二）制作、传播、非法持有宣扬恐怖主义、极端主义的物品的；（三）强制他人在公共场所穿戴宣扬恐怖主义、极端主义的服饰、标志的；（四）为宣扬恐怖主义、极端主义或者实施恐怖主义、极端主义活动提供信息、资金、物资、劳务、技术、场所等支持、协助、便利的。

（A）恐怖主义　（B）恐怖主义、极端主义

（C）极端主义　（D）邪恶主义

答案：B

158. 利用极端主义，实施下列行为之一，情节轻微，尚不构成犯罪的，由公安机关处5日以上15日以下拘留，可以并处1万元以下罚款：（一）强迫他人参加宗教活动，或者强迫他人向宗教活动场所、宗教教职人员提供（　　）的；（二）以恐吓、骚扰等方式驱赶其他民族或者有其他信仰的人员离开居住地的；（三）以恐吓、骚扰等方式干涉他人与其他民族或者有其他信仰的人员交往、共同生活的；（四）以恐吓、骚扰等方式干涉他人生活习俗、方式和生产经营的；（五）阻碍国家机关工作人员依法执行职务的。

（A）财物　（B）财物或者劳务　（C）劳务　（D）资金

答案：B

159. 明知他人有（　　）行为，窝藏、包庇，情节轻微，尚不构成犯罪的，或者在司法机关向其调查有关情况、收集有关证据时，拒绝提供的，由公安机关处10日以上15日以下拘留，可以并处1万元以下罚款。

（A）恐怖活动犯罪　（B）恐怖活动犯罪、极端主义犯罪

（C）极端主义犯罪　（D）邪恶主义犯罪

答案：B

160. 金融机构和特定非金融机构对国家反恐怖主义工作领导机构的办事机构公告的恐怖活动组织及恐怖活动人员的资金或者其他资产，未立即予以（　　）的，由公安机关处20万元以上50万元以下罚款，并对直接负责的董事、高级管理人员和其他直接责任人员处10万元以下罚款；情节严重的，处50万元以上罚款，并对直接负责的董事、高级管理人员和其他直接责任人员，处10万元以上50万元以下罚款，可以并处5日以上15日以下拘留。

（A）冰冻　（B）冻结　（C）没收　（D）罚没

答案：B

161. 电信业务经营者、互联网服务提供者有下列情形之一的，由主管部门处20万元以上50万元以下罚款，并对其直接负责的（　　）处10万元以下罚款；情节严重的，处50万元以上罚款，并对其直接负责的主管人员和其他直接责任人员，处10万元以上50万元以下罚款，可以由公安机关对其直接负责的主管人员和其他直接责任人员，处5日以上15日以下拘留：（一）未依照规定为公安机关、国家安全机关依法进行防范、调查恐怖活动提供技术接口和解密等技术支持和协助的。

（A）主管人员　（B）主管人员和其他直接责任人员

（C）其他直接责任人员　（D）管理人员

答案：B

162. 铁路、公路、水上、航空的货运和邮政、快递等物流运营单位有下列情形之一的，由（　　）处10万元以上50万元以下罚款，并对其直接负责的主管人员和其他直接责任人员处10万元以下罚款：（一）未实行安全查验制度，对客户身份进行查

验，或者未依照规定对运输、寄递物品进行安全检查或者开封验视的；（二）对禁止运输、寄递，存在重大安全隐患，或者客户拒绝安全查验的物品予以运输、寄递的；（三）未实行运输、寄递客户身份、物品信息登记制度的。

（A）政府部门　（B）执行部门　（C）主管部门　（D）行政部门

答案：C

163. 电信、互联网、金融业务经营者、服务提供者未按规定对客户身份进行查验，或者对（　　）的客户提供服务的，主管部门应当责令改正；拒不改正的，处20万元以上50万元以下罚款，并对其直接负责的主管人员和其他直接责任人员处10万元以下罚款；情节严重的，处50万元以上罚款，并对其直接负责的主管人员和其他直接责任人员，处10万元以上50万元以下罚款。

（A）身份不明　（B）拒绝身份查验

（C）身份不明、拒绝身份查验　（D）拒绝检查

答案：C

164. 违反《反恐怖主义法》规定，有下列情形之一的，由主管部门给予警告，并责令改正；拒不改正的，处10万元以下罚款，并对其直接负责的主管人员和其他直接责任人员处1万元以下罚款：（一）未依照规定对枪支等武器、弹药、管制器具、危险化学品、民用爆炸物品、核与放射物品作出（　　），对民用爆炸物品添加安检示踪标识物的；（二）未依照规定对运营中的危险化学品、民用爆炸物品、核与放射物品的运输工具通过定位系统实行监控的；（三）未依照规定对传染病病原体等物质实行严格的监督管理，情节严重的；（四）违反国务院有关主管部门或者省级人民政府对管制器具、危险化学品、民用爆炸物品决定的管制或者限制交易措施的。

（A）电子记忆标识　（B）物理追踪标识

（C）电子追踪标识　（D）电子追踪标记

答案：C

165. 大型活动承办单位以及重点目标的（　　）未依照规定对进入大型活动场所、机场、火车站、码头、城市轨道交通站、公路长途客运站、口岸等重点目标的人员、物品和交通工具进行安全检查的，公安机关应当责令改正；拒不改正的，处10万元以下罚款，并对其直接负责的主管人员和其他直接责任人员处1万元以下罚款。

（A）管理单位　（B）执行单位　（C）设计单位　（D）主管单位

答案：A

166. 恐怖活动（　　）人员违反公安机关责令其遵守的约束措施的，由公安机关给予警告，并责令改正；拒不改正的，处5日以上15日以下拘留。

（A）嫌疑　（B）主要　（C）确定　（D）犯罪

答案：A

167. 新闻媒体等单位（　　）虚假恐怖事件信息，报道、传播可能引起模仿的恐怖活动的实施细节，发布恐怖事件中残忍、不人道的场景，或者未经批准，报道、传播现场应对处置的工作人员、人质身份信息和应对处置行动情况的，由公安机关处20万元以下罚款，并对其直接负责的主管人员和其他直接责任人员，处5日以上15日以下拘留，可以并处5万元以下罚款。

（A）编造、传播　（B）传播　（C）编造　（D）捏造

答案：A

168. 电网企业需要对重要目标分类进行调整时，应及时将调整建议报地方人民政府反恐怖主管部门（　　）。

（A）审批　（B）审查　（C）审核、批准　（D）报备

答案：C

169. 反恐怖防范专（兼）职人员除应熟悉《企事业单位内部治安保卫条例》《保安服务管理条例》和《保安服务操作规程与质量控制》的要求外，还应熟悉本企业反恐怖防范工作情况及相关（　　）、应急预案。

（A）法规　（B）法律　（C）条例　（D）规章制度

答案：D

170. 为了规范企业、事业单位（简称单位）内部治安保卫工作，保护公民人身、财产安全和（　　），维护单位的工作、生产、经营、教学和科研秩序，制定企事业单位内部治安保卫条例。

（A）公共财产安全　（B）金融安全

（C）资金安全　（D）社会稳定

答案：A

171. 单位内部治安保卫工作贯彻（　　）、单位负责、突出重点、保障安全的方针。

（A）安全第一　（B）预防为主　（C）社会安宁　（D）社会平稳

答案：B

172. 单位内部治安保卫工作应当突出保护单位内人员的（　　），单位不得以经济效益、财产安全或者其他任何借口忽视人身安全。

（A）社会安全　（B）人身安全　（C）财务安全　（D）资金安全

答案：B

173. 国务院公安部门指导、监督全国的单位内部治安保卫工作，对行业、系统有监管职责的国务院有关部门指导、检查本行业、本系统的单位内部（　　）工作；县级以上地方各级人民政府公安机关指导、监督本行政区域内的单位内部治安保卫工作，对行业、系统有监管职责的县级以上地方各级人民政府有关部门指导、检查本行政区域内的本行业、本系统的单位内部治安保卫工作，及时解决单位内部

治安保卫工作中的突出问题。

（A）安全　（B）管理　（C）治安保卫　（D）安保

答案：C

174. 县级以上地方各级人民政府应当加强对本行政区域内的单位内部治安保卫工作的领导，督促公安机关和有关部门（　　）履行职责，并及时协调解决单位内部治安保卫工作中的重大问题。

（A）依法　（B）开展　（C）规范　（D）统一

答案：A

175. 单位的主要负责人对本单位的内部（　　）工作负责。

（A）安全管理　（B）治安保卫　（C）生产管理　（D）营销管理

答案：B

176. 单位应当根据内部治安保卫工作需要，设置治安保卫机构或者配备专职、兼职（　　）人员。

（A）安全　（B）管理　（C）生产　（D）治安保卫

答案：D

177. 治安保卫（　　）单位应当设置与治安保卫任务相适应的治安保卫机构，配备专职治安保卫人员，并将治安保卫机构的设置和人员的配备情况报主管公安机关备案。

（A）重点　（B）主要　（C）重要　（D）相关

答案：A

178. 单位内部治安保卫工作要求有适应单位具体情况的内部治安保卫（　　）、措施和必要的治安防范设施。

（A）制度　（B）措施　（C）规定　（D）规范

答案：A

179. 单位范围内的治安保卫情况有人检查，重要部位得到重点保护，治安隐患及时得到（　　）。

（A）检查　（B）治理　（C）排查　（D）管理

答案：C

180. 单位范围内的治安隐患和问题（　　）得到处理，发生治安案件、涉嫌刑事犯罪的案件及时得到处置。

（A）妥善　（B）及时　（C）快速　（D）尽快

答案：B

181. 单位制定的内部治安保卫制度应当包括门卫、值班、巡查（　　）。

（A）制度　（B）规定　（C）管理　（D）条例

答案：A

182. 单位应当制定现金、票据、印鉴、有价证券等重要物品使用、保管、储存、运输的安全管理（　　）。

（A）规则　　（B）规定　　（C）法规　　（D）制度

答案：D

183. 单位制定的内部治安保卫制度不得与法律、法规、规章的规定相（　　）。

（A）抵触　　（B）触犯　　（C）矛盾　　（D）冲突

答案：A

184. 单位内部治安保卫人员应当接受有关法律知识和治安保卫业务、技能以及相关专业知识的（　　）。

（A）宣贯　　（B）宣传　　（C）培训、考核　　（D）讲解

答案：C

185. 单位内部治安保卫人员应当依法、文明履行（　　），不得侵犯他人合法权益。治安保卫人员依法履行职责的行为受法律保护。

（A）职责　　（B）责任　　（C）制度　　（D）法规

答案：A

186. 单位开展治安防范宣传教育，并落实本单位的内部治安保卫制度和治安防范（　　）。

（A）方案　　（B）制度　　（C）措施　　（D）法规

答案：C

187. 单位内部治安保卫机构根据需要，检查进入本单位人员的（　　），登记出入的物品和车辆。

（A）证件　　（B）身份证　　（C）工作证　　（D）介绍信

答案：A

188. 保卫人员在单位范围内进行治安防范巡逻和检查，建立巡逻、检查和治安隐患（　　）。

（A）记录簿　　（B）整改记录　　（C）数量　　（D）个数

答案：B

189. 治安保卫人员应当维护单位内部的（　　），制止发生在本单位的违法行为，对难以制止的违法行为以及发生的治安案件、涉嫌刑事犯罪案件应当立即报警，并采取措施保护现场，配合公安机关的侦查、处置工作。

（A）治安秩序　　（B）安全　　（C）稳定　　（D）安全稳定

答案：A

190. 单位内部治安保卫机构、治安保卫人员应当督促落实单位内部治安防范（　　）

的建设和维护。

（A）设备　（B）器械　（C）设施　（D）物品

答案：C

191. 在单位管理范围内的人员，应当遵守单位的内部治安保卫（　　）。

（A）制度　（B）条例　（C）法规　（D）法律

答案：A

192. 关系全国或者所在地区国计民生、国家安全和公共安全的单位是治安保卫（　　）。

（A）重点部位　（B）主要单位　（C）重点单位　（D）主要场所

答案：C

193. 治安保卫重点单位应当确定本单位的治安保卫（　　），按照有关国家标准对（　　）设置必要的技术防范设施，并实施重点保护。

（A）主要单位　（B）重要部位　（C）场所　（D）变电站

答案：B

194. 治安保卫重点单位应当在公安机关指导下制定单位内部治安突发事件处置预案，并定期（　　）。

（A）演习　（B）演练　（C）预演　（D）活动

答案：B

195. 公安机关对本行政区域内的单位内部治安保卫工作指导单位制定、完善内部治安保卫（　　），落实治安防范措施，指导治安保卫人员队伍建设和治安保卫重点单位的治安保卫机构建设。

（A）制度　（B）法规　（C）规则　（D）规定

答案：A

196. 公安机关接到本行政区域内单位内部发生治安案件、涉嫌刑事犯罪案件的（　　），及时出警，依法处置。

（A）报告　（B）通知　（C）报警　（D）电话

答案：C

197. 对认真落实治安防范措施，严格执行治安保卫工作制度，在单位内部治安保卫工作中取得显著成绩的单位和个人，有关人民政府、公安机关和有关部门应当给予（　　）。

（A）表扬　（B）嘉奖　（C）鼓励　（D）表彰、奖励

答案：D

198. 单位治安保卫人员因履行治安保卫职责（　　）的，依照国家有关工伤保险、评定伤残、批准烈士的规定给予相应的待遇。

（A）伤残或者死亡　（B）死亡

（C）伤残　（D）受伤

答案：A

199. 单位违反企业事业单位内部治安保卫条例的规定，存在治安隐患的，公安机关应当责令限期整改，并处（　　）；单位逾期不整改，造成公民人身伤害、公私财产损失，或者严重威胁公民人身安全、公私财产安全或者公共安全的，对单位处1万元以上10万元以下的罚款，对单位主要负责人和其他直接责任人员处500元以上5000元以下的罚款，并可以建议有关组织对单位主要负责人和其他直接责任人员依法给予处分；情节严重，构成犯罪的，依法追究刑事责任。

（A）罚款　（B）处罚　（C）警告　（D）罚金

答案：C

200. 单位治安保卫人员在履行职责时侵害他人合法权益的，应当（　　），给他人造成损害的，单位应当承担赔偿责任。单位赔偿后，有权责令因故意或者重大过失造成侵权的治安保卫人员承担部分或者全部赔偿的费用；对故意或者重大过失造成侵权的治安保卫人员，单位应当依法给予处分。治安保卫人员侵害他人合法权益的行为属于受单位负责人指使、胁迫的，对单位负责人依法给予处分，并由其承担赔偿责任；情节严重，构成犯罪的，依法追究刑事责任。

（A）赔礼道歉　（B）赔礼　（C）道歉　（D）赔偿

答案：A

201. 公安机关接到单位报警后不依法履行职责，致使公民（　　）和公共财产遭受损失，或者有其他玩忽职守、滥用职权行为的，对直接负责的主管人员和其他直接责任人员依法给予行政处分；情节严重，构成犯罪的，依法追究刑事责任。

（A）人身、财产　（B）财产　（C）人身　（D）财物

答案：A

202. 对行业、系统有监管职责的人民政府有关部门在（　　）本行业、本系统的单位内部治安保卫工作过程中有玩忽职守、滥用职权行为的，对直接负责的主管人员和其他直接责任人员依法给予行政处分；情节严重，构成犯罪的，依法追究刑事责任。

（A）指导、检查　（B）检查　（C）指导　（D）督促

答案：A

203. 机关、团体的内部治安保卫工作参照企业事业单位内部治安保卫条例的有关规定执行。（　　）治安保卫工作的具体规定由国务院另行制定。

（A）高等学校　（B）中等学校　（C）初级学校　（D）学校

答案：A

204. 内部治安保卫制度是为了加强企业内部（　　）管理，维护工作秩序，保障安全稳定的内部管理制度。

（A）车辆安全　（B）消防工作　（C）安全保卫　（D）物资管理

答案：C

205. 安全保卫、消防管理工作应本着“谁主管、谁负责、谁使用、谁负责”的原则。（　　）各单位、部门主要负责人作为本部门安全保卫、消防管理工作第一责任人，并在本单位、部门内设兼职安全员负责日常工作。按照分工负责原则，落实责任，逐级负责。

（A）公司本部　（B）国家电网公司　（C）东北分部　（D）公司

答案：A

206.《国网辽宁省电力有限公司本部安全保卫、消防管理细则》规定适用于在公司本部（　　）的所有单位及个人。

（A）工作　（B）办公　（C）办事　（D）作业

答案：B

207. 后勤工作部是国网辽宁公司本部安全保卫工作的（　　）部门，负责公司本部社会治安综合治理工作，负责按照地方政府、国家电网公司及公司相关规定，结合公司本部实际情况制定相关管理措施，加强人防、技防、物防管理，开展公司本部日常安全保卫工作，对公司本部的社会治安综合治理工作进行全面检查和指导，确保公司本部生产、经营各项工作顺利进行。

（A）管理　（B）归口　（C）责任　（D）第一责任

答案：B

208. 落实“（　　）”的工作原则，国网辽宁公司本部各部门要根据社会治安综合治理的工作任务、工作范围主动开展工作，负责本部门员工、借用及来访人员的管理工作，切实承担起共同维护、共同建设安全和谐本部的责任。

（A）谁主管、谁负责、谁使用、谁负责　（B）谁主管、谁负责

（C）谁使用、谁负责　（D）谁主管、谁负责、谁使用

答案：B

209. 国网辽宁公司本部各单位、部门设立的（　　）安全员具体负责本单位、部门的安全保卫管理工作。

（A）代理　（B）专职　（C）兼职　（D）专门

答案：C

210. 公司本部及楼内人员（　　）须佩戴后勤工作部统一制作的入门证，并主动配合保安员检查，不得将本人入门证转借他人使用。

（A）工作时　（B）活动时　（C）入门　（D）离开前

答案：C

211. 国网辽宁公司本部严格控制外来人员（　　），各部门应在一楼登记处接待、引领来访人员，不得随意带领外来人员从其他入口进入公司本部。

（A）出入　（B）进出　（C）进入　（D）流动

答案：C

212. 借调人员须按照国网辽宁公司人事部、人资部相关（　　）办理审批手续，由接待部门到公司后勤工作部办理借用人员入门证，在有效期内，凭入门证进出公司本部。

（A）制度　　（B）规定　　（C）管理规定　　（D）条例

答案：B

213. 外来人员进入国网辽宁公司本部，须由公司本部（　　）接领，持有效证件到登记处登记，领取当日有效的临时入门证后方可进入。

（A）员工　　（B）工作人员　　（C）人员　　（D）管理人员

答案：A

214. 外籍人士进入国网辽宁公司本部，须接待部门按照公司办公室（　　）管理要求办理入门手续，报后勤工作部备案后，方可进入公司本部，并由接待部门负责全程陪同。

（A）外事　　（B）外事接待　　（C）接待　　（D）接引

答案：B

215. 国网辽宁公司本部员工节假日期间进入（　　）办公区域的，需在一楼登记处进行登记，凭员工出入门证进入。

（A）公司　　（B）公司本部　　（C）本部　　（D）班组

答案：B

216. 非国网辽宁公司本部人员节假日期间及重要活动期间进入（　　），须提前填写项目运维人员加班申请表，经项目组、所属专业部门、后勤工作部逐级审批后，持申请表进入公司本部。

（A）公司　　（B）公司本部　　（C）本部　　（D）班组

答案：B

217. 因应急抢修等工作需要，非国网辽宁公司本部人员在非办公时间及（　　）期间进入公司本部，须由公司本部专业部门、单位工作人员向后勤工作部电话备案，详细登记工作事项，方可进入。

（A）重大活动　　（B）重要会议　　（C）重要活动　　（D）重大会议

答案：C

218. 携带大件物品、贵重物品进出国网辽宁公司本部，应填写物品（　　），经本部门领导签字审批后，到后勤工作部办理出入门手续。

（A）入门证　　（B）出入证　　（C）出入门证　　（D）进出证

答案：C

219. 大型活动或重要会议期间，物品只允许从（　　）进入，经X光机扫描后，凭出入门证进入。

（A）登记处　　（B）接待处　　（C）保卫室　　（D）值班室

答案：A

220. 国网辽宁公司办公室信访处全面负责公司本部信访工作。后勤工作部保障一处负责按照公司统一要求，做好（　　）聚齐期间，正门及周边出入口的秩序维护工作。

（A）上访人员　（B）来访人员　（C）员工　（D）干部

答案：A

221. 保安员在国网辽宁公司本部办公区域发现（　　）聚集，扰乱公司本部办公秩序时，应立即联系公司信访处接访，并通报后勤工作部。

（A）上访人员　（B）来访人员　（C）员工　（D）干部

答案：A

222. 后勤工作部负责组织保安员做好应对措施，联系（　　）出警，协助维护公司本部周边秩序。

（A）属地派出所、经保分局　（B）经保分局

（C）属地派出所　（D）属地公安局

答案：A

223. 外来车辆原则上不得进入公司（　　），遇应急抢修、施工等特殊情况须经后勤工作部备案后方可进入。

（A）停车场　（B）地下停车场　（C）地下车库　（D）车库

答案：B

224. 本部财务部门现金存放要严格执行限额存款的有关规定，不得超储，下班时其（　　）应检查并确认保险柜及安全防盗房门锁好后方可离开。

（A）主要责任人　（B）主要安全责任人

（C）安全责任人　（D）责任人

答案：B

225. 禁止将个人（　　）存放在办公室，公用贵重物品应妥善保管。

（A）现金　（B）贵重物品及现金

（C）贵重物品　（D）物品

答案：B

226. 按照地方公安部门的指挥，定期组织（　　）预案的修编工作，根据预案要求，督促保安员开展相关训练。

（A）应急　（B）反恐应急　（C）消防　（D）反恐

答案：B

227. 根据公安部门提供的线报，如在国网辽宁公司本部周边发现线索或隐患，（　　）应及时报警，并报后勤工作部备案。

（A）安保员　（B）保卫员　（C）保安员　（D）保洁员

答案：C

228. 当反恐形势严峻时，公司将加强（　　）等重点部位的安全保卫工作。调度区域实行安全管理责任制，凡进入调度区域的工作人员必须由调度中心审核同意，方可进入，非核准人员在此间一律不得进入；进入应急指挥中心的人员要凭磁卡刷卡进入，外来人员要经安质部同意后，由安质部指定接待人员领入。

(A) 调度楼　　(B) 应急指挥中心

(C) 调度楼、应急指挥中心　　(D) 指挥中心

答案：C

229. 国网辽宁公司本部消防工作贯彻“（　　）”工作方针，按照“谁主管、谁负责；谁使用、谁负责”工作原则，实行消防主体责任逐级负责制。

(A) 预防为主　　(B) 防消结合

(C) 预防为主、防消结合　　(D) 应急处置

答案：A

230. 后勤工作部负责公司本部办公楼宇公共区域的（　　）管理；本部各部门、单位负责本部门、本单位办公区内以及专业机房、资料室、档案室等专业用房的消防安全管理。

(A) 消防安全　　(B) 安全　　(C) 反恐　　(D) 消防

答案：A

231. 信息通信分公司负责本单位生产性（本专业、房屋）、非生产性房屋及其附属设施、设备的（　　）；负责本部楼宇内信息通信设备机房、楼层弱电机房等专业用房的消防安全管理。

(A) 消防管理　　(B) 安全管理　　(C) 消防安全管理　　(D) 安保管理

答案：A

232. 在公司本部楼宇设置设备机房、资料室、档案室等专业用房的责任部门，应落实（　　）和岗位消防安全责任，明确专业用房消防安全管理责任人，落实逐级岗位消防安全责任人。

(A) 逐级安全责任　　(B) 逐级消防安全责任

(C) 逐级消防责任　　(D) 分级安全责任

答案：B

233. 贯彻执行消防法规，确保（　　）专业范围内消防重点部位的消防安全符合规定，掌握专业机房消防安全情况。

(A) 本单位　　(B) 本部门、单位　　(C) 本部门　　(D) 分部门

答案：B

234. 将本部门、单位专业用房的（　　）与本部门、单位的生产、科研、经营、管理

等活动统筹安排，批准实施年度消防工作计划。

（A）工作　（B）消防工作　（C）安全工作　（D）安保工作

答案：B

235. 督促落实本部门、单位（　　）逐级消防安全责任，批准实施消防安全制度和保障消防安全的操作规程。

（A）用房　（B）专业机房　（C）专业用房　（D）机房

答案：C

236. 组织建立本部门、单位专业用房防火检查制度，组织（　　）开展本部门、单位专业用房消防安全检查、巡查，督促落实火灾隐患整改，及时处理涉及消防安全的重大问题。

（A）定时　（B）不定期　（C）定期　（D）随时

答案：C

237. 组织制定符合本部门、单位（　　）的灭火和应急疏散预案，并定期组织实施演练。

（A）用房　（B）专业机房　（C）专业用房　（D）机房

答案：A

238. 专业用房设施、设备实行租赁或者委托管理时，（　　）所属部门在订立的合同中依照有关规定明确各方的消防安全责任，专业用房所属部门履行消防安全管理职责，被委托方履行专业用房消防安全日常管理职责。

（A）专业用房　（B）用房　（C）专业机房　（D）机房

答案：A

239. 变电站（换流站）安防设施是指起（　　）作用的围墙、围栏、刺网、门窗等实体防护措施、站内视频设备、安防报警控制设备及接入该设备的防入侵报警探测器（传感器）及相关回路等。

（A）安全保护　（B）保护　（C）安全　（D）安防

答案：A

240. 省公司运维检修部负责（　　）安消防设施归口管理及日常运维管理。

（A）交流变电站　（B）变电站　（C）交直流变电站　（D）设备场地

答案：C

241. 省公司运维检修部负责宣传和贯彻国家、行业、地方政府及（　　）有关变电站安消防设施管理方面的法律法规和规章制度。

（A）公司本部　（B）公司

（C）国家电网有限公司　（D）公司分部

答案：C

242. 变电站（　　）设施应满足无人值守要求，相关设施功能的选择应结合实际需要，偏远地区变电站适当提高设施配置及选型标准。

（A）消防　　（B）安防　　（C）安消防　　（D）安防

答案：C

243. 各级运维检修部应设置专人负责变电站（　　）设施管理，落实责任。各单位应加强对变电站安消防设施的运维，存在缺陷及时组织消缺，不得随意中断设施运行。

（A）消防　　（B）安防　　（C）安消防　　（D）安防

答案：C

244. 各单位应定期分析（　　）安消防设施运维工作中出现的问题，制定完善措施及工作计划。变电站安消防设施不满足实际需要或规程要求的，应及时进行技术改造；损坏的应及时修复。

（A）交直流变电站　　（B）交流变电站

（C）变电站　　（D）直流变电站

答案：C

245. 变电站（　　）设施告警总信号应能通过变电站计算机监控系统传至调控中心，并确保信号上送正确。告警总信号可分成“事故动作”和“装置告警”两个信号。变电站安消防主机上应显示出告警探测器（传感器）的具体位置，并发出声光提示。

（A）安消防　　（B）消防　　（C）安防　　（D）安保

答案：A

246. 变电站（换流站）大门及围墙上方宜采用“（　　）”的方式，脉冲电网竖直安装于大门及围墙上方，刺网倾斜或螺旋式缠绕安装于脉冲电网外侧，必要的铁艺围墙还应加装其他保护措施。围墙安防设施上应向外悬挂“止步！高压危险！”警告标志牌。

（A）脉冲电网　　（B）脉冲电网+刺网（C）脉冲电网　　（D）脉冲刺网

答案：B

247. 各级调控中心监视到变电站安消防（　　）后，应立即结合变电站视频信息及主设备告警信息综合判断现场情况，并立即通知变电运维班人员及时处置。

（A）告警信号　　（B）总告警信号　　（C）报警信号　　（D）总报警信号

答案：B

248. 变电站（　　）设施验收项目应包含设施外观检查、施工质量检查、探测（传感）部件安装位置检查、探测（传感）部件功能及回路绝缘检测、主机功能测试等，验收方法应参照相关国家标准执行，一次性设施的功能性测试可提前组织开展工厂化验收。

（A）安消防　（B）消防　（C）安防　（D）安保

答案：A

249. 新建变电站投运前及变电站增容、扩建等基建工程结束后，应由各（　　）组织开展安消防设施验收，新建变电站消防设施验收还应经地方消防管理部门检测验收。验收合格后，施工单位应将出厂资料、设计图纸、说明书、验收报告等基础资料移交运维单位，运维单位与施工单位到现场共同确认设施安装情况及具备功能，确认相关调试已完毕、信号上传无问题，方可投入使用。

（A）建设管理单位　（B）监理单位

（C）施工单位　（D）建设单位

答案：A

250. 新（改、扩）建（　　）安消防设施建设应与电力工程建设同规划、同设计、同施工、同验收。

（A）交流变电站（B）变电站　（C）交直流变电站（D）直流变电站

答案：B

251. 各单位应建立完善的（　　）安消防设施档案，包括出厂资料、设计图纸、说明书、验收记录、运维记录、检验记录等。

（A）交流变电站（B）变电站　（C）交直流变电站（D）直流变电站

答案：B

252. 变电站安消防（　　）的运维要求及注意事项等应写入变电站运行规程中，相关设施巡视、检验应留有记录并存档备查。

（A）设施、设备（B）设备　（C）设施　（D）装备

答案：C

253. 变电站（　　）设施定期检验前应做好相关措施，检验项目应参照验收项目开展，其中包括与调度主站进行对试，运行设备附近的探测器（传感器）要结合设备停电进行检验。

（A）消防　（B）安防　（C）安消防　（D）安防

答案：C

254. 变电运维人员应结合变电站巡视检查（　　）设施运行情况，包括主机运行是否正常、报警功能是否良好、各种探测器（传感器）及视频摄像头运行是否正常、巡检灯是否正常闪亮等。

（A）安消防　（B）消防　（C）安防　（D）安保

答案：A

255. 变电站（　　）设施周围不得堆放杂物和其他设备，不得移作他用。对变电站

（换流站）内外可能形成漂浮物隐患，损坏围墙电网及站内主设备的垃圾、杂物等应及时清除。

（A）消防　（B）安消防　（C）安防　（D）安保

答案：B

256. 门卫、值班人员若发现可疑人员，应认真询查，发现违法犯罪行为（　　）并采取相应措施。

（A）及时控制　（B）尽快　（C）及时报警　（D）及时向领导报告

答案：C

257. 节假日必须有（　　）带班，并认真填写好值班记录，交接清楚遗留问题和处理意见。

（A）领导　（B）负责人　（C）管理　（D）工作日志

答案：A

258. 门卫、值班人员值班期间不准饮酒、娱乐，（　　）留他人食宿，遵守值班作息时间，坚守岗位。

（A）不准　（B）允许　（C）可以　（D）规章制度

答案：A

259. 外来办事人员须持单位介绍信及（　　）（重点部位要持安全监察质量部核发的出入门证）履行登记手续确认后，方可出入。

（A）出入证　（B）工作证　（C）本人有效证件　（D）工作单位证件

答案：C

260. 门卫、值班人员对（　　）出入携带的物品必须严格检查登记，对危险管制物品一律禁止出入。

（A）所有人员　（B）外来办事人员　（C）工作人员　（D）按情况允许进入

答案：B

261. 对进出车辆严格检查登记，对出入的（　　）和所载物品核实确认后，方可放行。

（A）车辆型号　（B）车辆号牌　（C）人员　（D）所载人员

答案：B

262. 职工家属、亲朋好友找人办事，一律先用电话联系，确认后，方可出入。未经单位领导和有关部门批准，外来人员（　　）存放物品、车辆和在单位内食宿。

（A）由门卫通报　（B）可以　（C）一律不允许　（D）按情况偶尔允许

答案：C

263. 门卫、值班人员能熟悉（　　），会使用消防器械。

（A）拨打110、119报警电话　（B）处置紧急情况

（C）安全器械　（D）器械

答案：A

264. 金库存放金额不准超过银行规定的限额，超出部分必须在当日下班前送交银行或储蓄所。特殊情况金库存放巨额现金，应经（　　）同意，采取可靠防范措施后，方可存放。

（A）管理人员　　（B）公安机关规定限额

（C）领导　　（D）公安机关

答案：C

265. 票据包括普通发票、增值税专用发票、银行结算票据、（　　）及其他财务票据，财务部门须指定票据经办人，负责发票的印制、领购、保管、使用。

（A）内部收据　（B）官方收据　（C）票据　（D）管理部门

答案：A

266. 公章和名章等印鉴要（　　），财务专用章和名章必须由出纳和另外一名财务人员分开保管，做到两位管理人员相互监督，相互约束，经办人如需携带财务印章外出办公，要先填写用印申请单并经财务负责人签字批准。

（A）分别保管　（B）统一保管　（C）统一管理　（D）单位领导

答案：A

267. 金库设专人管理，不准存放私人现金或其他有价证券及贵重物品。（　　）必须随身携带，不得随意乱放。

（A）证件　（B）允许　（C）金库钥匙　（D）工作证件

答案：C

268. 出纳人员要严格遵守现金管理制度，凡取送大额现金1万元以上（含1万元）时，必须两人以上（其中至少有一名男职工）；取送款超过5万元（含5万元）以上时，必须有专车和（　　）押运。

（A）财务人员　（B）3人　（C）公安人员　（D）保卫人员

答案：D

269. 财务室一律不允许存放个人（　　）、现金及有价证券。

（A）私人物品　（B）贵重物品　（C）资金　（D）私人证券

答案：B

270. 治安防范教育培训制度包括：开展治安防范宣传教育，并落实本单位的（　　）和治安防范措施。

（A）制度　　（B）宣传讲座

（C）外部治安保卫制度　　（D）内部治安保卫制度

答案：D

271. 治安保卫人员应依法、文明履行职责，不得侵犯他人合法权益。治安保卫人员依法履行职责的行为（　　）法律保护。

（A）依法、依规 （B）获得 （C）受 （D）不受

答案：C

272. 单位应根据需要，在售电营业场所及存放财务、现金账目、金库的场所等设施、场所安装使用防盗、报警、视频监控等（　　）设备。

（A）安全防护 （B）管控 （C）管理 （D）防盗

答案：A

273. 单位内部发生（　　）、涉嫌刑事犯罪案件的报告制度中：要求有适应单位具体情况的内部治安保卫制度、措施和必要的治安防疫设施。

（A）治安案件 （B）民事案件 （C）治安防范设施 （D）犯罪

答案：A

274. 要求单位范围内的治安保卫情况有人检查，（　　）得到重点保护，治安隐患及时得到排查。

（A）办公楼 （B）监管 （C）重要部位 （D）核心部位

答案：C

275. 遇有发生治安、涉嫌刑事犯罪的案件时，应首先向主管领导汇报并（　　），积极配合当地公安部门开展工作使案件及时得到处置。

（A）报警 （B）公安机关 （C）立即处理现场 （D）保护好现场

答案：D

276. 安全监察部对全公司所属单位开展治安防范落实情况进行检查，消除不安全因素，发现隐患及时下达（　　）。

（A）公安机关 （B）通知

（C）治安隐患整改通知书 （D）罚款通知书

答案：C

277. 收费营业场所应设立专人负责技防、物防设施的日常管理、使用和维护，（　　）对技防设备、值班情况进行巡检，确保相关设施正常运行。

（A）每月 （B）每年 （C）每日 （D）每季度

答案：C

278. 收费营业场所门窗应有坚固的（　　）装置。

（A）金属防护 （B）防护窗 （C）防盗 （D）防抢

答案：A

279. 收费营业场所必须有符合技术防范要求的（　　）或者联防联络设施。

（A）报警装置 （B）防盗门 （C）摄像头 （D）警铃

答案：A

280. 收费营业场所必须安装视频监控装置。视频监控系统应采用数字硬盘录像机作为图像记录设备，24h进行图像记录，图像保存时间不少于（　　）天，图像回放应能清晰显示监控区域内人员体貌特征。

（A）60　（B）50　（C）30　（D）90

答案：D

281. 收费营业场所收款工作区应当配备（　　）。

（A）保险金柜　（B）器械　（C）安防设备　（D）防爆头盔

答案：A

282. 收费营业场所工作人员必须遵守有关安全保卫规章、制度，严格落实（　　）管理制度。

（A）资金　（B）金融　（C）现金　（D）钱款

答案：C

283. 收费营业场所在营业时间应设有（　　）名工作人员临柜。

（A）2　（B）3　（C）1　（D）4

答案：A

284. 营业期间收款处不得（　　），所收款项应及时放入保险箱（柜），每日临送款前开启一次保险箱（柜）进行现金清点。保险箱（柜）必须乱码锁定，钥匙由专人保管。

（A）离人　（B）走开　（C）出去　（D）睡觉

答案：A

285. 收费营业场所当日营业结束，应按有关规定将现金用特制装具包装加锁，指定专人（2人以上）专车送往银行存放或者由金融护卫人员接送。当日无法存入银行的现金，应按相关规定（　　），确保安全。

（A）进行保存　（B）妥善保管　（C）管理　（D）存放

答案：B

286. 对利用电费缴费自动柜员机收费的营业场所，应加强收费场所的安全保卫工作，确保缴费人员在收费营业场所缴费期间的（　　）。有条件的应在电费缴费自动柜员机加装封闭式防护仓（罩）进行防护。

（A）安全　（B）顺利缴费　（C）正常缴费　（D）顺利进行

答案：A

287. 收费营业场所（　　）应组织职工进行安全教育培训，增强职工的自我安全防范意识，提高职工应对突发事件的处置能力。

（A）每月　（B）每季度　（C）每两年　（D）每年

答案：D

288. 根据收费营业场所实际情况，制定以防盗窃、防抢劫、防火灾为主要内容的应急处置预案，明确相应的处置措施和人员分工，并定期组织（　　）。

（A）评估　（B）检查　（C）演练　（D）演习

答案：C

289. 收费场所应当建立健全安全防护有关（　　），制定值班值守管理制度。

（A）规章制度　（B）管理要求　（C）规定　（D）法规

答案：A

290. 收费营业场所应当建立（　　）联动机制，明确属地公安机关责任民警和联系方式。

（A）警民　（B）警企　（C）相关　（D）相互

答案：B

291. 各供电分公司及营销部领导是本单位营业场所安全防护工作的（　　），负责其职工的安全教育，检查规章制度执行情况，落实人、技术防范措施，确保无责任案件发生。

（A）主要负责人　（B）第一责任人　（C）法人　（D）法律法规

答案：B

292. 售电营业所负责人每日对其防盗报警监控设备进行检查，巡查门窗防护情况，发现问题及时报告，确保其处于（　　）的运行状态。

（A）可用　（B）及时解决　（C）不间断　（D）正常

答案：C

293. 售电营业所内人员要有防护意识和（　　）意识，做到会检查、使用防盗防抢设备，会处置突发事件，会自我防护，会科学报警。

（A）危险　（B）安全意识　（C）自我保护意识　（D）危机意识

答案：C

294. 售电营业所（　　）向银行交款，交款地点在营业所的柜台内进行。交接款时严禁营业人员走出柜台。

（A）每周　（B）每日　（C）每月　（D）大门内

答案：B

295. 银行人员来取款时，营业人员应先确认（　　）和室内环境条件，确认安全时再开门让其进入柜台内进行交收款工作。

（A）来人身份　（B）钱款金额　（C）资金情况　（D）室外环境条件

答案：A

296. 售电营业所内不准私人会客；非工作（含非当班人员）人员不准进入（　　）。

（A）房间　（B）允许　（C）柜台内　（D）营业所内

答案：C

297. 安全监察部不定期对售电营业所安全防范情况进行检查，对违反上述规定的单位和个人（　　），并责令限期整改。

（A）定期　（B）处理　（C）予以考核　（D）予以处罚

答案：C

298. 在收费营业场所显著位置设立（　　）标牌，收款柜台安装与公安110联网的紧急报警按钮，在收费营业场所门外设置声光警示标识。

（A）警示　（B）警告　（C）声光　（D）光电

答案：A

299. 收费营业场所应加强与属地公安机关的警企（　　），共同做好辖区内收费营业场所的安全防范工作。

（A）联动　（B）联合　（C）联系　（D）协作

答案：D

300. 收费营业场所主管单位负责对辖区内的收费营业场所安全保卫工作进行监督、检查、指导，及时发现、督促整改治安隐患，落实营业场所及其周边地区治安防范（　　）。

（A）措施　（B）制度　（C）规定　（D）规则

答案：A

3.2 多选题

1. 为了防范和惩治恐怖活动，加强反恐怖主义工作，维护（　　）、（　　）和（　　），根据宪法，制定《中华人民共和国反恐怖主义法》。

（A）国家安全　（B）公共安全

（C）人民生命财产安全　（D）交通安全

答案：ABC

2. 国家反对一切形式的恐怖主义，依法取缔恐怖活动组织，对任何（　　）、（　　）、（　　）、（　　）恐怖活动，宣扬恐怖主义，煽动实施恐怖活动，组织、领导、参加恐怖活动组织，为恐怖活动提供帮助的，依法追究法律责任。

（A）组织　（B）策划　（C）准备实施　（D）实施

答案：ABCD

3. 下列（　　）行为要依法追究刑事责任。

（A）组织、策划、准备实施、实施恐怖活动

（B）组织、领导、参加恐怖活动组织

（C）为恐怖活动组织、恐怖活动人员、实施恐怖活动或者恐怖活动培训提供帮助的

答案：ABC

4. 中华人民共和国反恐法所称恐怖活动，是指恐怖主义性质的下列行为：（　　）、（　　）、（　　）或者意图造成人员伤亡、重大财产损失、公共设施损坏、社会秩序混乱等严重社会危害的活动的。

（A）组织　（B）策划　（C）准备实施　（D）实施造成

答案：ABCD

5. 反恐怖主义工作坚持专门工作与群众路线相结合，（　　）、（　　）、（　　）、（　　）的原则。

（A）防范为主　（B）惩防结合　（C）先发制敌　（D）保持主动

答案：ABCD

6. 反恐怖主义工作应当依法进行，（　　）和（　　）人权，维护公民和组织的合法权益。

（A）遵守　（B）尊重　（C）保障　（D）维护

答案：BC

7. 中国人民解放军、中国人民武装警察部队和民兵组织依照本法和其他有关法律、行政法规、军事法规以及国务院、中央军事委员会的命令，并根据反恐怖主义工作领导机构的部署，（　　）和（　　）恐怖活动。

（A）开展　（B）防范　（C）处置　（D）治理

答案：BC

8.（　　）司法行政机关以及其他有关国家机关，应当根据分工，实行工作责任制，依法做好反恐怖主义工作。

（A）公安机关　（B）国家安全机关　（C）人民检察院　（D）人民法院

答案：ABCD

9. 任何单位和个人都有协助、配合有关部门开展反恐怖主义工作的义务，发现恐怖活动嫌疑或者恐怖活动嫌疑人员的，应当及时向（　　）或者（　　）报告。

（A）公安机关　（B）组织单位　（C）有关部门　（D）事业单位

答案：AC

10. 对举报恐怖活动或者协助防范、制止恐怖活动有突出贡献的（　　）和（　　），以及在反恐怖主义工作中做出其他突出贡献的单位和个人，按照国家有关规定给予表彰、奖励。

（A）单位　（B）国企　（C）央企　（D）个人

答案：AD

11. 国家反恐怖主义工作领导机构根据《反恐怖主义法》第三条所称恐怖活动规定，认定恐怖活动（　　）和（　　），由国家反恐怖主义工作领导机构的办事机构予以公告。

（A）组织　（B）人员　（C）活动　（D）机构

答案：AB

12. 被认定的恐怖活动（　　）和（　　）对认定不服的，可以通过国家反恐怖主义工作领导机构的办事机构申请复核。国家反恐怖主义工作领导机构应当及时进行复核，做出维持或者撤销认定的决定。复核决定为最终决定。

（A）组织　（B）人员　（C）活动　（D）机构

答案：AB

13. 根据《刑事诉讼法》的规定，有管辖权的中级以上人民法院在审判刑事案件的过程中，可以依法认定恐怖活动（　　）和（　　）。对于在判决生效后需要由国家反恐怖主义工作领导机构的办事机构予以公告的，适用本章的有关规定。

（A）活动　（B）机构　（C）人员　（D）组织

答案：CD

14.（　　）、（　　）、（　　）、（　　）、（　　）、（　　）等有关单位，应当有针对性地面向社会进行反恐怖主义宣传教育。

（A）新闻　（B）广播　（C）电视　（D）文化

（E）宗教　（F）互联网

答案：ABCDEF

15. 电信业务经营者、互联网服务提供者应当为公安机关、国家安全机关依法进行防范、调查恐怖活动提供（　　）和（　　）等技术支持和协助。

（A）技术接口　（B）服务　（C）硬件　（D）解密

答案：AD

16. 铁路、公路、水上、航空的货运和邮政、快递等物流运营单位应当实行安全查验制度，对客户身份进行查验，依照规定对运输、寄递物品进行安全检查或者开封验视。对禁止（　　）、（　　），存在重大安全隐患，或者客户拒绝安全查验的物品，不得运输、寄递。

（A）铁路　（B）公路　（C）运输　（D）寄递

答案：CD

17. 运输单位应当依照规定对运营中的（　　）的运输工具通过定位系统实行监控。

（A）危险化学品　（B）民用爆炸物品　（C）核与放射物品　（D）化学药品

答案：ABC

18. 发生（　　）、（　　）、（　　）、（　　）、（　　）、（　　）等物质被盗、被抢、丢失或者其他流失的情形，案发单位应当立即采取必要的控制措施，并立即向公安机关报告，同时依照规定向有关主管部门报告。公安机关接到报告后，应当及时开展调查。有关主管部门应当配合公安机关开展工作。

（A）枪支等武器　（B）弹药　（C）危险化学品　（D）民用爆炸物品

（E）核与放射物品　（F）传染病病原体

答案：ABCDEF

19.（　　）依法对金融机构和特定非金融机构履行反恐怖主义融资义务的情况进行监督管理。

（A）国务院反洗钱行政主管部门　（B）国务院有关部门

（C）国务院有关机构　（D）各企业单位

答案：ABC

20.（　　）、（　　）、（　　）等部门在依照法律、行政法规的规定对有关单位实施监督检查的过程中，发现资金流入流出涉嫌恐怖主义融资的，应当及时通报公安机关。

（A）审计　（B）财政　（C）税务　（D）监管

答案：ABC

21. 海关在对进出境人员携带（　　）和（　　）实施监管的过程中，发现涉嫌恐怖主义融资的，应当立即通报国务院反洗钱行政主管部门和有管辖权的公安机关。

（A）现金　（B）无记名有价证券

（C）股票　（D）外汇

答案：AB

22. 地方各级人民政府（　　）实施城乡规划，应当符合反恐怖主义工作的需要。地方各级人民政府应当根据需要，组织、督促有关建设单位在主要道路、交通枢纽、城市公共区域的重点部位，配备、安装公共安全视频图像信息系统等防范恐怖袭击的技防、物防设备、设施。

（A）组织　（B）安排　（C）督促　（D）制定

答案：AD

23. 任何（　　）和（　　）发现宣扬极端主义的物品、资料、信息的，应当立即向公安机关报告。

（A）单位　（B）资料　（C）个人　（D）材料

答案：AC

24. 公安机关发现极端主义活动的，应当（　　），将有关人员（　　）并（　　），对有关物品、资料予以（　　），对非法活动场所予以查封。

（A）责令立即停止（B）强行带离现场（C）登记身份信息（D）收缴

答案：ABCD

25. 对被（　　）、（　　）、（　　）参与恐怖活动、极端主义活动，或者参与恐怖活动、极端主义活动情节轻微，尚不构成犯罪的人员，公安机关应当组织有关部门、村民委员会、居民委员会、所在单位、就读学校、家庭和监护人对其进行帮教。

（A）教唆　（B）胁迫　（C）引诱　（D）指引

答案：ABC

26. 对恐怖活动罪犯和极端主义罪犯被判处徒刑以上刑罚的，监狱、看守所应当在刑满释放前根据其（　　）、（　　）和（　　），服刑期间的表现，释放后对所居住社区的影响等进行社会危险性评估。进行社会危险性评估，应当听取有关基层组织和原办案机关的意见。经评估具有社会危险性的，监狱、看守所应当向罪犯服刑地的中级人民法院提出安置教育建议，并将建议书副本抄送同级人民检察院。

（A）犯罪性质　（B）情节　（C）社会危害程度　（D）风险评估

答案：ABC

27.《反恐怖主义法》规定，公安机关应当会同有关部门，将遭受恐怖袭击的可能性较大以及遭受恐怖袭击可能造成重大的（　　）的单位、场所、活动、设施等确定为防范恐怖袭击的重点目标，报本级反恐怖主义工作领导机构备案。

（A）人身伤害　（B）财产损失　（C）社会影响　（D）国际影响

答案：ABC

28. 重点目标的管理单位应当履行下列职责：制定防范和应对处置恐怖活动的预案、措施，定期进行（　　）。

（A）培训　（B）演练　（C）教育　（D）方案

答案：AB

29. 重点目标的管理单位应当履行下列职责：定期向（　　）报告防范措施落实情况。

（A）公安机关　（B）政府部门　（C）有关部门　（D）派出所

答案：AC

30. 对航空器、列车、船舶、城市轨道车辆、公共电汽车等公共交通运输工具，营运单位应当依照规定配备安保人员和相应设备、设施，加强（　　）和（　　）。

（A）管理　（B）安全检查　（C）监督　（D）保卫工作

答案：BD

31. 公安机关、中国人民武装警察部队应当依照有关规定对重点目标进行（　　）、（　　）、（　　）。

（A）警戒　（B）巡逻　（C）检查　（D）防范

答案：ABC

32. 公安机关和中国人民解放军应当严密组织国（边）境巡逻，依照规定对（　　）、（　　）、（　　）、（　　）、（　　），以及沿海沿边地区的船舶进行查验。

（A）抵离国（边）境前沿

（B）进出国（边）境管理区和国（边）境通道

（C）口岸的人员

（D）交通运输工具

（E）物品

答案：ABCDE

33. 海关、出入境边防检查机关发现恐怖活动嫌疑人员或者涉嫌恐怖活动物品的，应当依法扣留，并立即移送（ ）或者（ ）。

（A）海关　（B）出入境边防检查机关

（C）公安机关　（D）国家安全机关

答案：CD

34. 检验检疫机关发现涉嫌恐怖活动物品的，应当依法扣留，并立即移送（ ）或者（ ）。

（A）海关　（B）出入境边防检查机关

（D）公安机关　（D）国家安全机关

答案：CD

35. 驻外机构应当建立健全安全防范制度和应对处置预案，加强对（ ）、（ ）、（ ）的安全保护。

（A）有关人员　（B）设施　（C）财产　（D）华人

答案：ABC

36. 公安机关、国家安全机关、军事机关在其职责范围内，因反恐怖主义情报信息工作的需要，根据国家有关规定，经过严格的（ ），可以采取技术（ ）。

（A）管理　（B）监督　（C）批准手续　（D）侦察措施

答案：CD

37. 因反恐怖主义情报信息工作的需要，采取技术侦查措施获取的材料，只能用于（ ），不得用于其他用途。

（A）反恐怖主义应对处置　（B）对恐怖活动犯罪的侦查

（C）对极端主义犯罪的侦查　（D）起诉　（E）审判

答案：ABC

38. 国家反恐怖主义情报中心、地方反恐怖主义工作领导机构以及公安机关等有关部门应当对有关情报信息进行（ ）、（ ）、（ ）、（ ），认为有发生恐怖事件危险，需要采取相应的安全防范、应对处置措施的，应当及时通报有关部门和单位，并可以根据情况发出预警。有关部门和单位应当根据通报做好安全防范、应对处置工作。

（A）筛查　（B）研判　（C）核查　（D）监控

答案：ABCD

39. 反恐怖主义工作领导机构、有关部门和单位、个人应当对履行反恐怖主义工作职责、义务过程中知悉的（ ）予以保密。

（A）国家秘密　（B）商业秘密　（C）个人隐私　（D）单位秘密

答案：ABC

40. 公安机关接到（　　）或者（　　），需要调查核实的，应当迅速进行调查。

（A）恐怖活动嫌疑的报告　　（B）消息

（C）发现恐怖活动嫌疑　　（D）恐怖电话

答案：AC

41. 国家反恐怖主义工作领导机构应当针对恐怖事件的规律、特点和可能造成的社会危害，分级、分类制定国家应对处置预案，具体规定（　　）和（　　）、（　　）以及（　　）等内容。

（A）恐怖事件应对处置的组织指挥体系（B）恐怖事件安全防范

（C）应对处置程序　　（D）事后社会秩序恢复

答案：ABCD

42. 恐怖事件发生后，发生地反恐怖主义工作领导机构应当立即启动恐怖事件应对处置预案，确定指挥长。（　　）和（　　）、（　　）、（　　），按照反恐怖主义工作领导机构和指挥长的统一领导、指挥，协同开展打击、控制、救援、救护等现场应对处置工作。

（A）有关部门　　（B）中国人民解放军

（C）中国人民武装警察部队　　（D）民兵组织

答案：ABCD

43. 为了规范企业、事业单位（简称单位）内部治安保卫工作，保护公民（　　）和（　　），（　　）和（　　），制定本条例。

（A）人身、财产安全　　（B）公共财产安全

（C）维护单位的工作、生产、经营、教学（D）科研秩序

答案：ABCD

44. 单位内部治安保卫工作贯彻（　　）为主、（　　）负责、突出重点、保障安全的方针。

（A）预防　　（B）防控　　（C）单位　　（D）个人

答案：AC

45. 国务院（　　）部门指导、（　　）全国的单位内部治安保卫工作，对行业、系统有监管职责的国务院有关部门指导、检查本行业、本系统的单位内部治安保卫工作。

（A）公安　　（B）检查　　（C）管理　　（D）监督

答案：AD

46. 单位应当根据内部治安保卫工作需要，设置（　　）或者配备专职、兼职（　　）。

（A）安全保卫机构（B）治安保卫机构　（C）治安保卫人员　（D）安全保卫人员

答案：BC

47. 单位范围内的治安保卫情况应有人检查，（　　）得到重点保护，（　　）及时得到排查。

（A）重要部位　（B）核心部位　（C）安全隐患　（D）治安隐患

答案：AD

48. 单位制定的内部治安保卫制度应当包括（　　）、（　　）、（　　）。

（A）门卫　（B）值班　（C）巡查制度　（D）警报制度

答案：ABC

49. 存放有爆炸性、易燃性、放射性、毒害性、传染性、腐蚀性等危险物品和（　　）菌种、毒种以及（　　）的单位，还应当有相应的安全管理制度。

（A）传染性　（B）扩散性　（C）武器弹药　（D）武器装备

答案：AC

50. 单位内部治安保卫机构、治安保卫人员应当履行的职责有：开展（　　）防范宣传教育，并落实本单位的（　　）治安保卫制度和治安防范措施。

（A）治安　（B）安全　（C）内部　（D）外部

答案：AC

51. 关系全国或者所在地区（　　）的单位是治安保卫重点单位。

（A）公共卫生　（B）国计民生　（C）国家安全　（D）公共安全

答案：BCD

52. 治安保卫重点单位应当确定本单位的治安保卫重要部位，按照有关（　　）对重要部位设置必要的（　　）防范设施，并实施重点保护。

（A）国家标准　（B）地区标准　（C）安全　（D）技术

答案：AD

53. 公安机关应当指导单位制定、完善内部治安保卫制度，落实（　　），指导治安保卫人员队伍建设和治安保卫重点单位的（　　）。

（A）治安防范措施　（B）治安保护措施

（C）治安保卫机构建设　（D）安全保卫机构建设

答案：AC

54. 对认真落实治安防范措施，严格执行治安保卫工作制度，在单位内部治安保卫工作中取得显著成绩的（　　）和（　　），有关人民政府、公安机关和有关部门应当给予表彰、奖励。

（A）单位　（B）企业　（C）组织　（D）个人

答案：AD

55. 单位治安保卫人员在履行职责时侵害他人合法权益的，应当（　　），给他人造成损害的，单位应当（　　）。

（A）赔礼道歉　（B）公开道歉　（C）承担赔偿责任　（D）追究刑事责任

答案：AC

56. 公安机关接到单位报警后不依法履行职责，致使公民人身、财产和公共财产遭受损失，或者有其他玩忽职守、滥用职权行为的，对（　　）和（　　）依法给予行政处分。

（A）直接负责的主管人员　（B）单位直属领导

（C）其他直接责任人员　（D）其他间接责任人员

答案：AC

57. 各供电分公司及营销部领导是本单位营业所安全防护工作的（　　），负责其职工的安全教育，检查（　　）执行情况，落实人、技术防范措施，确保无责任案件发生。

（A）主要负责人　（B）第一责任人　（C）规章制度　（D）法律法规

答案：BC

58. 售电营业所（　　）向银行交款，交款地点在营业所的（　　）进行。交接款时严禁营业人员走出柜台。

（A）每周　（B）每日　（C）柜台内　（D）大门内

答案：BC

59. 售电营业所的保险柜（　　）存放过夜现金，营业人员不准（　　）电费款。

（A）可以　（B）不准　（C）携带　（D）接触

答案：BC

60. 售电营业所内有条件宜设工作人员（　　）、（　　）。

（A）休闲区　（B）卫生间　（C）生活区　（D）休息区

答案：BC

61. 公司内部治安保卫工作，贯彻（　　）为主、（　　）负责、突出重点、保障安全的方针。

（A）防范　（B）预防　（C）单位　（D）领导

答案：BC

62. 公司安全监察部（保卫部）职责包括：协调单位与地方之间、（　　）的治安保卫工作关系；对公司所属各单位内部治安保卫工作进行（　　）。

（A）单位与单位间（B）单位与政府间　（C）考核　（D）检查

答案：AC

63. 单位主要负责人对本单位的内部治安保卫工作负责，其职责包括：管理本单位的（　　），为其开展工作提供必要条件；决定本单位有关治安保卫工作的（　　）。

（A）治安保卫队伍（B）安全防卫队伍　（C）奖惩事项　（D）惩罚制度

答案：AC

64. 单位应当设置与治安保卫任务相适应的专（兼）职（　　），并将治安保卫人员的设置情况报（　　）备案。

（A）安全保卫人员　　（B）治安保卫人员

（C）公司安全监察部（保卫部）　　（D）当地公安机关

答案：BC

65. 单位内部治安保卫人员应当履行的职责包括：在单位范围内进行（　　）巡逻和检查、整改治安隐患，建立巡逻、检查和（　　）整改记录。

（A）安全防范　（B）治安防范　（C）治安隐患　（D）安全隐患

答案：BC

66. 门卫、值班人员应经常进行（　　），及时掌握和了解本单位各方面情况，发现问题有权责成有关人员处理，重大问题及时向（　　）及有关部门请示报告，同时指定专人保护好现场。

（A）巡视检查　（B）定期检查　（C）领导　（D）公安机关

答案：AC

67. 节假日必须有（　　）带班，并认真填写好（　　），交接清楚遗留问题和处理意见。

（A）领导　（B）负责人　（C）值班记录　（D）工作日志

答案：AC

68. 门卫、值班人员对（　　）出入携带的物品必须严格检查登记，对危险管制物品（　　）。

（A）所有人员　（B）外来办事人员　（C）一律禁止出入　（D）按情况允许进入

答案：BC

69. 门卫、值班人员能熟悉（　　），会使用（　　）。

（A）拨打110、119报警电话　　（B）处置紧急情况

（C）安全器械　　（D）消防器械

答案：AD

70. 公章和名章等印鉴要（　　），财务专用章和名章必须由出纳和另外一名财务人员分开保管，做到两位管理人员相互监督，相互约束，经办人如需携带财务印章外出办公，要先填写用印申请单并经（　　）签字批准。

（A）分别保管　（B）统一保管　（C）财务负责人　（D）单位领导

答案：AC

71. 财务室一律不允许存放个人（　　）、现金及（　　）。

（A）私人物品　（B）贵重物品　（C）有价证券　（D）私人证券

答案：BC

72. 治安保卫人员应（　　）履行职责，不得侵犯他人合法权益。治安保卫人员依法履行职责的行为（　　）法律保护。

（A）依法、依规　（B）依法、文明　（C）受　（D）不受

答案：BC

73. 遇有发生治安、涉嫌刑事犯罪的案件时，应首先向（　　）汇报并（　　），积极配合当地公安部门开展工作使案件及时得到处置。

（A）主管领导　（B）公安机关　（C）立即处理现场　（D）保护好现场

答案：AD

74. 完善各种制度，落实（　　）的原则，并经常自检自查，发现（　　）及时整改。

（A）直属领导负责　（B）谁主管，谁负责

（C）隐患　（D）问题

答案：BC

75. 在储存、购买、运输和使用爆炸物品中，发生爆炸物品（　　）、（　　）和发生重大事故，应视情节轻重，给予纪律处分，直到依法追究刑事责任。

（A）丢失　（B）被盗　（C）损坏　（D）爆炸

答案：AB

76. 需要安装使用防盗、报警、视频监控等安全防护设备的场所包括（　　）。

（A）各种机动车辆及车库

（B）存放、保管精密仪器、设备和贵重金属的场所

（C）其他需要安装防范报警设备的设施和场所

（D）员工办公场所

答案：ABC

77. 为了（　　）和（　　）恐怖活动，加强反恐怖主义工作，维护国家安全、公共安全和人民生命财产安全，根据宪法，制定《中华人民共和国反恐怖主义法》。

（A）防范　（B）惩治　（C）保护　（D）治理

答案：AB

78. 国家反对一切形式的恐怖主义，依法取缔恐怖活动组织，对任何组织、策划、准备实施、实施恐怖活动，宣扬恐怖主义，煽动实施恐怖活动，（　　）、（　　）、（　　）恐怖活动组织，为恐怖活动提供帮助的，依法追究法律责任。

（A）实施　（B）组织　（C）领导　（D）参加

答案：BCD

79. 国家反对一切形式的恐怖主义，依法取缔恐怖活动组织，对任何（　　）、（　　）、（　　）、（　　）恐怖活动，宣扬恐怖主义，煽动实施恐怖活动，组织、领导、参

加恐怖活动组织，为恐怖活动提供帮助的，依法追究法律责任。

（A）组织　（B）策划　（C）准备实施　（D）实施

答案：ABCD

80.《中华人民共和国反恐怖主义法》对恐怖主义做出明确定义，通过（　　）等手段，制造社会恐慌、危害公共安全、侵犯人身财产，或者胁迫国家机关、国际组织，以实现其政治、意识形态等目的的主张和行为。

（A）暴力　（B）破坏　（C）恐吓　（D）威赫

答案：ABC

81.《中华人民共和国反恐怖主义法》所称恐怖活动，是指恐怖主义性质的下列行为：组织、策划、准备实施、实施造成或者（　　）等严重危害社会的活动。

（A）将发生　（B）正在发生　（C）已经发生的　（D）可能发生

答案：BCD

82. 国家反对一切形式的以（　　）或者其他方法（　　）、（　　）、（　　）等极端主义，消除恐怖主义的思想基础。

（A）歪曲宗教教义（B）煽动仇恨　（C）煽动歧视　（D）鼓吹暴力

答案：ABCD

83. 根据《中华人民共和国反恐怖主义法》的规定，反恐怖主义、反极端主义工作坚持的原则包括（　　）。

（A）先发制敌、保持主动　（B）专门工作与群众路线相结合

（C）防范为主、惩防结合　（D）坦白从宽、抗拒从严

答案：ABC

84. 在反恐怖主义工作中，应当尊重公民的宗教信仰自由和民族风俗习惯，禁止任何基于（　　）、（　　）、（　　）等理由的歧视性做法。

（A）地域　（B）民族　（C）地区　（D）宗教

答案：ABD

85. 国家设立反恐怖主义工作领导机构，统一（　　）和（　　）全国反恐怖主义工作。

（A）领导　（B）指挥　（C）管理　（D）执行

答案：AB

86. 有关部门应当建立联动配合机制，依靠、动员（　　）、（　　）、（　　）、（　　），共同开展反恐怖主义工作。

（A）村民委员会　（B）居民委员会　（C）企业事业单位（D）社会组织

答案：ABCD

87. 对在中华人民共和国领域外对中华人民共和国（　　）、（　　）或者（　　）实施

的恐怖活动犯罪，或者实施的中华人民共和国缔结、参加的国际条约所规定的恐怖活动犯罪，中华人民共和国行使刑事管辖权，依法追究刑事责任。

（A）国家　　（B）公民　　（C）机构　　（D）单位

答案：ABC

88. （　　）、（　　）、（　　）和（　　）对于需要认定恐怖活动组织和人员的，应当向国家反恐怖主义工作领导机构提出申请。

（A）国务院公安部门　　（B）国家安全部门

（C）外交部门　　（D）省级反恐怖主义工作领导机构

答案：ABCD

89. 国家反恐怖主义工作领导机构做出撤销认定的决定的，由国家反恐怖主义工作领导机构的办事机构予以公告；（　　）已被冻结的，应当解除冻结。

（A）现金　　（B）资金　　（C）资产　　（D）股票

答案：BC

90. 教育、人力资源行政主管部门和学校、有关职业培训机构应当将恐怖活动预防、应急知识纳入（　　）、（　　）、（　　）的内容。

（A）教育　　（B）课程　　（C）教学　　（D）培训

答案：ACD

91. 网信、电信、公安、国家安全等主管部门对含有恐怖主义、极端主义内容的信息，应当按照职责分工，及时责令有关单位（　　）、（　　），或者（　　）、（　　）。有关单位应当立即执行，并保存相关记录，协助进行调查。对互联网上跨境传输的含有恐怖主义、极端主义内容的信息，电信主管部门应当采取技术措施，阻断传播。

（A）停止传输　　（B）删除相关信息　　（C）关闭相关网站　　（D）关停相关服务

答案：ABCD

92. 电信、互联网、金融、住宿、长途客运、机动车租赁等业务经营者、服务提供者，应当对（　　）进行查验。对（　　）或者拒绝身份查验的，不得提供服务。

（A）居民　　（B）群众　　（C）客户身份　　（D）身份不明

答案：CD

93. 生产和进口单位应当依照规定对枪支等（　　）、民用爆炸物品、核与放射物品做出电子追踪标识，对民用爆炸物品添加安检示踪标识物。

（A）武器　　（B）弹药　　（C）管制器具　　（D）危险化学品

答案：ABCD

94. 国务院反洗钱行政主管部门、国务院有关部门、机构依法对（　　）和（　　）履行反恐怖主义融资义务的情况进行监督管理。

（A）公司　　（B）单位　　（C）金融机构　　（D）特定非金融机构

答案：CD

95. 公安机关和有关部门对宣扬极端主义，利用极端主义（　　）的，应当及时予以制止，依法追究法律责任。

（A）危害公共安全（B）扰乱公共秩序（C）侵犯人身财产（D）妨害社会管理

答案：ABCD

96. 公安机关和有关部门对宣扬极端主义，利用极端主义（　　）、（　　）、侵犯人身财产、妨害社会管理的，应当及时予以制止，依法追究法律责任。

（A）危害社会　（B）危害公共安全（C）影响社会　（D）扰乱公共秩序

答案：BD

97. 监狱、看守所、社区矫正机构应当加强对服刑的恐怖活动罪犯和极端主义罪犯的（　　）、（　　）、（　　）等工作。监狱、看守所对恐怖活动罪犯和极端主义罪犯，根据教育改造和维护监管秩序的需要，可以与普通刑事罪犯混合关押，也可以个别关押。

（A）管理　（B）教育　（C）责罚　（D）矫正

答案：ABD

98. 安置教育由省级人民政府组织实施。安置教育机构应当每年对被安置教育人员进行评估，对于（　　），（　　），应当及时提出解除安置教育的意见，报决定安置教育的中级人民法院做出决定。被安置教育人员有权申请解除安置教育。

（A）社会危害程度　（B）确有悔改表现

（C）不致再危害社会的　（D）实行风险评估

答案：BC

99. 公安机关应当会同有关部门，将遭受恐怖袭击的可能性较大以及遭受恐怖袭击可能造成重大的人身伤亡、财产损失或者社会影响的（　　）、（　　）、（　　）、（　　）等确定为防范恐怖袭击的重点目标，报本级反恐怖主义工作领导机构备案。

（A）单位　（B）场所　（C）活动　（D）设施

答案：ABCD

100. 重点目标的管理单位应当履行下列（　　）职责。

（A）制定防范和应对处置恐怖活动的预案、措施，定期进行培训和演练

（B）建立反恐怖主义工作专项经费保障制度，配备、更新防范和处置设备、设施

（C）指定相关机构或者落实责任人员，明确岗位职责

（D）实行风险评估，实时监测安全威胁，完善内部安全管理

（E）定期向公安机关和有关部门报告防范措施落实情况

答案：ABCDE

101. 重点目标的管理单位应当建立公共安全视频图像信息系统（　　）、（　　）、

(　　)等管理制度，保障相关系统正常运行。采集的视频图像信息保存期限不得少于90日。

(A)值班监看　(B)信息保存使用　(D)运行维护　(C)实时监控

答案：ABC

102. 重点目标的管理单位应当履行下列职责：建立反恐怖主义工作(　　)保障制度，配备、(　　)防范和处置(　　)、设施。

(A)专项经费　(B)更新　(C)设施　(D)活动

答案：ABD

103. 重点目标的管理单位应当对重要岗位人员进行安全(　　)。对有不适合情形的人员，应当调整(　　)，并将有关情况通报公安机关。

(A)检查　(B)背景审查　(D)工作岗位　(C)防范措施

答案：BC

104. 大型活动承办单位以及重点目标的管理单位应当依照规定，对进入(　　)、(　　)、(　　)、(　　)、(　　)、(　　)、(　　)等重点目标的人员、物品和交通工具进行安全检查。

(A)大型活动场所　(B)机场　(C)火车站

(D)码头　(E)城市轨道交通站

(F)公路长途客运站　(G)口岸

答案：ABCDEFG

105. 飞行管制、民用航空、公安等主管部门应当按照职责分工，加强(　　)管理，严密防范针对航空器或者利用飞行活动实施的恐怖活动。

(A)空域　(B)航道　(C)航空器　(D)飞行活动

答案：ACD

106. 出入境证件签发机关、出入境边防检查机关对恐怖活动人员和恐怖活动嫌疑人员，有权(　　)、(　　)或者(　　)。

(A)拘留　(B)决定不准其出境入境

(C)不予签发出境入境证件　(D)宣布其出境入境证件作废

答案：BCD

107. 国务院外交、公安、国家安全、发展改革、工业和信息化、商务、旅游等主管部门应当建立境外投资合作、旅游等安全风险评估制度，对(　　)以及(　　)、(　　)、(　　)加强安全保护，防范和应对恐怖袭击。

(A)中国在境外的公民　(B)驻外机构

(C)设施　(D)财产

答案：ABCD

108. 有关部门应当加强反恐怖主义情报信息搜集工作，对搜集的有关（　　）、（　　）、（　　）情报信息，应当依照规定及时统一归口报送国家反恐怖主义情报中心。

（A）线索　　（B）人员　　（C）物品　　（D）行动类

答案：ABD

109. 公安机关、国家安全机关和有关部门应当依靠（　　），加强（　　）工作，建立基层情报信息工作力量，提高反恐怖主义情报信息工作能力。

（A）群众　　（B）基层基础　　（C）有关部门　　（D）各企业单位

答案：AB

110. 违反规定泄露（　　）、（　　）和（　　）的，依法追究法律责任。

（A）国家秘密　　（B）个人秘密　　（C）商业秘密　　（D）个人隐私

答案：ACD

111. 公安机关调查恐怖活动嫌疑，可以依照有关法律规定对嫌疑人员进行（　　）、（　　）、（　　），可以提取或者采集肖像、指纹、虹膜图像等人体生物识别信息和血液、尿液、脱落细胞等生物样本，并留存其签名。

（A）盘问　　（B）检查　　（C）传唤　　（D）拷打

答案：ABC

112. 公安机关调查恐怖活动嫌疑，可以通知了解有关情况的人员到（　　）或者（　　）接受询问。

（A）仓库　　（B）公安机关　　（C）其他地点　　（D）监狱

答案：BC

113. 公安机关可以采取（　　）等方式对恐怖活动嫌疑人员遵守约束措施的情况进行监督。

（A）电子监控　　（B）不定期检查　　（C）监听　　（D）拷问

答案：AB

114. 公安机关经调查，发现（　　）或者（　　）的，应当依照刑事诉讼法的规定立案侦查。

（A）犯罪事实　　（B）犯罪嫌疑　　（C）犯罪嫌疑人　　（D）罪犯

答案：AC

115. （　　）（　　）应当制定相应的应对处置预案。

（A）有关部门　　（B）单位

（C）个人　　（D）地方反恐怖主义工作领导机构

答案：AD

116. 单位违反《中华人民共和国反恐怖主义法》规定，情节严重的，由主管部门责令停止（　　）或者责令停产停业；造成严重后果的，吊销有关证照或者撤销登记。

（A）营业　　（B）经营改　　（C）从事相关业务　　（D）提供相关服务

答案：CD

117. 制定《企事业单位内部治安保卫条例》目的之一是规范企业、事业单位内部治安保卫工作，保护（　　）、（　　）和（　　）。

（A）公民人身安全　　（B）公民财产安全

（C）公共安全　　（D）公共财产安全

答案：ABC

118. 单位内部治安保卫工作应当突出保护单位内人员的（　　），单位（　　）以经济效益、财产安全或者其他任何借口忽视人身安全。

（A）财产安全　（B）人身安全　（C）不得　（D）可以

答案：BC

119. （　　）以上地方各级人民政府应当加强对本行政区域内的单位内部治安保卫工作的领导，督促（　　）和有关部门依法履行职责，并及时协调解决单位内部治安保卫工作中的重大问题。

（A）县级　（B）市级　（C）公安机关　（D）检察机关

答案：AC

120. 治安保卫重点单位应当将治安保卫机构的设置和人员的（　　）报主管（　　）机关备案。

（A）配备情况　（B）健康情况　（C）公安　（D）直属

答案：AC

121. 单位范围内的治安隐患和问题及时得到处理，发生（　　）、涉嫌（　　）的案件及时得到处置。

（A）治安案件　（B）治安问题　（C）刑事犯罪　（D）民事犯罪

答案：AC

122. 内部治安保卫制度应当包括：（　　）、（　　）、（　　）、教学、科研等场所的安全管理制度。

（A）工作　（B）生产　（C）经营　（D）生活

答案：ABC

123. 单位内部治安保卫人员应当接受有关（　　）知识和治安保卫业务、技能以及相关（　　）知识的培训、考核。

（A）法律　（B）法规　（C）专业　（D）安全

答案：AC

124. 单位内部治安保卫机构、治安保卫人员应当履行的职责有：根据需要，检查进入本单位人员的（　　），登记出入的（　　）和（　　）。

（A）证件　（B）资格　（C）物品　（D）车辆

答案：ACD

125. 治安保卫重点单位应当确定本单位的治安保卫重要部位，按照有关（　　）对重要部位设置必要的（　　）防范设施，并实施重点保护。

（A）国家标准　（B）地区标准　（C）安全　（D）技术

答案：AD

126. 治安保卫重点单位应当在（　　）机关指导下制定单位内部（　　）突发事件处置预案，并定期演练。

（A）公安　（B）检查　（C）治安　（D）安全

答案：AC

127. 公安机关应当检查、指导单位的内部治安保卫工作，发现单位有违反本条例规定的行为或者治安隐患，及时下达（　　），（　　）。

（A）罚款通知书　（B）整改通知书

（C）责令限期整改　（D）责令限期缴纳罚款

答案：BC

128. 单位治安保卫人员因履行治安保卫职责伤残或者死亡的，依照国家有关（　　）保险、评定伤残、（　　）的规定给予相应的待遇。

（A）安全　（B）工伤　（C）批准烈士　（D）授予烈士

答案：BC

129. 单位违反企业事业内部治安保卫条例规定的，造成严重后果，对单位（　　）和其他（　　）处500元以上5000元以下的罚款，并可以建议有关组织对单位主要负责人和其他直接责任人员依法给予处分；情节严重，构成犯罪的，依法追究刑事责任。

（A）主要负责人（B）第一责任人　（C）直接责任人　（D）间接责任人

答案：AC

130. 对故意或者重大过失造成侵权的治安保卫人员，单位应当（　　）。治安保卫人员侵害他人合法权益的行为属于受单位负责人指使、胁迫的，对单位负责人依法给予处分，并由其承担赔偿责任。

（A）依法给予处分　（B）报告公安机关处理

（C）公开赔礼道歉　（D）承担赔偿责任

答案：AD

131. 对行业、系统有监管职责的人民政府有关部门在指导、检查本行业、本系统的单位内部治安保卫工作过程中有（　　）、（　　）行为的，应当按规定给予处罚。

（A）迟到早退　（B）滥用职权　（C）玩忽职守　（D）行贿受贿

答案：BC

132. 售电营业所负责人每日对其防盗报警监控设备进行检查，巡查门窗防护情况，发现问题（　　），确保其处于（　　）的运行状态。

（A）及时报告　（B）及时解决　（C）不间断　（D）正常

答案：AC

133. 交接款时（　　）营业人员走出柜台；银行取款后再收缴的电费款，应由（　　）统一送交到指定的银行，下班后营业所内的金柜无特殊情况一律不允许上锁。

（A）严禁　（B）允许

（C）所属供电分公司　（D）银行工作人员

答案：AC

134. 售电营业所内（　　）私人会客；非工作（含非当班人员）人员不准进入（　　）。

（A）不准　（B）允许　（C）柜台内　（D）营业所内

答案：AC

135. 安全监察部（　　）对售电营业所安全防范情况进行检查，对违反上述规定的单位和个人（　　），并责令限期整改。

（A）定期　（B）不定期　（C）予以考核　（D）予以处罚

答案：BC

136. 公司（　　）治安保卫工作实行（　　）负责制。

（A）内部　（B）外部　（C）主要负责人　（D）直属领导

答案：AC

137. 单位主要负责人对本单位的内部治安保卫工作负责，其职责包括：贯彻实施有关治安保卫工作的法律、法规和规章；严格贯彻执行（　　）所制定的治安保卫工作（　　）。

（A）公司　（B）国家　（C）制度　（D）规定

答案：AC

138. 单位内部治安保卫工作在公司和（　　）领导下，由（　　）组织实施，当地公安机关、公司安全监察质量依法监督、指导。

（A）当地人民政府　（B）当地公安机关

（C）各单位　（D）各部门

答案：AC

139. 单位内部专（兼）职治安保卫人员应当接受有关（　　）和治安保卫业务、技能以及相关（　　）的培训、考核。

（A）法规知识　（B）法律知识　（C）专业知识　（D）安全知识

答案：BC

140. 单位内部治安保卫人员应当：维护单位内部的治安秩序，制止发生在本单位的违法行为，对难以制止的违法行为以及发生的（　　）、涉嫌刑事犯罪案件应当立即报警，并采取措施（　　），配合公安机关的侦查、处置工作。

（A）治安案件　（B）刑事案件　（C）保护现场　（D）及时处理

答案：AC

141. 门卫、值班人员若发现可疑人员，应（　　），发现违法犯罪行为（　　）并采取相应措施。

（A）及时控制　（B）认真询查　（C）及时报警　（D）及时向领导报告

答案：BC

142. 门卫、值班人员值班期间不准饮酒、娱乐，（　　）留他人食宿，遵守值班（　　），坚守岗位。

（A）不准　（B）允许　（C）作息时间　（D）规章制度

答案：AC

143. 对进出车辆严格检查登记，对出入的（　　）和（　　）核实确认后，方可放行。

（A）车辆型号　（B）车辆号牌　（C）所载物品　（D）所载人员

答案：BC

144. 金库存放金额不准超过（　　），超出部分必须在当日下班前送交银行或储蓄所。特殊情况金库存放巨额现金，应经（　　）同意，采取可靠防范措施后，方可存放。

（A）银行规定的限额　（B）公安机关规定限额

（C）领导　（D）公安机关

答案：AC

145. 金库设专人管理，（　　）存放私人现金或其他有价证券及贵重物品。（　　）必须随身携带，不得随意乱放。

（A）不准　（B）允许　（C）金库钥匙　（D）工作证件

答案：AC

146. 治安防范教育培训制度包括：开展治安防范（　　），并落实本单位的（　　）和治安防范措施。

（A）宣传教育　（B）宣传讲座

（C）外部治安保卫制度　（D）内部治安保卫制度

答案：AD

147. 单位内部发生（　　）、涉嫌刑事犯罪案件的报告制度中：要求有适应单位具体情况的内部治安保卫制度、措施和必要的（　　）。

（A）治安案件　（B）民事案件　（C）治安防范设施　（D）治安防疫设施

答案：AD

148.（　　）对全公司所属单位开展治安防范落实情况进行检查，消除不安全因素，发现隐患及时下达（　　）。

（A）公安机关　　（B）安全监察部（保卫部）

（C）治安隐患整改通知书　　（D）罚款通知书

答案：BC

149. 由于（　　）不负责任，忽视安全，造成爆炸物品大量丢失，被盗和发生重大事故的，除追究当事人的责任外，还应追究部门领导的责任，直至（　　）。

（A）部门领导　　（B）直属领导

（C）依法追究刑事责任　　（D）依法赔偿经济损失

答案：AC

150. 上级主管部门发现单位保卫工作制度不健全、存在重大治安隐患时，应及时发出（　　），提出（　　）。

（A）"治安隐患整改通知书"　　（B）"安全隐患整改通知书"

（C）罚款通知　　（D）整改意见

答案：AD

151. 为了防范和惩治恐怖活动，加强反恐怖主义工作，维护（　　），根据宪法，制定《中华人民共和国反恐怖主义法》。

（A）国家安全　　（B）公共安全

（C）人民生命财产安全　　（D）社会安全

答案：ABC

152. 国家不向任何恐怖活动组织和人员做出妥协，不向任何恐怖活动人员提供（　　）或者给予（　　）。

（A）庇护　　（B）帮助　　（C）难民地位　　（D）支援

答案：AC

153.《中华人民共和国反恐怖主义法》所称恐怖事件，是指（　　）或者（　　）的造成或者（　　）造成重大社会危害的恐怖活动。

（A）将发生　　（B）正在发生　　（C）已经发生的　　（D）可能

答案：BCD

154. 国家将反恐怖主义纳入国家安全战略，综合施策，标本兼治，加强反恐怖主义的能力建设，运用（　　）教育、外交、军事等手段，开展反恐怖主义工作。

（A）政治　　（B）经济　　（C）法律　　（D）文化

答案：ABCD

155. 反恐怖主义工作坚持专门工作与群众路线相结合，（　　）、（　　）和（　　）、（　　）的原则。

（A）防范为主　　（B）惩防结合　　（C）先发制敌　　（D）保持主动

答案：ABCD

156. 反恐怖主义工作应当依法进行，（　　）、（　　）和（　　）。在反恐怖主义工作中，应当尊重公民的宗教信仰自由和民族风俗习惯，禁止任何基于地域、民族、宗教等理由的歧视性做法。

（A）尊重和保障人权　　（B）维护公民

（C）组织的合法权益　　（D）保持主动

答案：ABC

157. 金融机构和特定非金融机构对国家反恐怖主义工作领导机构的办事机构公告的恐怖活动组织和人员的资金或者其他资产，应当立即予以冻结，并按照规定及时向（　　）、国家安全部门和（　　）报告。

（A）国务院公安部门　　（B）国务院信息部门

（C）外交部门　　（D）反洗钱行政主管部门

答案：AD

158. （　　）、（　　）和（　　）、（　　）应当将恐怖活动预防、应急知识纳入教育、教学、培训的内容。

（A）教育　　（B）人力资源行政主管部门

（C）学校　　（D）有关职业培训机构

答案：ABCD

159. 村民委员会、居民委员会应当协助（　　）以及（　　），加强反恐怖主义宣传教育。

（A）人民政府　（B）有关部门　（C）工人阶级　（D）中共党员

答案：AB

160. 电信业务经营者、互联网服务提供者应当依照（　　）、（　　）规定，落实网络安全、信息内容监督制度和安全技术防范措施，防止含有恐怖主义、极端主义内容的信息传播；发现含有恐怖主义、极端主义内容的信息的，应当立即停止传输，保存相关记录，删除相关信息，并向公安机关或者有关部门报告。

（A）法律　（B）行政法规　（C）居民委员会　（D）国家安全机关

答案：AB

161. 对（　　），国务院有关主管部门或者省级人民政府根据需要，在特定区域、特定时间，可以决定对生产、进出口、运输、销售、使用、报废实施管制，可以禁止使用现金、实物进行交易或者对交易活动做出其他限制。

（A）管制器具　（B）危险化学品　（C）民用爆炸物品　（D）医用药品

答案：ABC

162. 任何（　　）和（　　）不得非法制作、生产、储存、运输、进出口、销售、提供、购买、使用、持有、报废、销毁前款规定的物品。公安机关发现的，应当予以扣押；其他主管部门发现的，应当予以扣押，并立即通报公安机关；其他单位、个人发现的，应当立即向公安机关报告。

（A）国企　（B）单位　（C）央企　（D）个人

答案：BD

163. 地方各级人民政府应当根据需要，（　　）、（　　）有关建设单位在主要道路、交通枢纽、城市公共区域的重点部位，配备、安装公共安全视频图像信息系统等防范恐怖袭击的技防、物防设备、设施。

（A）组织　（B）安排　（C）督促　（D）催促

答案：AC

164. 重点目标的管理单位应当根据（　　）、（　　）和（　　），对重点目标同步设计、同步建设、同步运行符合《中华人民共和国反恐怖主义法》第二十七条规定的技防、物防设备、设施。

（A）相关法律　（B）城乡规划　（C）相关标准　（D）实际需要

答案：BCD

165. 对重点目标以外的涉及公共安全的（　　）、（　　）、（　　）、（　　），其主管部门和管理单位应当依照法律、行政法规规定，建立健全安全管理制度，落实安全责任。

（A）其他单位　（B）场所　（C）活动　（D）设施

答案：ABCD

166. 重点目标的管理单位应当履行下列职责：制定防范和应对处置恐怖活动的（　　），定期进行培训和演练。

（A）方案　（B）计划　（C）措施　（D）预案

答案：CD

167. 重点目标的管理单位应当履行下列职责：指定（　　）或者落实（　　），明确岗位职责。

（A）相关机构　（B）责任人员　（C）有关部门　（D）重要岗位

答案：AB

168. 大型活动承办单位以及重点目标的管理单位应当依照规定，对（　　）、城市轨道交通站、公路长途客运站、口岸等重点目标的人员、物品和交通工具进行安全检查。发现违禁品和管制物品，应当予以扣留并立即向公安机关报告；发现涉嫌违法犯罪人员，应当立即向公安机关报告。

（A）大型活动场所　（B）机场

（C）火车站　（D）码头

答案：ABCD

169. 公安机关和有关部门应当掌握重点目标的基础信息和重要动态，（　　）、（　　）重点目标的管理单位履行防范恐怖袭击的各项职责。

（A）指导　（B）监督　（C）管理　（D）查看

答案：AB

170. 各级人民政府和军事机关应当在重点国（边）境地段和口岸设置（　　）、（　　）和（　　）设施。

（A）阻隔离网　（B）关卡　（C）视频图像采集　（D）防越境报警

答案：ACD

171. 制定《企业事业单位内部治安保卫条例》目的之一是为了规范企业、事业单位内部治安保卫工作，维护单位的（　　）、（　　）、（　　）、教学和科研秩序。

（A）工作　（B）生产　（C）经营　（D）生活

答案：ABC

172. 单位内部治安保卫工作应当突出保护单位内人员的（　　），单位（　　）以经济效益、财产安全或者其他任何借口忽视人身安全。

（A）财产安全　（B）人身安全　（C）不得　（D）可以

答案：BC

173. 单位的（　　）对本单位的（　　）治安保卫工作负责。

（A）主要负责人　（B）第一责任人　（C）内部　（D）外部

答案：AC

174. 单位内部治安保卫工作的要求中，要求有适应单位具体情况的内部治安保卫（　　）、（　　）和必要的治安防范设施。

（A）法规　（B）制度　（C）措施　（D）方法

答案：BC

175. 单位内部治安保卫工作的要求中，要求有适应的内部治安保卫制度、措施和必要的（　　）。

（A）法规　（B）单位具体情况　（C）治安防范措施　（D）方法

答案：BC

176. 内部治安保卫制度应当包括：（　　）、（　　）、印鉴、（　　）等重要物品使用、保管、储存、运输的安全管理制度。

（A）现金　（B）储蓄卡　（C）票据　（D）有价证券

答案：ACD

177. 单位内部治安保卫人员应当（　　）、（　　）履行职责，不得侵犯他人合法权益。治安保卫人员依法履行职责的行为受法律保护。

（A）依规　（B）依法　（C）文明　（D）严格

答案：BC

178. 维护单位内部的治安秩序，制止发生在本单位的违法行为，对难以制止的（　　）以及发生的治安案件、涉嫌刑事犯罪案件应当立即报警，并采取措施保护现场，配合公安机关的侦查、处置工作。

（A）违规行为　（B）违法行为　（C）刑事犯罪　（D）民事犯罪

答案：BC

179. 关系全国或者所在地区（　　）、（　　）和（　　）的单位是治安保卫重点单位。

（A）公共卫生　（B）国计民生　（C）国家安全　（D）公共安全

答案：BCD

180. 公安机关接到单位内部发生治安案件、（　　）的报警，（　　），依法处置。

（A）涉嫌刑事犯罪案件　（B）发生民事纠纷

（C）及时出警　（D）及时调节

答案：AC

181. 单位违反企业事业内部治安保卫条例规定的，（　　）的，公安机关应当（　　），并处警告。

（A）存在治安隐患　（B）发生安全问题

（C）责令限期整改　（D）依法依规处理

答案：AC

182. 售电营业所内人员要有（　　）和（　　）意识，做到会检查、使用防盗防抢设备，会处置突发事件，会自我防护，会科学报警。

（A）防护意识　（B）安全意识　（C）自我保护　（D）危机意识

答案：AC

183. 银行人员来取款时，营业人员应先确认（　　）和（　　），确认安全时再开门让其进入柜台内进行交收款工作。

（A）来人身份　（B）钱款金额　（C）室内环境条件　（D）室外环境条件

答案：AC

184. 营业时间要保证柜台门锁可靠闭锁，人员进出时（　　）；（　　）在营业厅（所）柜台内搞娱乐活动。

（A）可以不锁门　（B）必须随时锁门　（C）严禁　（D）可以

答案：BC

185.《供电公司内部治安保卫工作规定》适用于公司所属各单位（简称单位）（　　）部（　　）工作。

（A）内　（B）外　（C）安全保卫　（D）治安保卫

答案：AD

186. 公司安全监察部（保卫部）负责单位保卫工作的监督管理，其职责之一是：指导公司所属各单位建立健全治安保卫责任制，监督（　　）的落实，培训保卫工作人员，指导（　　）开展业务工作。

（A）保护措施　（B）防范措施　（C）保卫机构　（D）防卫机构

答案：BC

187. 单位主要负责人对本单位的内部治安保卫工作负责，其职责包括：检查各项治安保卫措施的（　　），消除各种（　　）。

（A）执行情况　（B）落实情况　（C）治安隐患　（D）安全隐患

答案：BC

188. 单位主要负责人根据需要，可以指定（　　）担任治安保卫工作（　　）。

（A）直属领导　（B）分管领导　（C）主管负责人　（D）直属负责人

答案：BC

189. 单位内部治安保卫人员应当履行职责包括：开展治安防范（　　），提高职工安全防范意识和（　　）能力。

（A）宣传教育　（B）培训教育　（C）自我防范　（D）安全防范

答案：AC

190. 公司所属各单位应当严格执行的门卫、值班、巡查制度中：门卫、值班人员要对当值工作岗位负责，坚守岗位，不得擅离职守，发现问题及时向（　　）及（　　）反映和提出处理意见。

（A）单位有关领导　（B）公安机关

（C）安全监察部（保卫部）　（D）安全管理质量部

答案：AC

191. 门卫、值班人员要保持高度警惕，对（　　）及重点部位要重点察看巡视，发现问题及时处理和向（　　）报告。

（A）核心部位　（B）要害部位　（C）有关部门　（D）公安机关

答案：BC

192. 外来办事人员须持单位（　　）及（　　）[重点部位要持安全监察部（保卫部）核发的出入门证] 履行登记手续确认后，方可出入。

（A）出入证　（B）介绍信　（C）本人有效证件　（D）工作单位证件

答案：BC

193. 职工家属、亲朋好友找人办事，（　　）联系确认后，方可出入。未经单位领导和有关部门批准，外来人员（　　）存放物品、车辆和在单位内食宿。

（A）由门卫通报　（B）一律先用电话　（C）一律不允许　（D）按情况偶尔允许

答案：BC

194. 票据包括普通发票、增值税专用发票、银行结算票据、(　　)及其他财务票据，(　　)须指定票据经办人，负责发票的印制、领购、保管、使用。

(A)内部收据　(B)官方收据　(C)财务部门　(D)管理部门

答案：AC

195. 出纳人员要严格遵守现金管理制度，凡取送大额现金1万元以上(含1万元)时，必须(　　)以上(其中至少有一名男职工)；取送款超过5万元(含5万元)以上时，必须有专车和(　　)押运。

(A)两人　(B)三人　(C)公安人员　(D)保卫人员

答案：AD

196. 治安防范教育培训制度包括：应对单位内部治安保卫人员进行有关(　　)和治安保卫业务、技能以及相关(　　)的培训。

(A)法律知识　(B)治安知识　(C)安全知识　(D)专业知识

答案：AD

197. 要求单位范围内的治安保卫情况有人(　　)，(　　)得到重点保护，治安隐患及时得到排查。

(A)检查　(B)监管　(C)重要部位　(D)核心部位

答案：AC

198. 各单位设置专(兼)职(　　)，负责本单位重点部位及(　　)的管理。

(A)安全员　(B)治安员　(C)贵重物品　(D)私人物品

答案：BC

199. 严禁任何单位和个人私拿、私用、私藏、(　　)、(　　)、(　　)、转借爆破器材。严禁用爆破器材炸鱼、炸兽。

(A)赠送　(B)使用　(C)转让　(D)转卖

答案：ACD

200. 各单位应根据需要，在下列(　　)安装使用防盗、报警、视频监控等安全防护设备。

(A)配电变压器、铁塔、拉线线夹等设施

(B)集控站、变电站、开关站、换流站等部位

(C)员工休息室

(C)保管机密档案、资料的场所

答案：ABD

3.3 判断题

1. 为了规范企业、事业单位（简称单位）内部治安保卫工作，保护公民人身、财产安全和公共财产安全，维护单位的工作、生产、经营、教学和科研秩序，制定企业事业内部治安保卫条例。

答案：对

2. 国务院公安部门指导、监督全国的单位内部治安保卫工作，对行业、系统有监管职责的国务院有关部门指导、检查本行业、本系统的单位内部治安保卫工作；县级以上地方各级人民政府公安机关指导、监督本行政区域内的单位内部治安保卫工作，对行业、系统有监管职责的县级以上地方各级人民政府有关部门指导、检查本行政区域内的本行业、本系统的单位内部治安保卫工作，及时解决单位内部治安保卫工作中的突出问题。

答案：对

3. 单位应当根据内部治安保卫工作需要，设置治安保卫机构或者配备专职、兼职治安保卫人员。

答案：对

4. 单位内部治安保卫工作要求有适应单位具体情况的内部治安保卫制度、措施和必要的治安防范设施。

答案：对

5. 单位制定的内部治安保卫制度应当包括下列内容：门卫、值班、巡查制度。

答案：对

6. 单位制定的内部治安保卫制度应当只包括下列内容：现金、票据、印鉴、有价证券等重要物品使用、保管、储存、运输的安全管理制度。

答案：错

7. 单位制定的内部治安保卫制度可以与法律、法规、规章的规定相抵触。

答案：错

8. 单位内部治安保卫人员应当接受有关法律知识和治安保卫业务、技能以及相关专业知识的培训、考核。

答案：对

9. 单位内部治安保卫机构、治安保卫人员应当履行下列职责：开展治安防范宣传教育，并落实本单位的内部治安保卫制度和治安防范措施。

答案：对

10. 单位内部治安保卫机构、治安保卫人员应当履行下列职责：维护单位内部的治安秩序，制止发生在本单位的违法行为，对难以制止的违法行为以及发生的治安案件、涉嫌刑事犯罪案件应当立即报警，并采取措施保护现场，配合公安机关的侦查、处置工作。

答案：对

11. 治安保卫重点单位应当确定本单位的治安保卫重要部位，按照有关国家标准对重要部位设置必要的技术防范设施，并实施重点保护。

答案：对

12. 公安机关对本行政区域内的单位内部治安保卫工作履行下列职责：指导单位制定、完善内部治安保卫制度，落实治安防范措施，指导治安保卫人员队伍建设和治安保卫重点单位的治安保卫机构建设。

答案：对

13. 对认真落实治安防范措施，严格执行治安保卫工作制度，在单位内部治安保卫工作中取得显著成绩的单位和个人，有关人民政府、公安机关和有关部门应当给予表彰、奖励。

答案：对

14. 治安保卫重点单位应当在公安机关指导下制定单位内部治安突发事件处置预案，可不进行演练。

答案：错

15.《中华人民共和国反恐怖主义法》是为了防范和惩治恐怖活动，加强反恐怖主义工作，维护国家安全、公共安全和人民生命财产安全，根据宪法制定的。

答案：对

16.《中华人民共和国反恐怖主义法》所称恐怖主义，是指通过暴力、破坏、恐吓等手段，制造社会恐慌、危害公共安全、侵犯人身财产，或者胁迫国家机关、国际组织，以实现其政治、意识形态等目的的主张和行为。

答案：对

17.《中华人民共和国反恐怖主义法》所称恐怖事件，是指正在发生或者已经发生的造成或者可能造成重大社会危害的恐怖活动。

答案：对

18. 国家反对一切形式的以歪曲宗教教义或者其他方法煽动仇恨、煽动歧视、鼓吹暴力等极端主义，消除恐怖主义的思想基础。

答案：对

19. 国家设立反恐怖主义工作领导机构，统一领导和指挥全国反恐怖主义工作。设区的市级以上地方人民政府设立反恐怖主义工作领导机构，县级人民政府根据需要设立反恐怖主义工作领导机构，在上级反恐怖主义工作领导机构的领导和指挥下，负责本地区反恐怖主义工作。

答案：对

20. 有关部门应当建立联动配合机制，依靠、动员村民委员会、居民委员会、企业事业单位、社会组织，共同开展反恐怖主义工作。

答案：对

21. 新闻、广播、电视、文化、宗教、互联网等有关单位，应当有针对性地面向社会进行反恐怖主义宣传教育。

答案：对

22. 网信、电信、公安、国家安全等主管部门对含有恐怖主义、极端主义内容的信息，应当按照职责分工，及时责令有关单位停止传输、删除相关信息，或者关闭相关网站、关停相关服务。有关单位应当立即执行，并保存相关记录，协助进行调查。对互联网上跨境传输的含有恐怖主义、极端主义内容的信息，电信主管部门应当采取技术措施，阻断传播。

答案：对

23. 生产和进口单位应当依照规定对枪支等武器、弹药、管制器具、危险化学品、民用爆炸物品、核与放射物品做出电子追踪标识，对民用爆炸物品添加安检示踪标识物。

答案：对

24. 电信、互联网、金融、住宿、长途客运、机动车租赁等业务经营者、服务提供者，可不用对客户身份进行查验。且对身份不明或者拒绝身份查验的，均可提供服务。

答案：错

25. 重点目标的管理单位应当履行下列职责：指定相关机构或者落实责任人员，明确岗位职责。

答案：对

26. 重点目标的管理单位应当根据城乡规划、相关标准和实际需要，对重点目标同步设计、同步建设、同步运行符合《中华人民共和国反恐怖主义法》第二十七条规定的技防、物防设备、设施。

答案：对

27. 重点目标的管理单位应当建立公共安全视频图像信息系统值班监看、信息保存使用、运行维护等管理制度，保障相关系统正常运行。采集的视频图像信息保存期限不得少于20日。

答案：错

28. 对重点目标以外的涉及公共安全的其他单位、场所、活动、设施，其主管部门和管理单位应当依照法律、行政法规规定，建立健全安全管理制度，落实安全责任。

答案：对

29. 大型活动承办单位以及重点目标的管理单位应当依照规定，对进入大型活动场所、机场、火车站、码头、城市轨道交通站、公路长途客运站、口岸等重点目标的人员、物品和交通工具进行安全检查。发现违禁品和管制物品，应当予以扣留并立即向公安机关报告；发现涉嫌违法犯罪人员，应当立即向本单位领导报告。

答案：错

30. 反恐怖主义工作领导机构、有关部门和单位、个人可将对履行反恐怖主义工作职责、义务过程中知悉的国家秘密、商业秘密和个人隐私用于其他方面。

答案：错

31. 任何单位和个人不得编造、传播虚假恐怖事件信息；不得报道、传播可能引起模仿的恐怖活动的实施细节；不得发布恐怖事件中残忍、不人道的场景；在恐怖事件的应对处置过程中，除新闻媒体经负责发布信息的反恐怖主义工作领导机构批准外，不得报道、传播现场应对处置的工作人员、人质身份信息和应对处置行动情况。

答案：对

32. 国家通过制定有关政策，支持、促进电力建设。

答案：对

33. 任何单位和个人在不发生危险时可使用发电设施、变电设施和电力线路设施及其有关辅助设施。

答案：错

34. 任何单位和个人不得在依法划定的电力设施保护区内修建可能危及电力设施安全的建筑物、构筑物，不得种植可能危及电力设施安全的植物，不得堆放可能危及电力设施安全的物品。

答案：对

35. 电力设施与公用工程、绿化工程和其他工程在新建、改建或者扩建中相互妨碍时，有关单位应当按照国家有关规定协商，达成协议后方可施工。

答案：对

36. 电力监督检查人员应当公正廉洁，秉公执法，熟悉电力法律、法规，掌握有关电力专业技术。

答案：对

37. 盗窃电力设施或者以其他方法破坏电力设施，危害公共安全的，依照刑法第一百零九条或者第一百一十条的规定追究刑事责任。

答案：对

38. 单位内部治安保卫工作贯彻预防为主、单位负责、突出重点、保障安全的方针。

答案：对

39. 县级以上地方各级人民政府应当加强对本行政区域内的单位内部治安保卫工作的

领导，督促公安机关和有关部门依法履行职责，并及时协调解决单位内部治安保卫工作中的重大问题。

答案：对

40. 治安保卫重点单位应当设置与治安保卫任务相适应的治安保卫机构，配备专职治安保卫人员，并将治安保卫机构的设置和人员的配备情况报主管公安机关备案。

答案：对

41. 单位范围内的治安保卫情况应做到有人检查，重要部位得到重点保护，治安隐患及时得到排查。

答案：对

42. 单位制定的内部治安保卫制度应当只包括下列内容：工作、生产、经营、教学、科研等场所的安全管理制度。

答案：错

43. 单位制定的内部治安保卫制度应当包括下列内容：单位内部的消防、交通安全管理制度。

答案：对

44. 单位制定的内部治安保卫制度应当包括下列内容：单位内部发生治安案件、涉嫌刑事犯罪案件的报告制度。

答案：对

45. 单位内部治安保卫人员应当依法、文明履行职责，不得侵犯他人合法权益。治安保卫人员依法履行职责的行为受法律保护。

答案：对

46. 单位内部治安保卫机构、治安保卫人员应当履行下列职责：根据需要，检查进入本单位人员的证件，登记出入的物品和车辆。

答案：对

47. 单位内部治安保卫机构、治安保卫人员应当履行下列职责：督促落实单位内部治安防范设施的建设和维护。

答案：对

48. 关系全国或者所在地区国计民生、国家安全和公共安全的单位是治安保卫重点单位。治安保卫重点单位由县级以上地方各级人民政府公安机关按照下列范围提出，报本级人民政府确定：大型能源动力设施、水利设施和城市水、电、燃气、热力供应设施。

答案：对

49. 治安保卫重点单位应当在公安机关指导下制定单位内部治安突发事件处置预案，并定期演练。

答案：对

50. 单位治安保卫人员因履行治安保卫职责伤残或者死亡的，依照国家有关工伤保险、评定伤残、批准烈士的规定给予相应的待遇。

答案：对

51. 单位内部治安保卫机构、治安保卫人员应当履行下列职责：检查单位内部治安防范设施的建设和维护。

答案：错

52. 国家反对一切形式的恐怖主义，依法取缔恐怖活动组织，对任何组织、策划、准备实施、实施恐怖活动，宣扬恐怖主义，煽动实施恐怖活动，组织、领导、参加恐怖活动组织，为恐怖活动提供帮助的，依法追究法律责任。

答案：对

53.《中华人民共和国反恐怖主义法》所称恐怖活动组织，是指三人以上为实施恐怖活动而组成的犯罪组织。

答案：对

54.《中华人民共和国反恐怖主义法》所称恐怖事件，是指已经发生的重大社会危害的恐怖活动。

答案：错

55. 反恐怖主义工作坚持专门工作与群众路线相结合，防范为主、惩防结合和先发制敌、保持主动的原则。

答案：对

56. 公安机关、国家安全机关和人民检察院、人民法院、司法行政机关以及其他有关国家机关，应当根据分工，实行工作责任制，依法做好反恐怖主义工作。

答案：对

57. 任何单位和个人都有协助、配合有关部门开展反恐怖主义工作的义务，发现恐怖活动嫌疑或者恐怖活动嫌疑人员的，应当及时向公安机关或者有关部门报告。

答案：对

58. 任何单位和个人不得非法制作、生产、储存、运输、进出口、销售、提供、购买、使用、持有、报废、销毁前款规定的物品。公安机关发现的，应当予以扣押；其他主管部门发现的，应当予以扣押，并立即通报公安机关；其他单位、个人发现的，应当立即向公安机关报告。

答案：对

59. 任何单位和个人发现宣扬极端主义的物品、资料、信息的，应当立即向本单位报告。

答案：错

60. 对被教唆、胁迫、引诱参与恐怖活动、极端主义活动，或者参与恐怖活动、极端主义活动情节轻微，尚不构成犯罪的人员，公安机关应当组织有关部门、村民委员会、居民委员会、所在单位、就读学校、家庭和监护人对其进行强制措施。

答案：错

61. 重点目标的管理单位应当履行下列职责：制定防范和应对处置恐怖活动的预案、措施，定期进行培训和演练。

答案：对

62. 重点目标的管理单位应当建立公共安全视频图像信息系统值班监看、信息保存使用、运行维护等管理制度，保障相关系统正常运行。采集的视频图像信息保存期限不得少于90日。

答案：对

63. 重点目标的管理单位应当建立公共安全视频图像信息系统值班监看、信息保存使用、运行维护等管理制度，保障相关系统正常运行。采集的视频图像信息保存期限不得少于60日。

答案：错

64. 重点目标的管理单位应当对重要岗位人员进行安全背景审查。对有不适合情形的人员，应当调整工作岗位，并将有关情况通报公安机关。

答案：对

65. 重点目标的管理单位应当对重要岗位人员进行安全背景审查。对有不适合情形的人员，可继续本工作岗位工作，但将有关情况通报公安机关。

答案：错

66. 大型活动承办单位以及重点目标的管理单位应当依照规定，对进入大型活动场所、机场、火车站、码头、城市轨道交通站、公路长途客运站、口岸等重点目标的人员、物品和交通工具进行安全检查。发现违禁品和管制物品，应当予以扣留并立即向公安机关报告；发现涉嫌违法犯罪人员，应当立即向公安机关报告。

答案：对

67. 公安机关和有关部门应当掌握重点目标的基础信息和重要动态，指导、监督重点目标的管理单位履行防范恐怖袭击的各项职责。

答案：对

68. 违反规定泄露国家秘密、商业秘密和个人隐私的，依法追究法律责任。

答案：对

69. 应对处置恐怖事件，应当尽快处理恐怖事件，不用优先保护直接受到恐怖活动危害、威胁人员的人身安全。

答案：错

70. 因开展反恐怖主义工作对有关单位和个人的合法权益造成损害的，有关单位和个人无权请求赔偿、补偿。

答案：错

71. 电力事业应当适应国民经济和社会发展的需要，适当超前发展。国家鼓励、引导国内外的经济组织和个人依法投资开发电源，兴办电力生产企业。

答案：对

72. 任何单位和个人不得非法占用变电设施用地、输电线路走廊和电缆通道。

答案：对

73. 电力企业应当加强安全生产管理，坚持安全第一、预防为主的方针，建立、健全安全生产责任制度。

答案：对

74. 在电力设施周围进行爆破及其他可能危及电力设施安全的作业的，应当按照国务院有关电力设施保护的规定，经批准并采取确保电力设施安全的措施后，方可进行作业。

答案：对

75. 在依法划定电力设施保护区前已经种植的植物妨碍电力设施安全的，应当修剪或者砍伐。

答案：对

76. 电力管理部门依法对电力企业和用户执行电力法律、行政法规的情况进行监督检查。

答案：对

77. 盗窃电能的，由电力管理部门责令停止违法行为，追缴电费并处应交电费10倍以下的罚款；构成犯罪的，依照刑法第一百五十一条或者第一百五十二条的规定追究刑事责任。

答案：错

78. 单位内部治安保卫工作应当突出保护单位内人员的人身安全，单位不得以经济效益、财产安全或者其他任何借口忽视人身安全。

答案：对

79. 单位的主要负责人对本单位的内部治安保卫工作负责。

答案：对

80. 单位制定的内部治安保卫制度应当包括下列内容：治安保卫工作检查、考核及奖惩制度。

答案：对

81. 单位内部治安保卫机构、治安保卫人员应当履行下列职责：在单位范围内进行治安防范巡逻和检查，建立巡逻、检查和治安隐患整改记录。

答案：对

82. 在单位管理范围内的人员，应当遵守单位的内部治安保卫制度。

答案：对

83. 国家不向任何恐怖活动组织和人员做出妥协，不向任何恐怖活动人员提供庇护或者给予难民地位。

答案：对

84.《中华人民共和国反恐怖主义法》所称恐怖活动人员，是指实施恐怖活动的人和恐怖活动组织的成员。

答案：对

85. 国家将反恐怖主义纳入国家安全战略，综合施策，标本兼治，加强反恐怖主义的能力建设，运用政治、经济、法律、文化、教育、外交、军事等手段，开展反恐怖主义工作。

答案：对

86. 在反恐怖主义工作中，应当尊重公民的宗教信仰自由和民族风俗习惯，禁止任何基于地域、民族、宗教等理由的歧视性做法。

答案：对

87. 中国人民解放军、中国人民武装警察部队和民兵组织依照《中华人民共和国反恐怖主义法》和其他有关法律、行政法规、军事法规以及国务院、中央军事委员会的命令，并根据反恐怖主义工作领导机构的部署，防范和处置恐怖活动。

答案：对

88. 对举报恐怖活动或者协助防范、制止恐怖活动有突出贡献的单位和个人，以及在反恐怖主义工作中做出其他突出贡献的单位和个人，按照国家有关规定给予表彰、奖励。

答案：对

89. 教育、人力资源行政主管部门和学校、有关职业培训机构应当将恐怖活动预防、应急知识纳入教育、教学、培训的内容。

答案：对

90. 国务院反洗钱行政主管部门、国务院有关部门、机构依法对金融机构和特定非金融机构履行反恐怖主义融资义务的情况进行监督管理。

答案：对

91. 公安机关发现极端主义活动的，应当责令立即停止，将有关人员强行带离现场并登记身份信息，对有关物品、资料予以收缴，对非法活动场所予以查封。

答案：对

92. 重点目标的管理单位应当履行下列职责：建立反恐怖主义工作专项经费保障制度，配备、更新防范和处置设备、设施。

答案：对

93. 重点目标的管理单位应当履行下列职责：定期向公安机关和有关部门报告防范措施落实情况。

答案：对

94. 公安机关、中国人民武装警察部队应当依照有关规定对重点目标进行警戒、巡逻、检查。

答案：对

95. 按照电力设施保护条例相关规定要求，电力管理部门应当按照国务院有关电力设施保护的规定，对电力设施保护区设立标志。

答案：对

96. 按照电力设施保护条例相关规定要求，任何单位和个人需要在依法划定的电力设施保护区内进行可能危及电力设施安全的作业时，应当经电力管理部门批准并采取安全措施后，方可进行作业。

答案：对

97. 按照电力设施保护条例相关规定要求，电力管理部门根据工作需要，可以配备电力监督检查人员。

答案：对

98. 违反电力设施保护条例，第十一条第二款之“任何单位和个人不得非法占用变电设施用地、输电线路走廊和电缆通道。”的规定，非法占用变电设施用地、输电线路走廊或者电缆通道的，由县级以上地方人民政府责令限期改正；逾期不改正的，强制清除障碍。

答案：对

99. 盗窃电能的，由电力管理部门责令停止违法行为，追缴电费并处应交电费十五倍以下的罚款；构成犯罪的，依照刑法第一百五十一条或者第一百五十二条的规定追究刑事责任。

答案：错

3.4 简答题

1. 国家对于恐怖主义的态度是什么？

答案：国家反对一切形式的恐怖主义，依法取缔恐怖活动组织，对任何组织、策划、准备实施、实施恐怖活动，宣扬恐怖主义，煽动实施恐怖活动，组织、领导、参加恐怖活动组织，为恐怖活动提供帮助的，依法追究法律责任。国家不向任何恐怖活动组织和人员做出妥协，不向任何恐怖活动人员提供庇护或者给予难民地位。

2.《中华人民共和国反恐怖主义法》所称的恐怖事件是指什么？

答案：本法所称恐怖事件，是指正在发生或者已经发生的造成或者可能造成重大社会危害的恐怖活动。

3. 国家进行反恐怖主义工作的思想基础是什么？

答案：国家反对一切形式的以歪曲宗教教义或者其他方法煽动仇恨、煽动歧视、鼓吹暴力等极端主义，消除恐怖主义的思想基础。

4. 发现恐怖活动应如何做？

答案：任何单位和个人都有协助、配合有关部门开展反恐怖主义工作的义务，发现恐怖活动嫌疑或者恐怖活动嫌疑人员的，应当及时向公安机关或者有关部门报告。

5. 对举报恐怖活动或者协助防范、制止恐怖活动有突出贡献的单位和个人，应对其采取什么奖励？

答案：对举报恐怖活动或者协助防范、制止恐怖活动有突出贡献的单位和个人，以及在反恐怖主义工作中做出其他突出贡献的单位和个人，按照国家有关规定给予表彰、奖励。

6. 对于需要认定恐怖活动组织和人员应如何做？

答案：国务院公安部门、国家安全部门、外交部门和省级反恐怖主义工作领导机构对于需要认定恐怖活动组织和人员的，应当向国家反恐怖主义工作领导机构提出申请。

7. 发生管制物品被盗、被抢、丢失或者其他流失的情形，案发单位应当立即采取什么控制措施？

答案：发生枪支等武器、弹药、危险化学品、民用爆炸物品、核与放射物品、传染病病原体等物质被盗、被抢、丢失或者其他流失的情形，案发单位应当立即采取必要的控制措施，并立即向公安机关报告，同时依照规定向有关主管部门报告。公安机关接到报告后，应当及时开展调查。有关主管部门应当配合公安机关开展工作。

8. 金融机构和特定非金融机构应被什么部门监督管理？

答案：国务院反洗钱行政主管部门、国务院有关部门、机构依法对金融机构和特定非金融机构履行反恐怖主义融资义务的情况进行监督管理。

9. 对极端主义活动情节轻微的，公安机关应采取什么措施？

答案：对被教唆、胁迫、引诱参与恐怖活动、极端主义活动，或者参与恐怖活动、极端主义活动情节轻微，尚不构成犯罪的人员，公安机关应当组织有关部门、村民委员会、居民委员会、所在单位、就读学校、家庭和监护人对其进行帮教。

10. 重点目标的管理单位应采取什么措施落实安全责任？

答案：重点目标的管理单位应当根据城乡规划、相关标准和实际需要，对重点目标同步设计、同步建设、同步运行符合《中华人民共和国反恐怖主义法》第二十七条规定的技防、物防设备、设施。

重点目标的管理单位应当建立公共安全视频图像信息系统值班监看、信息保存使用、运行维护等管理制度，保障相关系统正常运行。采集的视频图像信息保存期限不得少于90日。

对重点目标以外的涉及公共安全的其他单位、场所、活动、设施，其主管部门和管理单位应当依照法律、行政法规规定，建立健全安全管理制度，落实安全责任。

11. 大型活动承办单位以及重点目标的管理单位应当依照规定采取什么措施？

答案：大型活动承办单位以及重点目标的管理单位应当依照规定，对进入大型活动场所、机场、火车站、码头、城市轨道交通站、公路长途客运站、口岸等重点目标的人员、物品和交通工具进行安全检查。发现违禁品和管制物品，应当予以扣留并立即向公安机关报告；发现涉嫌违法犯罪人员，应当立即向公安机关报告。

12. 单位和个人应如何处理恐怖事件信息？

答案：任何单位和个人不得编造、传播虚假恐怖事件信息；不得报道、传播可能引起模仿的恐怖活动的实施细节；不得发布恐怖事件中残忍、不人道的场景；在恐怖事件的应对处置过程中，除新闻媒体经负责发布信息的反恐怖主义工作领导机构批准外，不得报道、传播现场应对处置的工作人员、人质身份信息和应对处置行动情况。

13. 如何提高公民的反恐怖主义防范意识？

答案：各级人民政府和有关部门应当组织开展反恐怖主义宣传教育，提高公民的反恐怖主义意识。

教育、人力资源行政主管部门和学校、有关职业培训机构应当将恐怖活动预防、应急知识纳入教育、教学、培训的内容。

新闻、广播、电视、文化、宗教、互联网等有关单位，应当有针对性地面向社会进行反恐怖主义宣传教育。

村民委员会、居民委员会应当协助人民政府以及有关部门，加强反恐怖主义宣传教育。

14. 大型活动承办单位以及重点目标的管理单位如何防范恐怖主义？

答案：大型活动承办单位以及重点目标的管理单位应当依照规定，对进入大型活动场所、机场、火车站、码头、城市轨道交通站、公路长途客运站、口岸等重点目标的人员、物品和交通工具进行安全检查。发现违禁品和管制物品，应当予以扣留并立即向公安机关报告；发现涉嫌违法犯罪人员，应当立即向公安机关报告。

15. 如何正确获取恐怖事件发生、发展和应对处置信息？

答案：恐怖事件发生、发展和应对处置信息，由恐怖事件发生地的省级反恐怖主义工作领导机构统一发布；跨省、省级、直辖市发生的恐怖事件，由指定的省级反恐怖主义工作领导机构统一发布。

任何单位和个人不得编造、传播虚假恐怖事件信息；不得报道、传播可能引起模仿的恐怖活动的实施细节；不得发布恐怖事件中残忍、不人道的场景；在恐怖事件的应对处置过程中，除新闻媒体经负责发布信息的反恐怖主义工作领导机构批准外，不得报道、传播现场应对处置的工作人员、人质身份信息和应对处置行动情况。

16. 单位内部治安保卫工作贯彻的方针是什么？

答案：单位内部治安保卫工作贯彻预防为主、单位负责、突出重点、保障安全的方针。

单位内部治安保卫工作应当突出保护单位内人员的人身安全，单位不得以经济效益、财产安全或者其他任何借口忽视人身安全。

17. 单位制定的内部治安保卫制度应当包括哪些内容？

答案：（1）门卫、值班、巡查制度；

（2）工作、生产、经营、教学、科研等场所的安全管理制度；

（3）现金、票据、印鉴、有价证券等重要物品使用、保管、储存、运输的安全管理制度；

（4）单位内部的消防、交通安全管理制度；

（5）治安防范教育培训制度；

（6）单位内部发生治安案件、涉嫌刑事犯罪案件的报告制度；

（7）治安保卫工作检查、考核及奖惩制度；

（8）存放有爆炸性、易燃性、放射性、毒害性、传染性、腐蚀性等危险物品和传染性菌种、毒种以及武器弹药的单位，还应当有相应的安全管理制度；

（9）其他有关的治安保卫制度。

单位制定的内部治安保卫制度不得与法律、法规、规章的规定相抵触。

18. 治安保卫重点单位由县级以上地方各级人民政府公安机关按照哪些范围提出，报本级人民政府确定？

答案：（1）广播电台、电视台、通讯社等重要新闻单位；

（2）机场、港口、大型车站等重要交通枢纽；

（3）国防科技工业重要产品的研制、生产单位；

（4）电信、邮政、金融单位；

（5）大型能源动力设施、水利设施和城市水、电、燃气、热力供应设施；

（6）大型物资储备单位和大型商贸中心；

（7）教育、科研、医疗单位和大型文化、体育场所；

（8）博物馆、档案馆和重点文物保护单位；

（9）研制、生产、销售、储存危险物品或者实验、保藏传染性菌种、毒种的单位；

（10）国家重点建设工程单位；

（11）其他需要列为治安保卫重点的单位。

治安保卫重点单位应当遵守《企事业单位内部治安保卫条例》对单位治安保卫工作的一般规定和对治安保卫重点单位的特别规定。

19. 治安保卫重点单位应当怎样制定单位内部治安突发事件处置预案？

答案：治安保卫重点单位应当在公安机关指导下制定单位内部治安突发事件处置预案，并定期演练。

20. 公安机关对本行政区域内的单位内部治安保卫工作履行哪些职责？

答案：（1）指导单位制定、完善内部治安保卫制度，落实治安防范措施，指导治安保卫人员队伍建设和治安保卫重点单位的治安保卫机构建设；

（2）检查、指导单位的内部治安保卫工作，发现单位有违反《企事业单位内部治安保卫条例》规定的行为或者治安隐患，及时下达整改通知书，责令限期整改；

（3）接到单位内部发生治安案件、涉嫌刑事犯罪案件的报警，及时出警，依法处置。

21. 单位治安保卫人员因履行治安保卫职责伤残或者死亡的，应给予怎样的待遇？

答案：单位治安保卫人员因履行治安保卫职责伤残或者死亡的，依照国家有关工伤保险、评定伤残、批准烈士的规定给予相应的待遇。

22. 单位违反《企事业单位内部治安保卫条例》的规定，存在治安隐患的，公安机关应当责令限期整改，并处警告；单位逾期不整改，造成公民人身伤害、公私财产损失，或者严重威胁公民人身安全、公私财产安全或者公共安全的，应处以什么处罚？

答案：单位违反《企事业单位内部治安保卫条例》的规定，存在治安隐患的，公安机关应当责令限期整改，并处警告；单位逾期不整改，造成公民人身伤害、公私财产损失，或者严重威胁公民人身安全、公私财产安全或者公共安全的，对单位处 1 万元以上 10 万元以下的罚款，对单位主要负责人和其他直接责任人员处 500 元以上 5000 元以下的罚款，并可以建议有关组织对单位主要负责人和其他直接责任人员依法给予处分；情节严重，构成犯罪的，依法追究刑事责任。

23. 公安机关接到单位报警后不依法履行职责，致使公民人身、财产和公共财产遭受损失，或者有其他玩忽职守、滥用职权行为的，应处以什么处罚？

答案：公安机关接到单位报警后不依法履行职责，致使公民人身、财产和公共财产遭受损失，或者有其他玩忽职守、滥用职权行为的，对直接负责的主管人员和其他直接责任人员依法给予行政处分；情节严重，构成犯罪的，依法追究刑事责任。

对行业、系统有监管职责的人民政府有关部门在指导、检查本行业、本系统的单位内部治安保卫工作过程中有玩忽职守、滥用职权行为的，参照前款规定处罚。

24.《中华人民共和国反恐怖主义法》所称恐怖主义性质是什么？

答案：（1）组织、策划、准备实施、实施造成或者意图造成人员伤亡、重大财产损失、公共设施损坏、社会秩序混乱等严重社会危害的活动的；

（2）宣扬恐怖主义，煽动实施恐怖活动，或者非法持有宣扬恐怖主义的物品，强制他人在公共场所穿戴宣扬恐怖主义的服饰、标志的；

（3）组织、领导、参加恐怖活动组织的；

（4）为恐怖活动组织、恐怖活动人员、实施恐怖活动或者恐怖活动培训提供信息、资金、物资、劳务、技术、场所等支持、协助、便利的；

（5）其他恐怖活动。

25. 公安机关和有关部门应当如何掌握重点目标?

答案: 公安机关和有关部门应当掌握重点目标的基础信息和重要动态，指导、监督重点目标的管理单位履行防范恐怖袭击的各项职责。

公安机关、中国人民武装警察部队应当依照有关规定对重点目标进行警戒、巡逻、检查。

26. 如何建立国家反恐怖主义工作领导机构?

答案: 国家反恐怖主义工作领导机构建立国家反恐怖主义情报中心，实行跨部门、跨地区情报信息工作机制，统筹反恐怖主义情报信息工作。

27. 有关部门应当对反恐怖主义工作采取什么具体实施方法?

答案: 有关部门应当加强反恐怖主义情报信息搜集工作，对搜集的有关线索、人员、行动类情报信息，应当依照规定及时统一归口报送国家反恐怖主义情报中心。

28. 各级政府部门对单位内部治安保卫有哪些工作职责?

答案: 国务院公安部门指导、监督全国的单位内部治安保卫工作，对行业、系统有监管职责的国务院有关部门指导、检查本行业、本系统的单位内部治安保卫工作；县级以上地方各级人民政府公安机关指导、监督本行政区域内的单位内部治安保卫工作，对行业、系统有监管职责的县级以上地方各级人民政府有关部门指导、检查本行政区域内的本行业、本系统的单位内部治安保卫工作，及时解决单位内部治安保卫工作中的突出问题。

29. 对单位内部治安保卫工作有何要求?

答案: 单位应当根据内部治安保卫工作需要，设置治安保卫机构或者配备专职、兼职治安保卫人员。

治安保卫重点单位应当设置与治安保卫任务相适应的治安保卫机构，配备专职治安保卫人员，并将治安保卫机构的设置和人员的配备情况报主管公安机关备案。

30.《中华人民共和国反恐怖主义法》所称恐怖活动是指什么?

答案: 本法所称恐怖主义，是指通过暴力、破坏、恐吓等手段，制造社会恐慌、危害公共安全、侵犯人身财产，或者胁迫国家机关、国际组织，以实现其政治、意识形态等目的的主张和行为。

31. 反恐怖主义工作所依据的基础是什么？

答案：反恐怖主义工作应当依法进行，尊重和保障人权，维护公民和组织的合法权益。

在反恐怖主义工作中，应当尊重公民的宗教信仰自由和民族风俗习惯，禁止任何基于地域、民族、宗教等理由的歧视性做法。

32. 对管制器具、危险化学品、民用爆炸物品，国务院有关主管部门或者省级人民政府根据需要可以采取什么措施？

答案：对管制器具、危险化学品、民用爆炸物品，国务院有关主管部门或者省级人民政府根据需要，在特定区域、特定时间，可以决定对生产、进出口、运输、销售、使用、报废实施管制，可以禁止使用现金、实物进行交易或者对交易活动做出其他限制。

33. 任何单位和个人对于管制物品应采取什么措施？

答案：任何单位和个人不得非法制作、生产、储存、运输、进出口、销售、提供、购买、使用、持有、报废、销毁枪支等武器、弹药、危险化学品、民用爆炸物品、核与放射物品、传染病病原体等物质。公安机关发现的，应当予以扣押；其他主管部门发现的，应当予以扣押，并立即通报公安机关；其他单位、个人发现的，应当立即向公安机关报告。

34. 主管部门发现涉嫌恐怖主义融资的，可以采取什么措施？

答案：国务院反洗钱行政主管部门发现涉嫌恐怖主义融资的，可以依法进行调查，采取临时冻结措施。

35. 重点目标的管理单位应当履行什么职责？

答案：（1）制定防范和应对处置恐怖活动的预案、措施，定期进行培训和演练；

（2）建立反恐怖主义工作专项经费保障制度，配备、更新防范和处置设备、设施；

（3）指定相关机构或者落实责任人员，明确岗位职责；

（4）实行风险评估，实时监测安全威胁，完善内部安全管理；

（5）定期向公安机关和有关部门报告防范措施落实情况。

36. 如何认定恐怖活动组织和人员？

答案：认定恐怖活动组织和人员，由国家反恐怖主义工作领导机构的办事机构予以公告。

国务院公安部门、国家安全部门、外交部门和省级反恐怖主义工作领导机构对于需要认定恐怖活动组织和人员的，应当向国家反恐怖主义工作领导机构提出申请。

37. 反恐怖主义工作保密职责有哪些？

答案：反恐怖主义工作领导机构、有关部门和单位、个人应当对履行反恐怖主义工作职责、义务过程中知悉的国家秘密、商业秘密和个人隐私予以保密。违反规定泄露国家秘密、商业秘密和个人隐私的，依法追究法律责任。

38. 国家如何建立健全恐怖事件应对处置预案体系？

答案：国家反恐怖主义工作领导机构应当针对恐怖事件的规律、特点和可能造成的社会危害，分级、分类制定国家应对处置预案，具体规定恐怖事件应对处置的组织指挥体系和恐怖事件安全防范、应对处置程序以及事后社会秩序恢复等内容。

39. 单位内部治安保卫工作的要求是什么？

答案：（1）有适应单位具体情况的内部治安保卫制度、措施和必要的治安防范设施；

（2）单位范围内的治安保卫情况有人检查，重要部位得到重点保护，治安隐患及时得到排查；

（3）单位范围内的治安隐患和问题及时得到处理，发生治安案件、涉嫌刑事犯罪的案件及时得到处置。

40. 县级以上地方各级人民政府在单位内部治安保卫工作中的职责是什么？

答案：县级以上地方各级人民政府应当加强对本行政区域内的单位内部治安保卫工作的领导，督促公安机关和有关部门依法履行职责，并及时协调解决单位内部治安保卫工作中的重大问题。

41. 单位内部治安保卫机构、治安保卫人员应当履行哪些职责？

答案：（1）开展治安防范宣传教育，并落实本单位的内部治安保卫制度和治安防范措施；

（2）根据需要，检查进入本单位人员的证件，登记出入的物品和车辆；

（3）在单位范围内进行治安防范巡逻和检查，建立巡逻、检查和治安隐患整改记录；

（4）维护单位内部的治安秩序，制止发生在本单位的违法行为，对难以制止的违法行为以及发生的治安案件、涉嫌刑事犯罪案件应当立即报警，并采取措施保护现场，配合公安机关的侦查、处置工作；

（5）督促落实单位内部治安防范设施的建设和维护。

42. 对在单位内部治安保卫工作中取得显著成绩的单位和个人，应当给予什么奖励？

答案： 对认真落实治安防范措施，严格执行治安保卫工作制度，在单位内部治安保卫工作中取得显著成绩的单位和个人，有关人民政府、公安机关和有关部门应当给予表彰、奖励。

43. 单位治安保卫人员在履行职责时侵害他人合法权益的，应怎样处理？

答案： 单位治安保卫人员在履行职责时侵害他人合法权益的，应当赔礼道歉，给他人造成损害的，单位应当承担赔偿责任。单位赔偿后，有权责令因故意或者重大过失造成侵权的治安保卫人员承担部分或者全部赔偿的费用；对故意或者重大过失造成侵权的治安保卫人员，单位应当依法给予处分。治安保卫人员侵害他人合法权益的行为属于受单位负责人指使、胁迫的，对单位负责人依法给予处分，并由其承担赔偿责任；情节严重，构成犯罪的，依法追究刑事责任。

44. 公安机关怎样调查恐怖活动嫌疑人？

答案： 公安机关调查恐怖活动嫌疑，可以依照有关法律规定对嫌疑人员进行盘问、检查、传唤，可以提取或者采集肖像、指纹、虹膜图像等人体生物识别信息和血液、尿液、脱落细胞等生物样本，并留存其签名。

公安机关调查恐怖活动嫌疑，可以通知了解有关情况的人员到公安机关或者其他地点接受询问。

45. 国家建立健全恐怖事件应对处置预案体系的依据是什么？

答案： 国家反恐怖主义工作领导机构应当针对恐怖事件的规律、特点和可能造成的社会危害，分级、分类制定国家应对处置预案，具体规定恐怖事件应对处置的组织指挥体系和恐怖事件安全防范、应对处置程序以及事后社会秩序恢复等内容。

有关部门、地方反恐怖主义工作领导机构应当制定相应的应对处置预案。

46. 公安机关和有关部门如何防范恐怖主义？

答案： 公安机关和有关部门对宣扬极端主义，利用极端主义危害公共安全、扰乱公共秩序、侵犯人身财产、妨害社会管理的，应当及时予以制止，依法追究法律责任。

公安机关发现极端主义活动的，应当责令立即停止，将有关人员强行带离现场并登记身份信息，对有关物品、资料予以收缴，对非法活动场所予以查封。

任何单位和个人发现宣扬极端主义的物品、资料、信息的，应当立即向公安机关报告。

47. 重点目标的管理单位应当履行哪些职责？

答案：（1）制定防范和应对处置恐怖活动的预案、措施，定期进行培训和演练；

（2）建立反恐怖主义工作专项经费保障制度，配备、更新防范和处置设备、设施；

（3）指定相关机构或者落实责任人员，明确岗位职责；

（4）实行风险评估，实时监测安全威胁，完善内部安全管理；

（5）定期向公安机关和有关部门报告防范措施落实情况。

重点目标的管理单位应当根据城乡规划、相关标准和实际需要，对重点目标同步设计、同步建设、同步运行符合《中华人民共和国反恐怖主义法》第二十七条规定的技防、物防设备、设施。

重点目标的管理单位应当建立公共安全视频图像信息系统值班监看、信息保存使用、运行维护等管理制度，保障相关系统正常运行。采集的视频图像信息保存期限不得少于90日。

48. 公安机关调查恐怖活动嫌疑的权利有哪些？

答案：公安机关调查恐怖活动嫌疑，可以依照有关法律规定对嫌疑人员进行盘问、检查、传唤，可以提取或者采集肖像、指纹、虹膜图像等人体生物识别信息和血液、尿液、脱落细胞等生物样本，并留存其签名。

公安机关调查恐怖活动嫌疑，可以通知了解有关情况的人员到公安机关或者其他地点接受询问。

公安机关调查恐怖活动嫌疑，有权向有关单位和个人收集、调取相关信息和材料。有关单位和个人应当如实提供。

公安机关调查恐怖活动嫌疑，经县级以上公安机关负责人批准，可以查询嫌疑人员的存款、汇款、债券、股票、基金份额等财产，可以采取查封、扣押、冻结措施。查封、扣押、冻结的期限不得超过2个月，情况复杂的，可以经上一级公安机关负责人批准延长1个月。

49. 发生恐怖事件应如何应对？

答案：恐怖事件发生后，发生地反恐怖主义工作领导机构应当立即启动恐怖事件应对处置预案，确定指挥长。有关部门和中国人民解放军、中国人民武装警察部队、民兵组织，按照反恐怖主义工作领导机构和指挥长的统一领导、指挥，协同开展打击、控制、救援、救护等现场应对处置工作。

上级反恐怖主义工作领导机构可以对应对处置工作进行指导，必要时调动有关反恐怖主义力量进行支援。

需要进入紧急状态的，由全国人民代表大会常务委员会或者国务院依照宪法和其他有关法律规定的权限和程序决定。

50. 单位内部治安保卫人员应当接受哪些知识培训？

答案：单位内部治安保卫人员应当接受有关法律知识和治安保卫业务、技能以及相关专业知识的培训、考核。

51. 单位管理范围内的人员应当遵守哪些制度？

答案：在单位管理范围内的人员，应当遵守单位的内部治安保卫制度。

52. 治安保卫重点单位对重点部位应当开展哪些工作？

答案：治安保卫重点单位应当确定本单位的治安保卫重要部位，按照有关国家标准对重要部位设置必要的技术防范设施，并实施重点保护。

53. 制定《中华人民共和国反恐怖主义法》的意义是什么？

答案：为了防范和惩治恐怖活动，加强反恐怖主义工作，维护国家安全、公共安全和人民生命财产安全，根据宪法，制定本法。

54.《中华人民共和国反恐怖主义法》所称的恐怖活动组织是指什么？

答案：本法所称恐怖活动组织，是指三人以上为实施恐怖活动而组成的犯罪组织。

55.《中华人民共和国反恐怖主义法》所称的恐怖活动人员是指什么？

答案：本法所称恐怖活动人员，是指实施恐怖活动的人和恐怖活动组织的成员。

56. 国家如何进行反恐怖主义工作？

答案：国家将反恐怖主义纳入国家安全战略，综合施策，标本兼治，加强反恐怖主义的能力建设，运用政治、经济、法律、文化、教育、外交、军事等手段，开展反恐怖主义工作。

57. 反恐怖主义工作的原则是什么？

答案：反恐怖主义工作坚持专门工作与群众路线相结合，防范为主、惩防结合和先发制敌、保持主动的原则。

58. 恐怖活动组织和人员是根据什么进行认定的？

答案：国家反恐怖主义工作领导机构根据《中华人民共和国反恐怖主义法》第三条

的规定，认定恐怖活动组织和人员，由国家反恐怖主义工作领导机构的办事机构予以公告。

59. 重点目标的管理单位应当对重要岗位人员采取什么措施？

答案： 重点目标的管理单位应当对重要岗位人员进行安全背景审查。对有不适合情形的人员，应当调整工作岗位，并将有关情况通报公安机关。

60. 应对处置恐怖事件，应当优先做出什么？

答案： 应对处置恐怖事件，应当优先保护直接受到恐怖活动危害、威胁人员的人身安全。

3.5 案例题

1. 2017年8月25日，某市××快递有限公司收寄两单单号为710409635×××、710397482×××的快件，内件是4000发气枪铅弹，该快递公司未严格执行收寄验视及实名收寄，导致该气枪铅弹进入公司，并完成整个寄递过程。试分析，该快递有限公司应受到何种处罚？

答案： 处罚依据：《中华人民共和国反恐怖主义法》第八十五条：铁路、公路、水上、航空的货运和邮政、快递等物流运营单位有下列情形之一的，由主管部门处10万元以上50万元以下罚款，并对其直接负责的主管人员和其他直接责任人员处10万元以下罚款：

（1）未实行安全查验制度，对客户身份进行查验，或者未依照规定对运输、寄递物品进行安全检查或者开封验视的；

（2）对禁止运输、寄递，存在重大安全隐患，或者客户拒绝安全查验的物品予以运输、寄递的；

（3）未实行运输、寄递客户身份、物品信息登记制度的。

处罚结果： 根据《中华人民共和国反恐怖主义法》第八十五条规定，市邮政管理局依法对某市××快递有限公司处以10万元罚款，并对公司直接负责的主管人员处以罚款1万元的行政处罚。

2. 2017年5月9日8时，嫌疑人邬某某使用笔记本电脑登录QQ，并在一QQ群内看到一部恐怖血腥视频（时长10s左右，该视频由本案另一嫌疑人罗某某所发）。观看后，其将该视频先后转发至“××聊天交友群”“××打工交友群”“××杂谈”QQ群内。经侦查，先后抓获犯罪嫌疑人邬某某、罗某某。经审讯，邬某某、罗某某对5月9日使用手机登录QQ转发恐怖血腥视频的犯罪事实供认不讳。试分析，邬某某、罗某某触犯哪些法律，如何处罚？

答案：处罚依据：《中华人民共和国刑法》第一百二十条之三规定：以制作、散发宣扬恐怖主义、极端主义的图书、音频视频资料或者其他物品，或者通过讲授、发布信息等方式宣扬恐怖主义、极端主义的，或者煽动实施恐怖活动的，处5年以下有期徒刑、拘役、管制或者剥夺政治权利，并处罚金；情节严重的，处5年以上有期徒刑，并处罚金或者没收财产。

处罚结果：根据《中华人民共和国刑法》第一百二十条之三规定，嫌疑人邬某某、罗某某的行为涉嫌宣扬恐怖主义罪，根据《中华人民共和国刑事诉讼法》第八十条第（三）项之规定，依法对该2人做出刑事拘留处理；其中被告人邬某某犯宣扬恐怖主义罪，被判处有期徒刑7个月，并处罚金1000元。

3. 2017年8月10日，嫌疑人徐某通过手机上网方式在一个QQ群内观看并下载了一部暴恐音视频（视频时长2分43秒）。2017年8月11日，徐某在长安镇某某模具加工店使用自己手机通过WIFI上网，然后将该部暴恐音视频上传至某QQ群。经侦查，某公安局成功抓获徐某并在其使用的手机内依法提取到其下载并上传到QQ群的暴恐音视频。试分析，徐某触犯哪些法律，如何处罚？

答案：处罚依据：根据《中华人民共和国刑法》第二百九十一条之一规定：……编造爆炸威胁、生化威胁、放射威胁等恐怖信息，或者明知是编造的恐怖信息而故意传播，严重扰乱社会秩序的，处5年以下有期徒刑、拘役或者管制；造成严重后果的，处5年以上有期徒刑。

处罚结果：根据《中华人民共和国刑法》第二百九十一条之一规定，犯罪嫌疑人徐某的行为涉嫌故意传播恐怖信息罪，根据《中华人民共和国刑事诉讼法》第八十条第（三）项之规定，依法对徐某做出刑事拘留处理。

4. 2018年5月17日，某公安分局在日常检查工作中发现，位于辖区的××××重点目标单位视频图像信息保存期限仅有47天，达不到反恐法规定的保存期限不得少于90天的要求；5月18日，某公安分局依法传唤了该目标单位负责安全管理的责任领导。经询问，该责任领导对目标单位违反公共安全视频图像信息资料安全制度的违法行为陈述不讳。试分析，××××重点目标单位触犯反恐法哪些规定，如何处罚？

答案：处罚依据：按照《反恐怖主义法》第三十二条第三款：重点目标的管理单位应当建立公共安全视频图像信息系统值班监看、信息保存使用、运行维护等管理制度，保障相关系统正常运行。采集的视频图像信息保存期限不得少于90日。

第八十八条第六项规定："防范恐怖袭击重点目标的管理、营运单位违反本法规定，有下列情形之一的，由公安机关给予警告，并责令改正；拒不改正的，处 10 万元以下罚款，并对其直接负责的主管人员和其他直接责任人员处 1 万元以下罚款：

（六）未建立公共安全视频图像信息系统值班监看、信息保存使用、运行维护等管理制度的。"

处罚结果：按照《反恐怖主义法》第三十二条第三款及第八十八条第六项规定，依法对 ×××× 重点目标管理单位处以警告并责令整改。

5. 2019年2月11日，某市公安局民警对辖区反恐怖防范三级重点目标单位某旅游区进行了反恐防范督导检查，发现该单位存在防范和应对处置恐怖活动的预案措施不完善，未建立反恐专项经费保障制度，未建立公共安全视频图像信息系统，视频图像信息未按规定期限保存的安全隐患。试分析，该旅游区触犯反恐法哪些规定，如何处罚？

答案：处罚依据：按照《反恐怖主义法》第三十二条：重点目标的管理单位应制定防范和应对处置恐怖活动的预案、措施，定期进行培训和演练；建立反恐怖主义工作专项经费保障制度，配备、更新防范和处置设备、设施；重点目标的管理单位应当建立公共安全视频图像信息系统值班监看、信息保存使用、运行维护等管理制度，保障相关系统正常运行。采集的视频图像信息保存期限不得少于 90 日。

第八十八条第六项规定：防范恐怖袭击重点目标的管理、营运单位违反本法规定，有下列情形之一的，由公安机关给予警告，并责令改正；拒不改正的，处 10 万元以下罚款，并对其直接负责的主管人员和其他直接责任人员处 1 万元以下罚款。

处罚结果：按照《反恐怖主义法》第三十二条第三款及第八十八条第六项规定，依法对该景区运营管理单位处罚款 1 万元，并对其负责人处罚款 500 元。

4. 电力设施保护部分

4.1 单选题

1.《中华人民共和国电力法》规定，电力管理部门应当按照（　　）有关电力设施保护的规定，对电力设施保护区设立标志。

（A）国务院　（B）各级政府　（C）公安机关　（D）电力企业

答案：A

2.《中华人民共和国电力法》规定，电力企业或者（　　）违反供用电合同，给对方造成损失的，应当依法承担赔偿责任。

（A）用户　（B）售电企业　（C）供电企业　（D）用电企业

答案：A

3.《中华人民共和国电力法》规定，电力企业违反本法第二十八条、第二十九条第一款的规定，未保证供电质量或者（　　）中断供电，给用户造成损失的，应当依法承担赔偿责任。

（A）未通知用户　（B）未取得征得用户同意

（C）未事先征得用户同意　（D）未事先通知用户

答案：D

4.《中华人民共和国电力法》规定，电力企业违反本法第二十八条、第二十九条第一款的规定，未保证供电质量或者未事先通知用户中断供电，（　　），应当依法承担赔偿责任。

（A）给用户造成损失的　（B）造成经济损失的

（C）造成电力设施损坏的　（D）造成电网企业损失的

答案：A

5.《中华人民共和国电力法》规定，电力运行事故由（　　）造成的，电力企业不承担赔偿责任。

（A）第三方　（B）不可知因素　（C）用户使用　（D）用户自身的过错

答案：D

6.《中华人民共和国电力法》规定，电力运行事故由不可抗力造成的，电力企业（　　）。

（A）不承担赔偿责任　（B）仍需要承担赔偿责任

（C）不承担全额赔偿责任　（D）承担50%赔偿责任

答案：A

7.《中华人民共和国电力法》规定，因用户或者第三人的过错给电力企业或者（　　）造成损害的，该用户或者第三人应当依法承担赔偿责任。

（A）用电企业　（B）其他用户　（C）其他居民　（D）用电居民

答案：B

8.《中华人民共和国电力法》规定，违反本法第十四条规定，电力建设项目不符合（　　）、产业政策的，由电力管理部门责令停止建设。

（A）城市发展规划（B）地方发展规划（C）电力发展规划（D）电网发展规划

答案：C

9.《中华人民共和国电力法》规定，违反本法第十四条规定，电力建设项目不符合电力发展规划、产业政策的，由电力管理部门责令（　　）。

（A）停止建设　（B）拆除项目　（C）重新规划　（D）重新建设

答案：A

10.《中华人民共和国电力法》规定，违反本法第二十六条、第二十九条规定，拒绝供电或者中断供电的，由电力管理部门责令改正，（　　）；情节严重的，对有关主管人员和直接责任人员给予行政处分。

（A）给予警告　（B）限期供电　（C）即时供电　（D）即时恢复供电

答案：A

11.《中华人民共和国电力法》规定，违反本法第三十二条规定，危害供电、用电安全或者扰乱供电、用电秩序的，由（　　）责令改正，给予警告；情节严重或者拒绝改正的，可以中止供电，可以并处5万元以下的罚款。

（A）县级以上人民政府　（B）县级以上电力管理部门

（C）司法机关　（D）电力管理部门

答案：D

12.《中华人民共和国电力法》规定，违反本法第五十二条第二款和第五十四条规定，未经批准或者未采取安全措施在电力设施周围或者在依法划定的电力设施保护区内进行作业，危及电力设施安全的，由电力管理部门责令停止作业、恢复原状并（　　）。

（A）拉入企业黑名单　（B）拉入失信黑名单

（C）缴纳罚金　（D）赔偿损失

答案：D

13.《中华人民共和国电力法》规定，下列（　　）行为，应当给予治安管理处罚，由公安机关依照治安管理处罚法的有关规定予以处罚；构成犯罪的，依法追究刑事责任。

（A）影响电力建设或者电力设施抢修进行的

（B）影响电力生产企业、变电所、电力调度机构和供电企业的秩序的

（C）殴打、公然侮辱履行职务的查电人员或者抄表收费人员的

（D）影响电力监督检查人员依法执行职务的

答案：C

14.《中华人民共和国电力法》规定，盗窃电能的，由（　　）责令停止违法行为，追缴电费并处应交电费5倍以下的罚款；构成犯罪的，依照刑法有关规定追究刑事责任。

（A）电力管理部门（B）公安机关　（C）电力企业　（D）售电企业

答案：A

15.《中华人民共和国电力法》规定，电力管理部门的工作人员滥用职权、玩忽职守、徇私舞弊，构成犯罪的，依法追究刑事责任；尚不构成犯罪的，依法给予（　　）。

（A）经济处罚　（B）行政处分　（C）刑事责任　（D）民事责任

答案：B

16.《电力设施保护条例》适用于中华人民共和国境内（　　）或在建的电力设施（包括发电设施、变电设施和电力线路设施及其有关辅助设施）。

（A）正在规划　（B）已经规划　（C）未建　（D）已建

答案：D

17.《电力设施保护条例》规定，电力设施的保护，实行电力管理部门、公安部门、电力企业和（　　）相结合的原则。

（A）社会企业　（B）人民群众　（C）政府　（D）用电单位

答案：B

18.《电力设施保护条例》规定，电力设施的（　　），实行电力管理部门、公安部门、电力企业和人民群众相结合的原则。

（A）规划　（B）建设　（C）使用　（D）保护

答案：D

19.《电力设施保护条例》规定，（　　）对电力设施的保护负责监督、检查、指导和协调。

（A）国务院电力管理部门　（B）公安部门

（C）电力企业　（D）公检法系统

答案：A

20.《电力设施保护条例》规定，会同有关部门及沿电力线路各单位，建立群众护线组织并健全责任制是（　　）保护电力设施的职责。

（A）国务院电力管理部门　（B）县以上地方各级电力管理部门

（C）各地方电力企业　（D）电力管理部门、公安局和电力企业

答案：B

21.《电力设施保护条例》规定，县以上地方各级电力管理部门保护电力设施的职责之一是会同当地（　　），负责所辖地区电力设施的安全保卫工作。

（A）各个电力企业　（B）公安部门

（C）人民群众　（D）沿电力线路各单位

答案：B

22.《电力设施保护条例》规定，任何单位或个人必须经县级以上地方电力管理部门批准，并采取安全措施后，方可进行小于导线距穿越物体之间的（　　），通过架空电力线路保护区的作业。

（A）安全距离　（B）水平距离　（C）垂直距离　（D）最小放电距离

答案：A

23.《电力设施保护条例》规定，（　　）在新建、改建或扩建中妨碍电力设施时，双方有关单位必须按照本条例和国家有关规定协商，就迁移、采取必要的防护措施和补偿等问题达成协议后方可施工。

（A）公用工程　（B）城市绿化　（C）其他工程　（D）以上所有

答案：D

24.《电力设施保护条例》规定，电力设施在（　　）中妨碍公用工程、城市绿化和其他工程时，双方有关单位必须按照本条例和国家有关规定协商，就迁移、采取必要的防护措施和补偿等问题达成协议后方可施工。

（A）新建　（B）改建　（C）扩建　（D）以上所有

答案：D

25.《电力设施保护条例》规定，（　　）应将电力设施的新建、改建或扩建的规划和计划纳入城乡建设规划。

（A）电力管理部门　（B）电力企业

（C）电力建设企业　（D）城乡建设规划主管部门

答案：D

26.《电力设施保护条例》规定，国务院电力管理部门可以会同国务院有关部门制定本条例的（　　）。

（A）地方条例　（B）管理办法

（C）企业实施相关规定　（D）实施细则

答案：D

27. 用户使用的电力、电量，以（　　）依法认可的用电计量装置的记录为准。

（A）节能监察机构（B）计量检定机构（C）质量管理协会（D）安全监督部门

答案：B

28. 供电企业和用户应当在供电前根据用户需要和供电企业的供电能力签订（　　）。

（A）供用电协议　（B）供用电合同　（C）供电合同　（D）用电合同

答案：B

29. 供电、用电监督检查管理的具体办法，由（　　）部门另行制定。

（A）供电企业　（B）国务院电力管理

（C）能源局电力　（D）政府节能

答案：B

30. 在用户受送电装置上作业的电工，上岗作业前，必须经电力管理部门（　　）。

（A）口头同意　（B）考核合格　（C）面试通过　（D）领导认可

答案：B

31. 在用户受送电装置上作业的电工，上岗作业前，必须取得电力管理部门颁发的（　　）。

（A）《电力工作许可证》　（B）《电工进网作业许可证》

（C）《高压作业许可证》　（D）《特殊工种许可证》

答案：B

32. 用电计量装置应当安装在供电设施与受电设施的（　　）。

（A）地理位置分界处　（B）产权分界处

（C）供电设施一方　（D）受电设施一方

答案：B

33. 供电企业在批准的供电营业区内向用户供电。供电营业区的划分，应当考虑电网的结构和供电（　　）性等因素。一个供电营业区内只设立一个供电营业机构。

（A）合理　（B）规范　（C）效益　（D）系统

答案：A

34. 并网运行的电力生产企业按照并网协议运行后，送入电网的电力、（　　）由供电营业机构统一经销。

（A）电量　（B）电压　（C）电容　（D）电流

答案：A

35. 供电设施、受电设施的设计、施工、（　　）和运行，应当符合国家标准或者电力行业标准。

（A）试验　（B）实验　（C）检测　（D）检验

答案：A

36. 因建设需要，必须对已建成的供电设施进行（　　）、改造或者采取防护措施时，建设单位应当事先与该供电设施管理单位协商，所需工程费用由建设单位负担。

（A）迁移　（B）拆除　（C）更换　（D）修复

答案：A

37. 供电企业和用户应当根据（　　）、协商一致的原则签订供用电合同。

（A）平等自愿　（B）等价交换　（C）供给有限　（D）公平交换

答案：A

38. 在公用供电设施未到达的地区，供电企业可以委托有供电能力的单位（　　）。非经供电企业委托，任何单位不得擅自向外供电。

（A）就近供电　（B）远程供电　（C）直流输电　（D）交流输电

答案：A

39. 因抢险救灾需要紧急供电时，供电企业必须尽速安排供电。所需工程费用和应付电费由有关地方人民政府有关部门从（　　）中支出，但是抗旱用电应当由用户交付电费。

（A）抢险救灾经费（B）维稳资金　（C）中央财政　（D）紧急经费

答案：A

40.《电力设施保护条例实施细则》适用于中华人民共和国境内国有、集体、外资、合资、个人（　　）的电力设施。

（A）已建　（B）在建　（C）已建或在建　（D）已有

答案：C

41.《电力设施保护条例实施细则》适用于中华人民共和国境内国有、集体、外资、合资、个人已建或在建的（　　）。

（A）水电设施　（B）风电设施　（C）电力设施　（D）电网设施

答案：C

42. 对危害电力设施安全的行为，电力企业有权制止并可以（　　），责令赔偿损失、请求有关行政主管部门和司法机关处理，以及采取法律、法规或政府授权的其他必要手段。

（A）劝其改正　（B）责其恢复原状（C）强行排除妨害（D）以上均是

答案：D

43. 对危害电力设施安全的行为，电力企业有权制止并可以劝其改正、责其恢复原状、强行排除妨害，（　　）、请求有关行政主管部门和司法机关处理，以及采取法律、法规或政府授权的其他必要手段。

（A）责令赔偿损失　（B）进行民事诉讼

（C）强制阻止其行为　（D）申请公安部门介入

答案：A

44.（　　）需穿过林区时，应当按国家有关电力设计的规程砍伐出通道，通道内不得再种植树木。

（A）新建架空电力线路建设工程、项目　（B）架空电力线路项目

（C）架空电力线路建设工程　（D）以上均不对

答案：A

45. 对为保护电力设施与（　　）做斗争，成绩突出或为维护电力设施安全做出显著成绩的单位或个人，根据贡献大小，给予相应物质奖励。

（A）违法行为　（B）敌对势力　（C）自然灾害　（D）犯罪分子

答案：C

46. 下列违反《电力设施保护条例》和《电力设施保护条例实施细则》的行为，尚不

构成犯罪的，由公安机关依据（　　）予以处理：①盗窃、哄抢库存或者已废弃停止使用的电力设施器材的；②盗窃、哄抢尚未安装完毕或尚未交付使用单位验收的电力设施的；③其他违反治安管理的行为。

（A）《电力设施保护条例》　（B）《电力设施保护条例实施细则》

（C）《电力法》　（D）《中华人民共和国治安管理处罚条例》

答案：D

47. 电力管理部门为保护电力设施安全，对（　　）予以行政处罚，应当依照法定程序进行。

（A）违法行为　（B）犯罪行为

（C）违法、犯罪行为　（D）以上均不对

答案：A

48. 在已建设地下综合管廊的区域（　　）电力管线，应当按照有关规定纳入综合管廊建设和管理。

（A）新建　（B）扩建

（C）新建、改建、扩建　（D）改建

答案：C

49. 电力管理部门和其他有关行政管理部门及其工作人员违反《辽宁省电力设施保护条例》规定，由其所在单位或者上级主管部门对直接负责的主管人员和其他直接责任人员，依法给予（　　）处分。

（A）警告　（B）撤职　（C）行政　（D）记过

答案：C

50.《辽宁省电力设施保护条例》于2016年11月11日辽宁省第十二届人民代表大会常务委员会（　　）会议通过。

（A）第二十七次　（B）第二十八次　（C）第二十九次　（D）第三十次

答案：C

51. 省、市、县（含县级市、区，下同）人民政府应当加强对电力设施保护工作的领导，将电力设施保护工作纳入（　　）综合治理范围，及时协调、解决电力设施保护工作中的重大问题，支持有关部门和单位依法做好电力设施保护工作。

（A）社会经济　（B）社会设施　（C）社会环境　（D）社会治安

答案：D

52. 省、市、县人民政府应当将电力发展规划纳入（　　）和社会发展规划。

（A）社会经济　（B）国民发展规划　（C）城市发展规划　（D）国民经济

答案：D

53.（　　）应当依据城镇体系规划、城市总体规划、镇总体规划和电力发展规划，按照电网建设和改造的需要依法编制，经同级人民政府批准后实施。

（A）城市布局规划　　（B）电力通道布局规划

（C）电网空间布局规划　　（D）电力空间布局规划

答案：D

54. 电力空间布局规划应当与历史文化名城、名镇、名村保护和（　　）等衔接。

（A）风景名胜区规划、林地保护规划　　（B）自然保护区规划、林地保护规划

（C）风景名胜区规划、森林保护规划　　（D）风景名胜区规划、园林保护规划

答案：A

55.（　　）编制控制性详细规划时，应当与电力空间布局规划相衔接，对规划的电力设施和电力线路走廊用地进行控制和预留。

（A）城市布局规划部门　　（B）乡镇建设规划部门

（C）电网空间布局规划部门　　（D）城乡建设规划部门

答案：D

56. 新建住宅小区应当按照有关（　　），合理预留公用配套电力设施用地、用房和通道。

（A）设计规范　（B）设计要求　（C）设计参数　（D）设计模型

答案：A

57. 新建电力设施建设项目取得建设项目规划选址意见后，市、县人民政府相关部门应当根据建设项目规划选址意见和（　　）的要求，依法划定电力设施保护范围，并予以公告。

（A）电力设施保护范围　　（B）电力通道保护范围

（C）电力设施保护法律　　（D）电力设施保护条例

答案：A

58.（　　），在划定的电力设施保护范围内，依法拥有的建筑物、构筑物、植物，因电力设施建设需要拆除、迁移、修剪、砍伐的，电力设施建设单位应当按照国家有关规定给予（　　）补偿，并依法办理相关手续。

（A）公告前，分期　　（B）公告后，分期

（C）公告前，一次性　　（D）公告后，一次性

答案：C

59. 对电力专用管道（沟）：管道（沟）两侧各（　　）所形成的两平行线内的区域，法律、法规另有规定的从其规定。

（A）1m　（B）1.5m　（C）2.0m　（D）2.5m

答案：B

60. 电力设施所有权人应当建立健全电力设施安全保护管理制度，对其所有以及管理

的电力设施定期进行（　　），并及时抢修故障、处理因遭受破坏而造成的事故，减少因故障、事故停电造成的损失。

（A）巡视、维护、检修　　（B）巡视、维护、检修、保养

（C）巡视、保养、检修　　（D）巡视、维护、抢修、保养

答案：A

61. 电力设施所有权人应当制定本单位电力设施（　　），报所在地电力管理部门备案，并按照应急预案的要求，保障应急设施、设备、物资的储备和完好，定期开展应急演练。

（A）突发事件应急预案　　（B）突发事件应急演练

（C）突发事件应急培训　　（D）突发事件应急救援

答案：A

62. 收购电力设施器材设备的单位和个人应当如实登记出售者基本信息和电力设施器材设备的来源、规格、数量等情况，登记记录保存期限不得少于（　　）；发现有赃物嫌疑的，应当及时向所在地公安机关报告。

（A）1年　　（B）2年　　（C）3年　　（D）4年

答案：B

63. 新建、改建、扩建电力设施应当遵守国家、行业标准，符合电力设施设计、施工规程和（　　）要求，与周围已建其他设施保持符合规定的安全距离。

（A）技术参数　　（B）电力参数　　（C）安全技术　　（D）电力技术

答案：C

64. 已建成的电力设施与其他设施、建筑物互相妨碍，应当由（　　）协商解决；协商不成的，可以报请县以上人民政府协调解决。

（A）监理单位　　（B）建设单位　　（C）维护单位　　（D）设计单位

答案：B

65. 因不可抗力造成树木危及电力设施安全的，电力设施所有权人可以先行对树木采取修剪、砍伐或者其他处理措施，事后（　　）内书面通知树木所有权人，并将砍伐树木的情况报所在地县以上林业行政主管部门。

（A）3日　　（B）5日　　（C）10日　　（D）15日

答案：D

66. 电力企业可以建立电力设施保护（　　），行使电力设施巡检权，发现破坏电力设施违法行为应当依法及时制止，并向电力管理部门和有关行政管理部门报告，配合查处涉嫌破坏电力设施的违法行为。

（A）稽查队伍　　（B）巡查队伍　　（C）监察队伍　　（D）巡视队伍

答案：B

67. 省、市、县人民政府应当将电力发展规划纳入国民经济和（　　）规划。电力发展规划应当与主体功能区规划、土地利用总体规划、城乡规划相衔接。

（A）社会发展　（B）社会经济　（C）市场经济　（D）城市建设

答案：A

68. 因建设确需对已规划的电力设施用地、架空输电线路走廊和电力电缆通道的位置进行调整的，应当征得电力管理部门同意，并依法办理（　　）。

（A）变更手续　（B）申请手续　（C）审批手续　（D）交接手续

答案：C

69. 电力设施所有权人应当建立健全电力设施安全保护管理制度，对其所有以及管理的电力设施（　　）进行巡视、维护、检修。

（A）按期　（B）定期　（C）定时　（D）按时

答案：B

70. 电力设施所有权人对危害电力设施运行安全的行为，（　　）；造成损失的，有权要求依法赔偿。

（A）无权制止　（B）有权处罚　（C）有权制止　（D）有权罚款

答案：C

71. 电力设施所有权人应当在有（　　）危险因素的电力生产经营场所和下列设施、设备上，设置明显的安全警示标志。

（A）较大　（B）较弱　（C）一般　（D）严重

答案：A

72. 电力设施所有权人应当制定本单位电力设施突发事件应急预案，报（　　）电力管理部门备案。

（A）目的地　（B）所在地　（C）相关　（D）驻地

答案：B

73. 收购电力设施器材设备的单位和个人，应当依法申领（　　），经市电力管理部门批准，并向所在地县公安机关备案。

（A）物资清单　（B）购买合同　（C）同意书　（D）营业执照

答案：D

74. 确需对其他设施予以迁移或者采取防护措施的，电力设施所有权人应当与其他设施所有权人协商，就迁移、防护措施及补偿等问题达成协议后方可施工，所需费用由电力设施（　　）承担。

（A）所有权人　（B）持有者　（C）持有人　（D）使用权人

答案：A

75. 后于电力设施建设的铁路、公路、水利、电信、航运、城市道路、桥梁、涵道、管线等设施和建筑物，（　　）危及电力设施安全。

（A）可以　　（B）不得　　（C）允许　　（D）能够

答案：B

76. 确需对电力设施予以迁移或者采取保护措施的，建设单位应当与电力设施所有权人达成协议后方可施工，所需费用由（　　）承担，电力设施所有权人应当派专业人员进行现场指导。

（A）所有者　　（B）所有权人　　（C）建设单位　　（D）使用权人

答案：C

77. 确需对电力设施予以迁移或者采取保护措施的，建设单位应当与电力设施所有权人达成协议后方可施工，所需费用由建设单位承担，电力设施所有权人应当派专业人员进行（　　）。

（A）现场指导　　（B）网络指导　　（C）书面指导　　（D）口头指导

答案：A

78. 电力设施所有权人发现树木等高杆植物与架空电力线路之间的距离不符合安全规定的，应当及时（　　）树木所有权人。

（A）电话通知　　（B）口头通知　　（C）书面通知　　（D）网络通知

答案：C

79. 电力设施所有权人发现树木等高杆植物与架空电力线路之间的距离不符合（　　）的，应当及时书面通知树木所有权人。

（A）安全规定　　（B）技术规范　　（C）技术标准　　（D）技术要求

答案：A

80. 生产作业、交通事故等外力因素致使树木倾斜或者倒伏，危及电力设施安全的，电力设施所有权人可以先行对树木采取修剪、砍伐或者其他处理措施，事后（　　）内书面通知树木所有权人，并将砍伐树木的情况报所在地县以上林业行政主管部门。

（A）17日　　（B）16日　　（C）15日　　（D）14日

答案：C

81. 因不可抗力造成树木危及电力设施安全的，电力设施所有权人可以先行对树木采取修剪、砍伐或者其他处理措施，事后15日内书面通知树木所有权人，并将砍伐树木的情况报所在地（　　）以上林业行政主管部门。

（A）镇　　（B）省　　（C）市　　（D）县

答案：D

82. 在发电厂、变电站围墙外侧（　　）内兴建建筑物、构筑物，由电力管理部门责令限期改正；逾期不改正的，由电力管理部门处1000元罚款，并可以依法申请拆除或者清除。

（A）2m　　（B）4m　　（C）3m　　（D）5m

答案：C

83. 拆卸杆塔或者拉线上的器材，移动、损坏（　　）性标志或者标志牌，由电力管理部门责令限期改正；逾期不改正的，由电力管理部门处1000元罚款，并可以依法申请拆除或者清除。

（A）永久　　（B）暂时　　（C）短暂　　（D）临时

答案：A

84. 利用（　　）作起重牵引地锚的行为，由电力管理部门责令限期改正；逾期不改正的，由电力管理部门处1000元罚款，并可以依法申请拆除或者清除。

（A）杆塔、拉线　　（B）杆塔　　（C）拉线　　（D）围栏

答案：A

85. 在发电厂、变电站围墙外侧（　　）区域内烧窑、烧荒或者焚烧垃圾等，由电力管理部门责令限期改正；逾期不改正的，由电力管理部门处3000元罚款，并可以依法申请拆除或者清除。

（A）600m　　（B）300m　　（C）400m　　（D）500m

答案：D

86. 在（　　）设施水域保护区内炸鱼、捕鱼、游泳、划船及其他可能危及水工建筑物安全的行为，由电力管理部门责令限期改正；逾期不改正的，由电力管理部门处3000元罚款，并可以依法申请拆除或者清除。

（A）核电　　（B）风力发电　　（C）水力发电　　（D）火力发电

答案：C

87. 电力管理部门和其他有关行政管理部门及其工作人员未依法办理审批事项造成不良影响的，由其所在单位或者上级主管部门对（　　）的主管人员和其他直接责任人员，依法给予行政处分；构成犯罪的，依法追究刑事责任。

（A）直接负责　　（B）间接负责

（C）直接负责和间接负责　　（D）直接负责或间接负责

答案：A

88. 通信、广播电视等线路设施与电力线路设施之间不得相互搭挂。由于路径原因确需交叉跨越的，后建方应当征得先建方同意并（　　），采取安全措施，保证线路安全。

（A）签订协议　　（B）签订合同　　（C）上报备案　　（D）修改方案

答案：A

89. 电力设施所有权人应当建立健全电力设施安全保护管理制度，对其所有以及管理

的电力设施定期进行巡视、维护、(　　)，并及时抢修故障、处理因遭受破坏而造成的事故，减少因故障、事故停电造成的损失。

(A) 检查　(B) 保养　(C) 清洁　(D) 检修

答案：D

90. 电力交易设施的保护范围为：电力交易场所和电能计量、(　　)、信息发布设施等交易运营系统及其有关辅助设施。

(A) 核算　(B) 销售　(C) 报价　(D) 经营

答案：C

91. 电力设施所有权人对危害电力设施运行安全的行为，有权制止；造成损失的，有权要求(　　)赔偿。

(A) 依法　(B) 等价　(C) 适当　(D) 合理

答案：A

92.《中华人民共和国电力法》规定，在依法划定电力设施保护区前已经种植的植物妨碍电力设施安全的，应当(　　)。

(A) 加以保护　(B) 修剪　(C) 砍伐　(D) 修剪或者砍伐

答案：D

93.《中华人民共和国电力法》规定，(　　)与公用工程、绿化工程和其他工程在新建、改建或者扩建中相互妨碍时，有关单位应当按照国家有关规定协商，达成协议后方可施工。

(A) 发电设施　(B) 变电设施　(C) 电力设施　(D) 电网设施

答案：C

94.《中华人民共和国电力法》规定，因电力(　　)给用户或者第三人造成损害的，电力企业应当依法承担赔偿责任。

(A) 建设工程　(B) 安全运行　(C) 运行事故　(D) 检修故障

答案：C

95.《中华人民共和国电力法》规定，违反本法第十一条第二款的规定，非法占用变电设施用地、输电线路走廊或者电缆通道的，由县级以上地方人民政府责令限期改正；逾期不改正的，(　　)。

(A) 强制清除障碍　(B) 强制清除障碍，并赔偿损失

(C) 司法机关强制执行　(D) 司法机关强制执行，并追偿损失

答案：A

96.《中华人民共和国电力法》规定，违反本法第十四条规定，电力建设项目使用国家明令淘汰的电力设备和技术的，由(　　)责令停止使用，没收国家明令淘汰的

电力设备，并处5万元以下的罚款。

（A）县级以上地方人民政府　　（B）电力管理部门

（C）电力企业上级单位　　（D）地方人民政府

答案：B

97.《中华人民共和国电力法》规定，盗窃电力设施或者以其他方法破坏电力设施，危害（　　）的，依照刑法有关规定追究刑事责任。

（A）电力设施安全（B）公共安全　　（C）供电安全　　（D）供电稳定

答案：B

98.《中华人民共和国电力法》规定，电力企业职工违反规章制度、违章调度或者不服从调度指令，造成（　　）的，依照刑法有关规定追究刑事责任。

（A）经济损失　　（B）电力设备停运的

（C）电力设备损失的　　（D）重大事故

答案：D

99.《中华人民共和国电力法》规定，电力企业的管理人员和查电人员、抄表收费人员勒索用户、（　　），构成犯罪的，依法追究刑事责任；尚不构成犯罪的，依法给予行政处分。

（A）私相授受　　（B）以电谋私　　（C）敲诈用户　　（D）违规操作

答案：B

100.《电力设施保护条例》规定，下列选项中不属于发电设施、变电设施的保护范围的是（　　）。

（A）发电厂内设施　　（B）变电站内设施

（C）发电厂外建筑用避雷装置　　（D）水力发电厂使用的水库

答案：C

101.《电力设施保护条例》适用于中华人民共和国境内已建或在建的电力设施［包括发电设施、变电设施和电力线路设施及其（　　）］。

（A）有关辅助设施　　（B）相关辅助设备

（C）有关供电设施　　（D）相关供电设备

答案：A

102.《电力设施保护条例》规定，电力企业应加强对电力设施的保护工作，对危害电力设施安全的行为，应采取（　　），予以制止。

（A）适当措施　　（B）合适的措施　　（C）积极措施　　（D）强制措施

答案：A

103.《电力设施保护条例》规定，县以上地方各级电力管理部门保护电力设施的职责之一是会同当地公安部门，负责所辖地区电力设施的（　　）工作。

（A）安全保卫　（B）安全运行　（C）供电稳定　（D）损坏案件的侦破

答案：A

104.《电力设施保护条例》规定，各级公安部门负责依法查处破坏电力设施或（　　）、盗窃电力设施器材的案件。

（A）偷窃　（B）走私　（C）窃电　（D）哄抢

答案：D

105.《电力设施保护条例》规定，电力线路设施的保护范围中，电力电缆线路的保护范围包括架空、地下、水底电力电缆和电缆（　　）。

（A）附属设备　（B）附属设施　（C）联结装置　（D）连接设备

答案：C

106.《电力设施保护条例》规定，电力线路设施的保护范围中，电力调度设施包括（　　）、电力调度通信设施、电网调度自动化设施、电网运行控制设施。

（A）电力调度场所　（B）电网运行信息采集设备

（C）电力调度通信线路　（D）电力电缆线路

答案：A

107.《电力设施保护条例》规定，电力电缆线路保护区中，地下电缆为电缆线路地面标桩两侧各（　　）所形成的两平行线内的区域。

（A）0.5m　（B）0.75m　（C）1m　（D）1.5m

答案：B

108.《电力设施保护条例》规定，电力电缆线路保护区中，海底电缆一般为线路两侧各（　　）（港内为两侧各100m），江河电缆一般不小于线路两侧各100m（中、小河流一般不小于各50m）所形成的两平行线内的水域。

（A）100m　（B）200m　（C）1.5海里　（D）2海里

答案：D

109.《电力设施保护条例》规定，架空电力线路保护区：导线边线向外侧水平延伸并垂直于地面所形成的两平行面内的区域，在一般地区220kV导线的边线延伸距离为（　　）。

（A）5m　（B）10m　（C）15m　（D）20m

答案：C

110.《电力设施保护条例》规定，架空电力线路保护区：导线边线向外侧水平延伸并垂直于地面所形成的两平行面内的区域，在一般地区66kV导线的边线延伸距离为（　　）。

（A）5m　（B）10m　（C）15m　（D）20m

答案：B

111.《电力设施保护条例》规定，在必要的架空电力线路保护区的（　　），应设立标志，并标明保护区的宽度和保护规定。

（A）保护区内　　（B）电力设施上

（C）区界上　　（D）被保护电力设施上

答案：C

112.《电力设施保护条例》规定，在架空电力线路导线跨越重要公路和航道的区段，应设立标志，并标明导线距穿越物体之间的（　　）。

（A）保护范围　（B）安全距离　（C）最小距离　（D）保护分界线

答案：B

113.《电力设施保护条例》规定，地下电缆铺设后，应设立永久性标志，并将地下电缆所在位置书面通知（　　）。

（A）有关部门　（B）相关单位　（C）沿途各单位　（D）电力管理部门

答案：A

114.《电力设施保护条例》规定，任何单位或个人，不得从事下列危害电力线路设施的行为，以下说法正确的是（　　）。

（A）不得在架空电力线路导线两侧各300m的区域内放风筝

（B）不得在架空电力线路导线两侧各400m的区域内放风筝

（C）不得在架空电力线路导线两侧各500m的区域内放风筝

（D）不得在架空电力线路导线两侧各600m的区域内放风筝

答案：A

115.《电力设施保护条例》规定，任何单位或个人不得从事下列危害发电设施、变电设施的行为，其中不包括以下（　　）行为。

（A）危及输水、输油、供热、排灰等管道（沟）的安全运行

（B）影响专用铁路、公路、桥梁、码头的使用

（C）在用于水力发电的水库内，进入距水工建筑物300m区域内炸鱼、捕鱼、游泳、划船及其他可能危及水工建筑物安全的行为

（D）在发电厂、变电站内施工

答案：D

116.《电力设施保护条例》规定，新建架空电力线路不得（　　）储存易燃、易爆物品仓库的区域。

（A）临近　（B）跨越　（C）交叉　（D）平行

答案：B

117.《电力设施保护条例》规定，新建架空电力线路一般不得跨越房屋，特殊情况需要

跨越房屋时，电力建设企业应采取（　　），并与有关单位达成协议。

（A）组织措施　（B）技术措施　（C）安全措施　（D）保护措施

答案：C

118.《电力设施保护条例》规定，电力管理部门应将经批准的（　　）新建、改建或扩建的规划和计划通知城乡建设规划主管部门，并划定保护区域。

（A）公用设施　（B）电力线路　（C）电力电缆　（D）电力设施

答案：D

119.《电力设施保护条例》规定，新建、改建或扩建电力设施，需要损害农作物，砍伐树木、竹子，或拆迁建筑物或及其他设施的，电力建设企业应按照国家有关规定给予（　　）。

（A）相应补贴　（B）等价对换　（C）补偿　（D）一次性补偿

答案：D

120.《电力设施保护条例》规定，在依法划定的电力设施保护区内种植的或自然生长的可能危及电力设施安全的树木、竹子，（　　）应依法予以修剪或砍伐。

（A）电力企业　（B）树木所属人　（C）用电单位　（D）政府园林部门

答案：A

121.《电力设施保护条例》规定，违反本条例规定，（　　）发电设施、变电设施和电力线路设施的，由电力管理部门责令改正；拒不改正的，处1万元以下的罚款。

（A）造成　（B）影响　（C）危害　（D）危及

答案：C

122.《电力设施保护条例》规定，违反本条例规定，在依法划定的电力设施保护区内进行烧窑、烧荒、抛锚、拖锚、炸鱼、挖沙作业，危及（　　）的，由电力管理部门责令停止作业、恢复原状并赔偿损失。

（A）电力设备运行　（B）电力设备供电

（C）电力供应　（D）电力设施安全

答案：D

123.《电力设施保护条例》规定，违反本条例规定，危害电力设施建设的，由电力管理部门责令（　　）、恢复原状并赔偿损失。

（A）停止作业　（B）改正　（C）马上停工　（D）立即停工

答案：B

124. 供电、用电监督检查工作人员执行公务时，应当（　　）。

（A）口头告知　（B）出示证件　（C）使用文书　（D）强行进入

答案：B

125. 电网经营企业依法负责本供区内的电力供应与使用的业务工作，并接受电力

（　　）部门的监督。

（A）管理　（B）安全　（C）安检　（D）运维

答案：A

126. 地方各级人民政府应当按照城市建设和乡村建设的总体规划统筹安排城乡供电线路走廊、（　　）、区域变电所、区域配电所和营业网点的用地。

（A）电缆通道　（B）电缆井　（C）电缆沟　（D）电缆平台

答案：A

127. 公用供电设施建成投产后，由供电单位统一维护管理。经（　　）批准，供电企业可以使用、改造、扩建该供电设施。

（A）电力管理部门　（B）电力执法部门

（C）电力监督部门　（D）国务院

答案：A

128.（　　）应当加强对供电、用电的监督和管理。

（A）县级以上人民政府　（B）电力管理部门

（C）安全监督部门　（D）质量协会

答案：B

129. 根据（　　）第三十一条规定，制定本《电力设施保护实施细则》。

（A）《电力法》　（B）《电力设施保护条例》

（C）《电力保护条例》　（D）《设施保护条例》

答案：B

130.（　　）都有保护电力设施的义务。

（A）电力管理部门　（B）公安部门、电力企业

（C）人民群众　（D）以上均是

答案：D

131. 电力设施保护领导小组，应当在有关电力线路沿线组织群众护线，群众护线组织成员由相应的电力设施保护领导小组发给（　　）。

（A）电力设施保护证件　（B）护线证件

（C）电工证　（D）群众护线证

答案：B

132. 架空电力线路（　　），是为了保证已建架空电力线路的安全运行和保障人民生活的正常供电而必须设置的安全区域。

（A）保护区　（B）安全区　（C）护线区　（D）隔离区

答案：A

133. 在厂矿、城镇、集镇、村庄等人口密集地区，架空电力线路保护区为导线（　　）

在最大计算风偏后的水平距离和风偏后距建筑物的水平安全距离之和所形成的两平行线内的区域。

（A）边线　　（B）中线　　（C）外线　　（D）内线

答案：A

134. 154～220kV导线边线在计算导线最大风偏情况下，距建筑物的水平安全距离为（　　）。

（A）4.0m　　（B）5.0m　　（C）6.0m　　（D）8.5m

答案：B

135. 1kV以下导线边线在计算导线最大风偏情况下，距建筑物的水平安全距离为（　　）。

（A）1.0m　　（B）1.5m　　（C）3.0m　　（D）4.0m

答案：A

136. 1～10kV导线边线在计算导线最大风偏情况下，距建筑物的水平安全距离为（　　）。

（A）1.0m　　（B）1.5m　　（C）3.0m　　（D）4.0m

答案：B

137. 35kV导线边线在计算导线最大风偏情况下，距建筑物的水平安全距离为（　　）。

（A）1.0m　　（B）1.5m　　（C）3.0m　　（D）4.0m

答案：C

138. 66～110kV导线边线在计算导线最大风偏情况下，距建筑物的水平安全距离为（　　）。

（A）1.0m　　（B）1.5m　　（C）3.0m　　（D）4.0m

答案：D

139. 330kV导线边线在计算导线最大风偏情况下，距建筑物的水平安全距离为（　　）。

（A）4.0m　　（B）5.5m　　（C）6.0m　　（D）8.5m

答案：C

140. 500kV导线边线在计算导线最大风偏情况下，距建筑物的水平安全距离为（　　）。

（A）4.0m　　（B）5.5m　　（C）6.0m　　（D）8.5m

答案：D

141. 江河电缆保护区的宽度为：敷设于二级及以上航道时，为线路两侧各（　　）所形成的两平行线内的水域。

（A）25m　　（B）50m　　（C）75m　　（D）100m

答案：D

142. 江河电缆保护区的宽度为：敷设于三级及以下航道时，为线路两侧各（　　）所形成的两平行线内的水域。

（A）25m　　（B）50m　　（C）75m　　（D）100m

答案：B

143. 地下电力电缆保护区的宽度为地下电力电缆线路地面标桩两侧各（　　）所形成两平行线内区域。

（A）0.25m　　（B）0.50m　　（C）0.75m　　（D）1.00m

答案：C

144. 发电设施附属的（　　）管线的保护区依《电力设施保护条例》第七条规定确定。

（A）输油　　（B）输灰　　（C）输水　　（D）以上均是

答案：D

145. 禁止在电力电缆沟内同时埋设其他（　　）。

（A）管线　　（B）管道　　（C）通信电缆　　（D）电力线路

答案：B

146. 管道（　　）通过时，有关单位应当协商，并采取安全措施，达成协议后方可施工。

（A）垂直　　（B）交叉　　（C）平行　　（D）叠加

答案：B

147. 国家电力管理部门应该在（　　）地点设置安全警告标志。

（A）架空电力线路穿越的人口密集地段

（B）架空电力线路穿越的人员活动频繁的地区

（C）车辆、机械频繁穿越架空电力线路的地段

（D）以上均是

答案：D

148. 任何单位和个人不得在距电力设施周围（　　）范围内（指水平距离）进行爆破作业。

（A）250m　　（B）500m　　（C）750m　　（D）1000m

答案：B

149. 任何单位或个人不得在距架空电力线路杆塔、拉线基础外缘的下列范围内进行取土、打桩、钻探、开挖或倾倒酸、碱、盐及其他有害化学物品的活动：①35kV及以下电力线路杆塔、拉线周围（　　）的区域；②66kV及以上电力线路杆塔、拉线周围10m的区域。

（A）5m　　（B）10m　　（C）15m　　（D）20m

答案：A

150. 超过（　　）高度的车辆或机械通过架空电力线路时，必须采取安全措施，并经县级以上的电力管理部门批准。

（A）3m　（B）4m　（C）5m　（D）6m

答案：B

151. 对架空电力线路通道内的（　　），架空电力线路建设单位应当与房屋产权所有者协商搬迁，拆迁费不得超出国家规定标准。

（A）新建房屋　（B）原有房屋　（C）荒废房屋　（D）以上均不对

答案：B

152. 架空电力线路一般不得跨越房屋。特殊情况需要跨越房屋时，（　　）单位应当采取增加杆塔高度、缩短档距等安全措施，以保证被跨越房屋的安全。

（A）设计　（B）建设　（C）设计建设　（D）供电公司

答案：C

153. 架空电力线路（　　）跨越房屋。

（A）可以　（B）严禁　（C）不应该　（D）一般不得

答案：D

154. 被跨越房屋（　　）再行增加高度。

（A）可以　（B）严禁　（C）不得　（D）经批准后可以

答案：C

155. 架空电力线路建设项目和（　　）之间发生妨碍时，按相关原则处理。

（A）公用工程　（B）城市绿化　（C）其他工程　（D）以上均是

答案：D

156. 新建架空电力线路建设工程、项目需穿过（　　）时，应当按国家有关电力设计的规程砍伐出通道，通道内不得再种植树木。

（A）林区　（B）果园　（C）种植园　（D）采摘园

答案：A

157.（　　）已经当地城市建设规划主管部门批准的，园林部门对影响架空电力线路安全运行的树木，应当负责修剪，并保持今后树木自然生长最终高度和架空电力线路导线之间的距离符合安全距离的要求。

（A）架空电力线路建设工程　（B）架空电力线路建设项目

（C）架空电力线路建设计划　（D）架空电力线路建设项目、计划

答案：D

158. 架空电力线路建设项目、计划已经（　　）批准的，园林部门对影响架空电力线路安全运行的树木，应当负责修剪，并保持今后树木自然生长最终高度和架空电

力线路导线之间的距离符合安全距离的要求。

（A）当地城市建设规划主管部门　（B）当地住建部

（C）当地园林部门　（D）当地政府部门

答案：A

159. 根据（　　）的要求，必须在已建架空电力线路保护区内种植树木时，园林部门需与电力管理部门协商，征得同意后，可种植低矮树种，并由园林部门负责修剪以保持树木自然生长最终高度和架空电力线路导线之间的距离符合安全距离的要求。

（A）《电力法》　（B）《城市绿化规划》

（C）《电力设施保护条例》　（D）《城市园林景观法》

答案：B

160. 35～110kV架空电力线路导线在最大弧垂与树木之间的安全距离为（　　）。

（A）4.0m　（B）4.5m　（C）5.5m　（D）7m

答案：A

161. 154～220kV架空电力线路导线在最大弧垂与树木之间的安全距离为（　　）。

（A）4.0m　（B）4.5m　（C）5.5m　（D）7m

答案：B

162. 330kV架空电力线路导线在最大弧垂与树木之间的安全距离为（　　）。

（A）4.0m　（B）4.5m　（C）5.5m　（D）7m

答案：C

163. 500kV架空电力线路导线在最大弧垂与树木之间的安全距离为（　　）。

（A）4.0m　（B）4.5m　（C）5.5m　（D）7m

答案：D

164. 35～110kV架空电力线路导线在最大风偏后与树木之间的安全距离为（　　）。

（A）3.5m　（B）4.0m　（C）5.0m　（D）7m

答案：A

165. 110～220kV架空电力线路导线在最大风偏后与树木之间的安全距离为（　　）。

（A）3.5m　（B）4.0m　（C）5.0m　（D）7m

答案：B

166. 330kV架空电力线路导线在最大风偏后与树木之间的安全距离为（　　）。

（A）3.5m　（B）4.0m　（C）5.0m　（D）7m

答案：C

167. 500kV架空电力线路导线在最大风偏后与树木之间的安全距离为（　　）。

（A）3.5m　（B）4.0m　（C）5.0m　（D）7m

答案：D

168. 对不符合架空电力线路导线在最大弧垂或最大风偏后与树木之间的安全距离要求的树木应当依法进行修剪或砍伐，所需费用由（　　）负担。

（A）园林部门　（B）电力建设单位　（C）电力管理部门　（D）树木所有者

答案：D

169. 在依法划定的电力设施保护区内，（　　）种植危及电力设施安全的树木、竹子或高秆植物。

（A）园林部门经批准后方可　（B）电力建设单位经批准后方可

（C）电力管理部门经批准后方可　（D）任何单位和个人不得

答案：D

170.（　　）对已划定的电力设施保护区域内新种植或自然生长的可能危及电力设施安全的树木、竹子，应当予以砍伐，并不予支付林木补偿费、林地补偿费、植被恢复费等任何费用。

（A）园林部门　（B）电力企业　（C）电力管理部门　（D）树木所有者

答案：B

171. 对维护、保护电力设施做出重大贡献的单位或个人，除按以上规定给予物质奖励外，还可由（　　）根据各自的权限给予表彰或荣誉奖励。

（A）电力管理部门　（B）公安部门

（C）当地人民政府　（D）以上均可

答案：D

172.《电力设施保护条例》规定，下列违反（　　）的行为，尚不构成犯罪的，由公安机关依据《中华人民共和国治安管理处罚法》予以处理：①盗窃、哄抢库存或者已废弃停止使用的电力设施器材的；②盗窃、哄抢尚未安装完毕或尚未交付使用单位验收的电力设施的；③其他违反治安管理的行为。

（A）《电力设施保护条例》

（B）《电力设施保护条例实施细则》

（C）《电力法》

（D）《电力设施保护条例》和《电力设施保护条例实施细则》

答案：D

173.（　　）为保护电力设施安全，对违法行为予以行政处罚，应当依照法定程序进行。

（A）公安部门　（B）电力管理部门　（C）电力建设部门　（D）供电公司

答案：B

174. 下列关于架空电力线路保护区描述正确的是（　　）。

（A）导线边线向内侧水平延伸并垂直于地面所形成的两平行线内的区域

（B）导线边线向外侧水平延伸并垂直于地面所形成的两平行线内的区域

（C）导线边线向外侧水平延伸并垂直于地面所形成的两平行线外的区域

（D）导线边线向内侧水平延伸并垂直于地面所形成的两平行线外的区域

答案：B

175. 电力设施所有权人应当在有较大危险因素的电力生产经营场所，设置明显的（　　）。

（A）安全警示牌　（B）安全警示标示　（C）安全警示标志　（D）安全警示条幅

答案：C

176. 违反《电力设施保护条例》规定，擅自占用或者改变依法取得的电力设施用地和依法划定的架空输电线路走廊、电力电缆通道的，由电力管理部门责令限期改正；逾期不改正的，由（　　）依法申请拆除、砍伐或者清除。

（A）电力管理部门　　（B）公安机关

（C）政府部门　　（D）法院部门

答案：A

177. 不得在各种电力专用管道（沟）保护区、风力发电机塔架基础周围（　　）内，倾倒酸、碱、盐及其他有害化学物品，堆放垃圾和矿渣，放置易燃易爆物品，兴建建筑物、构筑物。

（A）5m　（B）10m　（C）15m　（D）20m

答案：B

178. 任何单位和个人不得在发电厂、变电站围墙外侧（　　）内兴建建筑物、构筑物。

（A）2m　（B）3m　（C）4m　（D）5m

答案：B

179. 电力设施保护应当坚持（　　）、防治结合、综合治理的原则，实行政府统一领导、部门各尽其职、企业依法保护、群众参与监督的工作机制。

（A）预防为主　（B）预防为辅　（C）治理在前　（D）治理在后

答案：A

180. 发电、变电设施及其辅助设施的保护范围，不包括（　　）。

（A）发电厂、变电站、换流站、开关站等厂、站内的设施

（B）充换电站（桩）控制器、蓄电池、逆变器及其有关附属设施

（C）太阳能、生物质能、地热能、海洋能发电设施及其有关辅助设施

（D）电力电缆线路：架空、地下、水底电力电缆和电缆联结装置

答案：D

181. 省、市、县人民政府确定的（　　）负责本行政区域内电力设施保护的监督管理工作。

（A）电力监管部门　　（B）电力管理部门

（C）电力调度部门　　　　　　　（D）电力服务部门

答案：B

182. 电能计量设施包括电能计量设备的（　　）、互感器、计量箱、二次回路、计量信息采集装置及其配套设施。

（A）电压表　　（B）电能表　　（C）电流表　　（D）电阻表

答案：B

183. 火力发电设施水域保护区为水工建筑周围（　　）的水域。

（A）100m　　（B）200m　　（C）300m　　（D）400m

答案：A

184. 水力发电设施水域保护区为按照装机容量确定的水工建筑周围一定距离范围的水域，下列说法错误的是（　　）。

（A）500kW以下（不含500kW） 100m

（B）500kW至2.5万kW（不含2.5万kW） 200m

（C）2.5万kW以上　250m

（D）2.5万kW以上　300m

答案：C

185. 下列有关架空电力线路保护区范围的说法错误的是（　　）。

（A）35～66kV　10m　　　　（B）220kV　15m

（C）500kV　25m　　　　（D）1～10kV　5m

答案：C

186. 各级电压导线边线在计算导线最大风偏情况下，距建筑物的安全距离错误的是（　　）。

（A）1kV以下（不含1kV） 1.5m　　（B）35kV　3m

（C）66kV　4m　　　　（D）220kV　5m

答案：A

187. 地下电缆保护区为线路地面标桩两侧各（　　）所形成的两平行线内的区域。

（A）0.6m　　（B）0.65m　　（C）0.75m　　（D）0.85m

答案：C

188. 海底电缆保护区为线路两侧各（　　）海里（港内为两侧各100m）。

（A）1　　（B）2　　（C）3　　（D）4

答案：B

189. 江河电缆保护区：敷设于二级及以上航道时，为线路两侧各（　　）所形成的两平行线内的水域；敷设于三级及以下航道时，为线路两侧各（　　）所形成的两平行线内的水域。

（A）100m，70m （B）100m，50m （C）70m，50m （D）70m，100m

答案：B

190. 江河电缆保护区：敷设于（　　）级及以下航道时，为线路两侧各50m所形成的两平行线内的水域。

（A）一 （B）二 （C）三 （D）四

答案：C

191. 电力专用通信线路保护区：架空电力通信电（光）缆边线向外侧延伸（　　）所形成的两平行线内的区域。

（A）1m （B）1.5m （C）2.0m （D）2.5m

答案：C

192. 电力专用通信线路保护区：地下电力通信电（光）缆两侧各（　　）所形成的两平行线内的区域。

（A）1m （B）1.5m （C）2.0m （D）3m

答案：D

193. 电力设施所有权人在（　　）场所及设施、设备上，不用设置明显的安全警示标志。

（A）人口稀疏地段的架空输、配电线路杆塔

（B）城镇繁华地段电力电缆沟盖板

（C）输、配电线路上的变压器平台或者围栏

（D）变电站、换流站、开闭所、电缆终端站围墙（栏）

答案：A

194. 任何单位和个人不得擅自在电力设施周围（　　）范围内进行爆破作业。

（A）200m （B）300m （C）400m （D）500m

答案：D

195. 电力设施所有权人发现树木等高杆植物与架空电力线路之间的距离不符合安全规定的，应当及时书面通知树木所有权人；树木所有权人应当在接到通知后（　　）内予以修剪；逾期未修剪的，电力设施所有权人可以修剪，并不补偿相关损失。

（A）5日 （B）6日 （C）7日 （D）10日

答案：C

196. 通信、广播电视等线路设施与电力线路设施之间不得相互搭挂。由于路径原因确需交叉跨越的，后建方应当征得（　　）同意并签订协议，采取安全措施，保证线路安全。

（A）先建方 （B）设计方 （C）维护方 （D）施工方

答案：A

197. 因建设确需对已规划的电力设施用地、架空输电线路走廊和电力电缆通道的位置进行调整的，应当征得（　　）同意，并依法办理审批手续。

（A）电力管理部门　　（B）电力服务部门

（C）电力监管部门　　（D）电力调度部门

答案：A

198. 关于电力电缆线路保护区，以下说法错误的是（　　）。

（A）敷设于三级及以下航道时，为线路两侧各50m所形成的两平行线内的水域

（B）1～10kV电压导线边线在计算导线最大风偏情况下，距建筑物的安全距离为1.5m

（C）地下电缆的宽度为线路地面标桩两侧各0.75m所形成的两平行线内的区域

（D）地下电缆的宽度为线路地面标桩两侧各0.8m所形成的两平行线内的区域

答案：D

199. 直流800kV架空电力线路的保护区为导线的边线延伸（　　）距离。

（A）20m　　（B）30m　　（C）40m　　（D）50m

答案：B

200. 公路、铁路、城市道路、城市地下管网、隧道、公用涵道、桥梁等设施的规划和建设，应当考虑电力空间布局规划和相关设计规范，预留相应的（　　）和通道。

（A）电力设施用地　　（B）电力线路走廊用地

（C）电力电缆用地　　（D）公共设施用地

答案：A

201.《电力设施保护条例》所称电力设施，是指（　　）、变电设施、电力线路设施、电力专用通信设施、电力交易设施及其有关辅助设施。

（A）发电设备　　（B）发电设施　　（C）配电设备　　（D）配电设施

答案：B

202. 城乡建设规划部门编制控制性详细规划时，应当与电力空间布局规划相衔接，对规划的电力设施和（　　）进行控制和预留。相关规划调整涉及电力设施时，应当征求电力管理部门的意见。

（A）电力线路走廊用地　　（B）消防设施

（C）公共设施　　（D）电力电缆

答案：A

203. 下列（　　）行为不会构成危害电力线路、电力专用通信线路设施及其辅助设施的行为。

（A）向电力线路设施射击

（B）在架空电力线路导线两侧各1000m区域外放风筝等飘动物体

（C）擅自在导线上接用电器设备

（D）在杆塔、拉线上拴牲畜、悬挂物体、攀附农作物

答案：B

204. 电力设施所有权人对危害电力设施（　　）的行为，有权制止；造成损失的，有权要求依法赔偿。

（A）运行安全　（B）安稳　（C）安全　（D）运行

答案：A

205. 任何单位和个人不得在发电厂、变电站围墙外侧（　　）区域内烧窑、烧荒或者焚烧垃圾等。

（A）300m　（B）500m　（C）400m　（D）600m

答案：B

206. 任何单位和个人不得在各种电力专用管道（沟）保护区、风力发电机塔架基础周围（　　）内，倾倒酸、碱、盐及其他有害化学物品，堆放垃圾和矿渣，放置易燃易爆物品，兴建建筑物、构筑物。

（A）10m　（B）20m　（C）15m　（D）5m

答案：A

207. 在电力线路保护区外进行可能危及架空电力线路、杆塔、拉线安全的取土、堆物、打桩、钻探、挖掘等作业的，应当遵守：可能导致杆塔、拉线基础（　　）的，应当修筑符合技术标准或者安全要求的防护加固设施。

（A）不稳定　（B）不平衡　（C）不安全　（D）稳定

答案：A

208. 电力设施所有权人应当在人口密集地段的架空（　　）线路杆塔设置明显的安全警示标志。

（A）输电　（B）配电　（C）变电　（D）输、配电

答案：D

209. 新建、改建、扩建电力设施应当遵守国家、行业标准，符合电力设施设计、施工规程和安全技术要求，与周围已建其他设施保持符合规定的（　　）。

（A）安全距离　（B）长度　（C）宽度　（D）高度

答案：A

210. 通信、广播电视等线路设施与电力线路设施之间（　　）相互搭挂。

（A）不得　（B）可以　（C）允许　（D）能够

答案：A

211. 擅自占用或者改变依法取得的电力设施用地和依法划定的架空输电线路走廊、电力电缆通道的，由电力管理部门责令限期改正；逾期不改正的，由电力管理部门

依法申请（　　）或者清除。

（A）清理　（B）砍伐　（C）拆除　（D）拆除、砍伐

答案：D

212. 任何单位和个人不得在（　　）保护区内堆放谷物、草料、垃圾、矿渣、易燃易爆物品及其他影响安全供电的物品。

（A）地下电缆　（B）电力专用通信线

（C）架空电力线路　（D）架空电力线路、电力专用通信线路

答案：D

213. 电力线路设施及其辅助设施的保护范围包括电力线路上的变压器、电容器、电抗器、断路器、隔离开关、（　　）、互感器、熔断器、计量仪表装置、配电室、箱式变电站及其有关辅助设施。

（A）绝缘子　（B）导线　（C）电缆　（D）避雷器

答案：D

214. 电力通信设施包括电力通信无线电台、光通信站、微波站（塔）、载波通信站、终端通信接入站、（　　）及其有关辅助设施。

（A）卫星地面站　（B）卫星空间站　（C）卫星转发器　（D）卫星中间站

答案：A

215. 电力设施所有权人应当在有较大危险因素的电力生产经营场所和下列设施、设备上，设置明显的安全警示标志，不包括（　　）。

（A）人口密集地段的架空输、配电线路杆塔

（B）人员及车辆（机械）活动频繁区域的架空输、配电线路杆塔

（C）城镇偏远地段电力电缆沟盖板

（D）法律、法规规定的其他设施和设备

答案：C

216. 下列描述正确的是（　　）。

（A）在架空电力线路保护区内进行农田水利、公路等基本建设工程及打桩、钻探、挖掘等作业

（B）起重机械的任何部位进入架空电力线路保护区施工

（C）机械及装载物小于导线距穿越物体之间的安全距离，通过架空电力线路保护区

（D）经市电力管理部门批准，并采取安全措施后方可在电力电缆线路保护区内作业

答案：D

217. 下列描述正确的是（　　）。

（A）闯入发电厂、变电站内扰乱生产和工作秩序，移动、损害标志物

（B）在水力发电设施水域保护区内炸鱼、捕鱼、游泳、划船及其他可能危及水工

建筑物安全的行为

（C）在发电厂、变电站围墙外侧300m区域外放风筝等飘动物体

（D）破坏、哄抢、损坏发电、变电、调度场所的生产设施、器材

答案：C

218.《中华人民共和国电力法》规定，任何单位和个人不得危害发电设施、变电设施和（　　）及其有关辅助设施。

（A）电力配电线路　　（B）电力输电线路

（C）电力电缆线路　　（D）电力线路设施

答案：D

219.《中华人民共和国电力法》规定，在（　　）进行爆破及其他可能危及电力设施安全的作业的，应当按照国务院有关电力设施保护的规定，经批准并采取确保电力设施安全的措施后，方可进行作业。

（A）电力设施保护范围内　　（B）电力设施保护区内

（C）电力设施保护区周围　　（D）电力设施周围

答案：D

220.《中华人民共和国电力法》规定，任何单位和个人不得在（　　）的电力设施保护区内修建可能危及电力设施安全的建筑物、构筑物，不得种植可能危及电力设施安全的植物，不得堆放可能危及电力设施安全的物品。

（A）电力管理部门划定　　（B）公安部门规定

（C）电力企业划定　　（D）依法划定

答案：D

221.《电力设施保护条例》规定，电力设施受国家法律保护，禁止任何（　　）从事危害电力设施的行为。

（A）单位　　（B）个人　　（C）单位和个人　　（D）单位或个人

答案：D

222.《电力设施保护条例》规定，任何单位或个人在（　　）进行爆破作业，必须按照国家有关规定，确保电力设施的安全。

（A）电力设施保护范围内　　（B）电力设施保护区内

（C）电力设施保护区周围　　（D）电力设施周围

答案：D

223.《电力设施保护条例》规定，任何单位或个人在架空电力线路保护区内必须遵守的规定，下列说法不正确的是（　　）。

（A）堆放谷物、草料、垃圾、矿渣不得影响安全供电的物品

（B）不得烧窑、烧荒

（C）不得兴建建筑物、构筑物

（D）不得种植可能危及电力设施安全的植物

答案：A

224.《电力设施保护条例》规定，任何单位或个人，不得在地下电缆保护区内堆放垃圾、矿渣、易燃物、易爆物，（　　），兴建建筑物、构筑物或种植树木、竹子。

（A）抛锚、拖锚

（B）炸鱼、捕鱼、游泳、划船

（C）倾倒酸、碱、盐及其他有害化学物品

（D）抛锚、拖锚、炸鱼、挖沙

答案：C

225.《电力设施保护条例》规定，任何单位或个人，不得在海底电缆保护区内（　　）。

（A）抛锚、拖锚

（B）炸鱼、捕鱼、游泳、划船

（C）倾倒酸、碱、盐及其他有害化学物品

（D）抛锚、拖锚、炸鱼、挖沙

答案：A

226.《电力设施保护条例》规定，任何单位或个人，不得在江河电缆保护区内（　　）。

（A）抛锚、拖锚、钓鱼、游泳

（B）炸鱼、捕鱼、游泳、划船

（C）倾倒酸、碱、盐及其他有害化学物品

（D）抛锚、拖锚、炸鱼、挖沙

答案：D

227.《电力设施保护条例》规定，任何单位或个人必须经（　　）批准，并采取安全措施后，方可在架空电力线路保护区内进行农田水利基本建设工程及打桩、钻探、开挖等作业。

（A）县级以上地方电力管理部门　　（B）公安部门

（C）县级以上地方的电力企业　　（D）电力线路保护区所属的电力企业

答案：A

228.《电力设施保护条例》规定，任何单位或个人（　　）破坏、封堵施工道路，截断施工水源或电源。

（A）县级以上地方电力管理部门批准后方可

（B）公安部门批准后方可

（C）县级以上地方的电力企业批准后方可

（D）不得从事

答案：D

229.《电力设施保护条例》规定，任何（　　）不得从事涂改、移动、损害、拔除电力设施建设的测量标桩和标记的行为。

（A）单位　（B）个人　（C）单位和个人　（D）单位或个人

答案：D

230.《电力设施保护条例》规定，未经（　　）依照国家有关规定批准，任何单位和个人不得收购电力设施器材。

（A）有关部门　（B）公安部门批准后方可

（C）县级以上地方电力管理部门　（D）设施所属的电力企业

答案：A

231.《电力设施保护条例》规定，电力设施的建设和保护应尽量避免或减少给（　　）造成的损失。

（A）国家　（B）集体　（C）个人　（D）以上所有

答案：D

232.《电力设施保护条例》规定，电力设施的建设和保护应（　　）给国家、集体和个人造成的损失。

（A）不能　（B）尽量避免

（C）尽量避免或减少　（D）必要时可以

答案：C

233.《电力设施保护条例》规定，新建架空电力线路不得跨越（　　）的区域。

（A）运行电力线路　（B）在建电力线路

（C）储存易燃、易爆物品仓库　（D）重要的高速和航道

答案：C

234.《电力设施保护条例》规定，在依法划定的电力设施保护区内种植的或自然生长的（　　）电力设施安全的树木、竹子，电力企业应依法予以修剪或砍伐。

（A）已经危及　（B）已经影响　（C）可能危及　（D）可能影响

答案：C

235.《电力设施保护条例》规定，任何单位或个人对破坏电力设施或哄抢、盗窃电力设施器材的行为检举、揭发有功，电力管理部门应给予表彰或（　　）。

（A）一次性物质奖励　（B）一次性现金奖励

（C）一次性物质补偿　（D）一次性现金补偿

答案：A

236.《电力设施保护条例》规定，任何单位或个人为保护电力设施而同自然灾害做（　　），成绩突出，电力管理部门应给予表彰或一次性物质奖励。

（A）斗争　（B）制止　（C）遏制　（D）检举揭发

答案：A

237.《电力设施保护条例》规定，违反本条例规定，未经批准或未采取安全措施，在电力设施周围或在依法划定的电力设施保护区内进行爆破或其他作业，危及（　　）安全的，由电力管理部门责令停止作业、恢复原状并赔偿损失。

（A）电力设施　（B）周围治安　（C）人身安全　（D）周围建筑

答案：A

238.《电力设施保护条例》规定，违反本条例规定，未经批准或未采取安全措施，在电力设施周围或在依法划定的电力设施保护区内进行爆破或其他作业，危及电力设施安全的，由（　　）责令停止作业、恢复原状并赔偿损失。

（A）电力管理部门　（B）公安部门

（C）电力企业　（D）产权单位

答案：A

239.《电力设施保护条例》规定，违反本条例规定，未经批准或未采取安全措施，在电力设施周围或在依法划定的电力设施保护区内进行爆破或其他作业，危及电力设施安全的，由电力管理部门责令停止作业、恢复原状并（　　）。

（A）拉入黑名单（B）通报社会　（C）缴纳罚金　（D）赔偿损失

答案：D

240.《电力设施保护条例》规定，凡违反本条例规定而构成违反（　　）行为的单位或个人，由公安部门根据《中华人民共和国治安管理处罚法》予以处罚；构成犯罪的，由司法机关依法追究刑事责任。

（A）电力法　（B）电力设施保护条例

（C）刑法　（D）治安管理

答案：D

241.《电力设施保护条例》规定，凡违反本条例规定而构成违反治安管理行为的单位或个人，由（　　）根据《中华人民共和国治安管理处罚法》予以处罚；构成犯罪的，由司法机关依法追究刑事责任。

（A）电力管理部门　（B）公安部门

（C）电力企业　（D）产权单位

答案：B

242.《电力设施保护条例》规定，凡违反本条例规定而构成违反治安管理行为的单位或个人，由公安部门根据（　　）予以处罚；构成犯罪的，由司法机关依法追究刑事责任。

（A）《中华人民共和国治安管理处罚法》

（B）《中华人民共和国电力法》

（C）《电力设施保护条例》

（D）《中华人民共和国民事诉讼法》

答案：A

243.《电力设施保护条例》规定，凡违反本条例规定而构成违反治安管理行为的单位或个人，由公安部门根据《中华人民共和国治安管理处罚法》予以处罚；构成犯罪的，由（　　）依法追究刑事责任。

（A）公安部门　（B）司法机关　（C）检察院　（D）电力管理部门

答案：B

244.《电力设施保护条例》规定，凡违反本条例规定而构成违反治安管理行为的单位或个人，由公安部门根据《中华人民共和国治安管理处罚法》予以处罚；构成犯罪的，由司法机关依法追究（　　）。

（A）民事赔偿　（B）刑事责任　（C）赔偿损失　（D）罚金

答案：B

245.《电力设施保护条例》规定，凡违反本条例规定而构成违反治安管理行为的（　　），由公安部门根据《中华人民共和国治安管理处罚法》予以处罚；构成犯罪的，由司法机关依法追究刑事责任。

（A）单位或个人（B）单位和个人　（C）部门或个人　（D）部门和个人

答案：A

246. 在中华人民共和国境内，电力供应企业（简称供电企业）和电力使用者（简称用户）以及与电力供应、使用有关的单位和（　　），必须遵守《电力供应与使用条例》。

（A）个人　（B）集体　（C）集团　（D）系统

答案：A

247. 供电企业和用户对供电设施、受电设施进行建设和维护时，作业（　　）内的有关单位和个人应当给予协助，提供方便；因作业对建筑物或者农作物造成损坏的，应当依照有关法律、行政法规的规定负责修复或者给予合理的补偿。

（A）区域　（B）半径　（C）直径　（D）附件

答案：A

248. 用户不得擅自使用已经在供电企业办理（　　）手续的电力设备，或者擅自启用已经被供电企业查封的电力设备。

（A）注销使用　（B）暂停使用　（C）连续使用　（D）间断使用

答案：B

249. 未经供电企业许可，用户不得擅自（　　）电源或者将自备电源擅自并网。

（A）供出　（B）引入　（C）引入、供出　（D）接入、引出

答案：C

250.《电力设施保护条例实施细则》适用于中华人民共和国境内（　　）已建或在建的电力设施。

（A）国有、集体（B）外资、合资　（C）个人　（D）以上均是

答案：D

251. 在保护区内（　　）使用机械掘土、种植林木。

（A）允许　（B）禁止　（C）经批准后可以（D）以上均不对

答案：B

252. 在保护区内不得堆放杂物或倾倒（　　）及其他有害化学物品。

（A）酸　（B）碱　（C）盐　（D）以上均是

答案：D

253. 未经电力企业同意，不准在地下电力电缆沟内埋设（　　）等易燃易爆管道。

（A）输油　（B）输气　（C）输油、输气　（D）以上均不对

答案：C

254. 未经电力企业同意，不准在地下电力电缆沟内埋设输油、输气等（　　）管道。

（A）易燃　（B）易爆　（C）易燃易爆　（D）以上均不对

答案：C

255. 任何单位和个人不得在距电力设施周围500m范围内（指水平距离）进行爆破作业。因工作需要必须进行爆破作业时，应当按国家颁发的有关爆破作业的法律法规，采取可靠的安全防范措施，确保电力设施安全，并征得当地电力设施产权单位或管理部门的书面同意，报经政府有关（　　）批准。

（A）当地电力设施产权单位

（B）管理部门

（C）当地电力设施产权单位或管理部门

（D）当地电力设施产权单位和管理部门

答案：B

256. 在（　　）进行的爆破作业必须确保电力设施的安全。

（A）规定范围外（B）规定范围内　（C）线路保护区　（D）线路保护区外

答案：A

257. 依照《电力设施保护条例实施细则》有关规定，任何单位或个人不得从事（　　）活动。

（A）冲击生产场所的生产设施及标志物的

（B）扰乱发电、供电企业的生产和工作秩序的

（C）移动、损害生产场所的生产设施及标志物的

（D）以上均是

答案：D

258. 任何单位或个人不得冲击、扰乱（　　）企业的生产和工作秩序，不得移动、损害生产场所的生产设施及标志物。

（A）输电　　（B）变电　　（C）发电、供电　　（D）用电

答案：C

259. 任何单位或个人不得在距架空电力线路杆塔、拉线基础外缘的下列范围内进行（　　）的活动：①35kV及以下电力线路杆塔、拉线周围5m的区域；②66kV及以上电力线路杆塔、拉线周围10m的区域。

（A）取土、打桩

（B）钻探、开挖

（C）倾倒酸、碱、盐及其他有害化学物品

（D）以上均是

答案：D

260. 在杆塔、拉线基础的规定距离范围外进行（　　）活动时，必须遵守下列要求：①预留出通往杆塔、拉线基础供巡视和检修人员、车辆通行的道路；②不得影响基础的稳定，如可能引起基础周围土壤、砂石滑坡，进行上述活动的单位或个人应当负责修筑护坡加固；③不得损坏电力设施接地装置或改变其埋设深度。

（A）取土、堆物　（B）打桩、钻探　（C）开挖　（D）以上均是

答案：D

261. 在架空电力线路保护区内，（　　）不得种植可能危及电力设施和供电安全的树木、竹子等高秆植物。

（A）除电力部门外　　（B）除有关部门外

（C）任何单位或个人　　（D）以上均不对

答案：C

262. 在依法划定的电力设施保护区内，任何单位和个人不得种植危及电力设施安全的（　　）。

（A）树木　　（B）竹子　　（C）高秆植物　　（D）以上均是

答案：D

263. 严禁在江河电缆保护区内抛锚、拖锚、炸鱼、（　　）。

（A）游泳　　（B）划船　　（C）挖沙　　（D）垂钓

答案：C

264. 任何单位和个人（　　）擅自变更经批准的电力发展规划。

（A）不得　　（B）禁止　　（C）无权　　（D）可以

答案：A

265.（　　），在划定的电力设施保护范围内，任何单位和个人不得新建、改建、扩建

危及电力设施安全的建筑物、构筑物或者种植危及电力设施安全的植物。对违反该规定需要依法拆除或者砍伐的，(　　) 补偿。

(A) 公告前，不予　(B) 公告后，不予

(C) 公告前，给予　(D) 公告后，给予

答案：B

266. 依法取得的电力设施用地和依法划定的架空输电线路走廊、电力电缆通道，任何单位和个人 (　　) 擅自占用或者改变其用途。

(A) 不得　(B) 可以　(C) 允许　(D) 禁止

答案：A

267. 收购电力设施器材设备的单位和个人，经市电力管理部门批准，并向所在地 (　　) 备案。

(A) 县公安机关　(B) 市公安机关　(C) 县政府　(D) 市政府

答案：A

268. 任何单位和个人不得在发电厂、变电站围墙外侧 (　　) 区域内放风筝等飘动物体。

(A) 300m　(B) 500m　(C) 800m　(D) 1000m

答案：A

269. 任何单位和个人不得擅自在电力设施周围500m范围内进行爆破作业。确需进行爆破作业的，应当征得电力设施所有权人或者市电力管理部门的书面同意，经 (　　) 批准并采取确保电力设施安全的措施后方可作业。

(A) 安监部门　(B) 司法部门　(C) 公安机关　(D) 市政府

答案：C

270. 任何单位和个人不得干扰或者阻碍电力设施所有权人对电力设施的 (　　) 以及故障抢修和事故处理。

(A) 巡视、维护、检修　(B) 检修

(C) 维护　(D) 巡视

答案：A

271. 任何单位和个人不得闯入 (　　)、变电站内扰乱生产和工作秩序，移动、损害标志物。

(A) 换流站　(B) 工作站　(C) 观察站　(D) 发电厂

答案：D

272. 任何单位和个人不得危及发电、变电设施的输水、输油、(　　)、排灰等管道 (沟) 的安全运行。

(A) 供暖　(B) 供热　(C) 输气　(D) 排水

答案：B

273. 任何单位和个人不得影响发电、变电设施的专用（　　）、公路、桥梁、码头的使用。

（A）铁路　（B）轮船　（C）铁轨　（D）机场

答案：A

274. 任何单位和个人不得在水力发电设施水域保护区内炸鱼、捕鱼、（　　）、划船及其他可能危及水工建筑物安全的行为。

（A）放风筝　（B）钓鱼　（C）游泳　（D）散步

答案：C

275. 任何单位和个人不得破坏、哄抢、损坏发电、（　　）、调度场所的生产设施、器材。

（A）配电　（B）输电　（C）变电　（D）输电、变电

答案：C

276. 任何单位和个人不得封堵、破坏发电、变电、调度场所进出道路，截断（　　）、损坏电器设备。

（A）水源　（B）电源　（C）动力　（D）水源、电源

答案：D

277. 任何单位和个人（　　）在发电、变电设施的排水排洪渠道上引水灌溉，倾倒残土、垃圾杂物。

（A）可以　（B）不得　（C）允许　（D）能够

答案：B

278. 任何单位和个人不得向（　　）射击或者抛掷物体。

（A）风力发电机　（B）发电机　（C）水力发电机　（D）火力发电机

答案：A

279. 任何单位和个人（　　）在水底各种电力专用管道保护区内抛锚、拖锚、炸鱼、挖掘。

（A）可以　（B）不得　（C）允许　（D）能够

答案：B

280. 任何单位和个人不得在架空电力线路导线两侧各（　　）区域内放风筝等飘动物体。

（A）400m　（B）100m　（C）200m　（D）300m

答案：D

281. 任何单位和个人不得在杆塔、拉线基础的保护范围内取土、打桩、钻探、挖掘，或者倾倒（　　）及其他有害化学物品。

（A）酸　（B）碱　（C）酸、碱、盐　（D）盐

答案：C

282. 任何单位和个人不得在杆塔、拉线基础的保护范围内取土、(　　)。

（A）打桩、钻探、挖掘　　（B）钻探

（C）打桩　　（D）挖掘

答案：A

283. 任何单位和个人不得拆卸杆塔或者拉线上的器材，移动、损坏（　　）性标志或者标志牌。

（A）临时　　（B）短暂　　（C）暂时　　（D）永久

答案：D

284. 任何单位和个人不得在架空电力线路、电力专用通信线路保护区内堆放（　　）、矿渣、易燃易爆物品及其他影响安全供电的物品。

（A）谷物、草料、垃圾　　（B）垃圾

（C）草料　　（D）谷物

答案：A

285. 任何单位和个人不得在架空电力线路、电力专用通信线路保护区内（　　）。

（A）钓鱼、采石、烧窑　　（B）烧窑

（C）采石　　（D）钓鱼

答案：A

286. 任何单位和个人不得在江河电缆保护区内抛锚、(　　)。

（A）拖锚　　（B）炸鱼

（C）拖锚、炸鱼、挖沙　　（D）挖沙

答案：C

287. 任何单位和个人不得破坏用于电力设施建设的（　　）和器材。

（A）车辆　　（B）车辆、机械、设备

（C）机械　　（D）设备

答案：B

288. 电力线路保护区外进行可能危及架空电力线路、杆塔、拉线安全的取土、堆物、打桩、钻探、挖掘等作业的，应当不得损害电力设施接地装置或者改变其埋设（　　）。

（A）高度　　（B）宽度　　（C）长度　　（D）深度

答案：D

289. 任何单位和个人不得擅自让机械及装载物（　　）导线距穿越物体之间的安全距离，通过架空电力线路保护区。

（A）等于　　（B）小于　　（C）大于　　（D）大于等于

答案：B

290. 任何单位和个人不得擅自让起重机械的（　　）进入架空电力线路保护区施工。

（A）驱动装置　（B）金属结构　（C）取物装置　（D）任何部位

答案：D

291. 确需进行爆破作业的，应当征得电力设施所有权人或者市电力管理部门的（　　），经公安机关批准并采取确保电力设施安全的措施后方可作业。

（A）书面同意　（B）口头同意　（C）点头同意　（D）领导同意

答案：A

292. 任何单位和个人（　　）非法收购电力设施器材设备。

（A）可以　（B）同意　（C）不得　（D）允许

答案：C

293. 任何单位和个人不得在（　　）保护区内堆放垃圾、矿渣、易燃易爆物品，倾倒酸、碱、盐及其他有害化学物品，兴建建筑物、构筑物或者种植树木。

（A）架空线路　（B）地下电缆　（C）海底电缆　（D）电力专用通信线

答案：B

294. 电力线路保护区内树木所有权人应当保证树木的高度与架空电力线路之间的（　　）符合安全要求。

（A）高度　（B）距离　（C）宽度　（D）长度

答案：B

295. 电力线路保护区内树木所有权人应当保证树木的（　　）与架空电力线路之间的距离符合安全要求。

（A）高度　（B）距离　（C）宽度　（D）长度

答案：A

296. 电力线路保护区内树木所有权人应当保证树木的高度与架空电力线路之间的距离符合（　　）。

（A）技术要求　（B）技术标准　（C）技术规范　（D）安全要求

答案：D

297. 树木所有权人应当在接到通知后7日内予以修剪；逾期未修剪的，电力设施所有权人（　　）修剪，并不补偿相关损失。

（A）不可以　（B）无权　（C）可以　（D）不能

答案：C

298. 任何单位和个人不得在（　　）或者杆塔与拉线之间修筑道路。

（A）杆塔外　（B）杆塔旁　（C）杆塔内　（D）杆塔与杆塔之间

答案：C

299. 任何单位和个人不得擅自变更经批准的电力发展规划。确需变更的，应当经过科学论证，由原编制机关提出修改方案，报（　　）批准机关批准。

（A）现　　（B）上级　　（C）原　　（D）本级

答案：C

300. 电力设施所有权人发现树木等高秆植物与架空电力线路之间的距离不符合安全规定的，应当及时（　　）通知树木所有权人；树木所有权人应当在接到通知后7日内予以修剪。

（A）书面　　（B）口头　　（C）电话　　（D）短信

答案：A

4.2 多选题

1. 在杆塔、拉线基础的上述距离范围外进行取土、堆物、打桩、钻探、开挖活动时，必须遵守（　　）。

（A）预留出通往杆塔、拉线基础供巡视和检修人员、车辆通行的道路

（B）不得影响基础的稳定，如可能引起基础周围土壤、砂石滑坡，进行上述活动的单位或个人应当负责修筑护坡加固

（C）不得损坏电力设施接地装置或改变其埋设深度

（D）35kV及以下电力线路杆塔、拉线周围10m的区域

答案：ABC

2. 超过4m高度的车辆或机械通过架空电力线路时（　　）。

（A）必须采取安全措施　　（B）必须绕道而行

（C）经市级以上的电力管理部门批准　　（D）经县级以上的电力管理部门批准

答案：AD

3. 关于架空电力线路，下列说法正确的是（　　）。

（A）一般不得跨越房屋

（B）在不危及电力设施安全情况下，一般可以跨越房屋

（C）架空电力线路通道内的原有房屋，架空电力线路建设单位应当与房屋产权所有者协商搬迁，拆迁费不得超出国家规定标准

（D）特殊情况需要跨越房屋时，设计建设单位应当采取增加杆塔高度、缩短档距等安全措施，以保证被跨越房屋的安全

答案：BCD

4. 下列说法正确的是（　　）。

（A）电力管理部门对检举、揭发破坏电力设施或哄抢、盗窃电力设施器材的行为符合事实的单位或个人，给予5000元以下的奖励

（B）对同破坏电力设施或哄抢、盗窃电力设施器材的行为进行斗争并防止事故发生的单位或个人，给予2000元以上的奖励

（C）为保护电力设施与自然灾害做斗争，成绩突出或为维护电力设施安全做出显著成绩的单位或个人，根据贡献大小，给予相应物质奖励

（D）对维护、保护电力设施做出重大贡献的单位或个人，除按规定给予物质奖励外，还可由电力管理部门、公安部门或当地人民政府根据各自的权限给予表彰或荣誉奖励

答案：BCD

5. 下列（　　）行为违反《电力设施保护条例》和《电力设施保护条例实施细则》，尚不构成犯罪的，由公安机关依据《中华人民共和国治安管理处罚条例》予以处理。

（A）盗窃、哄抢库存或者已废弃停止使用的电力设施器材的

（B）盗窃、哄抢尚未安装完毕或尚未交付使用单位验收的电力设施的

（C）拆卸、盗窃使用中或备用变压器等电力设备的

（D）其他违反治安管理的行为

答案：ABD

6.《中华人民共和国电力法》规定，任何单位和个人不得在依法划定的电力设施保护区内修建可能危及电力设施安全的（　　），不得种植可能危及电力设施安全的植物，不得堆放可能危及电力设施安全的物品。

（A）建筑物　　（B）楼房　　（C）公路　　（D）构筑物

答案：AD

7.《中华人民共和国电力法》规定，违反本法第十一条第二款的规定，非法占用（　　）的，由县级以上地方人民政府责令限期改正；逾期不改正的，强制清除障碍。

（A）发电厂用地　　（B）变电设施用地　（C）输电线路走廊　（D）电缆通道

答案：BCD

8.《中华人民共和国电力法》规定，违反本法第十四条规定，电力建设项目不符合（　　）的，由电力管理部门责令停止建设。

（A）城市发展规划　（B）电力发展规划　（C）产业政策　　（D）地方政策

答案：BC

9.《中华人民共和国电力法》规定，违反本法第十四条规定，电力建设项目使用国家明令淘汰（　　）的，由电力管理部门责令停止使用，没收国家明令淘汰的电力设备，并处5万元以下的罚款。

（A）电力设备　　（B）电力设施　　（C）技术　　（D）工具

答案：AC

10.《中华人民共和国电力法》规定，电力管理部门的工作人员（　　），构成犯罪的，依法追究刑事责任；尚不构成犯罪的，依法给予行政处分。

（A）滥用职权　（B）玩忽职守　（C）徇私舞弊　（D）阻碍电力抢修

答案：ABC

11.《中华人民共和国电力法》规定，电力企业职工违反（　　），造成重大事故的，依照刑法有关规定追究刑事责任。

（A）工作手册　（B）规章制度　（C）违章调度　（D）不服从调度指令

答案：BCD

12.《电力设施保护条例》规定，任何单位和个人都有保护电力设施的义务，对危害电力设施的行为，有权制止并向（　　）、（　　）报告。

（A）电力管理部门（B）公安部门　（C）电力企业　（D）政府职能部门

答案：AB

13. 在保护区内不得（　　）。

（A）堆放杂物　（B）倾倒酸、碱、盐

（C）倾倒其他有害化学物品　（D）倾倒污水

答案：ABC

14. 在保护区内不得倾倒（　　）。

（A）酸　（B）碱

（C）盐　（D）其他有害化学物品

答案：ABCD

15. 任何单位和个人不得在距电力设施周围500m范围内（指水平距离）进行爆破作业。因工作需要必须进行爆破作业时，应当按国家颁发的有关爆破作业的法律法规，（　　）。

（A）采取可靠的安全防范措施

（B）确保电力设施安全

（C）征得当地电力设施产权单位或管理部门的书面同意

（D）报经政府有关管理部门批准

答案：ABCD

16. 任何单位或个人不得（　　）发电企业、供电企业的生产和工作秩序，不得移动、损害生产场所的生产设施及标志物。

（A）冲击　（B）扰乱　（C）发电企业　（D）供电企业

答案：AB

17. 在架空电力线路保护区内，任何单位或个人不得种植可能危及电力设施和供电安全的（　　）。

（A）树木　（B）竹子　（C）高秆植物　（D）观赏树种

答案：ABC

18. 超过（　　）高度的车辆或机械通过架空电力线路时，必须采取安全措施，并经（　　）以上的电力管理部门批准。

（A）4m　　（B）5m　　（C）县级　　（D）市级

答案：AC

19. 任何单位或个人不得冲击、扰乱发电、供电企业的生产和工作秩序，不得（　　）生产场所的生产设施及标志物。

（A）冲击　　（B）破坏　　（C）移动　　（D）损害

答案：CD

20. 关于架空电力线路保护区，以下说法正确的是（　　）。

（A）架空电力线路保护区是为了保证已建架空电力线路的安全运行和保障人民生活的正常供电而必须设置的安全区域

（B）在厂矿、城镇、集镇、村庄等人口密集地区，架空电力线路保护区为导线边线在最大计算风偏后的水平距离和风偏后距建筑物的水平安全距离之和所形成的两平行线内的区域

（C）各级电压导线边线在计算导线最大风偏情况下，距建筑物的水平安全距离有1kV以下1.0m的标准

（D）各级电压导线边线在计算导线最大风偏情况下，距建筑物的水平安全距离有500kV，9.5m的标准

答案：ABC

21. 任何单位或个人不得在距架空电力线路杆塔、拉线基础外缘规定范围内进行（　　）。

（A）取土

（B）打桩

（C）钻探

（D）开挖或倾倒酸、碱、盐及其他有害化学物品的活动

答案：ABCD

22. 距架空电力线路杆塔、拉线基础外缘规定范围（　　），不得进行取土、打桩、钻探、开挖或倾倒酸、碱、盐及其他有害化学物品的活动。

（A）66kV及以下电力线路杆塔、拉线周围5m的区域

（B）35kV及以下电力线路杆塔、拉线周围10m的区域

（C）35kV及以下电力线路杆塔、拉线周围5m的区域

（D）66kV及以上电力线路杆塔、拉线周围10m的区域

答案：CD

23. 在架空电力线路保护区内，任何单位或个人不得种植树木、竹子等高秆植物，是

其可能危及（　　）。

（A）居民住房　　（B）电力设施　　（C）供电安全　　（D）人身安全

答案：BC

24.《辽宁省电力设施保护条例》已由辽宁省第十二届人民代表大会常务委员会第二十九次会议于（　　）审议通过，现予公布。本条例自（　　）起施行。

（A）2016年11月11日　　（B）2016年10月10日

（C）2017年3月1日　　（D）2017年2月1日

答案：AD

25. 为了加强（　　），保障电力安全有序运行，维护（　　）和（　　），促进经济社会可持续发展，根据《中华人民共和国电力法》《电力设施保护条例》等法律、法规的规定，结合辽宁省实际，制定《辽宁省电力设施保护条例》。

（A）电力设施保护（B）电力设施监管（C）社会公共安全（D）公共利益

答案：ACD

26. 电力设施保护应当坚持（　　）、（　　）、（　　）的原则，实行政府统一领导、部门各尽其职、企业依法保护、群众参与监督的工作机制。

（A）预防为主　　（B）防治结合　　（C）综合治理　　（D）统筹兼备

答案：ABC

27. 省、市、县（含县级市、区，下同）人民政府应当加强对（　　）的领导，将电力设施保护工作纳入（　　），及时协调、解决电力设施保护工作中的重大问题，支持有关部门和单位依法做好电力设施保护工作。

（A）电力设施保护工作　　（B）社会治安综合治理范围

（C）电力设施宣传工作　　（D）社会经济发展范围

答案：AB

28. 发展改革、公安、国土资源、（　　）等有关行政管理部门，应当按照各自职责做好电力设施保护工作。

（A）城乡建设规划　　（B）交通

（C）水利　　（D）林业

答案：ABCD

29. 电力企业可以建立电力设施保护（　　），行使电力设施（　　），发现破坏电力设施违法行为应当依法及时制止，并向电力管理部门和有关行政管理部门报告，配合查处涉嫌破坏电力设施的违法行为。

（A）稽查队伍　　（B）巡查队伍　　（C）监督权　　（D）巡检权

答案：BD

30. 电力空间布局规划应当依据（　　），按照电网建设和改造的需要依法编制，经同级人民政府批准后实施。

（A）城镇体系规划 （B）城市总体规划 （C）镇总体规划 （D）电力发展规划

答案：ABCD

31. 城乡建设规划部门编制控制性详细规划时，应当与电力空间布局规划相衔接，对规划的电力设施和（ ）进行控制和预留。相关规划调整涉及电力设施时，应当征求（ ）意见。

（A）电力线路走廊用地 （B）消防设施

（C）政府管理部门 （D）电力管理部门

答案：AD

32. 公路、铁路、城市道路、城市地下管网、隧道、公用涵道、桥梁等设施的规划和建设，应当考虑电力空间布局规划和相关设计规范，预留相应的（ ）和（ ）。

（A）电力设施用地 （B）电力线路走廊用地

（C）管道 （D）通道

答案：AD

33. 因建设确需对已规划的电力设施用地、架空输电线路走廊和电力电缆通道的位置进行调整的，应当征得（ ）同意，并依法办理（ ）。

（A）电力管理部门 （B）政府部门 （C）审批手续 （D）交接手续

答案：AC

34. 电力设施所有权人应当建立健全电力设施安全保护管理制度，对其所有以及管理的电力设施定期进行（ ），并及时抢修故障、处理因遭受破坏而造成的事故，减少因故障、事故停电造成的损失。

（A）巡视 （B）维护 （C）清洁 （D）检修

答案：ABD

35. 电力设施所有权人应当制定本单位电力设施突发事件应急预案，报所在地（ ）备案，并按照应急预案的要求，保障应急设施、设备、物资的储备和完好，定期开展（ ）。

（A）公安机关 （B）电力管理部门 （C）应急培训 （D）应急演练

答案：BD

36. 下列（ ）行为是危害电力线路、电力专用通信线路设施及其辅助设施的行为。

（A）向电力线路设施射击

（B）在架空电力线路导线两侧各300m区域内放风筝等飘动物体

（C）擅自在导线上接用电器设备

（D）在杆塔、拉线上拴牲畜、悬挂物体、攀附农作物

答案：ABCD

37. 已建成的电力设施与其他设施、建筑物互相妨碍，应当由（　　）协商解决；协商不成的，可以报请（　　）协调解决。

（A）建设单位　　（B）所属单位

（C）市以上人民政府　　（D）县以上人民政府

答案：AD

38. 电力设施所有权人发现树木等高秆植物与架空电力线路之间的距离不符合安全规定的，应当及时（　　）树木所有权人；树木所有权人应当在接到通知后（　　）内予以修剪。

（A）书面通知　　（B）当面通知　　（C）5日　　（D）7日

答案：AD

39. 关于水力发电设施水域保护区范围，下列说法正确的是（　　）。

（A）500kW以下（不含500kW）　100m

（B）500kW至2.5万kW（不含2.5万kW）　200m

（C）2.5万kW以上　300m

（D）5万kW以上　500m

答案：ABC

40. 电力线路保护区内树木所有权人应当保证（　　）与（　　）之间的距离符合安全要求。

（A）树木的高度　（B）架空电力线路　（C）电缆线路　　（D）房屋高度

答案：AB

41. 新建、改建、扩建电力设施应当遵守（　　），与周围已建其他设施保持符合规定的安全距离。确需对其他设施予以迁移或者采取防护措施的，电力设施所有权人应当与其他设施所有权人协商，就迁移、防护措施及补偿等问题达成协议后方可施工，所需费用由电力设施所有权人承担。

（A）国家、行业标准

（B）符合电力设施设计、施工规程和安全技术要求

（C）安全准则

（D）企业规程

答案：AB

42. 任何单位和个人不得从事下列危害电力线路、电力专用通信线路设施及其辅助设施的行为：（　　）。

（A）向电力线路设施射击

（B）向导线抛掷物体

（C）在架空电力线路导线两侧各800m区域内放风筝等飘动物体

（D）擅自在导线上接用电器设备

答案：ABD

43. 依照《电力设施保护条例》规定，任何单位和个人不得干扰或者阻碍电力设施所有权人对电力设施的（　　）以及故障抢修和事故处理。

（A）巡视　（B）保养　（C）维护　（D）检修

答案：ACD

44.《中华人民共和国电力法》规定，任何单位和个人不得危害（　　）。

（A）发电设施　（B）变电设施　（C）电力线路设施　（D）有关辅助设施

答案：ABCD

45.《中华人民共和国电力法》规定，任何单位和个人需要在依法划定的电力设施保护区内进行可能危及电力设施安全的作业时，应当经（　　）批准并（　　），方可进行作业。

（A）电力管理部门　（B）电力企业

（C）采取安全措施后　（D）采取保护措施后

答案：AC

46.《中华人民共和国电力法》规定，电力企业违反本法第二十八条、第二十九条第一款的规定，（　　）或者（　　），给用户造成损失的，应当依法承担赔偿责任。

（A）未保证供电质量　（B）未按时供电

（C）未事先取得用户同意中断供电　（D）未事先通知用户中断供电

答案：AD

47.《中华人民共和国电力法》规定，违反本法第二十六条、第二十九条规定，（　　）或者（　　）的，由电力管理部门责令改正，给予警告；情节严重的，对有关主管人员和直接责任人员给予行政处分。

（A）未按时供电　（B）拒绝供电　（C）中断供电　（D）终止供电

答案：BC

48.《中华人民共和国电力法》规定，违反本法第三十二条规定，危害供电、用电安全或者扰乱供电、用电秩序的，由电力管理部门责令改正，给予警告；情节严重或者拒绝改正的，可以（　　），可以并处（　　）的罚款。

（A）中止供电　（B）终止供电　（C）5万元以下　（D）5万元以上

答案：AC

49.《中华人民共和国电力法》规定，违反本法第四十九条第二款规定，减少（　　）和（　　）用电指标的，由电力管理部门责令改正；情节严重的，对有关主管人员和直接责任人员给予行政处分；造成损失的，责令赔偿损失。

（A）农业　（B）农村　（C）畜牧业　（D）渔业

答案：AB

50.《中华人民共和国电力法》规定，违反本法第五十二条第二款和第五十四条规定，未经批准或者未采取安全措施在电力设施周围或者在依法划定的电力设施保护区内进行作业，危及电力设施安全的，由电力管理部门责令（ ）。

（A）停止作业　（B）恢复原状　（C）赔偿损失　（D）缴纳罚款

答案：ABC

51.《中华人民共和国电力法》规定，违反本法第五十三条规定，在依法划定的电力设施保护区内修建建筑物、构筑物或者种植植物、堆放物品，危及电力设施安全的，由当地人民政府责令强制（ ）。

（A）移植　（B）拆除　（C）砍伐　（D）清除

答案：BCD

52.《中华人民共和国电力法》规定，电力企业的（ ）勒索用户、以电谋私，构成犯罪的，依法追究刑事责任；尚不构成犯罪的，依法给予行政处分。

（A）管理人员　（B）查电人员　（C）抄表收费人员　（D）包括临时工

答案：ABC

53.《电力设施保护条例》适用于中华人民共和国境内已建或在建的电力设施［包括（ ）］。

（A）发电设施　（B）变电设施　（C）电力线路设施　（D）有关辅助设施

答案：ABCD

54.《电力设施保护条例》规定，电力设施的保护，实行（ ）相结合的原则。

（A）电力管理部门　（B）公安部门　（C）电力企业　（D）人民群众

答案：ABCD

55.《电力设施保护条例》规定，县以上地方各级电力管理部门保护电力设施的职责是（ ）。

（A）监督、检查本条例及根据本条例制定的规章的贯彻执行

（B）开展保护电力设施的宣传教育工作

（C）会同有关部门及沿电力线路各单位，建立群众护线组织并健全责任制

（D）会同当地公安部门，负责所辖地区电力设施的安全保卫工作

答案：ABCD

56.《电力设施保护条例》规定，电力线路设施的保护范围中，电力电缆线路的保护范围包括（ ）。

（A）架空、地下、水底电力电缆和电缆联结装置

（B）电缆管道、电缆隧道、电缆沟、电缆桥

（C）电缆井、通风井、电缆标志牌及其相关辅助设施

（D）电缆井、盖板、人孔、标石、水线标志牌及其有关辅助设施

答案：ABD

57.《电力设施保护条例》规定，任何单位或个人，不得从事下列危害电力线路设施的行为有（　　）。

（A）利用杆塔、拉线作起重牵引地锚

（B）在杆塔、拉线上拴牲畜、悬挂物体、攀附农作物

（C）擅自在导线上接用电器设备

（D）在杆塔与杆塔之间修筑道路

答案：ABC

58.《电力设施保护条例》规定，电力设施的建设和保护应尽量避免或减少给（　　）造成的损失。

（A）国家　（B）集体　（C）个人　（D）社会

答案：ABC

59.《电力设施保护条例》规定，电力管理部门应将经批准的电力设施（　　）的规划和计划通知城乡建设规划主管部门，并划定保护区域。

（A）新建　（B）改建　（C）迁移　（D）扩建

答案：ABD

60.《电力设施保护条例》规定，新建、改建或扩建电力设施，需要损害农作物，砍伐树木、竹子，（　　）或及（　　）的，电力建设企业应按照国家有关规定给予一次性补偿。

（A）拆迁建筑物　（B）果木　（C）其他设施　（D）经济作物

答案：AC

61.《电力设施保护条例》规定，在依法划定的电力设施保护区内（　　）或（　　）可能危及电力设施安全的树木、竹子，电力企业应依法予以修剪或砍伐。

（A）种植的　（B）自然生长的　（C）原来生长作物　（D）后期生长作物

答案：AB

62.《电力设施保护条例》规定，违反本条例规定，（　　）或（　　），在电力设施周围或在依法划定的电力设施保护区内进行爆破或其他作业，危及电力设施安全的，由电力管理部门责令停止作业、恢复原状并赔偿损失。

（A）未进行备案　（B）未经批准

（C）未采取安全措施　（D）未经过运维管理同意

答案：BC

63.《电力设施保护条例》规定，违反本条例规定，危害（　　）的，由电力管理部门责令改正；拒不改正的，处1万元以下的罚款。

（A）发电设施　（B）变电设施　（C）电力线路设施　（D）其他设备

答案：ABC

64.《电力设施保护条例》规定，违反本条例规定，在依法划定的电力设施保护区内进行烧窑、烧荒、抛锚、拖锚、炸鱼、挖沙作业，危及电力设施安全的，由电力管理部门责令（　　）。

（A）停止作业　（B）恢复原状　（C）赔偿损失　（D）缴纳罚金

答案：ABC

65.《电力设施保护条例》规定，违反本条例规定，危害电力设施建设的，由电力管理部门责令（　　）。

（A）停止作业　（B）改正　（C）恢复原状　（D）赔偿损失

答案：BCD

66.《电力设施保护条例》规定，凡违反本条例规定而构成违反治安管理行为的（　　）或（　　），由公安部门根据《中华人民共和国治安管理处罚法》予以处罚；构成犯罪的，由司法机关依法追究刑事责任。

（A）单位　（B）个人　（C）部门　（D）个体

答案：AB

67.《电力设施保护条例》规定，凡违反本条例规定而构成违反治安管理行为的单位或个人，由（　　）根据（　　）予以处罚；构成犯罪的，由司法机关依法追究刑事责任。

（A）公安部门　（B）电力管理部门

（C）《中华人民共和国治安管理处罚法》（D）《中华人民共和国电力法》

答案：AC

68.《电力设施保护条例》规定，凡违反本条例规定而构成违反治安管理行为的单位或个人，由公安部门根据《中华人民共和国治安管理处罚法》予以处罚；构成（　　）的，由司法机关依法追究（　　）。

（A）经济损失的　（B）犯罪　（C）经济赔偿　（D）刑事责任

答案：BD

69.《电力设施保护条例》规定，（　　）可以会同（　　）有关部门制定本条例的实施细则。

（A）国务院电力管理部门　（B）国务院

（C）电力管理部门　（D）电力企业

答案：AB

70.《电力设施保护条例》适用于中华人民共和国境内（　　）或（　　）的电力设施（包括发电设施、变电设施和电力线路设施及其有关辅助设施，下同）。

（A）规划中　（B）已规划　（C）在建　（D）已建

答案：CD

71. 供电企业和用户应当制订节约用电计划，推广和采用节约用电的（　　），降低电能消耗。

（A）新技术　（B）新材料　（C）新工艺　（D）新设备

答案：ABCD

72. 县级以上人民政府电力管理部门应当遵照国家产业政策，按照（　　）的原则，做好计划用电工作。

（A）统筹兼顾　（B）保证重点　（C）择优供应　（D）公平公正

答案：ABC

73. 供电企业应当按照合同约定的（　　），合理调度和安全供电。

（A）数量　（B）质量　（C）时间　（D）方式

答案：ABCD

74. 供用电合同的变更或者解除，应当依照（　　）的规定办理。

（A）有关法律　（B）行政法规

（C）《电力供应与使用条例》　（D）电力设施保护

答案：ABC

75.（　　）供电设施和受电设施的单位，必须经电力管理部门审核合格，取得电力管理部门颁发的《承装（修）电力设施许可证》后才可开始工作。

（A）承包　（B）承装　（C）承修　（D）承试

答案：BCD

76. 供电企业和用户应当（　　），安全供电、用电，避免发生事故，维护公共安全。

（A）采用保守的方法　（B）采用先进技术

（C）采取科学管理措施　（D）遵守刻板的规则

答案：BC

77. 供用电合同应当具备的条款包括（　　）。

（A）供电方式　（B）供电质量　（C）供电时间　（D）用电性质

答案：ABCD

78. 以下属于窃电行为的是（　　）。

（A）在供电企业的供电设施上，擅自接线用电

（B）绕越供电企业的用电计量装置用电

（C）故意损坏供电企业用电计量装置

（D）采用其他方法窃电

答案：ABCD

79. 电力管理部门应当加强对供电、用电的（　　）。

（A）监督　（B）管理　（C）考评　（D）激励

答案：AB

80. 国家对电力供应和使用实行（　　）、（　　）、（　　）的管理原则。

（A）安全用电　（B）节约用电　（C）计划用电　（D）合理用电

答案：ABC

81. 申请（　　）、（　　）、增加用电容量、变更用电和终止用电，均应当到当地供电企业办理手续，并按照国家有关规定交付费用；供电企业没有不予供电的合理理由的，应当供电。供电企业应当在其营业场所公告用电的程序、制度和收费标准。

（A）新装用电　（B）临时用电　（C）紧急用电　（D）故障

答案：AB

82. 供电企业和用户应当根据（　　）、（　　）的原则签订供用电合同。

（A）平等自愿　（B）协商一致　（C）公平公正　（D）合理合法

答案：AB

83. 供电企业应当按照国家有关规定实行（　　）、（　　）。

（A）分类电价　（B）分时电价　（C）分级电价　（D）分区电价

答案：AB

84. 电力管理部门应当加强对供用电的监督管理，协调供用电各方关系，禁止危害（　　）和（　　）的行为。

（A）供用电安全　（B）非法侵占电能　（C）私接电表　（D）破坏电力设施

答案：AB

85. 供电企业在批准的供电营业区内向用户供电。供电营业区的划分，应当考虑（　　）和（　　）等因素。一个供电营业区内只设立一个供电营业机构。

（A）电网的结构　（B）供电合理性　（C）供电区域　（D）供电保障

答案：AB

86. 供用电合同应当具备计量方式和（　　）结算方式。

（A）电价　（B）电费　（C）电量　（D）电能

答案：AB

87. 供电企业职工违反规章制度造成供电事故的，或者滥用（　　）、利用（　　）之便谋取私利的，依法给予行政处分。

（A）职权　（B）职务　（C）职能　（D）职责

答案：AB

88.《电力设施保护条例实施细则》适用于中华人民共和国境内（　　）已建或在建的电力设施。

（A）国有　（B）集体　（C）外资、合资　（D）个人

答案：ABCD

89. 电力设施保护领导小组，应当在有关电力线路沿线组织群众护线，群众护线组织成员由相应的（　　）发给（　　）。

（A）电力设施保护领导小组　　（B）电力设施保护工作负责人

（C）护线证件　　（D）证明文件

答案：AC

90. （　　）电力管理部门可制定办法，规定群众护线组织形式、权利、义务、责任等。

（A）各省　　（B）各自治区　　（C）各直辖市　　（D）各市

答案：ABC

91. 电力企业必须加强对电力设施的保护工作。对危害电力设施安全的行为，电力企业有权制止并可以劝其改正、责其恢复原状、强行排除妨害，（　　）。

（A）责令赔偿损失

（B）请求有关行政主管部门和司法机关处理

（C）采取法律、法规或政府授权的其他必要手段

（D）以上均不对

答案：ABC

92. 架空电力线路保护区，是为了（　　）而必须设置的安全区域。

（A）保证新建架空电力线路的安全运行（B）保证已建架空电力线路的安全运行

（C）保障人民生活的正常供电　　（D）保障社会生产的正常供电

答案：BC

93. 在（　　）等人口密集地区，架空电力线路保护区为导线边线在最大计算风偏后的水平距离和风偏后距建筑物的水平安全距离之和所形成的两平行线内的区域。

（A）厂矿　　（B）城镇　　（C）集镇　　（D）村庄

答案：ABCD

94. 在厂矿、城镇、集镇、村庄等人口密集地区，架空电力线路保护区为导线（　　）在（　　）后的水平距离和风偏后距建筑物的水平安全距离之和所形成的两平行线内的区域。

（A）边线　　（B）下线　　（C）最大计算风偏　（D）计算最大风偏

答案：AC

95. （　　）导线边线在计算导线最大风偏情况下，距建筑物的水平安全距离为（　　）。

（A）1kV以下　　（B）1～10kV　　（C）0.5 m　　（D）1.5 m

答案：BD

96. （　　）导线边线在计算导线最大风偏情况下，距建筑物的水平安全距离为（　　）。

（A）154～220kV　（B）330kV　　（C）4.0m　　（D）6.0m

答案：BD

97. 地下电力电缆保护区的宽度为（　　）各（　　）所形成两平行线内区域。

（A）地下电力电缆线路两侧　　（B）地下电力电缆线路地面标桩两侧

（C）0.7m　　（D）1.0m

答案：BC

98. 发电设施附属的（　　）管线的保护区依《电力设施保护条例实施细则》规定确定。

（A）输油　　（B）输灰　　（C）输水　　（D）输气

答案：ABC

99. 在保护区内禁止（　　）。

（A）掘土　　（B）使用机械掘土　（C）种植林木　　（D）砍伐林木

答案：BC

100. 禁止在电力电缆沟内同时埋设其他管道。未经电力企业同意，不准在地下电力电缆沟内埋设输油、输气等（　　）管道。

（A）易燃　　（B）易腐蚀　　（C）易泄漏　　（D）易爆

答案：AD

4.3 判断题

1. 地下电力电缆保护区的宽度为地下电力电缆线路地面标桩两侧各1.0m所形成两平行线内区域。

答案：错

2.《中华人民共和国电力法》规定，任何单位和个人不得损害发电设施、变电设施和电力线路设施及其有关辅助设备。

答案：错

3.《电力设施保护条例》规定，电力设施的保护，实行电力管理部门、公安部门、电力企业和人民群众相结合的原则。

答案：对

4.《电力设施保护条例》规定，县以上地方各级电力管理部门保护电力设施的职责包括开展保护电力设施的宣传教育工作。

答案：对

5.《电力设施保护条例》规定，县以上地方各级电力管理部门保护电力设施的职责之一是会同当地公安部门，负责所辖地区电力设施的安全保卫工作。

答案：对

6.《电力设施保护条例》规定，各级公安部门负责依法查处破坏电力设施或哄抢、盗窃电力设施器材的案件。

答案：对

7.《电力设施保护条例》规定，电力线路设施的保护范围中，电力电缆线路的保护范围是架空、地下、水底电力电缆和电缆连接设备。

答案：错

8.《电力设施保护条例》规定，电力线路设施的保护范围中，电力调度设施包括电力调度场所、电力调度通信设施、电网调度自动化设施、电网运行控制设施。

答案：对

9.《电力设施保护条例》规定，架空电力线路保护区为导线边线向外侧水平延伸并垂直于地面所形成的两平行面内的区域。

答案：对

10.《电力设施保护条例》规定，在一般地区，66kV架空电力线路保护区为导线边线向外侧水平延伸15m并垂直于地面所形成的两平行面内的区域。

答案：错

11.《电力设施保护条例》规定，在架空电力线路保护区的区界上，应设立标志，并标明保护区的宽度和保护规定。

答案：错

12.《电力设施保护条例》规定，在必要的架空电力线路保护区的区界上，应设立标志，并标明保护区的宽度和保护规定。

答案：对

13.《电力设施保护条例》规定，在架空电力线路导线跨越重要公路和航道的区段，应设立标志，并标明导线距穿越物体之间的安全距离。

答案：对

14.《电力设施保护条例》规定，地下电缆铺设后，应设立永久性标志，并将地下电缆所在位置通知电力设施运维单位。

答案：错

15.《电力设施保护条例》规定，各级政府应将电力设施的新建、改建或扩建的规划和计划纳入城乡建设规划。

答案：错

16.《电力设施保护条例》规定，新建、改建或扩建电力设施，需要损害农作物，砍伐树木、竹子，拆迁建筑物或及其他设施的，电力建设企业应双方商定给予一定补偿。

答案：错

17.《电力设施保护条例》规定，违反本条例规定，危害电力设施建设的，由电力管理部门责令改正、恢复原状并赔偿损失。

答案：对

18. 供电企业在批准的供电营业区内向用户供电。供电营业区的划分，应当考虑电网的结构和供电合理性等因素。一个供电营业区内只设立一个供电营业机构。

答案：对

19. 并网运行的电力生产企业按照并网协议运行后，送入电网的电力、电量由供电营业机构统一经销。

答案：对

20. 用户用电容量超过其所在的供电营业区内供电企业供电能力的，由省级以上电力管理部门指定的其他供电企业供电。

答案：对

21. 公用路灯由乡、民族乡、镇人民政府或者县级以上地方人民政府有关部门负责建设，并负责运行维护和交付电费，也可以委托供电企业代为有偿设计、施工和维护管理。

答案：对

22. 因抢险救灾需要紧急供电时，供电企业必须尽速安排供电。所需工程费用和应付电费由有关地方人民政府有关部门从抢险救灾经费中支出，但是抗旱用电不用用户交付电费。

答案：错

23. 供电企业应当按照国家标准或者电力行业标准参与用户受送电装置设计图纸的审核，对用户受送电装置隐蔽工程的施工过程实施监督，并在该受送电装置工程竣工后进行检验，方可投入使用。

答案：错

24. 电力管理部门应当加强对供用电的监督管理，协调供用电各方关系，禁止危害供用电安全和出售电能的行为。

答案：错

25. 供电企业应当在其营业场所公告用电的程序、制度和收费标准。

答案：对

26. 供电企业应当按照国家有关规定实行分类电价、分时电价。

答案：对

27. 供电企业和用户应当在供电前根据用户需要签订供用电合同。

答案：错

28. 公安部门和人民群众没有保护电力设施的义务。

答案：错

29. 电力设施保护领导小组，应当在有关电力线路沿线组织群众护线，群众护线组织成员由相应的电力设施保护领导小组发给护线证件。

答案：对

30. 发电设施附属的输油、输灰、输水管线的保护区依照本《电力设施保护条例实施细则》规定确定。

答案：对

31. 未经电力企业同意，不准在地下电力电缆沟内埋设输油、输气等易燃易爆管道。

答案：对

32. 架空电力线路穿越的人口密集地段可以不必设置安全标志。

答案：错

33. 任何单位或个人不得冲击、扰乱发电、供电企业的生产和工作秩序，不得移动、损害生产场所的生产设施及标志物。

答案：对

34. 盗窃、哄抢库存或者已废弃停止使用的电力设施器材的，尚不构成犯罪的，由公安机关依据《中华人民共和国治安管理处罚法》予以处理。

答案：对

35. 电力设施保护应当坚持预防为主、防治结合、综合治理的原则，实行政府统一领导、部门各尽其职、企业依法保护、群众参与监督的工作机制。

答案：对

36. 发电、变电设施及其辅助设施的保护范围为发电厂、变电站、输电线路、开关站等厂、站内的设施。

答案：错

37. 确需进行爆破作业的，应当征得电力设施所有权人或者市电力管理部门的书面同意，经公安机关批准并采取确保电力设施安全的措施后方可作业。

答案：对

38. 已建成的电力设施与其他设施、建筑物互相妨碍，应当由建设单位协商解决；协商不成的，可以报请市以上人民政府协调解决。

答案：错

39. 任何单位和个人不得从事影响发电、变电设施的专用铁路、公路、桥梁、码头的使用的工作和行为。

答案：错

40. 禁止任何单位和个人攀登杆塔或者在杆塔上架设电力线、通信线、广播线，安装广播喇叭。

答案：对

41. 故意使供电企业的用电计量装置计量不准或者失效属于窃电行为。

答案：对

42. 用户禁止擅自使用已经在供电企业办理暂停使用手续的电力设备。

答案：对

43. 供电企业或者用户违反供用电合同，给对方造成损失的，应当依法承担赔偿责任。

答案：对

44. 用户不得擅自迁移、更动或者擅自操作供电企业的用电计量装置、电力负荷控制装置、供电设施以及约定由供电企业调度的用户受电设备。

答案：对

45. 电力管理部门应当加强对供用电的监督管理，协调供用电各方关系，禁止危害供用电安全和非法侵占电能的行为。

答案：对

46. 供电设施、受电设施的设计、施工、试验和运行，应当符合国家标准或者电力行业标准。

答案：对

47. 用户使用的电力、电量，以电力企业认可的用电计量装置的记录为准。

答案：错

48. 对危害电力设施安全的行为，电力企业有权制止并可以劝其改正、责其恢复原状、强行排除妨害。

答案：对

49. 对危害电力设施安全的行为，电力企业有权责令赔偿损失、请求有关行政主管部门和司法机关处理。

答案：对

50. 对危害电力设施安全的行为，电力企业暂时不能采取法律、法规等手段。

答案：错

51. 架空电力线路保护区，是为了保证已建架空电力线路的安全运行和保障人民生活的正常供电而必须设置的隔离区域。

答案：错

52. 在保护区内不得堆放杂物或倾倒酸、碱、盐及其他有害化学物品。

答案：对

53. 在电力电缆沟内同时埋设其他管道时需要报请电力主管部门审批。

答案：错

54. 对架空电力线路通道内的原有房屋，架空电力线路建设单位应当与房屋产权所有者协商搬迁，拆迁费不得超出国家规定标准。

答案：对

55. 被架空电力线路跨越房屋不得再行增加高度。

答案：对

56. 架空电力线路保护区，是为了保证已建架空电力线路的安全运行和保障人民生活的正常供电而必须设置的安全区域。

答案：对

57. 城乡建设规划主管部门审批或规划已建电力设施（或已经批准新建、改建、扩建、规划的电力设施）两侧的新建建筑物时，应当会同当地政府审查后批准。

答案：错

58. 在依法划定的电力设施保护区内，任何单位和个人不得种植危及电力设施安全的树木、竹子或高秆植物。

答案：对

59. 可以未经电力企业同意，在地下电力电缆沟内埋设输油、输气等易燃易爆管道。

答案：错

60. 新建住宅小区应当按照有关设计规范，合理预留公用配套电力设施用地、用房和通道。

答案：对

61. 任何单位和个人不得在架空电力线路、电力专用通信线路保护区内钓鱼、采石、烧窑、烧荒、烧纸、放烟花。

答案：对

62. 由于路径原因确需交叉跨越的，后建方不需征得先建方同意，只要采取安全措施，保证线路安全即可。

答案：错

63. 严禁在杆塔、拉线基础的保护范围内取土、打桩、钻探、挖掘，或者倾倒酸、碱、盐及其他有害化学物品。

答案：对

64. 电力专用通信设施及其辅助设施的保护范围不包括分线盒、分线箱、管道、天线、馈线、地线。

答案：错

65. 电能计量设施包括电能计量设备的电能表、互感器、计量箱、二次回路、计量信息采集装置及其配套设施。

答案：对

66. 任何单位和个人不得闯入发电厂、变电站内扰乱生产和工作秩序，移动、损害标志物。

答案：对

67. 单位和个人可以从事影响发电、变电设施的专用铁路、公路、桥梁、码头的使用的行为。

答案：错

68. 不可以在发电厂、变电站围墙外侧500m区域内烧窑、烧荒或者焚烧垃圾等。

答案：对

69. 任何人不得涂改、移动、损害、拔除电力设施建设的测量标桩和标记。

答案：对

70. 个人可以非法收购电力设施器材设备。

答案：错

71. 电力线路保护区内树木所有权人应当保证树木的高度与架空电力线路之间的距离符合安全要求。

答案：对

72. 通信、广播电视等线路设施与电力线路设施之间可以相互搭挂。

答案：错

73. 可以在杆塔、拉线基础的保护范围内取土、打桩、钻探、挖掘或者倾倒酸、碱、盐及其他有害化学物品。

答案：错

74. 不得拆卸杆塔或者拉线上的器材，移动、损坏永久性标志或者标志牌。

答案：对

75. 不得擅自攀登杆塔或者在杆塔上架设电力线、通信线、广播线，安装广播喇叭。

答案：对

76. 任何人不得向风力发电机、电力线路射击或者抛掷物体。

答案：对

77. 可以在导线上接用电器设备。

答案：错

78. 任何人不得破坏、封堵用于电力设施建设的铁路、公路、航道、水域、堤坝、桥梁、码头，截断用于电力设施建设的水源、电源、气源，或者阻碍用于电力设施建设的车辆、机械设备、器材进出施工现场。

答案：对

79. 任何人不得在地下电缆保护区内堆放垃圾、矿渣、易燃易爆物品，倾倒酸、碱、盐及其他有害化学物品，兴建建筑物、构筑物或者种植树木；在海底电缆保护区内抛锚、拖锚；在江河电缆保护区内抛锚、拖锚、炸鱼、挖沙。

答案：对

80. 未按照规定对电力设施进行巡视、维护、检修，造成人身伤亡、重大财产损失，情节严重的，处1万元罚款。

答案：错

81.《中华人民共和国电力法》规定，电力企业应当按照国务院有关电力设施保护的规定，对电力设施保护区设立标志。

答案：错

82.《中华人民共和国电力法》规定，在依法划定电力设施保护区后种植的植物妨碍电力设施安全的，应当修剪或者砍伐。

答案：错

83.《中华人民共和国电力法》规定，电力设施与公用工程、绿化工程和其他工程在新建、改建或者扩建中相互妨碍时，有关单位应当按照国家有关规定协商，达成协议后方可施工。

答案：对

84.《中华人民共和国电力法》规定，电力企业或者用户违反供用电合同，给对方造成损失的，应当依法承担赔偿责任。

答案：对

85.《中华人民共和国电力法》规定，电力企业违反本法第二十八条、第二十九条第一款的规定，未保证供电质量或者未事先征得用户同意中断供电，给用户造成损失的，应当依法承担赔偿责任。

答案：错

86.《中华人民共和国电力法》规定，因不可抗力导致的电力运行事故给用户或者第三人造成损害的，电力企业应当依法承担赔偿责任。

答案：错

87.《中华人民共和国电力法》规定，因用户或者第三人的过错给电力企业或者其他用户造成损害的，该用户或者第三人应当依法承担赔偿责任。

答案：对

88.《中华人民共和国电力法》规定，违反本法第十一条第二款的规定，非法占用变电设施用地、输电线路走廊或者电缆通道的，由县级以上地方人民政府责令限期改正；逾期不改正的，强制清除障碍。

答案：对

89.《中华人民共和国电力法》规定，违反本法第二十六条、第二十九条规定，拒绝供电或者中断供电的，由电力管理部门责令改正，给予警告；情节严重的，对有关主管人员和直接责任人员给予行政处分。

答案：对

90.《中华人民共和国电力法》规定，盗窃电能的，由电力管理部门责令停止违法行为，追缴电费并处应交电费5倍以下的罚款；构成犯罪的，依照刑法有关规定追究刑事责任。

答案：对

91.《中华人民共和国电力法》规定，电力企业职工故意延误电力设施抢修或者抢险救灾供电，造成严重后果的，依照刑法有关规定追究刑事责任。

答案：对

92.《电力设施保护条例》适用于中华人民共和国境内正在运行的电力设施（包括发电设施、变电设施和电力线路设施及其有关辅助设施）。

答案：错

93.《电力设施保护条例》规定，电力设施受电力法保护，禁止任何单位或个人从事危害电力设施的行为。

答案：错

94.《电力设施保护条例》规定，电力管理部门对电力设施的保护负责监督、检查、指导和协调。

答案：错

95.《电力设施保护条例》规定，新建架空电力线路不得跨越储存易燃、易爆物品仓库的区域。

答案：对

96. 电力设施所有权人可以对危及电力设施安全的树木采取修剪、砍伐或者其他处理措施，无须通知树木所有权人和所在地县以上林业行政主管部门。

答案：错

97. 乡（镇）人民政府、街道办事处和村（居）民委员会应当协助电力管理部门和其他有关行政管理部门，做好电力设施保护工作。

答案：对

98. 发展改革、公安、国土资源、城乡建设规划、交通、水利、林业等有关行政管理部门，应当按照各自职责做好电力设施保护工作。

答案：对

99. 电力设施所有权人应当建立健全电力设施安全保护管理制度，对其所有以及管理的电力设施定期进行巡视、维护、检修，并及时抢修故障、处理因遭受破坏而造成的事故，减少因故障、事故停电造成的损失。

答案：对

100. 电力管理部门和其他有关行政管理部门及其工作人员可以擅自变更经批准的电力发展规划。

答案：错

4.4 简答题

1. 根据《中华人民共和国电力法》，对于在依法划定电力设施保护区前已经种植的植物妨碍电力设施安全的情况，应怎样处理？

答案：在依法划定电力设施保护区前已经种植的植物妨碍电力设施安全的，应当修剪或者砍伐。

2.《中华人民共和国电力法》中规定应给予治安管理处罚或追究刑事责任的行为有哪些？

答案：有下列行为之一，应当给予治安管理处罚的，由公安机关依照治安管理处罚法的有关规定予以处罚；构成犯罪的，依法追究刑事责任：

（1）阻碍电力建设或者电力设施抢修，致使电力建设或者电力设施抢修不能正常进行的；

（2）扰乱电力生产企业、变电所、电力调度机构和供电企业的秩序，致使生产、工作和营业不能正常进行的；

（3）殴打、公然侮辱履行职务的查电人员或者抄表收费人员的；

（4）拒绝、阻碍电力监督检查人员依法执行职务的。

3.《电力设施保护条例》规定，县以上地方各级电力管理部门保护电力设施的职责有哪些？

答案：①监督、检查本条例及根据本条例制定的规章的贯彻执行；②开展保护电力设施的宣传教育工作；③会同有关部门及沿电力线路各单位，建立群众护线组织并健全责任制；④会同当地公安部门，负责所辖地区电力设施的安全保卫工作。

4.《电力设施保护条例》中对电力设施以及电力设施保护区与农作物、植物有影响时，是如何规定的？

答案：（1）新建、改建或扩建电力设施，需要损害农作物，砍伐树木、竹子，或拆迁建筑物及其他设施的，电力建设企业应按照国家有关规定给予一次性补偿。

（2）在依法划定的电力设施保护区内种植的或自然生长的可能危及电力设施安全的树木、竹子，电力企业应依法予以修剪或砍伐。

5.《电力设施保护条例》中规定，电力管理部门应给予表彰或一次性物质奖励的行为有哪些？

答案：①对破坏电力设施或哄抢、盗窃电力设施器材的行为检举、揭发有功；②对破坏电力设施或哄抢、盗窃电力设施器材的行为进行斗争，有效地防止事故发生；③为保护电力设施而同自然灾害做斗争，成绩突出；④为维护电力设施安全，做出显著成绩。

6.《电力设施保护条例》中对凡违反本条例规定而构成违反治安管理行为的单位或个人如何规定？

答案：①凡违反本条例规定而构成违反治安管理行为的单位或个人，由公安部门根据《中华人民共和国治安管理处罚法》予以处罚；②构成犯罪的，由司法机关依法追究刑事责任。

7. 公用供电设施建成投产后，怎样管理？

答案：公用供电设施建成投产后，由供电单位统一维护管理。经电力管理部门批准，供电企业可以使用、改造、扩建该供电设施。共用供电设施的维护管理，由产权单位协商确定，产权单位可自行维护管理，也可以委托供电企业维护管理。用户专用的供电设施建成投产后，由用户维护管理或者委托供电企业维护管理。

8. 用户不得有哪些危害供电、用电安全，扰乱正常供电、用电秩序的行为？

答案：①擅自改变用电类别；②擅自超过合同约定的容量用电；③擅自超过计划分配的用电指标的；④擅自使用已经在供电企业办理暂停使用手续的电力设备，或者擅自启用已经被供电企业查封的电力设备；⑤擅自迁移、更动或者擅自操作供电企业的用电计量装置、电力负荷控制装置、供电设施以及约定由供电企业调度的用户受电设备；⑥未经供电企业许可，擅自引入、供出电源或者将自备电源擅自并网。

9. 电力供应与使用条例中关于公用路灯的建设与运行维护是如何规定的？

答案：公用路灯由乡、民族乡、镇人民政府或者县级以上地方人民政府有关部门负责建设，并负责运行维护和交付电费。也可以委托供电企业代为有偿设计、施工和维护管理。

10. 电力供应与使用条例中，针对违章用电如何处理？

答案：违章用电的，供电企业可以根据违章事实和造成的后果追缴电费，并按照国务院电力管理部门的规定加收电费和国家规定的其他费用；情节严重的，可以按照国家规定的程序停止供电。

11. 电力供应与使用条例中，针对盗窃电能如何处理？

答案： 盗窃电能的，由电力管理部门责令停止违法行为，追缴电费并处应交电费5倍以下的罚款；构成犯罪的，依法追究刑事责任。

12. 电力供应与使用条例中关于新装用电、临时用电、增加用电容量、变更用电和终止用电的办理和收费是如何规定的？

答案： 申请新装用电、临时用电、增加用电容量、变更用电和终止用电，均应当到当地供电企业办理手续，并按照国家有关规定交付费用，供电企业没有不予供电的合理理由的，应当供电。供电企业应当在其营业场所公告用电的程序、制度和收费标准。

13. 对于哪些危害电力设施的行为，情节显著轻微的，由电力管理部门责令改正；拒不改正的，处1000元以上10000元以下罚款？

答案： ①损坏使用中的杆塔基础的；②损坏、拆卸、盗窃使用中或备用塔材、导线等电力设施的；③拆卸、盗窃使用中或备用变压器等电力设备的。破坏电力设备、危害公共安全构成犯罪的，依法追究其刑事责任。

14. 单位和个人在电力设施周围进行爆破作业有哪些要求？

答案： 任何单位和个人不得擅自在电力设施周围500m范围内进行爆破作业。确需进行爆破作业的，应当征得电力设施所有权人或者市电力管理部门的书面同意，经公安机关批准并采取确保电力设施安全的措施后方可作业。

15. 单位和个人收购电力设施器材设备有哪些相关要求？

答案： 收购电力设施器材设备的单位和个人，应当依法申领营业执照，经市电力管理部门批准，并向所在地县公安机关备案。收购电力设施器材设备的单位和个人应当如实登记出售者基本信息和电力设施器材设备的来源、规格、数量等情况，登记记录保存期限不得少于2年。发现有赃物嫌疑的，应当及时向所在地公安机关报告。

16. 电力管理部门和其他有关行政管理部门及其工作人员有哪些行为的，由其所在单位或者上级主管部门对直接负责的主管人员和其他直接责任人员，依法给予行政处分；构成犯罪的，依法追究刑事责任？

答案： ①未依法办理审批事项造成不良影响的；②擅自变更经批准的电力发展规划的；③利用职务上的便利收受他人财物、其他好处的；④不依法履行监督管理职责或者发现违法行为不予查处的；⑤其他滥用职权、玩忽职守、徇私舞弊行为。

17. 试列举十条危害发电、变电设施及其辅助设施的行为。

答案：①闯入发电厂、变电站内扰乱生产和工作秩序，移动、损害标志物；②危及发电、变电设施的输水、输油、供热、排灰等管道（沟）的安全运行；③影响发电、变电设施的专用铁路、公路、桥梁、码头的使用；④在水力发电设施水域保护区内炸鱼、捕鱼、游泳、划船及其他可能危及水工建筑物安全的行为；⑤在发电厂、变电站围墙外侧500m区域内烧窑、烧荒或者焚烧垃圾等；⑥在发电厂、变电站围墙外侧300m区域内放风筝等飘动物体；⑦在发电厂、变电站围墙外侧3m内兴建建筑物、构筑物；⑧破坏、哄抢、损坏发电、变电、调度场所的生产设施、器材；⑨封堵、破坏发电、变电、调度场所进出道路，截断水源、电源、损坏电器设备；⑩在各种电力专用管道（沟）保护区、风力发电机塔架基础周围10m内，倾倒酸、碱、盐及其他有害化学物品，堆放垃圾和矿渣，放置易燃易爆物品，兴建建筑物、构筑物；⑪在各种电力专用管道（沟）保护区、风力发电机塔架基础周围10m内或者电厂灰场范围内，采石、取土、挖掘、打桩、钻探、破坏植被；⑫在发电、变电设施的排水排洪渠道上引水灌溉，倾倒残土、垃圾杂物；⑬在发电厂、变电站围墙外侧5m内堆放谷物、草料、木材、秸秆、易燃易爆物品；⑭向风力发电机射击或者抛掷物体；在风力发电设施保护区内放风筝等飘动物体，焚烧物体，进行爆破或者从事有污染的作业；⑮在水底各种电力专用管道保护区内抛锚、拖锚、炸鱼、挖掘；⑯法律、法规规定的其他行为。

18. 在什么情形下，电力设施所有权人可以先行对树木采取修剪、砍伐或者其他处理措施，事后15日内书面通知树木所有权人，并将砍伐树木的情况报所在地县以上林业行政主管部？

答案：①生产作业、交通事故等外力因素致使树木倾斜或者倒伏，危及电力设施安全的；②因不可抗力造成树木危及电力设施安全的；③自然生长树木已经造成放电、碰线、电力供应中断或者森林火灾的；④处置电力设施突发事件，需要采取相应应急措施的；⑤其他严重危害电力设施安全的情形。

19. 哪些行为，由电力管理部门责令限期改正；逾期不改正的，由电力管理部门处3000元罚款，并可以依法申请拆除或者清除？

答案：①在水力发电设施水域保护区内炸鱼、捕鱼、游泳、划船及其他可能危及水工建筑物安全的行为；②在发电厂、变电站围墙外侧500m区域内烧窑、烧荒或者焚烧垃圾等；③在发电厂、变电站围墙外侧300m区域内放风筝等飘动物体；④在各种电力专用管道（沟）保护区、风力发电机塔架基础周围10m内或者电厂灰场范围内，采石、取土、挖掘、打桩、钻探、破坏植被。

20. 哪些行为由电力管理部门责令限期改正；逾期不改正的，处5000元罚款；情节严重的，处1万元罚款？

答案：①危及发电、变电设施的输水、输油、供热、排灰等管道（沟）的安全运行；②影响发电、变电设施的专用铁路、公路、桥梁、码头的使用；③擅自在导线上接用电器设备；④破坏、损坏、涂改、移动、围挡电能计量及用电信息采集设施。

21.《电力设施保护条例》中对于电力电缆线路的保护范围包括哪些？

答案：架空、地下、水底电力电缆和电缆联结装置，电缆管道、电缆隧道、电缆沟、电缆桥，电缆井、盖板、人孔、标石、水线标志牌及其有关辅助设施。

22.《电力设施保护条例》中对于电力调度设施的保护范围包括哪些？

答案：①电力调度场所；②电力调度通信设施；③电网调度自动化设施；④电网运行控制设施。

23.《电力设施保护条例》中对于电力电缆线路保护区的范围如何规定？

答案：①地下电缆线路保护区为电缆线路地面标桩两侧各0.75m所形成的两平行线内的区域；②海底电缆一般为线路两侧各2海里（港内为两侧各100m）；③江河电缆一般不小于线路两侧各100m（中、小河流一般不小于各50m）所形成的两平行线内的水域。

24. 窃电行为包括哪些？

答案：①在供电企业的供电设施上，擅自接线用电；②绕越供电企业的用电计量装置用电；③伪造或者开启法定的或者授权的计量检定机构加封的用电计量装置封印用电；④故意损坏供电企业用电计量装置；⑤故意使供电企业的用电计量装置计量不准或者失效；⑥采用其他方法窃电。

25. 供电方式应当遵守什么原则？

答案：供电方式应当按照安全、可靠、经济、合理和便于管理的原则，由电力供应与使用双方根据国家有关规定以及电网规划、用电需求和当地供电条件等因素协商确定。在公用供电设施未到达的地区，供电企业可以委托有供电能力的单位就近供电。非经供电企业委托，任何单位不得擅自向外供电。

26. 电力设施保护领导小组应由哪些人组成？其主要责任是什么？

答案：各级地方人民政府设立由同级人民政府所属有关部门和电力企业（包括电网

经营企业、供电企业、发电企业）负责人组成的电力设施保护领导小组。电力设施保护领导小组负责领导所辖行政区域内电力设施的保护工作，其办事机构设在相应的电网经营企业，负责电力设施保护的日常工作。

27. 电力企业必须加强对电力设施的保护工作。对危害电力设施安全的行为，电力企业可以采取哪些措施？

答案： 劝其改正、责其恢复原状、强行排除妨害，责令赔偿损失、请求有关行政主管部门和司法机关处理，以及采取法律、法规或政府授权的其他必要手段。

28. 什么是架空电力线路保护区？

答案： 架空电力线路保护区是为了保证已建架空电力线路的安全运行和保障人民生活的正常供电而必须设置的安全区域。

29. 在厂矿、城镇、集镇、村庄等人口密集地区，架空电力线路保护区是指哪些区域？

答案： 为导线边线在最大计算风偏后的水平距离和风偏后距建筑物的水平安全距离之和所形成的两平行线内的区域。

30. 各级电压导线边线在计算导线最大风偏情况下，距建筑物的水平安全距离分别是多少？

答案： 1kV 以下 1.0m，1 ~ 10kV　1.5m，35kV　3.0m，66 ~ 110kV　4.0m，154 ~ 220kV　5.0m，330kV　6.0m，500kV　8.5m。

31. 江河电缆保护区的宽度是多少？

答案： ①敷设于二级及以上航道时，为线路两侧各 100m 所形成的两平行线内的水域；②敷设于三级及以下航道时，为线路两侧各 50m 所形成的两平行线内的水域。

32. 地下电力电缆保护区的宽度是多少？

答案： 地下电力电缆保护区的宽度为地下电力电缆线路地面标桩两侧各 0.75m 所形成两平行线内区域。

33. 依照《电力设施保护条例实施细则》，在保护区内有哪些行为是禁止的？

答案： 在保护区内禁止使用机械掘土、种植林木；禁止挖坑、取土、兴建建筑物和构筑物；不得堆放杂物或倾倒酸、碱、盐及其他有害化学物品。

34. 电力管理部门应在哪些地点设置安全标志?

答案:①架空电力线路穿越的人口密集地段;②架空电力线路穿越的人员活动频繁的地区;③车辆、机械频繁穿越架空电力线路的地段;④电力线路上的变压器平台。

35.《电力设施保护条例实施细则》对于爆破作业有哪些规定?

答案:任何单位和个人不得在距电力设施周围500m范围内(指水平距离)进行爆破作业。因工作需要必须进行爆破作业时,应当按国家颁发的有关爆破作业的法律法规,采取可靠的安全防范措施,确保电力设施安全,并征得当地电力设施产权单位或管理部门的书面同意,报经政府有关管理部门批准。在规定范围外进行的爆破作业必须确保电力设施的安全。

36. 不同电压等级的架空电力线路导线在最大弧垂或最大风偏后与树木之间的安全距离分别是多少?

答案:电压等级35 ~ 110kV,最大风偏距离3.5m,最大垂直距离4.0m;154 ~ 220kV,4.0m,4.5m;330kV,5.0m,5.5m;500kV,7.0m,7.0m。

37. 简述电力专用通信设施及其辅助设施的保护范围。

答案:①电力通信线路的电杆、拉线、导线、线担、分线盒、分线箱、电缆、光缆、管道、天线、馈线、地线等;②电力通信无线电台、光通信站、微波站(塔)、载波通信站、终端通信接入站、卫星地面站及其有关辅助设施。

38. 试述电力电缆线路保护区的范围。

答案:(1)地下电缆:线路地面标桩两侧各0.75m所形成的两平行线内的区域。

(2)海底电缆:线路两侧各2海里(港内为两侧各100m)。

(3)江河电缆:敷设于二级及以上航道时,为线路两侧各100m所形成的两平行线内的水域;敷设于三级及以下航道时,为线路两侧各50m所形成的两平行线内的水域。

39. 电力设施所有权人应当在有较大危险因素的电力生产经营场所和哪些设施、设备上,设置明显的安全警示标志?

答案:①人口密集地段的架空输、配电线路杆塔;②人员及车辆(机械)活动频繁区域的架空输、配电线路杆塔;③自走式机械频繁通行地段的架空输、配电线路杆塔;④输、配电线路上的变压器平台或者围栏;⑤变电站、换流站、开闭所、电缆终端站围墙（栏）；⑥城镇繁华地段电力电缆沟盖板；⑦法律、法规规定的其他设施和设备。

40. 任何单位和个人不得从事哪些危害电力设施建设的行为?

答案：①非法侵占依法划拨、征收的电力设施建设用地；②涂改、移动、损害、拔除电力设施建设的测量标桩和标记；③破坏、封堵用于电力设施建设的铁路、公路、航道、水域、堤坝、桥梁、码头，截断用于电力设施建设的水源、电源、气源，或者阻碍用于电力设施建设的车辆、机械设备、器材进出施工现场；④破坏用于电力设施建设的车辆、机械、设备和器材；⑤法律、法规规定的其他行为。

41. 根据《中华人民共和国电力法》，因电力运行事故给用户或第三人造成损害是如何规定的?

答案：因电力运行事故给用户或者第三人造成损害的，电力企业应当依法承担赔偿责任。电力运行事故由下列原因之一造成的，电力企业不承担赔偿责任：①不可抗力；②用户自身的过错。

42. 根据《中华人民共和国电力法》，关于使用国家明令淘汰的电力设备和技术有哪些要求?

答案：电力建设项目不得使用国家明令淘汰的电力设备和技术。电力建设项目使用国家明令淘汰的电力设备和技术的，由电力管理部门责令停止使用，没收国家明令淘汰的电力设备，并处 5 万元以下的罚款。

43. 根据《中华人民共和国电力法》第七十四条，关于电力企业职工有哪些要求?

答案：（1）电力企业职工违反规章制度、违章调度或者不服从调度指令，造成重大事故的，依照刑法有关规定追究刑事责任。

（2）电力企业职工故意延误电力设施抢修或者抢险救灾供电，造成严重后果的，依照刑法有关规定追究刑事责任。

（3）电力企业的管理人员和查电人员、抄表收费人员勒索用户、以电谋私，构成犯罪的，依法追究刑事责任；尚不构成犯罪的，依法给予行政处分。

44.《中华人民共和国电力法》中规定的任何单位或个人不得从事的危害电力设施建设的行为有哪些?

答案：①非法侵占电力设施建设项目依法征收的土地；②涂改、移动、损害、拔除电力设施建设的测量标桩和标记；③破坏、封堵施工道路，截断施工水源或电源。

45.《中华人民共和国电力法》中对于公用工程、城市绿化和其他工程与电力设施有妨碍情形时的规定是什么？

答案：公用工程、城市绿化和其他工程在新建、改建或扩建中妨碍电力设施时，或电力设施在新建、改建或扩建中妨碍公用工程、城市绿化和其他工程时，双方有关单位应当按照国家有关规定协商，就迁移、采取必要的防护措施和补偿等问题达成协议后方可施工。

46. 供用电合同应当具备哪些条款？

答案：①供电方式、供电质量和供电时间；②用电容量和用电地址、用电性质；③计量方式和电价、电费结算方式；④供用电设施维护责任的划分；⑤合同的有效期限；⑥违约责任；⑦双方共同认为应当约定的其他条款。

47.《电力供应与使用条例》中，电力供应与使用的监督管理工作是如何规定的？

答案：国务院电力管理部门负责全国电力供应与使用的监督管理工作。县级以上地方人民政府电力管理部门负责本行政区域内电力供应与使用的监督管理工作。

48. 供用电合同的签订依照什么原则？

答案：供电企业和用户应当根据平等自愿、协商一致的原则签订供用电合同。

49. 电力企业对已划定的电力设施保护区域的树木、竹子，应采取哪些措施？是否需要支付补偿费？

答案：在依法划定的电力设施保护区内，任何单位和个人不得种植危及电力设施安全的树木、竹子或高秆植物。电力企业对已划定的电力设施保护区域内新种植或自然生长的可能危及电力设施安全的树木、竹子，应当予以砍伐，并不予支付林木补偿费、林地补偿费、植被恢复费等任何费用。

50. 哪些违反《电力设施保护条例》和《电力设施保护实施细则》的行为，尚不构成犯罪的，由公安机关依据《中华人民共和国治安管理处罚法》予以处理？

答案：①盗窃、哄抢库存或者已废弃停止使用的电力设施器材的；②盗窃、哄抢尚未安装完毕或尚未交付使用单位验收的电力设施的；③其他违反治安管理的行为。

4.5 案例题

1. 某日16时13分，负责某市电力调度室负责监视变电站运行的计算机发出警报信号，专供移动通信大厦的两条10kV高压电缆发生故障，造成停电，当时造成240多万移动客户的正常通信瞬间中断。电力抢修人员立即赶赴现场，经检查确定故障是因野蛮施工刨断电缆造成的。移动大厦紧急启动自备发电机，保持通信系统正常运转。经过电力部门紧急抢修，于当晚22时恢复了一条电缆的供电，次日凌晨1点多修复了另一条电缆。至此，移动大厦双电源恢复了正常供电方式。

   试分析，施工单位存在哪些违法行为？

   答案：本案例为一起典型的外力破坏事故，险些造成240多万移动客户正常通信被迫中断。根据《电力设施保护条例》规定，地下电缆保护区为电缆线路地面标桩两侧各0.75m所形成的两平行线内的区域。任何单位或个人必须经县级以上地方电力管理部门批准，并采取安全措施后，方可在电力电缆线路保护区内进行作业。电力设施受国家法律保护，禁止任何单位或个人从事危害电力设施的行为。

2. 一辆吊车在施工中碰挂到某66kV线路，造成C相断股。供电公司抢修人员火速赶到现场，紧急抢修，防止了线路断线事故的发生。当日17时许，某供电公司66kV线路接地，重合失败，调度通知运行人员巡线。运行人员检查发现，电气化铁路工程在电路附近施工，故障是由于作业中的吊车碰到高压线路造成。导线对吊车放电，造成该条线路C相断股。供电公司一方面要求施工单位停止施工，另一方面申请停电，进行抢修。21：30线路停电，22：24导线修复完毕，线路恢复正常运行。

   试分析，施工单位存在哪些违法行为？

   答案：吊车碰线是造成外力破坏事故的一个主要原因。《电力设施保护条例》规定，66kV架空电力线路保护区为导线边线向外侧水平延伸10m并垂直于地面所形成的两平行面内的区域；任何单位或个人必须经县级以上地方电力管理部门批准，并采取安全措施后，方可进行下列作业或活动：在架空电力线路保护区内进行农田水利基本建设工程及打桩、钻探、开挖等作业；起重机械的任何部位进入架空电力线路保护区进行施工；小于导线距穿越物体之间的安全距离，通过架空电力线路保护区；在电力电缆线路保护区内进行作业。

3. 2012年7月20日，某公司雇佣的混凝土泵车在建筑工地输送混凝土过程中，泵车输送臂触碰某66kV导线，造成线路接地故障。事故共造成该66kV线路停运2h，停电时段正值用电高峰期，造成了大量的经济损失。

试分析该起事故违反了《辽宁省电力设施保护条例》的哪些规定？

答案：上述案例违反了《辽宁省电力设施保护条例》第四章第二十五条：任何单位或个人不得擅自从事下列作业或者活动；确需从事的，应当经市电力管理部门批准，并采取安全措施后，方可进行：（二）起重机械的任何部位进入架空电力线路保护区进行施工；（三）机械及装载物小于导线距穿越物体之间的安全距离，通过架空电力线路保护区。

4. 2012年3月21日，一家修配厂的工人小赵在电力线路附近放风筝的时候，风筝挂到了线路上，他用手去取风筝，发生了触电，被高压电击伤，造成20%的身体烧伤，还将面临两只脚和右上肢截肢。

试分析该起事故违反了《辽宁省电力设施保护条例》的哪些规定？

答案：上述案例违反了《辽宁省电力设施保护条例》第三十五条：违反本条例规定，有下列行为之一的，由电力管理部门责令限期改正；逾期不改正的，由电力管理部门处3000元罚款，并可以依法申请拆除或者清除：（七）在架空电力线路导线两侧各300m区域内放风筝等飘动物体。

5. 2019年9月15日某建筑安装工程公司在热力管线敷设工程中使用一台6m高25t吊车吊装通信井盖，由于吊车与线路安全距离不足，引起某66kV架空线路跳闸。

请问什么是架空线路保护区？66kV架空线路保护区距离是多少？本案例违反了《电力设施保护条例实施细则》哪条规定？

答案：架空电力线路保护区，是为了保证已建架空电力线路的安全运行和保障人民生活的正常供电而必须设置的安全区域。在厂矿、城镇、集镇、村庄等人口密集地区，架空电力线路保护区为导线边线在最大计算风偏后的水平距离和风偏后距建筑物的水平安全距离之和所形成的两平行线内的区域。66 ~ 110kV导线边线在计算导线最大风偏情况下，距建筑物的水平安全距离为4.0m。本案例违反了《电力设施保护条例实施细则》第十四条规定：超过4m高度的车辆或机械通过架空电力线路时，必须采取安全措施，并经县级以上的电力管理部门批准。

6. 2017年10月16日，某公司大型施工吊车在某220kV架空线路74 ~ 75号保护区内吊装树木，因吊臂与导线安全距离不足引起线路跳闸。

请问本案例违反了《电力设施保护条例实施细则》哪条规定？220kV架空线路保护区距离是多少？

答案：本案例违反了《电力设施保护条例实施细则》第十三条在架空电力线路保护

区内，任何单位或个人不得种植可能危及电力设施和供电安全的树木、竹子等高秆植物。第十四条超过 4m 高度的车辆或机械通过架空电力线路时，必须采取安全措施，并经县级以上的电力管理部门批准。

154 ~ 220kV 导线边线在计算导线最大风偏情况下，距建筑物的水平安全距离为 5m。

7. 2020年5月16日，某施工单位在对线路保护区内房屋加高过程中，使用挖掘机在距某66kV架空电力线路杆塔基础外缘8m处进行取土，供电公司巡线人员发现后立即制止。

请问本案例违反了《电力设施保护条例实施细则》哪条规定？

答案：本案例违反了《电力设施保护条例实施细则》第十五条架空电力线路一般不得跨越房屋。对架空电力线路通道内的原有房屋，架空电力线路建设单位应当与房屋产权所有者协商搬迁，拆迁费不得超出国家规定标准；特殊情况需要跨越房屋时，设计建设单位应当采取增加杆塔高度、缩短档距等安全措施，以保证被跨越房屋的安全。被跨越房屋不得再行增加高度。超越房屋的物体高度或房屋周边延伸出的物体长度必须符合安全距离的要求。任何单位或个人不得在距架空电力线路杆塔、拉线基础外缘的下列范围内进行取土、打桩、钻探、开挖或倾倒酸、碱、盐及其他有害化学物品的活动：① 35kV 及以下电力线路杆塔、拉线周围 5m 的区域；② 66kV 及以上电力线路杆塔、拉线周围 10m 的区域。在杆塔、拉线基础的上述距离范围外进行取土、堆物、打桩、钻探、开挖活动时，必须遵守下列要求：①预留出通往杆塔、拉线基础供巡视和检修人员、车辆通行的道路；②不得影响基础的稳定，如可能引起基础周围土壤、砂石滑坡，进行上述活动的单位或个人应当负责修筑护坡加固；③不得损坏电力设施接地装置或改变其埋设深度。

8. 2016年4月28日，赵某在某66kV线路（2015年7月26日投运）41 ~ 42号边线7m处种植杨树20棵，2016年7月5日，某市输电检修班成员董某巡线到此区段时，发现该树木距离导线为3m左右，董某立即向该树主下达《影响线路安全运行整改通知书》，要求砍伐或者其自行砍伐，但赵某拒不配合砍伐。7月12日，输电班依法将树木进行修剪，赵某要求对树木进行赔偿，将某供电分公司告上法庭，最终以失败告终。

试分析该起案件中赵某违反《辽宁省电力设施保护条例》中的哪些规定？

答案：（1）该 66kV 线路于 2015 年 7 月 26 日先投运，而在 2016 年 4 月 28 日赵某在线路保护区内种植杨树，违反《辽宁省电力设施保护条例》第九条“公告后，在划定的电力设施保护范围内，任何单位和个人不得新建、改建、扩建危及电力设施安全的建筑物、构筑物或者种植危及电力设施安全的植物。对违反该规定需要依法拆除或者砍伐的，不予补偿。”

（2）赵某拒不配合某市输电检修班树木砍伐，并提出赔偿的无理要求，违反《辽宁省电力设施保护条例》第二十三条：“电力设施所有权人发现树木等高秆植物与架空电力线路之间的距离不符合安全规定的，应当及时书面通知树木所有权人；树木所有权人应当在接到通知后7日内予以修剪；逾期未修剪的，电力设施所有权人可以修剪，并不补偿相关损失。”

9. 某供电公司管辖的杆塔地处山区。某村未经电力主管部门同意，在线路下种植了树木。供电公司发现树成长起来后与导线距离太近，严重地威胁线路安全运行。经该地区的护林员同意后，曾伐剪不符合安全距离的树木。某年秋，供电公司见树木又长高了，再次进行了伐剪。为此，村民告到当地林业局，要求电力部门给予赔偿。该林业局为此下发了对供电局“无证采伐高压线和通信线下林木付部分补偿费的决定”（简称《决定》），以供电公司伐剪树木未经林业部门批准，无证采伐给林权所有者造成损失为由，决定：第一，采伐线路下人工造林部分，付补偿费10587元；第二，供电公司未按《森林法》规定采伐树木，给予行政处罚；第三，某村上访村民不得再次索要其他补偿费。

供电公司对林业局的决定不服，向县人民法院起诉。县人民法院做出行政判决，认为：原告供电局所伐的树木，是国家已架设的电力线路下的林木，是否应予砍伐，应由电力主管部门依照有关的法律、法规之规定处理。《森林法》对伐除国家已架设运行的高压线路下林木没有规定应由林业主管部门给予处罚，故被告林业局对供电公司做出的《决定》无法律依据。法院依照《行政诉讼法》第五十四条规定判决：一、撤销林业局对供电公司的《决定》；二、案件受理费人民币433元，由林业局缴纳。

试根据《电力法》分析供电公司修剪砍伐该处树木的法律依据。

答案：根据《电力法》第五十三条规定：任何单位和个人不得在依法划定的电力设施保护区内修建可能危及电力设施安全的建筑物、构筑物，不得种植可能危及电力设施安全的植物，不得堆放可能危及电力设施安全的物品。在依法划定的电力设施保护区前已经种植的植物妨碍电力设施安全的，应当修剪或者砍伐。

根据《电力法》第六十九条规定：违反本法第五十三条规定，在依法划定的电力设施保护区内修建建筑物、构筑物或者种植植物、堆放物品，危及电力设施安全的，由当地人民政府责令强制拆除、砍伐或者清除。因此，供电公司对违章种植的树木进行修剪或砍伐有法律依据。

10. 某县境内有一居住区经常发生居民触电以及财物遭电击事件，让人天天胆战心惊。

事件一：一女孩爬上屋面玩耍，遭电击致死；事件二：县机关干部刘某修缮屋顶时被电击伤；事件三：该县居民甘某家，也因房屋离高压线太近遭电击着火，将其三楼的家具全部烧毁，惨案连发。

上述恶性事件引起了该市的高度重视，批示有关部门查实情况，进行整改，尽快制定切实可行的整改方案。很快，当地供电公司集中人力、物力完成了包括升高线路、安装警示牌等工作。但令人担忧的是，高压线下那一栋违章建筑仍没有拆除，在雷电多发的季节事故隐患仍然没有根除。供电部门呼吁有关部门要本着对人民生命财产高度负责的态度，尽快拿出房屋拆迁方案，尽早消除事故隐患，杜绝恶性事故的再度发生，还电力走廊一个安全的空间。

试根据《中华人民共和国电力法》《电力设施保护条例及实施细则》分析其中有哪些违法行为？

答案：《电力法》第五十三条规定：任何单位和个人不得在依法划定的电力设施保护区内修建可能危及电力设施安全的建筑物、构筑物，不得种植可能危及电力设施安全的植物，不得堆放可能危及电力设施安全的物品。在依法划定电力设施保护区前已经种植的植物妨碍电力设施安全的，应当修剪或者砍伐。第六十九条规定：违反本法第五十三条规定，在依法划定的电力设施保护区内修建建筑物、构筑物或者种植植物、堆放物品，危及电力设施安全的，由当地人民政府责令强制拆除、砍伐或者清除。

本案例中在电力设施保护区内违规建房，已经无法保证与高压电力线路安全距离，不仅危及电力设施运行安全，也威胁居民的人身安全，已经造成了很大伤害。虽然供电公司对高压线路进行了升高，但是此类事故的根源还是部分企业、居民不顾电力设施安全不顾人身安危的违规违建行为，因此，高压线下违规建房的现象一定要遏制住。